普通高等职业教育"十三五"规划教材

管理会计

UANLI KUAIJI

主　编◎赵永典　魏贤运
副主编◎周海娟　雷　蕾　杨洪臣　张　荣
参　编◎符　颖　高承引　刘　玥　陈玉婵

清华大学出版社
北　京

内容简介

本书全面、系统地介绍了当代管理会计的基本原理和方法，内容包括十个项目，分别为管理会计概述、成本性态分析和变动成本法、本量利分析、预测分析、短期经营决策、长期投资决策、全面预算、标准成本法、作业成本法、责任会计。

本书以任务为驱动，融理论分析、方法应用和实践操作为一体，注重培养学生发现问题、分析问题和解决问题的综合分析决策能力及创新意识。

本书运用了大量的图表和例子来具体阐述较为复杂的问题，内容安排由浅入深、循序渐进、注重实务，既适合高职高专院校相关专业教学使用，也可供社会上相关人员参考。

图书在版编目(CIP)数据

管理会计 / 赵永典，魏贤运主编 .--北京：清华大学出版社，2016(2021.7 重印)
(普通高等职业教育“十三五”规划教材)
ISBN 978-7-302-44385-8

Ⅰ.①管… Ⅱ.①赵… ②魏… Ⅲ.①管理会计-高等职业教育-教材 Ⅳ.①F234.3

中国版本图书馆 CIP 数据核字(2016)第 167527 号

责任编辑：刘志彬
封面设计：汉风唐韵
责任校对：宋玉莲
责任印制：刘海龙

出版发行：清华大学出版社
网　　址：http：//www.tup.com.cn，http：//www.wqbook.com
地　　址：北京清华大学学研大厦 A 座　　**邮　　编**：100084
社 总 机：010-62770175　　**邮　　购**：010-62786544
投稿与读者服务：010-62776969，c-service@tup.tsinghua.edu.cn
质量反馈：010-62772015，zhiliang@tup.tsinghua.edu.cn
印 装 者：三河市龙大印装有限公司
经　　销：全国新华书店
开　　本：185mm×260mm　　**印　　张**：18　　**字　　数**：449 千字
版　　次：2016 年 8 月第 1 版　　**印　　次**：2021 年 7 月第 8 次印刷
定　　价：52.00 元

产品编号：071094-02

Preface 前言

有数据显示，当前我国会计从业人员已经超过1400万人，但真正能担负起管理会计职责的人员仍较少。相对于财务会计，管理会计在我国的认知度和影响力较弱。同时，随着全球经济一体化步伐的加快，中国独特的管理会计现象和问题已为世界各国所关注。在此基础上，管理会计的内容也在不断更新和发展。2014年，财政部《全面推进管理会计体系建设的指导意见》的颁布，使国内管理会计的地位得到进一步提高。与此同时，管理会计教材也应当与时俱进。

本书从教师教学及学生学习和应用的角度出发进行设计，充分满足"教师好教、学生好学、技能实用"的要求。本书系统地介绍了管理会计的基本理论和方法，供学生从较为全面的视野来认识管理会计。同时，针对高职高专院校培养学生的目标，本书贯穿了实务知识和实践操作，精心选择例题与习题，融理论分析、方法应用为一体，注重培养学生发现问题、分析问题和解决问题的能力，比较适合高职高专会计类专业及工商管理类专业的学生学习使用。

本书以项目为主导、以任务为引领，便于学生明确学习目的，围绕项目、任务探索和解决问题。每一项目下面有学习目标、思维导图、拓展阅读、实践操作、课后习题，每个任务下面有任务分析、导入案例、任务小结，这些设计有助于教师明确教学目标，检验学生学习情况，并能引导学生主动思考问题，通过任务完成提升学习成就感，从而提高学习兴趣，通过拓展阅读开阔视野，通过实践操作将理论应用于实践，培养学生的发散思维。本书内容精练，理论深度适当；突出基础理论以必需、够用为度，以掌握概念、强化应用为重点；注重理论联系实际，突出能力、技能的培养。

初稿形成后，我们邀请北京工商大学商学院的潘爱香教授对稿件进行了初审。潘教授对本书提出了许多宝贵的意见，在此表示深深的感谢！另外，在编写过程中，我们参考和引用了国内外许多相关资料，在此谨向各位作者深表谢意。因编者水平有限，书中难免有疏漏之处，恳请广大读者，特别是使用本书的师生批评指正，以便我们进一步修改和完善。

编　者

2016年4月

Contents 目录

项目一 管理会计概述

项目二 成本性态分析和变动成本法

项目三 本量利分析

项目四　预测分析

项目五　短期经营决策

项目六　长期投资决策

项目七 全面预算

项目八 标准成本法

项目九 作业成本法

项目十 责任会计

1 项目一 Chapter 1 管理会计概述

>>> 学习目标

知识目标：

1. 了解管理会计的形成和发展；
2. 理解管理会计的基本理论；
3. 了解管理会计与财务会计的区别和联系。

能力目标：

1. 熟悉管理会计的形成、发展及基本理论；
2. 能够区别管理会计与财务会计。

素质目标：

1. 培养建立理论体系的能力；
2. 提高学科间的鉴别能力。

>>> 思维导图

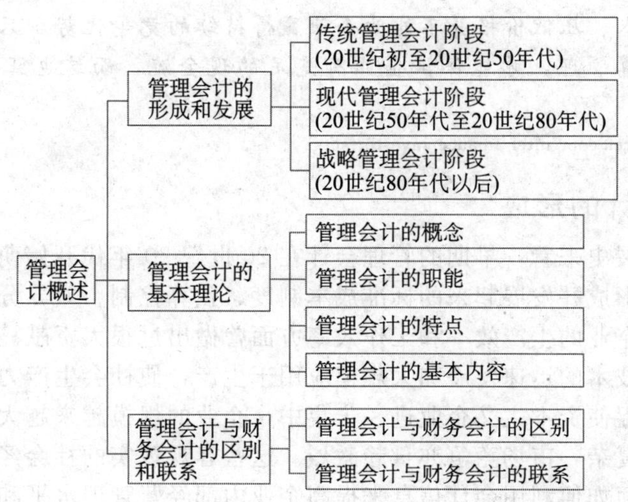

任务一 管理会计的形成和发展

>>> 任务分析

自工业革命以来，人们的商业活动加速增长，就连我国传统的士农工商的社会地位排序也有了明显的变化，“商人抬头，利益挂帅”。进入计算机时代以后，在商业利益的驱动下，信息交流发展的速度更是一日千里，造就了商业信息的充分共享与透明化，随着科技的进步，商业进入了微利时代。在企业求生存的压力下，经理人殚精竭虑节约成本、降低费用、重视预算，力求准确再准确。在社会经济大发展的背景下，管理会计不断地向更高级的阶段发展。

>>> 导入案例

2001 年的“9·11”事件给美国的高科技公司带来了重创。许多公司不得不以较低的价格以及额外的服务来吸引消费者。而经济衰退的周期加快了竞争的速度，在这场危机中，公司必须学会如何存活下来，否则就会被竞争对手吞噬。

在这个激烈竞争的时代，异军突起的一个例子是英特尔公司。英特尔公司是生产半导体芯片的制造公司，其芯片种类涵盖了从个人计算机到移动电话的各种产品。英特尔公司拥有庞大的现金流和 60 亿美元的研发预算，这两点是同类竞争者所不能抗衡的。现金流保证了公司资金的流动性，研发预算确保了公司能够始终开发出领先于市场的新产品。而这两点要归功于英特尔成本管理系统所发挥的作用。

俗话说“会花钱才会赚钱”，没有初始成本的发生，就不会有收益。英特尔公司加大在研发和公司发展上的投入，以求获得公司收益的增加。同时，经理人也深知成本应当是与利润和收入相匹配的，否则用大量的成本支出带来少量的收入只能把一家公司送上绝路。

正如血液是人体不可或缺的元素一样，现金流对于企业的生存和运作也是不可或缺的。单纯地降低成本、压低价格并不能为企业赢得持续的竞争优势，只有做好企业内部的成本管理和各项预算管理，才能保证企业有充足的现金流，而这也正是管理会计的职责所在。

（资料来源：www. intel. com/intel/finance/investorfacts）

一、管理会计的形成

从西方会计发展史来看，早期的管理会计在 20 世纪 20 年代开始萌芽，以泰勒的科学管理学说为基础而形成并发展起来的标准成本制度、预算控制、差异分析等是管理会计的雏形，它们在提高企业的生产效率和工作效率方面曾做出过很大贡献。第二次世界大战以后，随着现代科学技术的迅速发展和大规模应用于生产，使社会生产力水平得到大幅度提高，社会化大生产促使资本主义企业进一步集中，企业的规模越来越大，跨国公司大量涌现，生产经营日趋复杂，市场竞争亦日趋激烈。这些客观现实的社会经济环境，要求企业实现管理现代化，而如何利用会计信息来提高企业内部经营管理水平和提高企业的经济效益，则成为西方会计界普遍关心的课题。为此，西方会计界在充分吸收现代管理会计科学的各种方法和技术的基础上，将自20世纪20年代以来发展起来的一些专门用来提高企业内部经营管理和经济效益的会计方法，如标准成本、差异分析、预算管理、本量利分析、经营决策、投资决策、成本预测与控制、全面预算、责任会计制度、存货分析、数量分析等加以系统化的总结，使其形成了一套企业内部会计体系或对内报告会计体系，并在1952年国际会计师联合会(IFAC)年会上正式采用了“管理会计”(management accounting)这一专门词汇来加以统称，标志着管理会计正式形成。

二、管理会计的发展

一个世纪以来，管理会计的发展大致经历了三个阶段，即传统管理会计、现代管理会计和战略管理会计三大阶段。

▶ 1. 传统管理会计阶段

传统管理会计的形成与发展历时半个世纪，即从20世纪初到20世纪50年代(第二次世界大战的战后期)。在这一阶段，传统管理会计的形成与发展主要表现为以下几点：

(1) 从账外计算发展到账内计算。严格地说，账外计算并不是会计，只是生产的附带工作的一部分——生产人员在生产中进行工、料和其他耗费的计算。而账内计算，是指将成本的发生、积累和结转纳入复式记账系统，由会计专业人员进行业务处理，为会计期间终了编制资产负债表与损益表提供相关的成本数据。可见，成本的账内计算虽已纳入企业的会计系统，但并不具有独立性，实际上只是财务会计的一个组成部分。

(2) 依据泰勒的“科学管理”学说，建立标准成本会计，实行事前计算与事后分析相结合，以促进企业在生产经营中提高效率，减少浪费，为企业加强内部的成本管理(控制)服务。可见“标准成本会计”不同于成本的账内计算，它大大超越了传统财务会计的基本框架，而为会计直接服务于企业管理开创了一条新路。

总的说来，在传统管理会计阶段，认识和分析问题基本上还停留在技术层面上，并没有提到应有的理论高度。这可以说是一个总体性的缺陷。

▶ 2. 现代管理会计阶段

20世纪50年代以后，各种管理理论和管理学派的出现极大地推动了管理会计的发展，管理会计发展进入现代管理会计阶段，主要表现如下：

(1) 管理会计完成了从执行性管理会计向决策性管理会计的转变。20世纪50年代以前的会计系统重点放在为企业内部提高生产和工作效率服务，并不涉及决策咨询方面的问题。因为从20世纪初到20世纪50年代，中间经过两次世界大战，企业面临的经济大环境是：社会物资缺乏，供不应求，产品生产出来以后不愁没有销路。因而经营决策问题并没有在企业管理中引起足够的重视，而被排除在会计视野之外。20世纪50年代以后，情况有了很大的变化。这是由于从20世纪50年代起，资本主义世界进入所谓战后期。从此资本主义经济陆续出现了许多新的变化。一方面，现代科学技术突飞猛进并大规模应用于生产，使社会生产力获得十分迅速的发展；另一方面，资本主义企业进一步集中，跨国公司大量涌现，企业的规模越来越大，生产经营日趋复杂，企业外部的市场情况瞬息万变，竞争更加剧烈。这些新的环境和条件，对企业管理提出了新的要求，迫切要求实施“管理重心在经营，经营重心在决策”的指导方针，把正确地进行经营决策放在首位。

(2) 随着社会经济的发展和科学技术的进步，现代管理会计主要在以下几个领域取得了重要的进展和创新：

① 企业管理深入到作业水平，形成作业成本计算与作业管理。

② 技术与经济相结合形成目标成本计算和与之相联系的 Kaizen 成本计算。

③ 以成本的"社会观"为指导形成产品生命期成本计算。

④ 在管理会计中引进与应用行为科学。

⑤ 创建着眼于企业与金融市场共生互动的资本成本会计。

⑥ 创建着眼于社会价值链优化的战略管理会计。

⑦ 创建服务于正确实施可持续发展战略的环境管理会计。

⑧ 创建服务于正确实施全球发展战略的国际管理会计。

由此可见，现代管理会计已成长为一棵以基础性管理会计为主体的枝繁叶茂的大树。以上各个领域的进展和创新，使现代管理会计从广度、深度和高度上提到了一个新的水平。

▶ 3. 战略管理会计阶段

这一阶段约始于 20 世纪 80 年代，将延伸到以后较长的岁月，不断由较低级阶段向更高级阶段发展。

时代的变革导致企业经营环境的变化，经营环境的变化推动管理科学的发展。顺应这一发展趋势，战略管理应运而生。战略管理一经产生，即以强调外部环境对企业管理的影响、重视内外协调和面向未来等为特点而显示出强大的生命力。企业管理观念和管理技术上的变化，对传统的管理会计产生巨大冲击，以战略管理思想为指导，对管理会计理论与方法加以完善和改进，将其推进到战略管理会计的新阶段。

为适应管理理念从职能管理向战略管理的转变，国内外许多管理会计学者提出了战略管理会计这一新的研究领域，试图从管理会计视角，为企业战略管理提供有效的信息支持。

对战略管理会计概念的界定，国内外学者的认识尚不统一，然而都反映出战略管理会计的一些基本特征，即重视外部环境和市场、注重整体等。战略管理会计是指为企业战略管理服务的会计信息系统，即服务于战略比较、选择和战略决策的一种新型会计，它是管理会计向战略管理领域的延伸和渗透。具体来说，它是指会计人员运用专门的方法为企业提供自身和外部市场以及竞争者的信息，通过分析、比较和选择，帮助企业管理层制订、实施战略计划以取得竞争优势的手段。战略管理会计的形成和发展不是对传统管理会计的否定和取代，而是为了适应社会经济环境的变化而对传统会计理论的丰富和发展。战略管理会计的宗旨立足于企业的长远目标，以企业的全局为对象，将视角更多地投向影响企业经营的外部环境。

与传统管理会计相比，战略管理会计有以下一些特征：

(1) 战略管理会计提供更多的非财务信息。战略管理会计克服了传统管理会计的缺点，大量提供诸如质量、需求量、市场占有份额等非财务信息，这为企业洞察先机、改善经营和竞争能力、保持和发展长期的竞争优势创造了有利条件。这样既能适应企业战略管理和决策的需要，也改变了传统会计比较单一的计量手段模式，因此，有人提出"战略管理会计已不是会计"的观点。

(2) 战略管理会计运用新的业绩评价方法。传统管理会计绩效评价指标只重结果而不讲过程，其业绩评价指标一般采用投资利润率指标，忽视了相对竞争指标在业绩评价中的作用。战略性绩效评价是指将评价指标与企业所实施的战略相结合，根据不同的战略采取不同的评价指标。而且战略管理会计的业绩评价贯穿于战略管理应用过程的每一步，强调业绩评价必须满足管理者的信息需求。

(3) 战略管理会计运用的方法更灵活多样。战略管理会计不仅联系竞争对手进行相对成本动态分析、顾客盈利性动态分析和产品盈利性动态分析，而且采取了一些新的方法，如产品生命周期法、经验曲线、产品组合矩阵以及价值链分析方法等。

>>> 任务小结

随着知识经济时代的到来和科学技术的飞速发展，信息传播、处理与反馈的速度大大加快，企业加速了产品的“衰老”与生产设备的更新换代，市场的需求也呈现出更多的个性化特征。面对瞬息万变的市场环境，管理会计也需要跟随时代的步伐，走向信息化，从而更好地为企业经营管理服务。

任务二 管理会计的基本理论

>>> 任务分析

管理会计是会计学与管理学相结合、将“管理”与“会计”这两个主题巧妙地融合在一起的一门综合性很强的交叉学科。

自 1952 年国际会计师联合会(IFAC)年会上正式采用了“管理会计”这一专门词汇以来，随着时代的发展，管理会计已发展成为一门有助于加强企业内部经营管理、提高经济效益的重要学科，所以管理会计也被称为“内部会计”“决策会计”。

>>> 导入案例

魏文王问名医扁鹊说：“你们家兄弟三人都精于医术，到底哪一位最高明呢?”扁鹊回答：“长兄最好，中兄次之，我最差。”文王再问：“为何你最出名?”扁鹊答：“长兄治病，是治病于病情发作之前，由于一般人不知道他事先能铲除病因，所以他的名气无法传出去；中兄治病，是治病于病情初起时，一般人以为他只能治轻微的小病，所以他的名气只及本乡里；而我治病于病情严重之时，一般人都能看到我在经脉上穿针管放血、在皮肤上敷药等大手术，所以以为我的医术高明，名气因此响遍全国。”

在实际工作中，管理会计、财务会计、审计的作用就像扁鹊的大哥、二哥和扁鹊一样。管理会计的工作涉及设计和评估企业流程，监控、反映、报告和预测企业经营成果，执行和监控企业内部控制，以及收集、分析和整合企业信息来实现驱动经济价值的目标管理。管理会计人员需要具备较高的业务素质和专业能力，就像扁鹊大哥一样“医术精湛”。但为什么管理会计的名气不大，没有像财务会计和审计一样受到人们的青睐呢？这可能与扁鹊的大哥不出名的原因是一样的。

管理会计的主要职责是为管理者的决策提供依据。一般人对管理会计的工作性质、任务、方法、程序并不了解，认为管理会计是看不见、摸不着、可有可无的工作，就像人们在得病之前看不见预防的作用一样，管理会计的作用往往被人们忽略。财务会计、审计则具有外部性，它们被要求定期对外出具财务报告和审计报告，给相关利益者提供信息，是家喻户晓的，所以名声很大。

一、管理会计的概念

管理会计是一门学科，它利用会计资料和其他资料进行整理、计算、对比和分析，并向企业内部管理者提供经济决策所需的信息。

一门学科的本质通常以定义的形式来描述该学科的根本属性。管理会计的本质是指它是一种经济管理活动，是经济管理工作的重要组成部分。国内外关于管理会计的定义有以下几种：

(1) 美国会计学会的定义(AAA，1958)。管理会计是运用适当的技术和概念来处理某个主体的历史和预期的经济数据，帮助管理当局制订具有适当经济目标的计划，并以实现这些目标做出合理的决策为目的。

(2) 国际会计师联合会的定义(IFAC，1988)。管理会计是指在一个组织内部，对管理当局用于规划、评价和控制的信息(财务的和运营的)进行确认、计量、累积、分析、处理、理解和传输的过程，以确保其资源的利用并对它们承担经济责任。

(3) 美国管理会计师协会的定义(IMA，2008)。管理会计是一门专业学科，在制定和执行组织战略中发挥综合作用。管理会计师是管理团队的成员，工作在组织中的各个层级，是会计与财务专家。管理会计师主要运用他们在会计和财务报告、预算编制、决策支持、风险和业绩管理、内部控制和成本管理方面的知识和经验。

(4) 我国著名管理会计学者李天民教授的定义。管理会计是指通过一系列的专门方法，利用财务会计、统计及其他有关资料与信息进行归纳、整理、计算、对比和分析，使企业内部各级管理人员能据以对各责任单位部门做出最优决策的一整套信息系统。

自管理会计产生以来，国内外会计学界对管理会计的定义众说纷纭，莫衷一是。显然各种观点存在差异，但也有许多共同的地方。例如，都需要运用适当的方法和技术，都以向管理者提供信息以进行决策为目的。同时，国内外学者对管理会计的认识也是不断发展的，并且随着经济社会的发展，人们对管理会计的认识还将不断深化下去。

我们认为，管理会计是以实现企业战略为目标，以加强企业内部经营管理、提高企业经济效益为目的，以企业的整个经营活动为对象，通过对财务信息及其他信息的加工和利用，实现对企业经营过程的预测与决策、规划与控制、分析与评价等职能的一个会计分支。

二、管理会计的职能

为了实现管理会计的目标，管理会计应具有以下五项职能：

(1) 预测经营前景。按照企业未来的总目标和经营方针，充分考虑经济规律的作用和经济条件的约束，选择合理的量化模型，有目的地预计和推测未来企业销售、利润、成本及资金的变动趋势和水平，为企业经营决策提供第一手信息。

(2) 参与经营决策。根据企业决策目标搜集、整理有关信息资料，选择科学的方法计算有关长、短期决策方案的评价指标，并做出正确的财务评价，最终筛选出最优的行动方案。

(3) 规划经营目标。在最终决策方案的基础上，将事先确定的有关经济目标分解落实到各有关预算中去，从而合理有效地组织协调供、产、销及人、财、物之间的关系，并为控制和责任考核创造条件。

(4) 控制经营过程。将经营过程的事前控制同事中控制有机地结合起来，即事前确定科学可行的各种标准，并根据执行过程中的实际与计划发生的偏差进行原因分析，以便及时采取措施进行调整，改进工作，确保经营活动的正常进行。

(5) 考核评价经营业绩。这一功能通过建立责任会计制度来实现的。即在各部门、各单位及每个人均明确各自责任的前提下，逐级考核责任指标的执行情况，找出成绩和不足，从而为奖惩制度的实施和未来工作改进措施的形成提供必要的依据。

三、管理会计的特点

管理会计的特点主要表现在以下几个方面：

(1) 服务于企业内部管理。管理会计的基本目标是服务于企业内部管理，目的在于提高经济效益，获取尽可能多的利润。

(2) 方法灵活多样。管理会计通常在财务会计信息的基础上进行技术处理，突破了财务会计的传统模式，吸收和借鉴了管理学、微观经济学和现代数学的一些理论与方法，其特征主要是分析性的，具有很大的灵活性和多样性。

(3) 面向未来的时间特征。管理会计服务于企业内部管理，面向未来是以未来的事件作为决策对象。管理会计信息主要是现时和未来的估计信息。

(4) 会计信息不受会计准则约束。管理会计是为企业内部管理服务，所提供信息根据经营管理和决策控制的需要，不受会计准则的约束，其方法和程序具有很大的自由度和弹性。

(5) 重视评价和控制的指标。管理会计服务于企业内部管理，特别重视评价和控制指标对人的行为的影响。

四、管理会计的基本内容

管理会计是服务于企业管理的，而企业管理最关键的职能就是规划与控制，管理会计作为为高层管理者提供信息服务的决策支持系统，其基本内容也主要划分为规划与控制两大部分。与规划密不可分的是预测，与控制密不可分的是业绩评价。因此，管理会计的基本内容包括两方面，即规划与决策会计和控制与业绩评价会计。

▶ 1. 规划与决策会计

(1) 规划。规划是管理会计系统中帮助管理者规划企业未来生产经营活动的子系统，主要包括全面预算管理体系。规划具体包括管理会计基础、计划(planning)和预算(budgeting)。

① 管理会计基础是管理会计的基本原理，并为管理会计的其他内容提供理论基础，主要包括成本性态分析、变动成本法及本量利分析。

② 计划主要是用文字说明企业未来经济活动的目标和任务，在实施前必须进行全面量化，以便为企业计划执行过程中资源的有效配置提供依据。

③ 预算就是计划的数量说明，是用数字和表格形式把企业经济活动的计划具体地反映出来，作为企业组织、控制和评价经济活动的直接依据。所谓全面预算，是指把企业全部经济活动的总体计划，用数量和表格的形式反映出来的一系列文件。即全面预算就是企业总体经营战略规划的具体化和数量化的说明。

(2) 决策。决策主要包括预测部分体系和以短期经营决策、长期投资决策为主的决策分析体系。

① 预测分析是指用科学的方法预计、推断事物发展的必然性或可能性的过程，该过程是根据过去和现在预计未来，由已知推断未知。企业的经营预测分析是指企业根据现有的经济条件和掌握的历史资料以及经济活动间的内在联系，对生产经营活动未来发展趋势的状况和结果所进行的预计和推断。

② 短期决策分析通常是指决策产生的效益只涉及 1 年以内的经营业务，并仅对该时期内的收、支、盈、亏产生影响的问题进行的决策分析。

③ 长期投资决策是针对企业为了适应今后若干年生产经营的长远发展需要，以获得更多回报而投入大量资金的经济活动所进行的决策分析。这种投资形成并决定着企业的生产能力，因而这种投资需要的投资额往往较大，投资收支所涉及的期间和投资损益对经营周期损益影响期间均较长。

▶ 2. 控制与业绩评价会计

控制与业绩评价会计是管理会计系统中，为管理者分析和评价过去、控制现在和未来的生产经营活动服务的子系统。具体包括以下三方面内容：

(1) 标准成本法。标准成本法是将事先制定的标准成本与实际成本进行对比以揭示成本差异，进而对成本差异进行因素分析，并据此加强成本控制的一种会计信息系统与成本控制系统。

(2) 作业成本法。作业成本法是以作业为核算对象，通过作业成本动因来确认和计量作业量，进而以作业成本动因分配率来对多种产品合理分配间接费用的成本计算方法。

(3) 责任会计。责任会计是指根据预算和控制资料，运用责任会计方法，将企业按职责范围划分责任单位，并将预算确定的各项目标在各责任单位之间层层分解，在此基础上，为每一个责任单位编制相应的责任预算，并定期进行业绩评价。

>>> 任务小结

企业的经营目的在于获取利润，而利润的实现需要多方面权衡成本费用的支出与收入，所以企业需要完备的管理会计制度。

管理会计又俗称“内部报告会计”，它是以企业现在和未来的资金运动为对象，以提高经济效益为目的，以为企业内部管理者提供经营管理决策的科学依据为目标而进行的经济管理活动。要建立一套完备的管理会计制度并非易事，需要企业从基层员工到高层管理者的全力支持，需要企业良好文化底蕴的协调配合。

为了实现管理会计的目标，管理会计应具有以下五项职能：预测经营前景；参与经营决策；规划经营目标；控制经营过程；考核评价经营业绩。

管理会计的特点主要表现在：服务于企业内部管理；方法灵活多样；面向未来的时间特征；会计信息不受会计准则约束；重视评价和控制的指标。

管理会计是服务于企业管理的，而企业管理最关键的职能就是规划与控制，管理会计作为为高层管理者提供信息服务的决策支持系统，其基本内容也主要划分为规划与控制两大部分。

任务三 管理会计与财务会计的区别和联系

>>> 任务分析

有人说管理会计就是财务会计，实际不然，管理会计和财务会计虽然都是以货币作为主要计量单位，但二者有着明确的分工。

>>> 导入案例

小明和小华都是会计专业的学生，这几天他们一直在争论一个问题，就是管理会计和财务会计的异同问题。小明觉得管理会计就是财务会计，因为不管是管理会计还是财务会计，都是为企业服务，再者管理会计使用的很多概念都是和财务会计一样的。而小华则是觉得管理会计和财务会计是有区分的，因为管理会计和财务会计使用的计算方法不一样，而且管理会计不受会计准则和制度的制约。关于这个问题，你怎么看？

一、管理会计与财务会计的区别

管理会计与财务会计的区别主要表现在以下几个方面：

(1) 职能不同。管理会计是规划未来的会计，其职能侧重于对未来的预测、决策和规划，对现在的控制考核和评价，属于经营管理型会计；财务会计是反映过去的会计，其职能侧重于核算和监督，属于报账型会计。

(2) 服务对象不同。管理会计主要为企业内部各管理层提供有效经营和最优化决策所需的管理信息，属于对内报告会计；而财务会计主要向企业外部各利益关系人提供信息，属于对外报告会计。

(3) 约束条件不同。管理会计不受会计准则、会计制度的制约，其处理方法可以根据企业管理实际的情况和需要确定，具有很大的灵活性；而财务会计进行会计核算、会计监督，必须接受会计准则、会计制度的制约，其处理方法只能在允许的范围内选用，灵活性较小。

(4) 报告期间不同。管理会计面向未来进行预测、决策，其报告的编制不受会计期间的限制，而是根据管理的需要编制反映不同期间经济活动的各种报告；财务会计面向过去进行核算和监督，按规定的会计期间编制报告。

(5) 会计主体不同。管理会计既要提供反映企业整体情况的资料，又要提供反映企业内部各责任单位经营活动情况的资料；而财务会计以企业为会计主体，提供反映整个企业财务状况、经营成果和现金流动的会计资料，通常不以企业内部各部门、各单位为会计主体提供相关资料。

(6) 计算方法不同。管理会计在进行预测、决策时，要大量应用现代数学方法和计算机技术；而财务会计采用一般的数学方法进行会计核算。

(7) 信息精确程度不同。由于未来经济活动的不确定性，管理会计提供的信息不能绝对精确；而财务会计反映发生或已经发生的经济活动，其提供的信息应力求精确。

(8) 计量尺度不同。管理会计既可用货币量度又可用非货币量度，如实物量度、劳动量度、关系量度等，对已发生或有可能发生的经营活动及其他经济事项进行数量确定。而财务会计几乎全部使用货币量度进行数量确定。

二、管理会计与财务会计的联系

管理会计与财务会计同属于企业会计的范畴，两者的联系主要表现在以下几方面：

(1) 起源相同。两者都是从传统的会计中发展和分离出来的。

(2) 目标相同。两者的最终目标都是使企业获得最大利润，提高经济效益。

(3) 基本信息同源。管理会计资料基本源自财务会计资料。

(4) 服务对象交叉。二者服务对象区分并不严格、唯一，在许多情况下，管理会计信息可为外部利益集团所利用，财务会计信息对企业内部决策也至关重要。

(5) 某些概念相同。管理会计使用的某些概念与财务会计完全相同，如成本、收益、利润，有些概念则是根据财务会计的概念引申出来的，如边际成本、边际收益、机会成本等。

综上所述，管理会计与财务会计依据的资料是同源的，而核算和控制的内容、方法又是从两个不同渠道进行的。从最终反映的结果来看，二者又是合流的，形成有机的结合体。

>>> 任务小结

管理会计是决策的辅助工具，它与财务会计是相辅相成、相得益彰的。我们并没有刻意渲染管理会计对企业管理、生存发展的重要性，也无意鼓励财务人员忽视传统财务会计角色，也不希望经理人完全摒弃自己专业上独到的嗅觉。就如古有铭训“尽信书不如无书”。不过，管理会计控制系统确实可以通过有效和科学创新的技术方法的合理运用，来更好地服务于企业并做到卓然有成。然而，要充分发挥这个功能，使其达到尽如人意的境界，还需要经理人、财务人员和其他参与者共同不懈地努力。

拓展阅读

对如何使管理会计融入我国中小企业中应用的几点建议

一、管理会计在我国的发展状况

管理会计自1924年在美国开创，至20世纪50年代至80年代取得长足发展，20世纪80年代传入我国。虽然很多知名的大中型企业比较重视管理会计的应用，但在理论方面与企业自身的融合性不是很好。而中小企业有的要么不知道管理会计的作用，要么虽然意识到了管理会计的战略意义，但是由于成本等诸多因素而没有办法运用此项重要工具。综上可知，我国管理会计的主要问题有两个。第一，管理会计缺少一套适应我国国情的理论。第二，由于我国近些年的经济体制改革有了诸多变化，且这些变化是巨大的，尤其是2015年“两会”上提出诸多改革方案使企业环境发生重大变化，当然这些变化是向好的方向发展，而企业要在变化的环境中改变自己的管理会计思想与运用是必不可少的。这是管理会计在现阶段在我国的应用状况。

二、管理会计在中小企业应用存在的问题

(1) 管理会计受到中国应用环境的制约。据调查，中国只有部分大中型企业应用管理会计，大部分中小企业的经营领导者和会计人员并未意识到管理会计的重要意义，管理会计的发展受到很大的阻碍。另外还有经济环境的制约与文化环境的制约。

(2) 即使是中小企业应用了管理会计的一些管理方法，也只是局限在某些方面，如内部成本控制方面，甚至还有些中小企业管理者把成本会计误认为是管理会计，把财务会计范畴中的成本会计与管理会计混淆，而更多关注的还是对财务会计的应用。

(3) 中小企业的管理者在会计岗位的定位上也是存在问题的，认为会计只是记账、成本核算、报税、出报表等工作，而忽视了会计是一项重要的管理工作。这在中小企业招聘会计人员时可以看到。通过调查发现，中小企业在招聘会计人员时大多要求有财务会计知识与税务知识，而对管理会计知识没有要求。笔者在对多家中小企业会计人员和岗位设置的调查中发现，中小企业会计人员大多数是财务会计人员，大多数企业并不设置管理会计人员的岗位。还有些中小企业虽然有管理会计岗位，但大多数是由财务会计人员来兼任的。

三、管理会计在中小企业应用的建议

(1) 中小企业应建立一套既符合国情又适合自身的管理会计体系，同时完善企业内部控制制度，开展管理会计。

(2) 中小企业应有针对性地提高会计人员的管理会计水平与应用意识。可以有针对性地对会计岗位人员加强其作为一名管理者的意识。中小企业应在有条件的情况下建立一支管理会计的队伍或是相应岗位，定期或不定期地对其进行相关培训和集体学习，进而提高会计人员的素质。可以通过一些管理会计成功案例对中小企业会计人员进行讲解。

(3) 中小企业管理者应该提高对管理会计应用的重视程度，掌握管理会计在企业管理中的作用。应建立一套管理会计的考核机制，对管理者的业绩进行相应的考核，同时把管理者对管理会计的战略管理也作为对其业绩考核的一项重点内容。

(4) 中小企业应把管理会计与财务会计分开。例如，可以运用成本会计的分摊成本的方法，选择使用管理会计的作业成本法。

(5) 中小企业应该通过管理会计与计算机技术相结合来加强企业管理。

（资料来源：王新美．对如何使管理会计融入我国中小企业中应用的几点建议[J]．经营管理者，2015年第19期）

实践操作

选择当地一家大型企业进行实地调查，了解该企业管理会计机构的设置及基本运作流程。

课后习题

一、单项选择题

1. 从管理会计产生与发展的历史进程来看，可以说(　　)是管理会计的雏形或前身。
   A. 财务会计　　B. 成本会计　　C. 财务管理　　D. 环境会计
2. 下列项目中，不属于管理会计基本职能的是(　　)。
   A. 规划经营方针　　B. 参与经营决策
   C. 控制经济过程　　D. 核算经营成果
3. 管理会计的服务侧重于(　　)。
   A. 股东　　B. 外部集团
   C. 债权人　　D. 企业内部的经营管理
4. 下列说法正确的是(　　)。
   A. 管理会计是经营管理型会计，财务会计是报账型会计
   B. 管理会计是报账型会计，财务会计是经营管理型会计
   C. 管理会计为对外报告会计
   D. 财务会计为对内报告会计
5. 管理会计不要求(　　)的信息。
   A. 相对精确　　B. 及时　　C. 绝对精确　　D. 相关
6. 管理会计与财务会计的关系是(　　)。
   A. 起源相同，目标不同　　B. 目标相同，基本信息同源
   C. 基本信息不同源，服务对象交叉　　D. 服务对象交叉，概念相同

二、多项选择题

1. 下列项目中，可以作为管理会计主体的有(　　)。
   A. 企业整体　　B. 分厂　　C. 车间　　D. 班组
2. 下列关于管理会计的叙述，正确的是(　　)。
   A. 工作灵活性较强
   B. 可以提供未来信息
   C. 以责任单位为主体
   D. 必须严格遵守公认会计原则
   E. 重视管理过程和职工的作用
3. 现代管理会计的主要特点体现在(　　)。
   A. 注重历史描述
   B. 侧重为企业内部的经营管理服务
   C. 广泛地应用数学方法
   D. 方式方法更为灵活多样
4. 下列各项中，属于管理会计与财务会计的区别的是(　　)。
   A. 会计主体不同　　B. 基本职能不同

C. 工作依据不同
D. 具体工作目标不同
E. 方法及程序不同

5. 管理会计的基本职能包括(　　)。
A. 预测
B. 决策
C. 规划
D. 控制
E. 考核

三、判断题

1. 管理会计是以提高经济效益为最终目的的一个会计分支。(　　)
2. 管理会计的形成是与西方国家近代生产力的提高和商品经济的发展密不可分的。(　　)
3. 管理会计的规划职能是通过编制各种计划和预算实现的。(　　)
4. 管理会计与财务会计对企业的经营活动及其他经济事项的确认标准是一致的。(　　)
5. 管理会计与财务会计相比，管理会计的职能倾向于对未来的预测、决策和规划；财务会计的职能侧重于核算和监督。(　　)

四、简答题

1. 简述管理会计与财务会计的区别。
2. 简述管理会计与财务会计的联系。
3. 简述管理会计的职能。

2 项目二 Chapter 2 成本性态分析和变动成本法

>>> 学习目标

知识目标：

1. 了解成本性态的含义和分类；
2. 理解成本性态的分解方法；
3. 理解变动成本法的含义；
4. 掌握变动成本法的计算方法；
5. 掌握完全成本法和变动成本法的区别。

能力目标：

1. 能够运用成本性态分析的方法解决企业实际的成本问题；
2. 能够运用完全成本法与变动成本法解决企业在经营决策中碰到的问题。

素质目标：

1. 树立新的成本观念；
2. 参与企业的经营决策。

>>> 思维导图

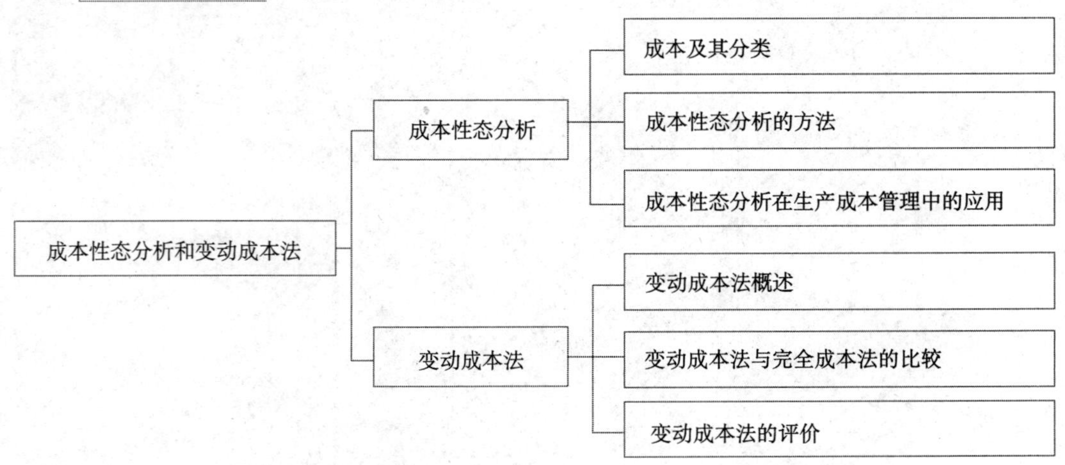

任务一 成本性态分析

>>> 任务分析

管理会计突破财务会计事后核算的束缚，其职能扩展到解释过去、控制现在、筹划未来的新领域。与此同时，成本也从历史范畴扩大到未来范畴，扩展到成本预测、分析和控制。例如，沃尔玛超市为了控制提供服务的成本，决策层需要了解公司在不同客流量水平下发生的成本；为了判定是否在每个连锁店开设专门的汽车用品销售商店，汽车服务公司的管理者需要预测在不同客流量水平下的相关成本。这些管理工作中都包含一个重要的问题：若某一特定的业务活动水平或业务量发生波动，财务状况会受到什么影响？

>>> 导入案例

张亮在某市中心经营一家书吧咖啡馆，在经营的前几年，由于在该市独此一家，凭借着独特的定位和服务，经营状况非常理想。但从第四年开始，情况就发生了变化，该市陆续增加了几家类似的咖啡馆，咖啡馆的经营出现了较大的困难，客流量逐步下降，经营陷入困境。

张亮对竞争对手与自己的咖啡馆的经营状况做了仔细调查，得出结论：要想获得竞争优势，赢得更多的客流量以达到提高经济效益的目的，咖啡馆必须在价格和服务质量上有质的提高。于是张亮召集咖啡馆的管理人员一起讨论筹划改革方案。张亮注意到，价格上还有一定的下降空间，但由于咖啡馆初始投资大，固定成本较高，价格空间的大小主要取决于咖啡馆的变动成本水平；在提高服务质量方面，需要增加设施和服务的品种，还要购买新的书籍，这种投入增加的多少也取决于价格与变动成本之间的差额。因此，张亮决定安排咖啡馆的会计人员进行详细的成本分析，以深入了解公司当期的成本结构。

你是否也对张亮使用的管理会计成本分析的方法感兴趣呢？

一、成本的定义及分类

成本是企业在生产经营过程中发生的各项耗费，是对象化了的费用，是综合反映企业生产经营绩效的一项重要经济指标。

(一) 成本按经济用途分类

财务会计中广泛采用的成本分类方法，是按经济用途将其划分为生产成本和期间费用。

▶ 1. 生产成本

生产成本也称制造成本，是指为生产(制造)产品或提供劳务而发生的支出，根据具体的经济用途可分为直接人工、直接材料和制造费用。

(1) 直接人工是指在生产过程中直接对制造对象施以影响以改变其性质或性态所耗费

的人工成本，核算上即为生产人工的工资。

(2) 直接材料是指在生产过程中直接用以构成产品主要实体的各种材料。这里所指的材料是指构成其产品的各种物资，包括外购半成品，而不仅仅是各种天然的、初级的原材料。例如，汽车制造厂所用的汽车轮胎购自橡胶厂，对橡胶厂而言，轮胎是产品；而对汽车制造厂来说，轮胎只不过是汽车这一产品的原材料之一。

(3) 制造费用是指为制造产品或提供劳务而发生的各项间接费用。从核算角度讲，制造费用包括直接人工、直接材料之外的，为制造产品或提供劳务而发生的，无法直接归属某一产品的全部支出。

▶ 2. 期间费用

期间费用也称为非生产成本或期间成本，是指企业在销售过程和行政管理方面发生的费用，通常分为销售费用、管理费用和财务费用。

(1) 销售费用是指为销售产品而发生的各项成本，如专职销售人员的工资、津贴和差旅费，专门销售机构固定资产的折旧费、保险费、广告费和运输费等。

(2) 管理费用是指制造成本和销售成本以外的所有办公和管理费用，如董事会经费、行政管理人员的工资、办公费、行政管理部门固定资产的折旧费及相应的保险费和财产税等。

(3) 财务费用是指企业为了筹集生产经营所需资金而发生的费用，如利息支出、汇兑损益和金融机构的手续费等。

▶ 3. 成本按经济用途分类的缺陷

成本按经济用途分类，能够清楚地反映产品成本构成，便于成本结构的分析与考核。但由于这种分类没有同企业的生产能力相结合，所以不利于经营决策，也不能解释成本与业务量之间的变动关系。因此，基于企业内部管理的需要，管理会计必须建立新的成本划分标准。

(二) 成本按性态分类

成本性态是指一定条件下成本总额与特定业务量之间在数量方面的依存关系，又称为成本习性。其中，一定条件是指在一定的期间与一定的业务量水平。

成本总额是指为取得营业收入而发生的营业成本费用，包括全部生产成本和销售费用、管理费用及财务费用等非生产成本。

特定的业务量(成本动因)是指企业在一定生产经营期内投入或完成的经营工作量的总称，既可以用产品的单位数来表示，也可以用生产工作时数，如直接人工小时或机器工作小时等来表示。特定业务量可以使用多种计量单位表现，包括绝对量和相对量两类。其中绝对量具体有可细分为实物量(包括投产量、产出量和销售量)、价值量(包括销售收入、产值和成本)和时间量(包括人工小时和机器小时)三种形式；相对量也可以用百分比或比率(如开工率或作业率)等形式反映。

按照成本的性态，可以将成本划分为变动成本、固定成本和混合成本三种类型。

▶ 1. 变动成本

(1) 变动成本的概念与特点。

① 变动成本的概念。变动成本是指在相关范围内，其总额随业务量的变动而呈正比例变动的成本。例如，构成产品实体的直接材料、生产工人的计件工资、按工作量法计算的固定资产折旧，以及按销售量支付的销售佣金等都是变动成本。

② 变动成本的特点。第一，变动成本总额的正比例变动性。在相关范围内，成本总

额随着业务量的增减呈正比例的增减。若业务量增长1倍，其成本总额也会相应增长1倍。第二，单位变动成本的不变性。总成本与业务量之间呈正比例关系，但是单位变动成本将不受产量变动的影响，保持不变。

【例 2-1】大华电器公司生产电冰箱，每装配1台电冰箱需外购压缩机1台，目前市场上压缩机单价为800元，则变动成本与产量的关系见表2-1。

表 2-1 大华电器公司成本与产量资料

电冰箱产量 x/台	压缩机外购单价 b/元	外购成本总额 bx/元
100	800	80 000
200	800	160 000
300	800	240 000
400	800	320 000
500	800	400 000

从表2-1可以看出，如果用 y 表示总成本，则变动成本总额的成本习性模型可以用 $y=bx$ 来表示。

将表2-1的有关数据在坐标图上表示，可以反映变动成本的两个重要特性，见图2-1和图2-2。

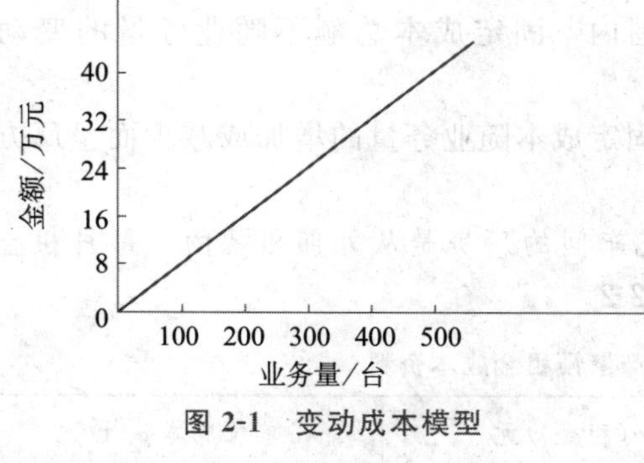

图 2-1 变动成本模型

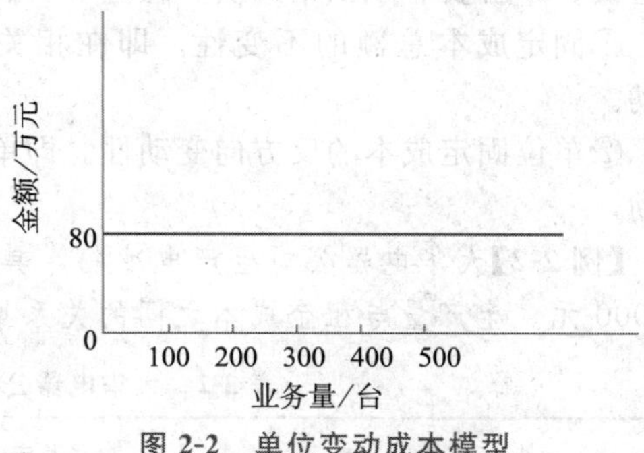

图 2-2 单位变动成本模型

（2）变动成本的分类。变动成本也可进一步分为以下两大类：

① 技术性变动成本。技术性变动成本是指其单位成本主要受技术因素决定的变动成本，如生产线上的生产工人工资、构成产品的直接材料成本等。这类成本的特点是与产量有明确技术或实物关系，是利用生产能力进行生产所必然发生的成本。若要降低此类成本，需通过改进产品设计、降低单耗、提高劳动生产率等手段来实现。

② 酌量性变动成本。酌量性变动成本是指可以通过管理决策行动而改变的变动成本，如按销售收入的一定比例提取的销售佣金、技术转让费等。这类成本的特点是其单位变动成本的发生额受企业管理层决策的影响。

（3）变动成本的相关范围。对于变动成本，只有其单位成本不变，其总额才能与业务量呈正比例变动关系。而单位变动成本的不变性是相对的，即只有在一定时期和一定的业务量范围内相对保持稳定。例如，外购零部件成本，在外购单价稳定的时期其成本符合变动成本的特点，在单价连续上涨或下降期间则不属于严格意义上的变动成本。再如，对于产品的生产，即使在物价稳定的情况下，在投产的初期可能因生产工艺、生产技术方面的原因使单位产品的材料消耗不断增加，以后随着产量的增加、生产技术的提高、生产工艺趋于平稳，单位产品的直接材料等消耗相对稳定，单位变动成本不变，这样，成本与产量之间就呈现完全的线性关系。但当产量继续增长时，就可能出现一些新的不经济因素（如多支付加班津贴费等），从而使单位产品的变动成本提高。变动成本在不同产量情况下的变动见图 2-3。

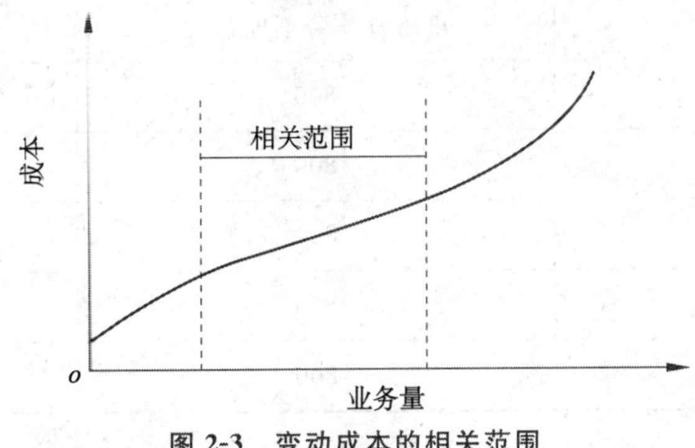

图 2-3　变动成本的相关范围

2. 固定成本

(1) 固定成本的定义与特点。固定成本是指其总额在一定时期及一定业务量范围内，不受业务量变动影响的固定不变的成本，如行政人员工资、按直线法计提的折旧费、财产保险费、广告费、职工培训费、租金等。固定成本主要有以下两个特点：

①固定成本总额的不变性。即在相关范围内，固定成本总额不随业务量的变动而变动。

②单位固定成本的反方向变动性。即单位固定成本随业务量的增加或减少而呈反方向变动。

【例 2-2】大华电器公司生产电冰箱，其装配车间的厂房是从外部租赁的，每月租金为 90 000 元。生产量与租金成本之间的关系见表 2-2。

表 2-2　大华电器公司生产量预租金成本资料

月生产量 x/台	固定成本 a(租金)/元	单位成本 a/x/元
100	90 000	900
200	90 000	450
300	90 000	300
400	90 000	225
500	90 000	180

将表 2-2 的有关数据在坐标图上表示，可以反映固定成本的两个重要特性，见图 2-4 和图 2-5。

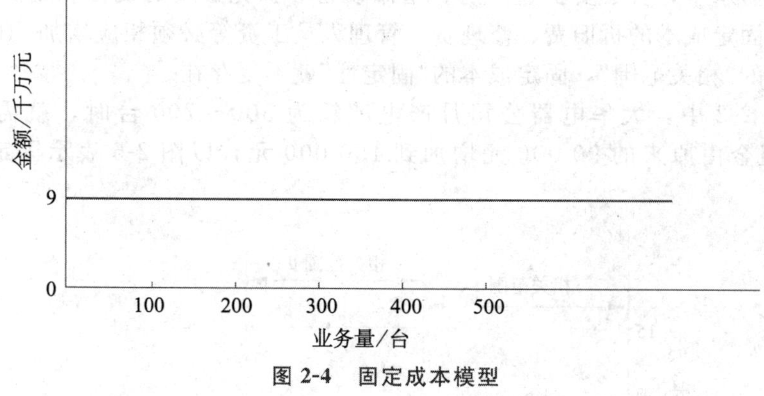

图 2-4　固定成本模型

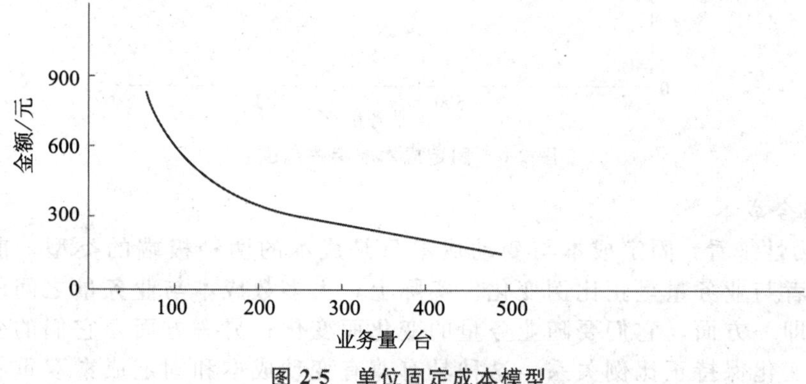

图 2-5　单位固定成本模型

（2）固定成本的分类。固定成本按其金额是否可以在一定期间内改变，可分为约束性固定成本和酌量性固定成本。

① 约束性固定成本。约束性固定成本亦称经营能力成本，是指维护企业正常生产经营所必不可少的成本，它与企业经营能力的形成及正常维护直接相联系，是企业管理当局的短期决策行为不能改变其支出数额的固定成本，如厂房、机器设备按直线法计提的折旧费、保险费、管理人员薪金、照明费、取暖费等。约束性固定成本与企业的长期目标相关，即使短期内削减业务，也不能使此类成本消除或降低。约束性固定成本在企业经营中长期存在并发挥作用。

② 酌量性固定成本。酌量性固定成本是指企业管理层根据经营战略，通过确定期间预算而形成的固定成本，它与特定的预算期及生产经营的实际需要相联系，是通过企业管理当局的短期决策行为，可以改变其支出数额的固定成本，如研究开发费、广告宣传费、培训费等。酌量性固定成本是因管理人员对某些项目所做的短期决策而产生的以在各期间因决策不同而发生变化，但不会影响企业的长期目标。

需要说明的是，虽然酌量性固定成本的支出额是由企业管理层决定的，但绝不是说这种成本是可有可无的，因为它关系到企业的竞争能力。降低酌量性固定成本应从精打细算、厉行节约、杜绝浪费着手。

（3）固定成本的相关范围。固定成本的相关范围是指使固定成本总额保持不变的期间与业务量范围。固定成本总额相对一定时期和一定业务量而言保持不变，如超出其范围固定成本将会发生变化，即使是约束性固定成本，其总额也会发生变化。因为一旦业务量超过现有生产能力水平，势必要扩建厂房、增添设备、扩充必要的机构和增加相应的人员，从而使原属于固定成本的折旧费、修理费、管理人员工资等必须相应增加。也就是说，如果脱离了一定的“相关范围”，固定成本的“固定性”就不复存在。

假设在例 2-2 中，大华电器公司月产电冰箱为 500～700 台时，就需要再租用厂房一间，月租金由原来的 90 000 元增加到 150 000 元，以图 2-6 表示固定成本的相关范围。

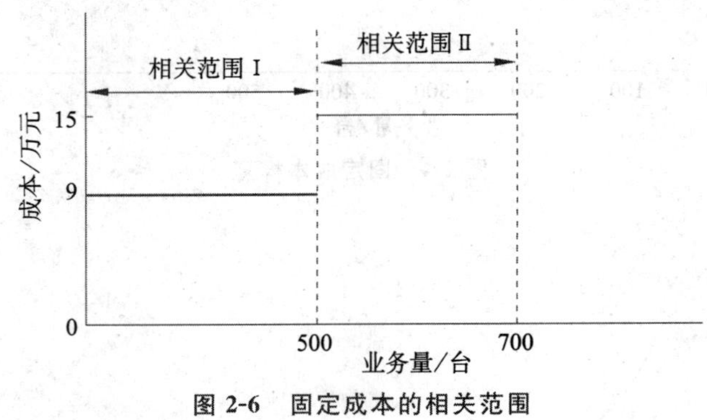

图 2-6　固定成本的相关范围

3. 混合成本

从成本习性来看，固定成本与变动成本只是成本的两种极端的类型，前者与业务量无关，后者与业务量呈正比例变化。实际上，大多数成本与业务量之间的关系介于两者之间，即一方面，它们要随业务量的变化而变化；另一方面，它们的变化又不能与业务量的变化保持正比例关系。这种具有兼有变动成本和固定成本双重特性的成本称为混合成本。

混合成本与业务量的关系比较复杂，按其变动性态不同，混合成本还可进一步分为以下四种：

(1) 半变动成本。半变动成本亦称标准式混合成本。这种成本通常有一个基数，且与业务量的变化无关，这部分成本相当于固定成本；在此基数之上的其余部分，随着业务量的变动呈正比例变动，这部分成本又相当于变动成本。例如，水电费、电话费等，一般每月有一个固定收费基数，不管企业使用量大小都必须支付，在此基础之上再根据用量的大小乘以单价计算支付。半变动成本与业务量的关系参见图 2-7。

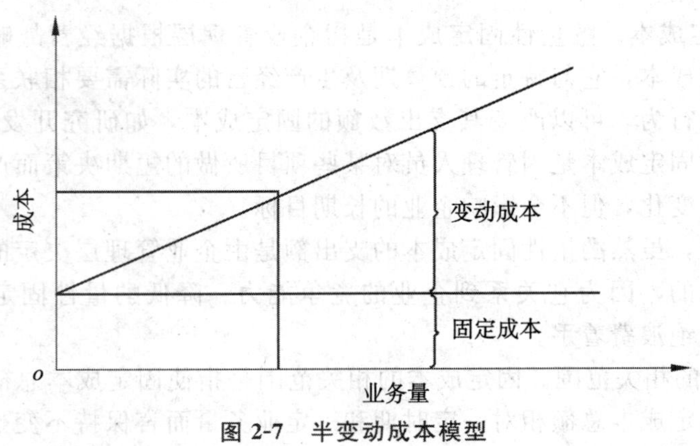

图 2-7　半变动成本模型

(2) 半固定成本。半固定成本，亦称阶梯式变动成本。这种成本在一定的业务量范围内其发生额是固定的。当业务量增长到一定限度时，其发生额就突然跳跃到一个新的水平，然后在业务量增长的一定范围内，其发生额又保持不变；当业务量增长再超出一定范围时，它又再跳跃到一个更高的水平，如此重复。例如，检验人员的基本工资、机器设备维修费等都具有这种性质。这种成本与业务量的关系参见图 2-8。

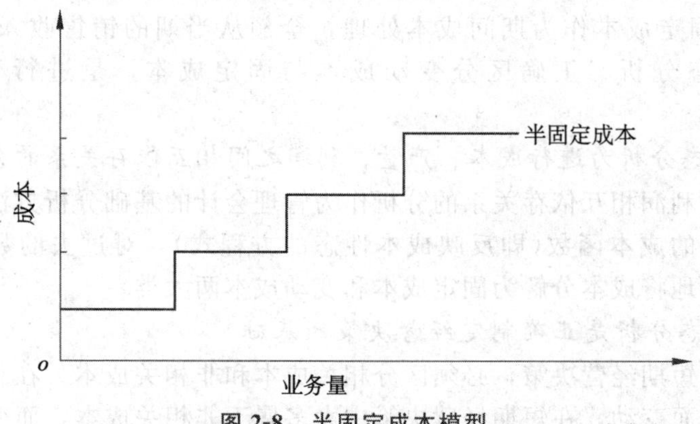

图 2-8 半固定成本模型

(3) 延期变动成本。这种成本在一定的业务量范围内有一个固定不变的基数，当业务量增长超出了这个范围时，它就与业务量的增长呈正比例变动。例如，支付给职工的工资，在正常业务量情况下是不变的，属于固定成本性质，但当业务量超过正常水平后，则需根据超产业务量支付加班工资或超产奖金。这种成本与业务量的关系参见图 2-9。

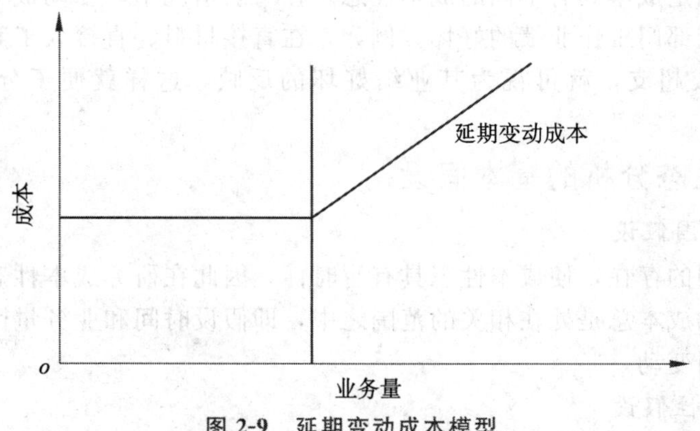

图 2-9 延期变动成本模型

二、成本性态分析的概念

实际工作中，大部分成本都是以混合形式出现的，这样并不利于规划和控制企业的经济活动，必须对其进行成本性态分析，将成本区分为固定成本和变动成本，并建立相应的成本模型。

成本性态分析是指在明确各种成本的性态的基础上，按一定的程序和方法，最终将全部成本区分为固定成本和变动成本两大类，并建立相应成本函数模型 $y=a+bx$ 的过程。

三、成本性态分析的意义

▶ 1. 成本性态分析是采用变动成本计算法的前提条件

变动成本计算法在计算企业各期间的损益时必须首先将企业一定时期发生的所有成本划分为固定成本和变动成本两类，再将与产量变动呈正比例变动的生产成本作为产品成本，并据以确定已销产品的单位成本，以及作为期末存货的基础；而将与产量变动无关的所有固定成本作为期间成本处理，全额从当期的销售收入中扣除。由此可见，进行成本性态分析、正确区分变动成本与固定成本，是进行变动成本计算的基础。

▶ 2. 成本性态分析为进行成本、产量、利润之间相互依存关系的分析提供数据基础

成本—产量—利润相互依存关系的分析作为管理会计的基础分析方法，在分析中需要使用反映成本性态的成本函数(即反映成本性态的方程式)，对过去的数据进行分析、研究，从而相对准确地将成本分解为固定成本和变动成本两大类。

▶ 3. 成本性态分析是正确制定经营决策的基础

要做出正确的短期经营决策，必须区分相关成本和非相关成本。在相关范围内，固定成本不随产量变动而变动，在短期经营决策中大多属于非相关成本，而变动成本大多数情况下属于相关成本。所以，正确进行短期经营决策的关键是将成本按其性态划分为固定成本和变动成本。而固定成本的高低一般不是基层生产单位所能控制的，通常由管理部门负责，可以通过制定费用预算加以控制。因此，采用科学的成本分析方法和正确的成本控制方法，也有利于正确评价各部门的业绩。

▶ 4. 成本性态分析是正确评价企业各部门工作业绩的基础

变动成本与固定成本具有不同的成本性态。在一般情况下，变动成本的高低，可反映出生产部门和供应部门工作业绩的好坏。例如，在直接材料、直接人工和变动制造费用方面，如有所节约或超支，就可视为其业绩好坏的反映，这样就便于分清各部门的经济责任。

四、成本性态分析的基本假设

▶ 1. 相关范围假设

由于相关范围的存在，使成本性态具有暂时性，因此在研究成本性态分析时，必须假设固定成本和变动成本总是处在相关的范围之中，即假设时间和业务量因素总是在不改变成本性态的范围内变动。

▶ 2. 一元线性假设

成本性态分析的关键是建立反映成本与业务量之间的数学函数。管理会计一般采用简便易行的方法，即假设总成本只是一种业务量的函数，同时，假定总成本可以近似地用一元线性方程来描述，即

$$y=a+bx$$

其中：a 为固定成本总额，即真正意义上的固定成本与混合成本中固定部分之和；bx 为变动成本总额，即真正意义上的变动成本与混合成本中的变动部分之和。

五、成本性态分析的方法

成本性态分析的方法很多，如工程技术法、账户分析法、合同确认法和历史资料分析法等。管理会计实践中，历史资料分析方法运用得最为广泛，具体包括高低点法、散布图

法和线性回归法(将在项目四中介绍)。

▶ 1. 高低点法

高低点法是根据若干时期的历史资料，以业务量(或成本)的最高点和最低点为依据来分解混合成本的一种方法。这种方法的特点是首先分解出单位变动成本，即以两点之间的成本增量除以两点之间的业务量增量计算出单位变动成本，然后再计算出固定成本。单位变动成本和固定成本的计算公式如下：

单位变动成本=(高点成本-低点成本)/(高点业务量-低点业务量)

用数学公式来表示为

$$b=(Y_h-Y_l)/(X_h-X_l)$$

$$a=Y_h-bX_h$$

或

$$a=Y_l-bX_l$$

其中：b 表示单位变动成本；a 表示固定成本总额；Y 表示总成本；X 表示业务量；h 表示高点；l 表示低点。

【例 2-3】欣欣公司 2015 年度 1～6 月份设备维修费(混合成本)资料见表 2-3。

表 2-3 欣欣公司成本与业务量历史资料

月 份	1	2	3	4	5	6
工作小时	4 000	4 200	5 000	4 100	3 900	41 00
成本/元	55 000	56 500	65 000	55 500	54 000	56 000

从所给的资料可以看出，业务量(工时)的最高点为 3 月份，最低点为 5 月份。按高低点法混合成本的分解，单位变动成本与固定成本总额计算如下：

单位变动成本=(65 000-54 000)/(5 000-3 900)=10(元)

固定成本总额=65 000-10×50 000=15 000(元)

或 =54 000-10×3 900=15 000(元)

由此建立成本性态模型：$y=15\,000+10x$

应注意的是，高点与低点的选择，既可以以成本为依据，也可以以产量为依据。如果按业务量选择的高点或低点与按成本选择的高点或低点不在同一月份，应以业务量为依据确定高低点。确定最高点和最低点后，产量和成本必须是同一个月的数据。

高低点法虽然具有运用简便的优点，但它仅以高低两点决定成本性态，因而带有一定的偶然性。所以这种方法通常只适用于各期成本变动趋势较稳定的情况。如果各期成本波动较大，计算结果会有较大的误差。

▶ 2. 散布图法

将观察到的历史成本数据，在坐标图上绘出各期成本点，并根据目测，在各成本点之间画出一条反映成本变动趋势的直线，直线与纵轴的交点即为固定成本，然后将各期总成本之和减去各期固定成本之和，再除以总产量即得出单位变动成本，这就是散布图法。单位变动成本的计算公式如下：

单位变动成本=(各期总成本之和-各期固定成本之和)/各期产量之和

散布图法的主要优点是全面考虑了已知的所有历史成本数据，排除了仅以高低两点决定成本性态所带来的偶然性，因而计算结果较高低点法精确。同时，以图示反映成本性态更为直观和易于掌握。但由于仅根据目测画出的反映成本变动平均趋势的直线，仍带有一定程度的主观随意性，所以还不是十分精确。

以上两种方法得到的都是近似值，不管是高低点法还是散布图法，都是属于历史成本分析的方法，它们只适用于有历史成本数据的情况。

六、成本性态分析在生产成本管理中的应用

在市场经济条件下，成本作为一个客观存在的经济范畴，在以提高经济效益为根本目的的经济管理中发挥着重要的作用。成本是综合反映企业各项工作质量的重要指标，成本直接决定着一个企业经济效益的好坏。而企业总成本当中，不同成本有着不同的特点。有的成本随着业务量的增多而增大，而有的成本随着业务量的增多而降低；有的成本与管理者直接相关，而有的成本与管理者没有直接的关系。因此，要想提高经济效益，就必须区分不同成本的不同性态，分别对待，最大限度地降低成本。通过成本性态分析，将成本分为变动成本和固定成本两类，对于成本的预测、决策和分析，特别是对于控制成本和寻求降低成本的途径具有重要作用。也正因如此，成本性态分析在企业生产成本管理中得到了广泛的应用。

▶ 1. 在生产成本控制中的应用

所有成本都可区分为变动成本与固定成本两类，变动成本一般是受消耗定额执行情况的影响，因而控制和降低单位产品的变动成本主要应从控制和降低单位产品消耗量入手。其主要途径通常有以下几种：

(1) 提高劳动生产率。提高劳动生产率不仅会使生产过程中的活劳动消耗得到节约，促使单位成本中的工资降低；同时，也会使产量增加，从而促进单位产品中的固定费用下降。

(2) 编制先进合理的劳动定额和编制定员，制定出勤率指标，控制非生产性损失，实行合理的工资制度和奖励制度，努力降低产品成本中的工资费用。

(3) 降低材料的消耗。在成本中，通常是材料的消耗量较大，因此，不断降低材料的消耗是降低成本的重要途径。

(4) 努力降低材料采购成本。即材料买价控制、材料采购费用控制、确定最优定购批量。

(5) 加强现有设备的技术改造，提高生产设备的利用程度。

▶ 2. 成本定额制定在目标考核中的应用

企业要提高经济效益，降低成本，除了在生产过程中加以控制外，还必须事前制定出合理的成本责任制，使各责任中心明确任务，采取各种有效途径来实现成本降低的目标，并且在期末进行考核。成本目标必须既有远瞻性，又有可实现性；既要综合考虑单位整体目标，又要考虑各部门实际。

各种成本中既有固定成本，又有变动成本，而在这些成本当中，很多固定成本是已成定局的，是各个使用部门所不能改变的，属于不可控成本。不可控成本是指不能由一个责任单位或个人的行为控制，不受其工作好坏影响的成本。成本是否可控并不是固定指什么项目成本而言，而必须同一个具体责任单位或个人联系起来。某项成本对某一责任单位或个人来说是不可控的成本，但对另一个责任单位或个人来说是可控成本。另外，是否可控还必须同成本发生的时间相联系进行考察。此外，成本可控与否还要视不同层次的权限而定，某些成本从基层领导看是不可控的，而对于高层领导则是可控的。在制订不同责任部门成本目标时就必须考虑有哪些变动成本是该部门可以控制的，又有哪些变动成本与固定

成本是既定的、该部门所不能控制的，针对不同情况区别对待，使目标对公司与部门双方都有现实性，即都可接受。

▶ 3. 成本性态分析应用中应注意的问题

成本性态分析将所有成本通过一定方法划分为固定成本与变动成本两大类，在企业成本管理中具有重大的意义，得到了广泛的应用，但由于它与我国传统的财务会计的全部成本法有着较大的区别，在实际应用中也会不可避免地存在以下一些问题：

（1）会计人员素质低与管理者意识不强。它直接影响到成本划分的正确与否，最终影响到成本的控制管理；

（2）原始资料不足。有些成本资料难以全面获得，因此成本的正确划分与分析也就存在隐患；

（3）办公自动化条件不够。成本性态分析工作量大，数据分析复杂，很多数据都要求用计算机来处理，致使成本性态分析的应用范围受到限制；

（4）假设的局限性。一方面，“成本与业务量之间的完全线性关系”的假定不可能完全切合实际；另一方面，如前所述，固定成本与变动成本的成本性态，只有在一段有限的期间和一个有限的产量范围内，才是正确的，如果超过了一定时期或者一定的业务量范围，成本性态的特点就有可能发生变化，使成本性态分析及其结果的应用必须保持在一定的相关服务内。也正是相关范围的多变性，使成本性态分析只能用于短期分析，而不能用于企业的长期分析。

总之，成本性态分析在企业管理中的应用是相当普遍的，应用得好是相当有效的，但也应该注意一些问题，使成本性态分析在企业生产成本管理中发挥更大的作用。

>>> 任务小结

在财务会计中，产品总成本按经济用途可分为生产成本和期间费用。生产成本又根据其具体的经济用途进一步划分为直接材料、直接人工和制造费用三个项目，这种分类不利于事前成本控制和挖掘内部潜力，不能解释成本与业务量之间的变动关系。利用成本习性，可从数量上研究成本与业务量变动之间的规律性联系，为企业正确进行管理决策、改善经营管理提供有价值的成本信息，也有助于企业挖掘降低成本的潜力，进而制订降低成本的有效措施。

本项目依据成本决策需要按照成本的性态对成本进行分类，把全部成本分为固定成本、变动成本和混合成本。混合成本兼有固定成本和变动成本的特色，混合成本可以进一步细分为固定成本和变动成本，分解的方法主要有历史资料分析法(包括高低点法、散布图法等)。

任务二 变动成本法

>>> 任务分析

变动成本法又称直接成本法或边际成本法，由美籍英国学者哈里斯于 1936 年在《全国会计师联合公报》中首先撰文提出。第二次世界大战后，随着科学技术的迅猛发展和市场竞争的日益剧烈，人们对企业管理的预测、决策、规划和控制等方面的要求逐渐加强，同时也使固定成本和变动成本信息的使用频率日益提高，变动成本开始被欧美和日本等发达国家的企业逐渐重视并广泛应用于企业的内部管理方面。变动成本法改变了完全成本法中将固定制造费用在本期销货和期末存货间进行分配的传统做法，为管理者提供了产品边际贡献等重要信息，在管理会计的各项方法运用中发挥了重要作用，是管理会计基础知识中的一项重要内容。

>>> 导入案例

华闽化肥有限公司是专门生产销售复合肥的公司，年生产能力可达100万吨，该公司存货采用先进先出法计价。2014年林阳开始担任总经理，他工作非常积极投入。前任总经理的做法是年年开足马力进行生产，致使存货积压较多，与前任总经理不同，林阳要改变只重生产不重销售的状况，以销定产，而且2015年的目标销售量比2014年增长10%以上，并将库存量大幅度降低，以节约资金占用，最终使税前利润也能提高10%以上。年终财务科长赵红向他汇报一年的情况时说："今年生产的化肥，每吨耗用的氯化钾等直接材料、直接人工和变动性制造费用与去年水平相当，其他费用总额也与去年持平，经过您的努力，在没有降低售价的情况下，我们公司的销量由去年的70万吨增加到了80万吨，并把存货余额由50万吨降低到了10万吨，但今年亏损了1 500万元。"林阳听了感到吃惊，接着说："怎么可能？今年的销量不是比去年多吗？怎么会亏损？是不是你核算错了？"财务科长回答说："我一直以来都是这样核算利润的，利润核算肯定没错，但为什么会亏损，我也说不清。"总经理决定对这两年的财务进行详细的成本分析，以深入了解公司出现亏损的原因。

你是否也和林阳一样觉得困惑，从而对管理会计成本分析的方法感兴趣呢？

一、变动成本法概述

变动成本法是指以成本性态分析为依据，在计算产品成本及其存货成本时，只包括直接材料、直接人工和变动的制造费用，而不包括固定制造费用，将固定制造费用列入"期间成本"项目中，从本期收益中全额扣除的一种成本计算方法。与变动成本法相对应的是完全成本法，也就是目前最普遍使用的传统成本法。这种方法在产品成本的计算上，不仅包括产品在生产过程中所消耗的直接材料、直接人工，还包括全部的制造费用(变动制造费用和固定制造费用)。由于完全成本法的特点是将所有的制造费用，不论是固定的还是变动的，都归结到单位产品上，因而也被称为吸收成本法。

▶ 1. 变动成本法的理论依据

变动成本法与完全成本法的最大差异在于它改变了将固定制造费用在本期销货与存货之间进行分配的传统做法，完全由当期负担。

可以将变动成本法的理论依据归纳为以下两点。一是产品成本是指产品生产过程中发生的各种耗费，所以，它应该随产量的变动而变动。产量增加，产品成本总额增加；产量减少，产品成本总额减少；产量为零，则无成本发生额。在这一标准下，产品成本就只应当包括直接材料、直接人工和变动的制造费用三项。二是固定制造费用是为了提供和维持企业产品设计生产能力而发生的，与产品的实际生产没有直接联系。在相关范围内，不论利用程度如何，固定制造费用照样发生，其总额不受实际产量变动的影响，因此不应计入产品成本，而应列入当期期间成本进行处理。

▶ 2. 变动成本法的主要特点

(1) 以成本性态分析为基础进行产品成本计算。变动成本法是建立在将全部成本划分为变动性成本和固定成本的基础之上的，而产品的制造费用也按成本性态划分为变动制造费用和固定性制造费用两部分。变动成本法将变动性制造费用列入产品成本，而固定性制造费用则作为期间费用处理。

(2) 强调销售环节对企业利润的贡献。变动成本法将固定性制造费用列入当期损益，所以在一定产量条件下，当期损益对销售量的变化更为直接、敏感，这令企业在客观上更为重视销售环节起的作用。变动成本法吸入了一个管理会计的重要概念，即边际贡献。边际贡献是产品销售收入与变动成本(包括变动性制造成本和其他变动成本)的差量。为了便于取得该指标信息，变动成本法使用贡献式收益表进行表示。格式如下：

销售收入

减：销售产品变动成本

边际贡献

减：期间费用

税前利润

(3) 主要用于企业内部的经营管理。经过多年企业的实际应用，变动成法已成本为一种比较成熟的成本计算方法，但由于有关的会计准则仍要求企业以完全成本为基础确定利润和对外报告，因此变动成本法主要在企业内部管理部门使用，满足企业经营管理所需。

二、变动成本法与完全成本法的区别

▶ 1. 应用的前提条件不同

应用变动成本法要求首先进行成本性态分析，把全部成本分为变动成本和固定成本两部分。其中对于生产成本要按生产量分为变动生产成本和固定生产成本。

应用完全成本法要求把全部成本按其发生的领域或经济用途分为生产成本和非生产成本。凡在生产领域中为生产产品而发生的成本就归于生产成本，发生在流通领域和服务领域且由于组织日常销售或进行日常行政管理而发生的成本则归属于非生产成本。

▶ 2. 产品成本的构成不同

变动成本法下，产品成本只包括变动生产成本中的直接材料、直接人工和变动性制造费用，固定制造费用和非生产成本全部作为期间费用处理；而完全成本法下，产品成本包括全部生产成本，只有非生产成本作为期间费用处理。

这两种方法在产品成本构成上的主要区别，就在于变动成本法没有像完全成本法那样把固定制造费用也列入产品成本中去。

变动成本法和完全成本法产品成本的构成内容分别如图 2-10、图 2-11 所示。

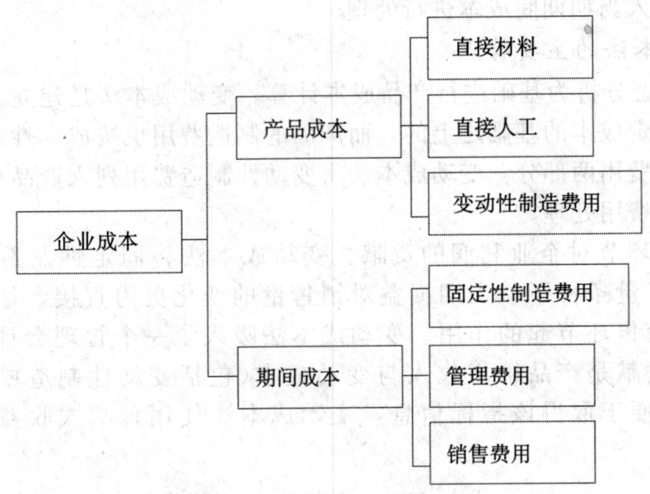

图 2-10　变动成本法产品成本的构成

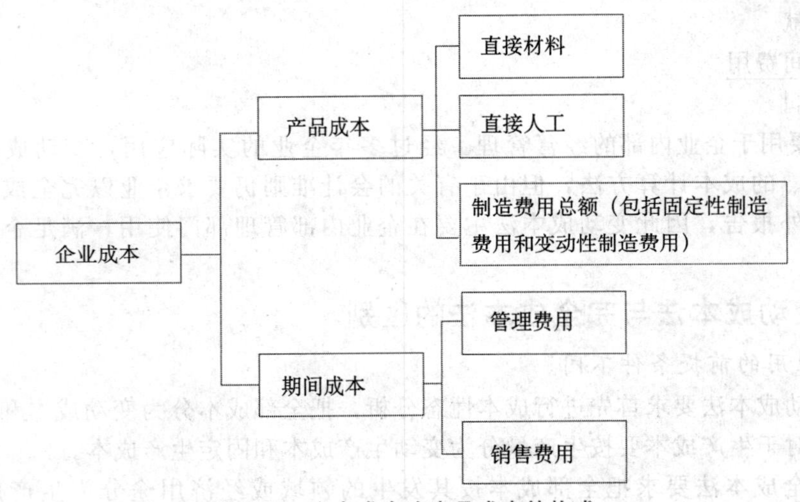

图 2-11　完全成本法产品成本的构成

【例 2-4】假如某企业月初没有在产品和产成品存货。当月某种产品共生产 50 件，销售 40 件，月末结存 10 件。该种产品的生产成本资料和非生产成本资料如表 2-4 所示。

表 2-4　某企业某月成本和费用资料　　单位：元

成本项目	单位产品成本	总成本
直接材料	180	9 000
直接人工	80	4 000
变动性制造费用	20	1 000
固定性制造费用		2 000
管理费用		4 000
销售费用		3 000
合计		23 000

如果采用变动成本法，则单位产品的成本为280(180＋80＋20)元；如果采用完全成本法，则单位成本为320(180＋80＋20＋2 000÷50)元。

由于变动成本法将固定制造费用处理为期间费用，所以单位产品成本较之完全成本法下要低。当然，变动成本法下的期间成本较之完全成本法下就高了。

变动成本法下的期间成本为9 000(2 000＋3 000＋4 000)元，而完全成本法下则为7 000(3 000＋4 000)元。

产品成本构成内容上的区别，就是变动成本法和完全成本法的主要区别，两种方法其他方面的区别均由此而生。

▶ 3. 销售成本和存货成本的水平不同

在变动成本法下固定生产成本作为期间费用处理，直接计入当期利润表，不会转化为销货成本和存货成本。而在完全成本法下固定生产成本计入产品成本，并要求在存货和销货之间进行分配，使一部分固定生产成本被期末存货吸收递延至下期，另一部分固定生产成本作为销货成本计入当期利润表，显然导致了两种成本计算法确定的期末存货成本和当期销货成本水平的不同。

【例 2-5】仍以表2-4的资料为例。试按变动成本法和完全成本法计算确定期末存货成本和本期销货成本。计算结果如表2-5所示。

表 2-5 期末存货和销货成本计算 单位：元

项目	变动成本法	完全成本法
期初存货成本	0	0
本期产品成本	14 000(50×280)	16 000(50×320)
可供销售产品成本	14 000	16 000
单位产品成本	280	320
期末存货量	10	10
期末存货成本	2 800	3 200
本期销货成本	11 200	12 800

由表2-5可见，按变动成本法计算的期末存货成本比完全成本法计算的期末存货成本少400元，按变动成本法计算的本期销货成本比完全成本法计算的本期销货成本少1 600元。之所以产生这个差异，原因在于变动成本法下本期产品成本不包括固定制造费用2 000元，而完全成本法下的本期产品成本则包含固定制造费用2 000元，这样，按变动成本法计算的存货成本就比完全成本法计算的存货成本少400元，按变动成本法计算的本期销货成本就比完全成本法计算的本期销货成本少1 600元。

▶ 4. 损益确定程序不同

在完全成本法下，利润表按职能模式确定收益计算程序；在变动成本法下，利润表按贡献模式确定收益计算程序。

(1) 销货成本的计算公式不同。从理论上来讲，无论是变动成本法还是完全成本法，都可以按以下公式计算销货成本：

本期销货成本＝期初存货成本＋本期发生的产品生产成本－期末存货成本

采用上式，就意味着必须先计算出期末存货成本后，才能计算本期销货成本。

但是由于变动成本法的销货成本全部是由变动成本构成的，所以在变动成本法下，可以在不计算期末存货成本的情况下，直接按下列公式计算出销货成本：

本期销货成本＝单位变动生产成本×本期销售量

(2) 营业利润的计算公式不同。

【例 2-6】沿用例 2-4 的资料。假设该产品销售价格为 600 元，产品的变动销售费用为每件 25 元。

①完全成本法下的损益确定程序。

首先，确定销售毛利总额，即

销售毛利总额＝销售收入总额－已销产品生产成本总额

＝40×600－(0＋50×320－10×320)＝11 200(元)

其次，确定税前利润，即

税前净利润＝销售毛利总额－销售费用－管理费用

＝11 200－3 000－4 000＝4 200(元)

②变动成本法下的损益确定程序。

首先，计算边际贡献总额，即

边际贡献总额＝销售收入总额－已销产品变动成本

＝40×600－40×280－40×25＝11 800(元)

其次，确定税前利润，即

税前利润＝贡献边际－固定性制造费用－管理费用和销售费用

＝11 800－2 000－4 000－2 000＝3 800(元)

(3) 收益计算的结果不同。

【例 2-7】仍以表 2-4、表 2-5 的数据和所设条件为资料，再假设每件产品售价为 600 元，销售费用中有变动性费用，每销售 1 件变动性费用为 25 元。分别采用变动成本法和完全成本法计算出的当期税前利润，如表 2-6 所示。

表 2-6 利 润 表　　单位：元

损益计算过程 \ 产品成本计算法	变动成本法	完全成本法
1. 销售收入	24 000(40×600)	24 000(40×600)
2. 销售成本		
期初存货成本	0	0
加：本期产品生产成本	14 000(50×280)	16 000(50×320)
可供销售产品成本	14 000	16 000
减：期末存货成本	2 800(10×280)	3 200(10×320)
销售成本合计	11 200(40×280)	12 800(40×320)
3. 边际贡献(生产阶段)或毛利	12 800	11 200
减：管理费用		4 000

续表

损益计算过程 \ 产品成本计算法	变动成本法	完全成本法
销售费用		3 000
变动销售费用	1 000(40×25)	
4. 边际贡献(全部)	11 800	
减：固定性制造费用	2 000	
固定性管理费用和销售费用	6 000	
5. 税前利润	3 800	4 200

从表 2-6 可以看出，不同成本计算方法所计算出的税前利润也不同。采用变动成本法时为 3 800 元，采用完全成本法时则为 4 200 元，相差 400 元。这 400 元正是完全成本法所确认的应由期末存货成本负担的固定性制造费用部分(2 000÷50×10)成本进入了当期损益，而变动成本法下，这 400 元全部作为成本从当期的销售收入中扣除。

为了比较全面地说明变动成本法与完全成本法对损益的影响，再举以下两种情况进行分析。

①连续各期产量相同而销量不同。

【例 2-8】假设某企业从事单一产品生产，连续 3 年的产量均为 500 件，而三年的销售量分别为 500 件、400 件、600 件，单位产品销售价格为 120 元，管理费用与销售费用年度总额为 16 000 元，且全部为固定成本。与产品成本计算有关的数据：单位产品变动成本(包括直接人工、直接材料、变动性制造费用)为 50 元，固定性制造费用为 10 000 元(完全成本法下每件产品分摊 20 元，即 10 000÷500)。

根据上述资料，当分别采用变动成本法和完全成本法时，所计算的税前利润分别如表 2-7 和表 2-8 所示。

表 2-7 完全成本法下的利润表 单位：元

利润计算 \ 年份	第一年	第二年	第三年	合计
1. 销售收入	60 000	48 000	72 000	180 000
2. 销售成本				
期初存货成本	0	0	7 000	
加：本期产品生产成本	35 000	35 000	35 000	105 000
可供销售产品成本	35 000	35 000	42 000	
减：期末存货成本	0	7 000	0	
销售成本合计	35 000	28 000	42 000	105 000
3. 销售毛利	25 000	20 000	30 000	75 000
减：管理费用和销售费用	16 000	16 000	16 000	48 000
4. 税前利润	9 000	4 000	14 000	27 000

表 2-8 变动成本法下的利润表 单位：元

利润计算 \ 年份	第一年	第二年	第三年	合计
1. 销售收入	60 000	48 000	72 000	180 000
减：变动成本	25 000	20 000	30 000	75 000
2. 边际贡献	35 000	28 000	42 000	105 000
减：固定制造费用	10 000	10 000	10 000	30 000
管理费用和销售费用	16 000	16 000	16 000	48 000
3. 税前利润	9 000	2 000	16 000	27 000

从表 2-7 和表 2-8 可以看出，由产量与销量的相互关系所导致的两种成本法下税前利润的变化规律如下：

第一年，产量等于销量，两种成本计算法下的税前利润均为 9 000 元。这是因为在完全成本法下，没有期末存货，当期固定性制造费用都随着销售成本计入了当期损益。而变动成本法下，当期固定性制造费用作为期间费用理所当然地计入了当期损益。

第二年，产量大于销量，按完全成本法计算的利润比变动成本法多了 2 000 元。这是因为在完全成本法下，只有已实现销售产品所负担的固定制造费用 8 000(10 000÷500×400)元计入当期损益，余下的 20 000 元固定性制造费用则作为存货成本的一部分列入了资产负债表，转入了下期。而变动成本法下，当期固定性制造费用作为期间成本全部计入当期损益。

第三年，产量小于销量，按完全成本法计算的利润比变动成本法少了 2 000 元。这是因为在完全成本法下，第二年期末存货(即第三年的期初存货)中的 2 000 元固定性制造费用随着存货的销售计入了第三年的销售成本中，从而导致税前利润少了 2 000 元。而变动成本法下计入第三年损益的固定性制造费用仍为 10 000 元。

从表 2-7 和表 2-8 中“合计”一栏可以看出，两种成本法下税前利润的 3 年合计数是相同的，都是 27 00 元。也就是说，从较长时期来看，由各期产量与销量之间的关系所决定的两种成本法下税前利润的差异可以相互抵消，这也从另一角度说明，变动成本法主要适用于短期决策。

②连续各期销量相同而产量不同。

【例 2-9】假设某企业从事单一产品生产，连续 3 年的销量均为 500 件，而 3 年的产量分别为 500 件、600 件、400 件。其他条件与例 2-7 相同。

在变动成本法下，单位产品成本仍为 50 元。但在完全成本法下，由于各期产量变了，所以单位产品所负担的固定性制造费用的份额也就变了。具体来说，第一年的单位产品成本为 70(50＋10 000÷500)元；第二年的单位产品成本为 66.67(50＋10 000÷600)元；第三年的单位产品成本则为 75(50＋10 000÷400)元。

根据以上资料，当分别采用完全成本法和变动成本法时，所计算出的税前利润如表 2-9和表 2-10 所示。

表 2-9 完全成本法下的利润表 单位：元

利润计算 \ 年份	第一年	第二年	第三年	合计
1. 销售收入	60 000	60 000	60 000	180 000
2. 销售成本：				
期初存货成本	0	0	6 667	
加：当期产品生产成本	35 000	40 000	30 000	105 000
可供销售产品成本	35 000	40 000	36 667	
减：期末存货成本	0	6 667	0	
销售成本合计	35 000	33 333	36 667	105 000
3. 销售毛利	25 000	26 667	23 333	75 000
减：管理费用和销售费用	16 000	16 000	16 000	48 000
4. 税前利润	9 000	10 667	7 333	27 000

表 2-10 变动成本法下的利润表 单位：元

利润计算 \ 年份	第一年	第二年	第三年	合计
1. 销售收入	60 000	60 000	60 000	180 000
减：变动成本	25 000	25 000	25 000	75 000
2 边际贡献	35 000	35 000	35 000	105 000
减：固定制造费用	10 000	10 000	10 000	30 000
管理费用和销售费用	16 000	16 000	16 000	48 000
3. 税前利润	9 000	9 000	9 000	27 000

从表 2-9 和表 2-10 可以看出，在完全成本法下，固定性制造费用需要在所生产的产品中分摊。若各年的产量不同，单位产品分摊的固定成本就不同。在本例中，第二年的税前利润最大。这是因为第二年的产量大于当年销量，期末产品存货(100 件)成本中负担相应份额的固定性制造费用 1 667 元。第三年的情况刚好相反：由于第三年的销售成本中不仅包括了当年产品负担的固定性制造费用，还包括了伴随年初存货的销售而“递延”到本期的固定性制造费用，所以第三年的税前利润较之第一年少了 1 667 元。

而变动成本法下如果各年的销量相同，则按变动成本法所计算的各年税前利润相等，均为 9 000 元。这是因为，在变动成本法下，各年的固定性制造费用均作为期间费用全部计入当期损益。各年销量相同，各年销售收入相同，各年的变动成本(50 元)和固定成本(10 000 元+16 000 元)也没有变化，所以各年的税前利润就完全一致。

综上所述，完全成本法与变动成本法对各期损益的影响，依照产量与销量之间的相互关系，可以归纳为以下三种情况：

一是当产量等于销量时，两种成本法下计算的损益完全相同，表 2-7、表 2-8、表 2-9

和表 2-10 中的第一年就属于这种情况。

二是产量大于销量时，按变动成本法计算的损益小于按完全成本法计算的损益，表 2-7、表 2-8、表 2-9 和表 2-10 中的第二年就属于这种情况。

三是产量小于销量时，按变动成本法计算的损益大于按完全成本法计算的损益，表 2-7、表 2-8、表 2-9 和表 2-10 中的第三年就属于这种情况。

▶ 5. 所提供的信息用途不同

典型的完全成本法产生于 19 世纪，它是适用企业内部事后将期间成本分配给各种产品，反映生产产品发生的全部资金消耗，确定产品实际成本和损益，满足对外提供报表的需要而产生的。它提供的信息能够揭示外界公认的成本与产品在质的方面的归属关系，提供构成成本信息有助于促进企业扩大再生产，能激励增产的积极性。

变动成本法是为了满足面向未来的决策，强化企业内部管理的要求而产生的。由于它能够提供科学反映成本与业务量之间、利润与销量之间有关变量变化规律的信息，因而有助于加强成本管理，强化预测、决策、计划、控制和绩效考核职能。

三、变动成本法的评价

变动成本法实际上是针对传统的完全成本法所进行的一项改革。在适应企业内部管理方面，它有着完全成本法不可比拟的优点。

▶ 1. 变动成本法的优点

(1) 更符合“费用与收益相配比”这一公认的会计原则要求。采用变动成本法，把固定生产成本不作为产品成本的组成部分，而是作为处于准备状态与生产并无直接关系的随着时间推移而丧失效用的期间成本，与本期收益相结合，由当期损益负担。这种方法计算各期税前利润避免了在完全成本法下由于各期产量增减而产生的影响，使损益水平更加客观真实。因而较之完全成本法，它更符合“费用与收益相配比”的原则，有利于正确反映和评定企业的经营业绩。

(2) 可以为企业改善经营管理、提高经济效益提供有用的管理信息。采用变动成本法能提供单位变动生产成本、固定生产成本总额、边际贡献总额等信息。这些信息能使企业深入进行本量利分析和产品的盈利能力分析，帮助管理当局预测前景、规划未来和正确地进行短期经营决策，从而改善经营管理，提高企业经济效益。

(3) 能够促使管理当局重视销售环节，防止盲目生产。采用完全成本法，有时会出现销售下降利润反而增长的情况，容易助长只重生产不重销售的倾向。而在变动成本法下，企业的经营利润是单价、成本和销售量这三个要素的函数，即 $F=px-bx-a$，当单价 p、单位变动成本 b、固定成本 a 为确定值时，销售量 x 就成为影响营业利润 F 的唯一变动因素，营业利润 F 的变化趋势应该与销售量的变动趋势相联系：当某期销售量比上期增长时，该期按变动成本法确定的营业利润会比上期增加；当某期销售量比上期下降时，该期按变动成本法确定的营业利润会比上期下降；当两期销售量相等时，营业利润相等。这一规律只有在变动成本法下才能得到充分体现。在变动成本法下，营业利润真正成了反映企业销售量多少的“晴雨表”，有助于促使企业管理当局注意研究市场动态，搞好销售工作，防止盲目生产。

(4) 有利于分清各部门的经济责任，以便进行成本控制与业绩评价。一般来说，变动生产成本的高低，最能反映出生产部门和供应部门的工作业绩，同时，变动成本的升降，其责任也属于这些部门。例如，在直接材料、直接人工和制造费用方面如有增减会立即从产品的变动生产成本指标上反映出来，可以通过制定标准成本和建立弹性预算对其进行日常控制；而固定生产成本的高低，其责任主要属于企业的各级管理部门，这些可以通过制定费用预算的办法来控制。

(5) 能够简化产品成本计算，避免固定成本分摊中的主观随意性。在变动成本法下，把固定生产成本列作期间成本从边际贡献中一笔扣除，可以节省许多间接费用的分配手续，同时避免间接费用分摊中的主观随意性。

▶ 2. 变动成本法的缺点

(1) 不符合传统概念中的成本的概念要求。按传统的成本概念，产品成本不仅包括变动生产成本，也应该包括固定生产成本，因为它们都是生产产品必须发生的。而变动成本法计算的产品成本仅包含变动生产成本，显然不符合传统成本概念的要求。故变动成本法目前还不能用于编制财务报表。

(2) 不适应长期决策的需要。变动成本法计算的单位变动生产成本和固定生产成本总额只在短期和相关业务量范围内保持稳定，而从长期来看，企业外部环境及内部因素则肯定会发生变化，因此不适应长期决策的需要。

(3) 变动成本法在新的技术经济条件下将失去实际意义。随着生产自动化和生产技术密集程度的提高，企业产品中制造费用的比重将越来越大，直接材料与间接材料所占的比重将越来越小。在新的制造环境下变动成本法的计算将失去实际意义，而且在准时制生产系统下的"零库存"将自动消除完全成本法下利润和销售脱节的现象。

>>> 任务小结

本任务主要介绍了成本计算方法中的变动成本法。首先详细地讲述了变动成本法的理论依据和特点，在此基础上介绍变动成本法的计算过程，并将完全成本法和变动成本法进行了认真比较，主要区分两者在产品成本的构成、对产品存货成本的估计和计算各期损益上的不同，并对变动成本法进行了客观的评价。与完全成本法相比，变动成本法具有有助于企业短期决策，促进企业重视市场销售、防止盲目生产，有利于分清责任，进行有效成本控制和业绩评价及简化计算，避免核算过程的主观臆断等方面的优点；同时也存在不符合传统的成本概念、不便于编制对外会计报表、不能满足长期决策和定价决策的需要及在新的技术条件下可能导致信息失真等方面的缺点，它可以与完全成本法结合运用，共同提供有用的数据和资料，使企业经营管理更加到位、更为完善。

拓展阅读

变动成本法和完全成本法的结合应用

一般认为，企业会计具有两个方面的基本职能：第一，定期编制财务报告，满足企业外部利益相关者的需求；第二，使用各种灵活的手段和方法，满足企业内部经营管理需要。完全成本法能够满足财务会计的资产计价的完整性，有利于定期编制对外财务报告，但它无法提供企业内部管理所需的各种信息，无法协助企业进行预测、决策、控制和业绩评价等工作。变动成本法能够弥补完全成本法的不足之处，但却无法提供各种利益相关者

(投资者和债权人等)需要的各种决策信息，也无法满足政府监管部门、国家税收部门对相关信息的需求。为同时兼顾企业内外两方面的信息需要，企业应将这两种方法结合应用。

经过管理者和会计人员多年的努力，变动成本法和完全成本法逐渐形成了两种结合模式：双轨制和单轨制。

一、双轨制

双轨制也称“双轨核算制”，是指保持原有的财务会计核算体系不变，在系统外另行建立一个变动成本核算系统，对外报告按完全成本法进行，对内报告则采用变动成本法进行。采用这种模式，对两套财务进行平行核算，工作量较大，管理成本提升，所以很难在实践中为企业所接受。

二、单轨制

单轨制也称“单轨核算制”，是指对原有财务会计核算系统进行适当改造，将完全成本法与变动成本法相结合，重新建立一套以变动成本法为基础进行日常核算，以完全成本法为基础定期编制报表的统一核算制度。单轨制既能满足内、外两个方面的信息需要，又可极大地简化核算工作，在实务中较常使用。

这种成本核算体系的基本特征是：把日常核算工作建立在变动成本法的基础上，按变动成本法设置“变动制造费用”“固定制造费用”等账户，其他会计科目的内容可按会计制度的要求进行核算。按变动成本法记录和归集生产费用，计算产品变动成本，期末时进行适当的调整，以配合编制对外财务报表的需要。其主要的理由是：企业内部管理工作是经常性的、大量的，会计系统满足内部需要是最为重要的，而对外报告通常是定期的、一时的。因此，单轨制是一种相对理想的选择，既能避免双轨制的种种弊端，又可以兼顾企业内外部经营管理和统一会计制度的需要，可以说是一举两得。

实践操作

某企业的一台机器设备，其维修费属于混合成本，资料如表 2-11 所示。试用高低点法进行分解。

表 2-11　某企业维修费数据资料

月　　份	业务量/工作小时	设备维修费/元
1	11	320
2	8	250
3	8	260
4	10	310
5	12	340
6	14	400
7	9	300
8	11	330

续表

月 份	业务量/工作小时	设备维修费/元
9	13	350
10	9	290
11	6	200
12	7	220

课后习题

一、单项选择题

1. 将全部成本分为固定成本、变动成本和混合成本所采用的分类依据是（　　）。
   A. 成本核算目标　　B. 成本的可辨认性
   C. 成本的经济用途　　D. 成本的性态
2. 在财务会计中，销售费用的正确归属是（　　）。
   A. 制造费用　　B. 主要成本
   C. 加工成本　　D. 非制造成本
3. 下列各项中，能构成变动成本法产品成本内容的是（　　）。
   A. 变动成本　　B. 固定成本
   C. 生产成本　　D. 变动生产成本
4. 在变动成本法下，固定性制造费用应当列作（　　）。
   A. 非生产成本　　B. 期间成本
   C. 产品成本　　D. 直接成本
5. 下列费用中属于酌量型固定成本的是（　　）。
   A. 房屋及设备租金　　B. 技术研发费
   C. 行政管理人员的薪金　　D. 不动产税金
6. 在相同成本原始资料条件下，变动成本法计算下的单位产品成本与完全成本法计算下的单位产品成本相比（　　）。
   A. 相同　　B. 大　　C. 小　　D. 无法确定
7. 在 $Y=a+(\quad)X$ 中，Y 表示总成本，a 表示固定成本，X 表示销售额，则 X 的系数应是（　　）。
   A. 单位变动成本　　B. 单位边际贡献
   C. 变动成本率　　D. 边际贡献率
8. 下列项目中，不能列入变动成本法下的产品成本的是（　　）。
   A. 直接材料　　B. 直接人工
   C. 固定性制造费用　　D. 变动性制造费用
9. 在应用历史资料分析法进行成本性态分析时，必须首先确定 a，然后才能计算出 b

的方法是(　　)。

A. 直接分析法　　B. 高低点法

C. 散布图法　　D. 回归直线法

10. 下列费用中属于约束性固定成本的是(　　)。

A. 照明费　　B. 广告费

C. 职工教育培训费　　D. 业务招待费

二、多项选择题

1. 按经济用途对成本进行分类，其结果应包括的成本类型有(　　)。

A. 未来成本　　B. 生产成本　　C. 非生产成本

D. 责任成本　　E. 可控成本

2. 下列各项中，属于酌量性固定成本的有(　　)。

A. 研究开发费　　B. 广告费　　C. 职工培训费

D. 保险费　　E. 财产税

3. 下列费用中，属于约束性固定成本的有(　　)。

A. 折旧费(直线法)　　B. 保险费

C. 广告费　　D. 职工培训费

E. 财产税

4. 在相关范围内固定不变的是(　　)。

A. 固定成本　　B. 单位产品固定成本　　C. 变动成本

D. 单位变动成本　　E. 历史成本

5. 变动成本法下，产品成本包括(　　)。

A. 变动性管理费用　　B. 变动性销售费用　　C. 变动性制造费用

D. 直接材料　　E. 直接人工

6. 在变动成本下，期间成本通常包括(　　)。

A. 间接人工费　　B. 间接材料费　　C. 固定性制造费用

D. 管理费用　　E. 销售费用

7. 完全成本法与变动成本法的区别在于(　　)。

A. 应用的前提条件不同

B. 产品成本构成内容不同

C. 对固定成本的认识与处理方法不同

D. 常用的销货成本计算公式不同

E. 损益计算程序不同

8. 下列项目中，不会导致完全成本法和变动成本法确定的分期损益不同的是(　　)。

A. 直接材料　　B. 管理费用　　C. 财务费用

D. 销售费用　　E. 固定性制造费用

9. 分解混合成本的方法有(　　)。

A. 高低点法　　B. 散布图法　　C. 线性回归法

D. 线性规划法　　E. 矩阵法

10. 在相关范围内，随业务量变动而变动的是(　　)。

A. 固定成本总额　　B. 单位产品固定成本　　C. 变动成本总额

D. 单位变动成本　　　　E. 历史成本

三、判断题

1. 管理会计中的成本概念不强调成本发生的时态。(　　)
2. 将成本按其可辨认性分为直接成本与间接成本有利于分清各部门责任，考核其工作业绩。(　　)
3. 按变动成本法的解释，期间成本中只包括固定成本。(　　)
4. 当存货量不为零时，按变动成本法确定的存货成本必然小于完全成本法下的存货成本。(　　)
5. 固定成本在任何条件下，其总额均不随业务量的增减变动发生变化。(　　)
6. 变动成本法与完全成本法之间的最本质的区别就是两者所提供的信息的用途不同。(　　)
7. 变动成本法既有利于短期决策，也有利于长期决策。(　　)
8. 不论采用什么方法计提折旧，固定资产折旧费一定属于固定成本。(　　)
9. 成本性态分析的最终目的就是把全部成本分为固定成本、变动成本和混合成本三大类。(　　)
10. 定期支付的广告费属于约束性固定成本。(　　)

四、计算分析题

1. 宏达公司 2015 年下半年各月的机器设备维修费资料如表 2-12 所示。

表 2-12　宏达公司机器设备维修费资料

月份	业务量/千机器小时	维修费/元
7	40	580
8	32	500
9	52	700
10	48	660
11	56	740
12	44	625

要求：

(1) 根据上述资料采用高低点法将维修费分解为固定成本和变动成本并写出成本公式。

(2) 2016 年 1 月，该公司计划使用机器时数为 55 千机器小时，计算预计的机器设备维修费。

2. 讯达工厂过去一年 12 个月中最高业务量和最低业务量下的制造费用总额如表 2-13 所示。

表 2-13　迅达工厂制造费用表

摘　　要	高点(10 月)	低点(3 月)
业务量/机器小时	75 000	50 000
制造费用总额/元	176 250	142 500

表 2-13 中制造费用总额包括变动成本、固定成本和混合成本三类。该厂会计部门对低点月份业务量为 50 000 机器小时的制造费用总额作了分析，其各类成本的组成情况如下：

变动成本总额　　　50 000 元
固定成本总额　　　60 000 元
混合成本总额　　　32 500 元
制造费用总额　　　142 500 元

要求：

(1) 采用高低点法将该厂的混合成本分解为变动成本与固定成本，并写出成本公式。

(2) 若该厂计划期的生产能量为 65 000 机器小时，计算其制造费用总额。

3. 某公司只生产一种产品，第一年、第二年产量分别为 8 000 件和 5 000 件，销售量分别为 7 000 件和 6 000 件。每件产品售价为 50 元，生产成本为：每件变动生产成本 10 元，固定生产成本每年发生额为 80 000 元；变动性销售与管理费用为每件 5 元，固定性销售与管理费用每年 60 000 元。

要求：

(1) 分别采用两种成本法计算产品单位成本；

(2) 分别采用两种成本法计算营业利润；

(3) 分析两种成本法计算的营业利润发生差异的原因并进行调整。

3 项目三 Chapter 3 本量利分析

>>> 学习目标

知识目标：

1. 了解本量利分析的概念、基本假设和作用；
2. 掌握本量利分析的边际贡献、边际贡献率以及变动成本率的计算；
3. 掌握各损益方程式及其变换形式的计算；
4. 掌握保本点、保本作业率、安全边际销售量/额、安全边际率的计算；
5. 掌握敏感性系数的计算。

能力目标：

1. 能够通过计算企业的保本点判断项目的可行性；
2. 能够确定影响利润各因素的临界值；
3. 能够判断企业的安全程度；
4. 能够编制并运用本量利图；
5. 能够进行敏感性分析。

素质目标：

1. 树立风险意识；
2. 运用本量利分析。

思维导图

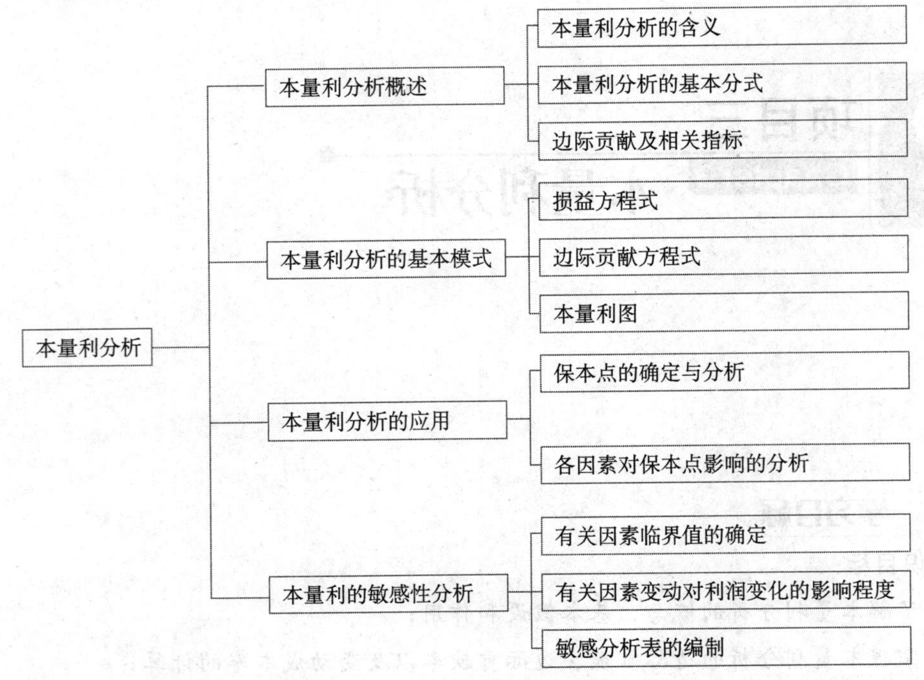

任务一　本量利分析概述

任务分析

早在1904年，美国就有了对最原始的本量利分析图的文字记载。科学不断发展，本量利的理论更加完善，成为现代管理会计学的重要分析方法之一。若把本量利分析与风险分析相联系，可为企业提供化解经营风险的方法和手段，以保证企业既定目标的实现；若把本量利分析与决策分析相结合，可帮助企业进行相关决策分析，比如生产决策、定价决策等。同时，本量利分析还可运用于企业在完成保本、保利条件下应实现的销售量和销售额的预测等。实践证明，本量利分析方法对于一个企业的生产运营有着相当大的作用。

本量利分析的基本内容包括两大方面：一方面是本量利分析的概念、本量利分析成立的基本假设以及本量利分析的作用；另一方面是本量利分析方法的基本公式、边际贡献以及边际贡献的相关指标的计算方法。

导入案例

长安公司在国内电器用品领域里经历了几年的竞争以后，发现竞争的程度越来越高。该公司现在维持的年生产能力是6万件，单位变动成本已经尽最大努力降到6元/件，单价为7.5元/件，而且在短期内不可能将年固定间接费用削减到6万元以下。总经理想知道，假设在短期内可变因素不会有其他变化的情况下提高利润的最佳办法。他正在考虑以下两种方案：

(1) 通过加班的方法，设法挖掘公司内部潜力增加20%的生产能力。由于发放加班津贴，直接人工成本每件会增加0.3元。

(2) 在现行销售单价的基础上加价10%。

分析以上两种方案，并将公司的原始状况连同两种选择方案一起考虑，你认为哪一种方案对公司最有利？为什么？若执行另外一种方案，公司在保持目前利润水平的条件下，还要增加多少产量？

一、本量利分析的概念

本量利分析是对成本、业务量和利润之间相互关系进行分析的一种简称，也称CVP分析(cost-volume-profit analysis)。这种分析是在变动成本法模式的观念下，结合数学与图形来揭示固定成本、变动成本、销售量、单位售价、销售额、利润等变量之间内在规律性联系，从而形成有预测、决策和规划内容的定量分析方法，也是管理会计中的一项基础内容。

二、本量利分析的基本假设

在现实经济生活中，成本、销售数量、价格和利润之间的关系非常复杂。例如，成本与业务量之间可能呈线性关系也可能呈非线性关系；销售收入与销售量之间也不一定是线性关系，因为售价可能发生变动。为了建立本量利分析理论，必须对上述复杂的关系做一些基本假设，由此来严格限定本量利分析的范围，对于不符合这些基本假设的情况，可以进行本量利扩展分析。

▶ 1. 相关范围和线性关系假设

由于本量利分析是在成本性态分析基础上发展起来的，所以成本性态分析的基本假设也就成为本量利分析的基本假设，也就是在相关范围内，固定成本总额保持不变，变动成本总额随业务量变化呈正比例变化，前者用数学模型来表示就是$y=a$，后者用数学模型来表示就是$y=bx$，所以，总成本与业务量呈线性关系，即$y=a+bx$。相应地，假设售价也在相关范围内保持不变，这样，销售收入与销售量之间也呈线性关系，用数学模型来表示就是以售价为斜率的直线$y=px$(p为销售单价)。这样，在相关范围内，成本与销售收入均表现为直线。

由于有了相关范围和线性关系这种假设，在相关范围之外，就把成本和销售收入分别与业务量呈非线性关系的实际情况排除在外了。但在实际经济活动中，成本、销售收入和业务量之间却存在非线性关系。为了解决这一问题，后面将放宽这些假设，讨论非线性条件下的情况。

▶ 2. 品种结构稳定假设

该假设是指在一个生产和销售多种产品的企业里，每种产品的销售收入占总销售收入的比重不会发生变化。但在现实经济生活中，企业很难始终按照一个固定的品种结构来销售产品，如果销售产品的品种结构发生较大变动，必然导致利润与原来品种结构不变假设下预计的利润有很大差别。有了这种假定，就可以使企业管理人员关注价格、成本和业务量对营业利润的影响。

▶ 3. 产销平衡假设

所谓产销平衡就是企业生产出来的产品总是可以销售出去，能够实现生产量等于销售量。在这一假设下，本量利分析中的量就是指销售量而不是生产量，进一步讲，在销售价格不变时，这个量就是指销售收入。但在实际经济生活中，生产量可能会不等于销售量，这时产量因素就会对本期利润产生影响。

正因为本量利分析建立在上述假设基础上，所以一般只适用于短期分析。在实际工作中应用本量利分析原理时，必须从动态的角度去分析企业生产经营条件、销售价格、品种结构和产销平衡等因素的实际变动情况，调整分析结论，积极应用动态分析和敏感性分析等技术来克服本量利分析的局限性。

三、本量利分析的作用和缺陷

▶ 1. 本量利分析的作用

企业经营效果的好坏，主要表现在利润的多少。企业利润的多少又由销售收入的多少和成本的高低这两个主要因素决定。在企业实践中，本量利分析在企业管理中的应用十分广泛，它具有明确的目标体系，能够促使企业管理人员尽力实现，有利于管理水平的提高。保本量、保利量的确定可以大大调动员工的积极性。本量利分析中的一些指标计算同时也能暴露出企业中存在的问题。

将成本、产量、利润这几个方面的变动所形成的差量相互联系起来进行分析，其核心部分是确定"盈亏临界点"，并围绕它，从动态上掌握有关因素变动对企业盈亏消长的规律性的联系，这对帮助企业在经营决策中根据主、客观条件有预见地采取相应措施实现扭亏增盈，加强企业内部治理、提高经济效益具有以下独特的作用：

(1) 计算保本、保利生产量来确定企业的经营安全程度，为企业制定利润目标和预算提供依据；

(2) 计算贡献边际率和敏感性分析，找出影响企业盈利指标诸多因素中增加利润的决定性因素；

(3) 计算是否有剩余生产能力，拓宽企业合作范围；

(4) 利用本量利分析加强企业的经营管理，提高经济效益。

▶ 2. 本量利分析的缺陷

尽管本量利分析是一种简便、实用、有效的管理工具，但由于本量利分析是建立在一些假设条件之上的，因此存在一定的缺陷：

(1) 对总成本，尤其是对某些混合成本的划分不够精确，有时带有一定的主观因素；

(2) 本量利分析中有关函数的线性假设与实际有较大的偏离；

(3) 影响成本和收入的因素除了产销量外，还包括效率、市场供求等其他多种因素；

(4) 不管企业的预测和计划做得多么好，要使实际的产量和销售量完全平衡是十分困难的，在多品种的情况下，各产品的产量也不会总是按固定的比例变化。

因此，本量利分析对企业管理者来说，只适用于短期的计划和预测，其分析结果不是十分精确，一般只能作为决策的参考依据，不能完全代替管理者的判断和经验。

四、本量利分析的基本公式

本量利分析是以成本性态分析和变动成本法为基础的，其基本公式是变动成本法下计算利润的公式，该公式反映了价格、成本、业务量和利润各因素之间的相互关系。即

税前利润＝销售收入－总成本

＝销售价格×销售量－(变动成本＋固定成本)

=销售单价×销售量-单位变动成本×销售量-固定成本

即

$$\pi = px - bx - a = (p-b)x - a$$

其中：π 为税前利润；p 为销售单价；b 为单位变动成本；a 为固定成本；x 为销售量。

该公式是本量利分析的基本出发点，可以说的所有本量利分析都是在该公式基础上进行的。

【例 3-1】某企业生产一种产品，单价为 18 元，单位变动成本为 12 元，本月计划销售 1 000件，每月固定成本为 3 000 元，计算其预期利润。

解：

利润=销售单价×销售量-单位变动成本×销售量-固定成本

=18×1 000-12×1 000-3 000

=3 000(元)

五、边际贡献及相关指标

边际贡献是指企业产品收入减去以变动成本计算的成本后的余额，可按企业单一产品项目和企业多种产品项目计算。边际贡献有边际贡献、边际贡献率变动成本率三种指标。

▶ 1. 边际贡献

边际贡献，又叫贡献毛益、边际利润，是指产品销售收入扣除自身的变动成本后为企业所做的贡献，这种贡献要在扣除固定成本后才能成为真正的贡献(利润)。在固定成本不变的情况下，边际贡献的增减意味着利润的增减，只有当边际贡献大于固定成本时才能为企业提供利润，否则，企业将会出现亏损。

边际贡献在数量上等于销售收入减去变动成本以后的差额，用公式表示为

边际贡献=销售收入-变动成本

如果用单位产品表示，计算公式如下：

单位边际贡献=销售单价-单位变动成本

【例 3-2】企业生产甲产品，单价为 25 元，变动成本为 15 元，销量为 800 件，边际贡献和单位边际贡献各是多少？

解：

边际贡献=800×25-800×15=8 000(元)

单位边际贡献=25-15=10(元)

边际贡献也可具体分为制造边际贡献(生产边际贡献)和产品边际贡献(总营业边际贡献)，用公式表示为

制造边际贡献=销售收入-变动生产成本

产品边际贡献=制造边际贡献-变动销售和管理费用

通常“边际贡献”在没有说明的情况下指的是“产品边际贡献”。

【例 3-3】某企业只生产一种产品，单价为 10 元，单位变动生产成本为 4 元，单位变动销售费用为 0.5 元，单位变动管理费用为1元，销量为 1 000 件。试分别计算该产品的制造边际贡献和产品边际贡献。

解：

制造边际贡献＝10×1000－4×1 000＝6 000(元)

产品边际贡献＝6 000－(0.5＋1)×1 000＝4 500(元)

▶ 2. 边际贡献率

边际贡献率是指边际贡献在销售收入中所占的百分率，反映了产品为企业创利的能力。其公式为

$$
\begin{aligned}
\text{边际贡献率} &= \frac{\text{边际贡献}}{\text{销售收入}}\times 100\% \\
&= \frac{\text{单位边际贡献}\times\text{销售量}}{\text{单价}\times\text{销售量}}\times 100\% \\
&= \frac{\text{单位边际贡献}}{\text{单价}}\times 100\%
\end{aligned}
$$

【例 3-4】某企业只生产一种产品，单价为 10 元，单位成本为 4 元，销量为 1 000 件。试计算其边际贡献率。

解：

$$\text{边际贡献率}=\frac{10-4}{10}\times 100\%=60\%$$

边际贡献率可以理解为每 1 元钱销售收入中边际贡献所占的比重。以上公式适用企业生产一种产品的情况，但一般情况下，企业不只生产一种产品，而会生产两种或两种以上的产品。由于各种产品的边际贡献率各不相同，对于生产多种产品的企业需要计算多种产品的加权平均边际贡献率，以此代表企业整体的边际贡献率。

▶ 3. 变动成本率

变动成本率是指变动成本在销售收入中所占的百分率。其计算公式如下：

$$
\begin{aligned}
\text{变动成本率} &= \frac{\text{变动成本}}{\text{销售收入}}\times 100\% \\
&= \frac{\text{单位变动成本}}{\text{单价}}\times 100\%
\end{aligned}
$$

【例 3-5】某企业只生产一种产品，单价为 10 元，单位成本为 4 元，销售量为 1 000 件。试计算其变动成本率。

解：

$$
\begin{aligned}
\text{变动成本率} &= \frac{4\times 1\,000}{10\times 1\,000}\times 100\% \\
&= \frac{4}{10}\times 100\% \\
&= 40\%
\end{aligned}
$$

由例 3-4 和例 3-5 结果可得，边际贡献率＋变动成本率＝1。这个数量关系必然成立，因为

$$
\begin{aligned}
\text{边际贡献率}+\text{变动成本率} &= \frac{\text{边际贡献}}{\text{销售收入}}\times 100\%+\frac{\text{变动成本}}{\text{销售收入}}\times 100\% \\
&= \frac{\text{销售收入}-\text{变动成本}}{\text{销售收入}}\times 100\%+\frac{\text{变动成本}}{\text{销售收入}}\times 100\% \\
&= \frac{(\text{销售收入}-\text{变动成本})+\text{变动成本}}{\text{销售收入}}\times 100\%=1
\end{aligned}
$$

因此，单位边际贡献、边际贡献总额、边际贡献率都是越大越好的正指标。它们可以从不同的侧面反映特定产品对企业所做的贡献的大小。

变动成本率是个越小越好的反指标，当产品变动成本率高时，边际贡献率则低，创利能力小；反之，当产品变动成本率低时，边际贡献率则高，创利能力大。

>>> 任务小结

本量利分析是对成本、业务量、利润之间相互关系进行分析的一种简称，也称 CVP 分析。

本量利分析的三大基本假设包括相关范围和线性关系假设、品种结构稳定假设、产销平衡假设。

本量利分析的基本公式为

$$税前利润=销售单价\times销售量-单位变动成本\times销售量-固定成本$$

边际贡献，又叫贡献毛益、边际利润，是指销售收入减去变动成本以后的差额。用公式表示为

$$边际贡献=销售收入-变动成本；单位边际贡献=销售单价-单位变动成本$$

边际贡献率是指边际贡献在销售收入中所占的百分率，反映了产品为企业创利的能力。其公式为

$$边际贡献率=\frac{边际贡献}{销售收入}\times100\%=\frac{销售收入-变动成本}{销售收入}\times100\%$$

变动成本率是指变动成本在销售收入中所占的百分率。其计算公式如下：

$$变动成本率=\frac{变动成本}{销售收入}\times100\%=\frac{单位变动成本}{单价}\times100\%$$

$$边际贡献率+变动成本率=1$$

任务二 本量利分析的基本模式

>>> 任务分析

本任务主要包括两方面的主要内容：损益方程式和本量利图。

损益方程式是本项目的核心内容。本任务介绍基本损益方程式及其变换形式、边际贡献损益方程式、边际贡献率损益方程式。我们应当在熟记基本损益方程式的基础上，理解和掌握边际贡献损益方程式和边际贡献率损益方程式，并能灵活运用。

本任务还介绍了本量利图的三种形式——标准本量利关系图、贡献本量利关系图和利量式本量利关系图的绘制步骤及特点。我们应该将这些特点和需要分析的对象相结合，把本量利图应用于生产经营中，并服务于管理者和决策者，帮助其做出正确的分析、判断和决策。

>>> 导入案例

红雪松旅馆拥有 10 间客房，每间售出客房的变动成本为 5 美元，如果平均房价为

20～30 美元，能售出250 间客房，30 天的固定成本是 2 500 美元。

红雪松旅馆的经理想知道若在 30 天内盈利 2 000 美元，应该如何定价。

一、损益方程式

(一) 基本损益方程式

基本损益方程式为

$$利润=销售量\times单价-销售量\times单位变动成本-固定成本$$

该方程式明确表达了本量利之间的数量关系。它含有互相联系的 5 个变量，给定其中 4 个变量便可求出另一个变量的值。

【例 3-6】某企业只生产一种产品，该产品的单位售价为 20 元/件，单位变动成本为 12 元/件，固定成本总额为 48 000 元。若计划期内预计生产销售该产品 8 000 件，则目标利润是多少？

解：

利润＝20×8 000－12×8 000－48 000＝16 000(元)

(二) 损益方程式的变换形式

▶ 1. 计算销售量的方程式

计算销售量的方程式为

$$销售量=\frac{固定成本+税前目标利润}{单价-单位变动成本}$$

【例 3-7】某企业只生产一种产品，该产品的单位售价为 20 元/件，单位变动成本为 12 元/件，固定成本总额为 48 000 元。若计划期内预计税前目标利润为 3 600 元，则销售量应达到多少件？

解：

$$销售量=\frac{固定成本+税前目标利润}{单价-单位变动成本}=\frac{48\ 000+3\ 600}{20-12}=6\ 450(件)$$

▶ 2. 计算单价的方程式

计算单价的方程式为

$$单价=\frac{固定成本+税前目标利润}{销售量}+单位变动成本$$

【例 3-8】某企业只生产一种产品，该产品的单位变动成本为 12 元/件，固定成本总额为 48 000 元。若计划期内预计生产销售该产品 6 500 件，预实现税前目标利润为 3 600 元，应把单价定为多少？

解：

$$单价=\frac{固定成本+税前目标利润}{销售量}+单位变动成本$$

$$=\frac{48\ 000+3\ 600}{6\ 500}+12\approx19.94(元)$$

▶ 3. 计算单位变动成本的方程式

计算单位变动成本的方程式为

$$单位变动成本=单价-\frac{固定成本+税前目标利润}{销售量}$$

【例 3-9】某企业只生产一种产品，该产品的单价为 20 元/件，固定成本总额为 48 000 元。若计划期内预计生产销售该产品 6 500 件，预实现税前目标利润为 3 600 元，应把单位变动成本控制在什么水平？

解：

$$单位变动成本=单价-\frac{固定成本+税前目标利润}{销售量}$$

$$=20-\frac{48\ 000+3\ 600}{6\ 500}\approx 12.06(元)$$

▶ 4. 计算固定成本的方程式

计算固定成本的方程式为

固定成本＝单价×销售量－单位变动成本×销售量－利润

【例 3-10】某企业只生产一种产品，该产品的单价为 20 元/件，单位变动成本为 12 元/件。若计划期内预计生产销售该产品 6 500 件，预实现税前目标利润为 4 000 元，应把固定成本控制在什么水平？

解：

固定成本＝单价×销售量－单位变动成本×销售量－利润

＝(20－12)×6 500－4 000＝48 000(元)

(三) 计算净利润的损益方程式

企业在编制利润表的时候有步骤，有公式支撑，而我们这里讲的损益方程式实际上是利润表的数学模型化。利润表有单步和多步计算两种方法，所以净利润损益方程式也可以分为单步式和多步式两种形式。

▶ 1. 单步式损益表

单步式损益表的基本格式是

税前利润＝销售收入－成本

税后利润＝利润－所得税

单步式损益表将本期所有收入加在一起，然后再把所有费用加在一起，两者相减，一次计算出损益，因此它的格式比较简单，读者易于了解，只需要经过一个运算步骤就可以计算出利润，反映一个企业收入、成本和利润的关系。一般情况下，这种利润表格式只适用于服务型行业和业务量或规模比较小的企业。又因为这种损益表所表示的都是未加工整理的原始资产，所以便于外界使用者阅读，尤其是在公开性较高的股份上市公司更是有优势。在西方，大的股份公司越来越多地采用这种格式。

本量利的基本损益方程式就是单步式损益表的模型化，两者的区别仅在于本量利模型要求成本根据其性态分为变动成本和固定成本两类，而单步式损益表没有对成本进行分类。

【例 3-11】某企业每月固定制造成本为 1 500 元，固定销售费用为 200 元，固定管理费用为 150 元；单位变动制造成本为 10 元，单位变动销售费用为 1 元，单位变动管理费用为 0.5 元；该企业产销一种产品，单价为 15 元，本月计划销售 1 000 件产品，其预期利润是多少？

解：

税前净利＝15×1 000－(10＋1＋0.5)×1 000－(1 500＋200＋150)

＝15 000－11 500－1850

=1 650(元)

销售收入=15×1 000=15 000(元)

成本总额=1 500+200+150+(10+1+0.5)×1 000=11 850(元)

税前利润=15 000-13 350=1 650(元)

▶ 2. 多步式损益表

多步式利润表计算的过程中，需要对当期的收入、费用、支出项目按性质加以归类，按利润形成的主要环节列示一些中间性利润指标，分步计算当期净损益。变动成本法有别于财务会计中的全部成本法，这两种方法下对成本分类的不同导致计算利润表的过程中的中间变量不一样。所以，多步式利润表可分为两种情况，即在全部成本法下的多步式利润表和在变动成本法下的多步式利润表。

(1) 在全部成本法下多步式损益表的基本格式为

毛利=销售收入-已售产品成本

税前利润=毛利-期间成本

即

税前利润=销售收入-已售产品成本-期间成本

这种格式的利润表在会计实务中的应用最广泛，编制过程中需要先将销售收入减去已销产品成本算出毛利，再扣除期间成本算出税前利润，最后扣除掉所得税求得净利润。

为使模型能反映本量利的关系，不仅要分解产品成本，还要分解销售费用、管理费用等期间成本。分解后，上述方程式变为

税前利润=销售收入-(变动生产成本+固定生产成本)-(变动销售和管理费用+固定销售和管理费用)

=单价×销售量-(单位变动生产成本+单位变动销售和管理费用)×销售量-(固定生产成本+固定销售和管理费用)

【例 3-12】某企业单位产品成本为 11 元/件，管理费用为 650 元，销售费用为 1 200，该企业产销一种产品，单价为 15 元；本月计划销售 1 000 件产品，其预期利润是多少？

解：

毛利=15×1 000-11×1 000=4 000(元)

税前利润=4 000-(650+1 200)=2 150(元)

(2) 在变动成本法下多步式损益表的基本格式为

边际贡献=销售收入-变动成本

税前利润=边际贡献-固定成本

税后利润=税前利润-所得税

上述公式只适用于生产一种产品的企业。

【例 3-13】某企业每月固定制造成本为 1 500 元，固定销售费用为 200 元，固定管理费用为 150 元；单位变动制造成本为 10 元，单位变动销售费用为 1 元，单位变动管理费用 0.5 元；该企业产销一种产品，单价为 15 元；本月计划销售 1 000 件产品，其预期利润是多少？

解：

税前利润=15×1 000-(10+1+0.5)×1 000-(1 500+200+150)

=15 000-11 500-1 850

=1 650(元)

（四）多种产品损益方程式

上述内容都是讨论企业生产单一产品的情况，但是企业生产产品一般都是多样化的，出于这种情况考虑，在这里引入了“联合单位”这个概念。

所谓联合单位，是指按一定实物量比例构成一组产品，可以用它来统一计量多品种企业的业务量。联合单位的个数为构成联合单位的各个产品实物量的最大公约数，其公式为

利润＝联合单位单价×联合单位销售量－联合单位变动成本×联合单位销售量－固定成本

根据以上给出的计算利润的公式可知它是将联合单位看成一个整体来计算的，在实际运用中，可以不必计算单件产品的利润，而是把一个联合单位当作是一箱产品，以计算每箱产品利润为目的，即以计算一个联合单位的利润为目的，计算出来之后乘以联合单位的个数(各种产品数量的最大公约数)，就可以算出企业的利润了。

【例 3-14】某企业生产 A、B、C 三种产品，其销量分别为 100、300、500 件，相关产品信息如表 3-1 所示，请计算这个企业的利润。

表 3-1　A、B、C 三种产品信息表

产　品	单价/(元/件)	单位变动成本/(元/件)	固定成本/元	销售量/件
A	20	15		100
B	15	12		300
C	10	8		500
合　计			1 000	

解：三种产品的实物量比例为 1∶3∶5。我们把 1 个 A 产品、3 个 B 产品和 5 个 C 产品构成一组产品称为 1 个联合单位。企业的总销量为 100 组即 100 个联合单位，它是各种产品实物量的最大公约数。每个联合单位包含的产品数量为各种产品数量与联合单位数量的比值：

A 产品：100÷100＝1

B 产品：300÷100＝3

C 产品：500÷100＝5

联合单位销量＝100(联合单位)

联合单位单价＝20×1＋15×3＋10×5＝115(元)

联合单位变动成本＝15×1＋12×3＋8×5＝91(元)

利润＝115×100－91×100－1 000＝1 400(元)

损益方程式的其他变换形式，也可以使用联合单位作为销售量的单位，应用于多品种企业。

二、边际贡献方程式

引入“边际贡献”这个概念，可把基本的损益方程式变形为包含“边际贡献”相关变量的新的方程式，称为边际贡献方程式。

（一）基本的边际贡献损益方程式

因为

边际贡献＝销售收入－变动成本

单位边际贡献＝单价－单位变动成本

所以

$$
\begin{aligned}
利润 &= 销售收入 - 变动成本 - 固定成本 \\
&= (单价 - 单位变动成本) \times 销售量 - 固定成本 \\
&= 边际贡献 - 固定成本 \\
&= 单位边际贡献 \times 销售量 - 固定成本
\end{aligned}
$$

▶ 1. 单品种产品基本的边际贡献损益方程式的应用

【例 3-15】某企业只生产甲产品，单价为 18 元，单位变动成本为 9 元，销量为 500 件，固定成本为 1 500 元，求企业的利润。

解：

利润＝(18－9)×500－1 500＝3 000(元)

以上方程式，根据需要可变换成其他形式。

▶ 2. 多品种产品基本的边际贡献损益方程式的应用

【例 3-16】某企业生产三种产品 A、B、C，固定成本为 1 500 元，有关资料如表 3-2 所示，请计算该企业的预期利润。

表 3-2　A、B、C 三种产品信息表

产　品	单价/(元/件)	单位变动成本/(元/件)	单位边际贡献/(元/件)	销售量/件
A	20	15	5	100
B	15	12	3	300
C	10	8	2	500

解：

联合单位销售量＝100(联合单位)

每联合单位构成＝1∶3∶5

每联合单位单价＝20×1＋15×3＋10×5＝115(元)

每联合单位变动成本＝15×1＋12×3＋8×5＝91(元)

每联合单位边际贡献＝115－91＝24(元)

利润＝销售量×单位边际贡献－固定成本＝100×24－1 500＝900(元)

(二) 边际贡献率方程式

损益方程式也可以利用边际贡献率这一变量进行改写。因为

$$边际贡献率 = \frac{边际贡献}{销售收入} \times 100\%$$

$$边际贡献 = 边际贡献率 \times 销售收入$$

$$
\begin{aligned}
利润 &= 边际贡献 - 固定成本 \\
&= 边际贡献率 \times 销售收入 - 固定成本
\end{aligned}
$$

▶ 1. 单品种产品边际贡献率损益方程式的应用

【例 3-17】某企业只生产甲产品，单价为 18 元，单位变动成本为 9 元，销量为 500 件，固定成本为 1 500 元，求企业的利润。

解：

$$边际贡献率 = \frac{18-9}{18} \times 100\% = 50\%$$

利润＝18×500×50％－1500＝3 000(元)

以上方程式，根据需要可变换成其他形式。

▶ 2. 多品种产品边际贡献率损益方程式的应用

多品种产品下，运用边际贡献率损益方程式计算利润的重点及难点主要在于计算企业综合边际贡献率。一般计算步骤如下：

(1) 计算各产品的边际贡献率：

$$边际贡献率＝(单价－单位变动成本)/单价$$

(2) 计算各种产品销售额在总销售额中所占的比重：

$$销售比重＝\frac{各种产品的销售额}{销售总额}\times 100\%$$

(3) 计算各种产品的加权平均贡献边际率：

$$加权平均边际贡献率＝\sum(各种产品的边际贡献率\times 各种产品的销售比重)$$

(4) 代入边际贡献率损益方程式，求得利润。

【例 3-18】某公司生产甲、乙、丙三种产品，单价资料如表 3-3 所示，试运用边际贡献率损益方程式求公司的利润。

表 3-3 某公司产品信息表

摘　要	甲产品	乙产品	丙产品
预计销量/件	1 000	1 500	2 000
销售单价/元	35	10	25
单位变动成本/元	28	6	16
固定成本总额/元	15 500		

解：将上述资料计算整理如表 3-4 所示。

表 3-4 某公司产品信息表

摘　要	甲产品	乙产品	丙产品	合　计
单位边际贡献/元	7	4	9	—
边际贡献率	20%	40%	36%	—
销售额/元	35 000	15 000	50 000	100 000
销售比重	35%	15%	50%	100%

加权平均边际贡献率＝20％×35％＋40％×15％＋36％×50％＝31％

利润＝边际贡献率×销售收入－固定成本

＝31％×100 000－15 500

＝15 500(元)

三、本量利图

将成本、销售量、利润的关系反映在直角坐标系中，即成为本量利图，能清晰地反映企业不盈利也不亏损时应达到的产销量。用图示表达本量利的相互关系，不仅形象直观、一目了然，而且容易理解。

根据分析目的和信息的不同，本量利图也有多种形式，主要有以下三种。

(一) 标准本量利关系图

设固定成本为a，单位变动成本为b，单价为p。

▶ 1. 标准本量利关系图的绘制

(1) 选定直角坐标系，以横轴表示销售数量，以纵轴表示成本和销售收入的金额。

(2) 在纵轴上找出固定成本数值，以此点(o，a)为起点，绘制一条与横轴平行的固定成本线$y=a$。

(3) 以点(o，a)为起点，以单位变动成本为斜率，绘制变动成本总成本线$y=a+bx$。

(4) 以坐标原点$o(0，0)$为起点，以单位为斜率，绘制销售收入线$y=px$。

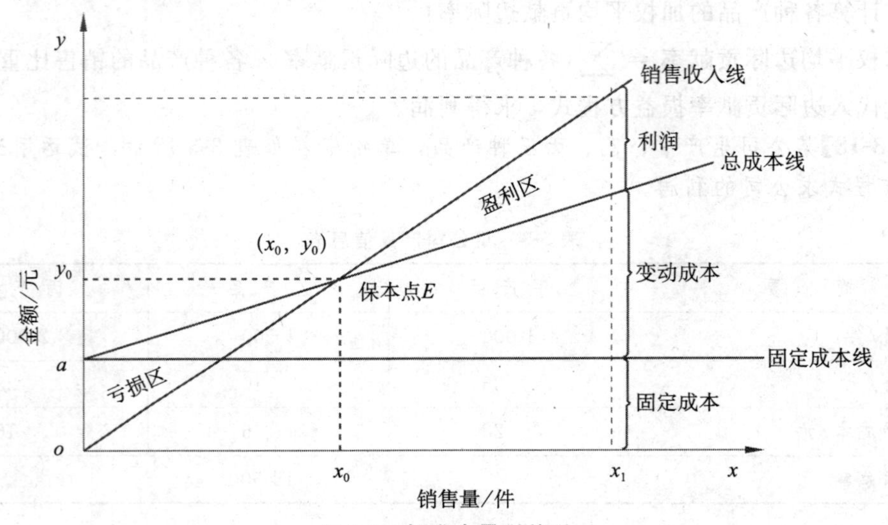

图 3-1　标准本量利关系

▶ 2. 标准本量利关系图的特点

标准本量利关系图所反映的总成本是以固定成本为基础，能在图中清晰地反映出固定成本总额不变性的特点；同时能揭示安全边际、保本点、盈利三角区与亏损三角区的关系。

(1) 在盈亏临界点不变的情况下，如果产品销售量超过一个单位的业务量，即可获得一个单位边际贡献的盈利。销售量越大，能实现的利润就越多，或发生的亏损越小；销售量越小，能实现的利润就越少，或亏损越多。

(2) 在销售量不变的情况下，盈亏临界点越低，能实现的利润就越多，或发生的亏损就越少；反之，盈亏临界点越高，能实现的利润就越少，或发生的亏损就越多。

(3) 在销售收入既定的情况下，盈亏临界点的高低取决于固定成本和变动成本的多少。固定成本越多或单位变动成本越多，盈亏临界点就越高；反之，盈亏临界点就越低。

(4) 在销售总成本既定的情况下，盈亏临界点的高低受到单价变动的影响。产品的单价越高，表现为销售收入线的斜率越大，盈亏临界点就越低；反之，盈亏临界点就越高。

(二) 贡献式本量利关系图

贡献式本量利关系图是一种将固定成本置于变动成本线之上，能直观地反映边际贡献、固定成本及利润之间关系的图形。

▶ 1. 贡献式本量利关系图的绘制

这种图绘制的特点是先画变动成本线 $y=bx$，然后在此基础上以(o，a)为起点画一条与变动成本线 bx 平行的总成本线 $y=a+bx$。其他部分的绘制方法与标准本量利关系相同。

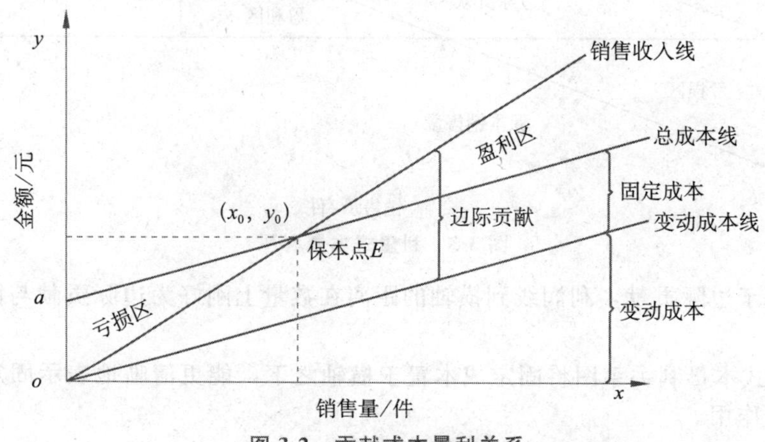

图 3-2 贡献式本量利关系

▶ 2. 贡献式本量利关系图的特点

(1) 贡献式本量利关系图强调的是边际贡献及其形成过程。

(2) 盈亏临界点的边际贡献刚好等于固定成本；超过盈亏临界点的边际贡献大于固定成本，也就是实现了利润；而不足盈亏临界点的边际贡献小于固定成本，则表明发生了亏损。

(3) 贡献式本量利关系图更符合变动成本法的思路，也更符合盈亏临界点分析的思路。

(三) 利量式本量利关系图

利量式本量利关系图是一种以横轴代表业务量，纵轴代表利润或边际贡献，能直观地反映业务量与边际贡献、固定成本及利润之间关系的图形。

▶ 1. 利量式本量利关系图的绘制

(1) 确定直角坐标系，横轴表示销量(可用金额，也可用实物量)，纵轴表示利润或边际贡献；原点以上部分为正值，原点以下部分为负值，即亏损数额。

(2) 任取一个销售量(x_1)，计算其相应的利润(y_1)，通过点(x_1，y_1)和(0，$-a$)画一条线，即为利润线，它与横轴的交点(x_0)为保本点。

(3) 过原点 o 画一条与利润线平行的直线，即为边际贡献线。

▶ 2. 利量式本量利关系图的特点

(1) 利量式本量利关系图是最简单的一种，更易于为企业的管理人员所理解和接受。

(2) 它最直接地表达了销售量与利润之间的关系：当销售量为零时，企业的亏损等于固定成本；随着销售量的增长，亏损逐渐降低直至盈利。

(3) 如图 3-3 所示，利润线与边际贡献线的垂直距离差等于固定成本，边际贡献线与

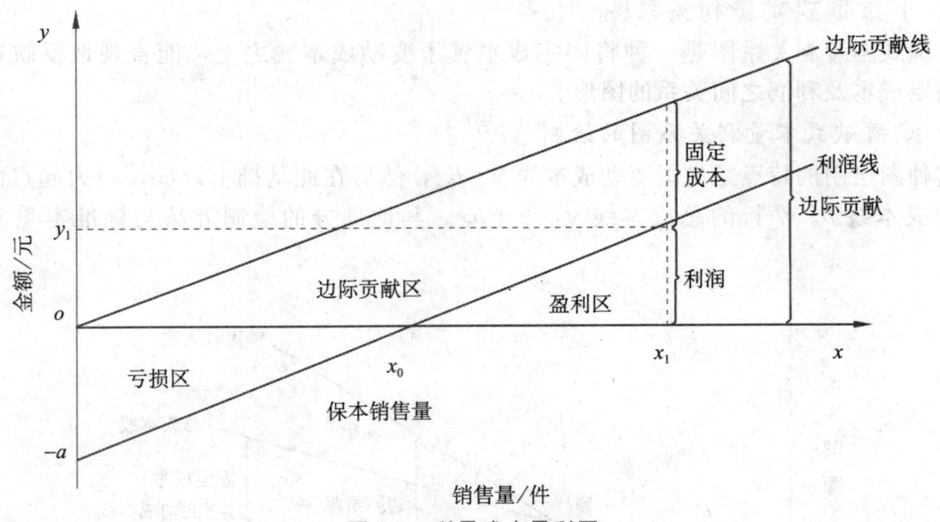

图 3-3　利量式本量利图

横轴的距离等于边际贡献，利润线到横轴的距离在数量上刚好为边际贡献与固定成本的距离，也即利润。

(4) 利量式本量利关系图将固定成本置于横轴之下，能更清晰地表示固定成本在企业盈亏中的特殊作用。

>>> 任务小结

基本损益方程式：

利润＝销售量×单价－销售量×单位变动成本－固定成本

基本损益方程式的变换形式：

$$销售量=\frac{固定成本+税前目标利润}{单价-单位变动成本}$$

$$单价=\frac{固定成本+税前目标利润}{销售量}+单位变动成本$$

$$单位变动成本=单价-\frac{固定成本+税前目标利润}{销售量}$$

固定成本＝单价×销售量－单位变动成本×销售量－利润

全部成本法下：

税前利润＝销售收入－已售产品成本－期间成本

变动成本法下：

税前利润＝销售收入－变动成本－固定成本

多产品损益方程式：

利润＝联合单位单价×联合单位销售量－联合单位变动成本×－固定成本

边际贡献损益方程式：

利润＝边际贡献－固定成本

＝单位边际贡献×销售量－固定成本

＝边际贡献率×销售收入－固定成本

任务三 本量利分析的应用

>>> 任务分析

保本点在管理会计中是一项重要的内容，本任务围绕保本点的相关内容展开，主要包括两大部分：一是有关保本点的相关计算，包括保本量、保本额、保本点作业率、安全边际销售量、安全边际销售额以及安全边际率的计算；二是固定成本、单价以及单位变动成本这三个变量中，其中一个变量变动，另外两个变量不变，对于保本点的影响。掌握保本点相关指标的计算，才能判断企业相关项目的可行性。当未来的生产经营规模超过所确定的保本点时，则项目可行；反之，项目不可行。

>>> 导入案例

北京市当代剧院是一家以服务社区、为群众提供高雅艺术作品的非营利组织。日前该剧院已经宣告了其来年的经营安排。根据剧院的管理导演麦根的意向，新一季的第一部戏将是《莎士比亚著作集锦》。“人们将会喜欢这部戏剧，”麦根说道，“它确实令人捧腹大笑。它拥有所有最著名的饰演莎士比亚戏剧角色的一线演员。演出尝试展示 37 部戏剧和 154 首十四行诗，而所有这一切仅仅在两小时内完成。”

虽然每月卖出大约 8 000 张戏票，麦根说他希望这会是剧院最好的一年。“记住，”他指出，“对我们来说，好的年份并不意味着较高的利润，因为当代剧院是个非营利组织。对我们来说，好的年份意味着许多人观看我们的戏剧，享受我们所能提供的最好的当代剧院艺术。”

麦根解释说，当北京市政府同意其使用具有历史意义的市剧院做当代剧院时，戏剧公司从中获得了很大的发展。“北京市可获得月租费，外加一份来自戏票销售收入的报酬。我们尽力保持票价的合理性，因为我们的目标是将戏剧带入尽可能多的人的生活中去。当然，从财务上说，我们的目标是每年收支刚好持平。我们不想获利，但是我们也不能亏损运作。我们要支付剧本的版税、演员以及其他雇员的工资、保险费以及公用事业费等。陶醉在戏剧里是很容易的，但是注意到事情的商业方面也是我工作的一个重要部分。有时，寻求我们的损益平衡点是很棘手的。”

你能用自己学过的知识来对这个当代剧院的门票进行定价，满足剧院不想获利也不亏损(保本)运作的要求吗？

保本点的分析也称盈亏平衡分析，保本点的分析和把握是本量利分析的一项重要的内容。保本点在管理会计中也是一项很重要的管理信息，因为它是判定未来的生产经营活动是否有利可图，从而是否应该进行的标准。如果未来的生产经营规模超过所确定的保本点，则这种生产经营活动实际进行的结果，将会为企业带来生产经营的利润，因而它就是合理的、可行的；反之，如果未来的生产经营规模低于所确定的保本点，则其进行的结果将会使企业亏损，因而它就是不可行。

一、保本点的确定与分析

保本点也叫盈亏临界点、损益分界点、损益两平点、够本点等。它指的是企业收入和成本相等的经营状态，即边际贡献等于固定成本时，企业所处的既不盈利又不亏损的状态。

（一）保本量

根据保本点的定义可知，保本量指的是利润为零时的销售量。因为

$$利润=(单价-单位变动成本)\times 销售量-固定成本$$

所以令利润=0，则

$$(单价-单位变动成本)\times 保本点销售量-固定成本=0$$

$$保本点销售量=\frac{固定成本}{单价-单位变动成本}$$

又因为

$$单位边际贡献=单价-单位变动成本$$

所以保本量的公式又可写为

$$保本点销售量=\frac{固定成本}{单位边际贡献}$$

【例 3-19】设某企业生产和销售单一产品，该产品的单位售价为 50 元，单位变动成本为 30 元，固定成本为 50 000 元，该企业的保本点销售量为多少件？

解：

$$\begin{aligned}保本点销售量&=\frac{固定成本}{单价-单位变动成本}\\&=\frac{50\ 000}{50-30}\\&=2\ 500(件)\end{aligned}$$

如果企业生产多种产品，使用上述公式计算，可用联合单位表示其销售量。一般地，使用联合单位计算多品种企业的保本量，只适用于事先掌握多品种之间客观存在的相对稳定产销实物量比例的关系。

$$联合保本量=\frac{固定成本}{联合单价-联合单位变动成本}$$

$$某产品保本量=联合保本量\times 该产品销售量比$$

【例 3-20】某企业生产三种产品，预计全年固定成本总额为 300 000 元，其他资料如表 3-5 所示。试求企业保本量和各产品的保本量。

表 3-5　产品信息表

品　种	销 售 量	单　价	单位变动成本/(元/件)	销售收入/元	边际贡献/元	边际贡献率
A	100 000 件	10 元/件	8.5	1 000 000	150 000	15%
B	25 000 台	20 元/台	16	500 000	100 000	20%
C	10 000 套	50 元/套	25	500 000	250 000	50%

解：用联合单位法进行保本分析。

(1) 确定产品销量比。

A∶B∶C=10∶2.5∶1

(2) 确定每个联合单位单价。

$p=10\times10+20\times2.5+50\times1$

$=200$

(3) 确定每个联合单位变动成本。

$b=8.5\times10+16\times2.5+25\times1$

$=150$

(4) 计算联合保本量。

$$x=\frac{300\ 000}{200-150}=6\ 000$$

(5) 计算各产品的保本量。

A 产品保本量=6 000×10=60 000(件)

B 产品保本量=6 000×2.5=15 000(台)

C 产品保本量=6 000×1=6 000(套)

(二) 保本额

利用销售额来表示保本点的公式进行推导，令利润等于零，此时的销售额为保本点销售额，即

$$0=\text{保本点销售额}\times\text{边际贡献率}-\text{固定成本}$$

$$\text{保本点销售额}=\frac{\text{固定成本}}{\text{边际贡献率}}=\frac{\text{固定成本}}{1-\text{变动成本率}}$$

【例 3-21】某企业 2014 年销售额为 2 400 万元，固定费用为 800 万元，变动费用为 1 200万元。试计算平衡点对应的销售额。

解：

$$\text{保本点销售额}=\frac{800}{1-\frac{1\ 200}{2\ 400}}=1\ 600(\text{万元})$$

【例 3-22】某企业固定成本 6 300 元，其他有关资料如表 3-6 所示。求这个企业的保本点销售额。

表 3-6 产品信息表

产品品种	A1	A2	A3
单价/(元/件)	18	20	50
单位变动成本/(元/件)	8	12	34
单位边际贡献/(元/件)	10	8	16
计划销售量/件	500	300	100
计划销售收入/元	9 000	6 000	5 000

解：

每联合单位产品构成＝5∶3∶1

联合单位单价＝5×18＋3×20＋1×50＝200(元)

联合单位变动成本＝5×8＋3×12＋1×34＝110(元)

$$保本点销售额=\frac{6\ 300}{1-\frac{110}{200}}=14\ 000(元)$$

(三) 保本作业率

保本作业率指保本点的销量占企业正常销量的百分比。所谓正常的销量，是指在正常市场环境和企业正常开工情况下产品的销量。

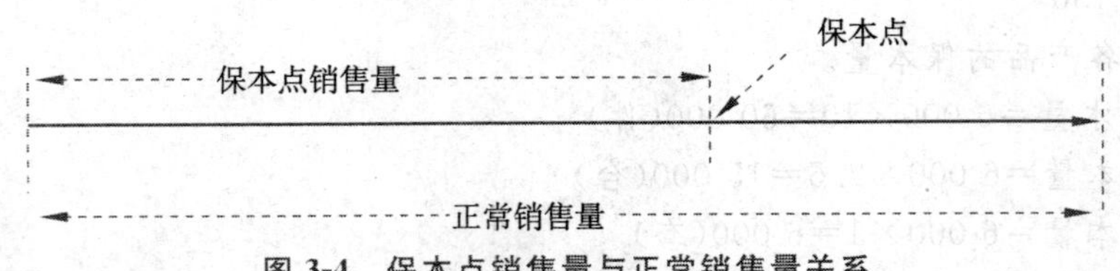

图 3-4 保本点销售量与正常销售量关系

所谓保本作业率又叫“危险率”，是指保本点业务量(额)占正常销售业务量(额)的百分比，该指标是一个反指标，越小说明越安全。由于企业通常应该按照正常的销量来安排产品生产，在合理库存下，产品产量与正常销售量应该大体一致。所以，还可以表明企业在保本状态下生产能力的利用程度。

保本作业率除了可以用销售量求得，还可以用销售额表示，即

$$保本作业率=\frac{保本销售额}{正常销售额}\times100\%=\frac{保本销售量}{正常销售量}\times100\%$$

【例 3-23】某企业 2001 年只生产 A 种产品，单价为 10 元/件，单位变动成本为 6 元/件，全年固定成本为 30 000 元，当年生产量为 12 000 件。试计算保本作业率。

解：

保本销售量＝30 000 /(10－6)＝7 500(件)

保本作业率＝(7 500/12 000)×100％＝62.5％

说明：作业率只有达到 62.5％以上，该企业才能取得盈利，否则就会发生亏损。

(四) 安全边际的确定与分析

▶ 1. 安全边际销售量

安全边际销售量，是指企业实际(预计)销售量超过保本点销售量的差额。安全边际销售量表明企业的销售量下降多少，仍不至于发生亏损，即安全边际数越大，企业发生亏损的可能性就越小，企业的生产经营活动就越安全。用公式可表示为

$$安全边际销售量=实际(预计)销售量-保本点销售量$$

▶ 2. 安全边际销售额

安全边际销售额，是指企业实际(预计)销售额超过保本点销售额的差额。安全边际销售额与安全边际销售量是对应的关系，安全边际销售额越大，企业发生亏损的可能性就越小，企业的生产经营活动就越安全。

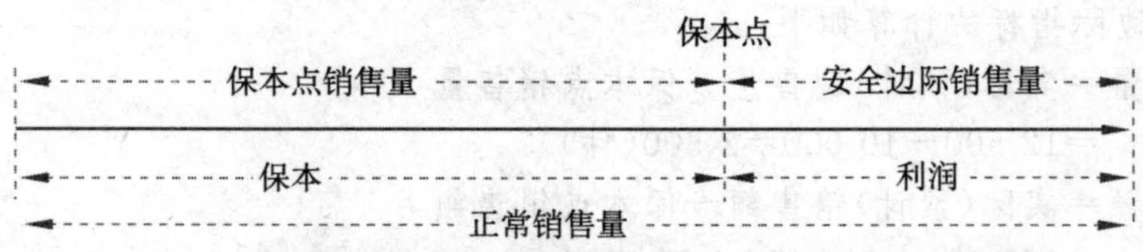

图 3-5 保本点销售量、正常销售量与安全边际销售量关系

安全边际销售额＝实际(预计)销售额－保本点销售额

▶ 3. 安全边际率

企业生产经营的安全性，还可以用安全边际率来表示。安全边际率是指安全边际与实际(预计)销售量之间的比率，计算公式如下：

$$安全边际率=\frac{安全边际销售量}{实际(预计)销售量}\times100\%$$

人们根据企业实际经营安全程度的等级和安全边际率经验数据的一定分布区间，设计了评价企业经营安全程度的一般标准。表 3-7 就是西方企业经常使用的经营安全程度标准。

表 3-7 西方企业经营安全程度一般标准表

安全边际率	40%以上	30%～40%	20%～30%	10%～20%	10%以下
安全程度	很安全	安全	较安全	值得注意	危险

安全边际和安全边际率都是正指标，即越大越好。西方一般用安全边际率来评价企业经营的安全程度。它反映企业在一定条件下的经营水平到保本点业务量还有多大距离，即表明销售额下降多少企业仍不致亏损。这一距离说明企业距离亏损边缘的安全程度，距离越大，说明企业越安全，否则说明企业越危险。

▶ 4. 安全边际销售量与保本点的关系

安全边际销售量＝正常销售量－保本销售量

正常销售量＝安全边际销售量＋保本销售量

等式左右两边同时除以正常销售量，得：

1＝安全边际率＋保本作业率

从安全边际销售量与保本点的上述关系式可以看到，只有安全边际销售量能为企业提供利润，而保本销售量只能为企业收回固定成本。

【例 3-24】某企业只生产 A 产品，单价为 10 元/件，单位变动成本为 6 元/件，固定成本为 40 000 元。2015 年生产经营能力为 12 500 件。假设，该企业的预算销售量为 12 500件。

要求：

(1) 计算该企业的安全边际指标；

(2) 计算该企业的保本作业率；

(3) 验证安全边际率与保本作业率的关系；

(4) 评价该企业的经营安全程度。

解：

保本量＝40 000÷(10－6)＝10 000(件)

保本额＝10 000×10＝100 000(元)

(1) 安全边际指标的计算如下：

安全边际量＝实际(预计)销售量－保本点销售量

＝12 500－10 000＝2 500(件)

安全边际额＝实际(预计)销售额－保本点销售额

＝125 000－100 000＝25 000(元)

安全边际率＝2 500÷12 500×100％＝20％

(2) 保本作业率＝10 000÷12 500×100％＝80％

(3) 安全边际率＋保本作业率＝20％＋80％＝1

(4) 因为安全边际率为20％，通过查表可以断定该企业恰好处于值得注意与比较安全的临界点。

▶ 5. 安全边际销售量与利润的关系

只有超过保本点的安全边际销售量才能给企业提供利润，安全边际范围内的边际贡献就是企业利润。安全边际部分的销售额减去其自身变动成本后成为企业利润，即安全边际中的边际贡献等于企业利润。安全边际与利润的关系分析如下：

利润＝销售收入－变动成本－固定成本

＝边际贡献－固定成本

＝销售收入×边际贡献率－固定成本

＝销售收入×边际贡献率－保本销售收入×边际贡献率

＝(销售收入－保本销售收入)×边际贡献率

【例3-25】某企业只生产A产品，单价为10元/件，单位变动成本为6元/件，固定成本为40 000元。2015年生产经营能力为12 500件。假设该企业的预算销售量为12 500件。

要求：分别用基本损益方程式和安全边际销售量与利润之间的关系式计算企业的利润。

解：

(1) 利润＝销售收入－变动成本－固定成本

＝(10－6)×12 500－40 000＝10 000(元)

(2) 边际贡献率＝(10－6)÷10＝40％

保本销售收入＝40 000÷40％＝100 000(元)

利润＝(销售收入－保本销售收入)×边际贡献率

＝(125 000－100 000)×40％＝10 000(元)

结果说明，两种不同的方法结果是相同的。安全边际销售量与利润之间的关系，又给利润的计算提供了新的方法，为企业的经营管理发挥更强大的作用。

二、各因素变动对保本点影响的分析

根据保本量的计算公式，固定成本、单价和单位变动成本都会影响保本量的大小。而在根据这些因素计算保本量的时候，都是假定这些因素是不变的，但实际上这种静态平衡是不可能维持很久的。下面结合例题并假定当其中一个因素变动，其他两个因素不变的情况下，对保本点的影响。

【例3-26】企业只生产和销售一种产品，单价为20元，单位变动成本为12元，固定成本为40 000元，销售量为8 000只。求保本点销售量和保本额。

解：

单位边际贡献＝20－12＝8(元)

边际贡献率＝8÷20×100％＝40％

保本量＝40 000÷8＝5 000(只)

保本额＝5 000×20＝100 000(元)

(一) 固定成本变动对保本点的影响

固定成本总额增加，单位边际贡献和边际贡献率不变，保本量和保本额上升，企业盈利能力下降；反之，保本量和保本额下降，企业盈利能力下降。所以固定成本的变动会引起保本点同方向变动。

在本量利图上，固定成本的变动表现为总成本线平行移动。固定成本增加，总成本线往上平行移动，保本点 Q 会向右移动；固定成本减少，总成本线往下平行移动，保本点 Q 会向左移动。假设变动前保本点为 Q_0，变动后保本点为 Q_1，如图 3-6 所示。

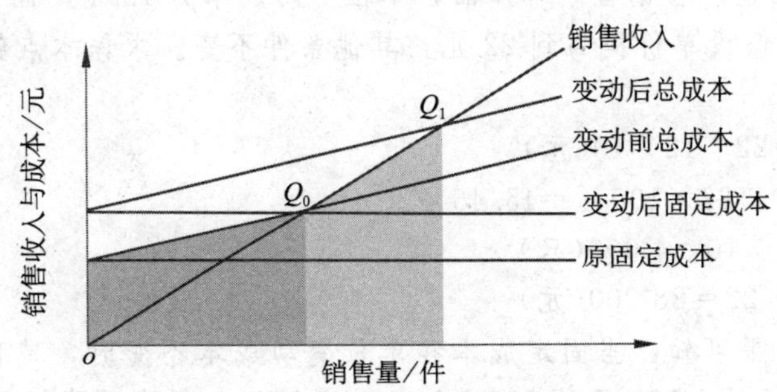

图 3-6　固定成本变动对保本点的影响

【例 3-27】企业只生产和销售一种产品，单价为 20 元，单位变动成本为 12 元，销售量为 8 000 只。假设由于广告费用增加，固定成本总额增加到 48 000 元，其他条件不变。求保本点销售量和保本额。

解：

单位边际贡献＝20－12＝8(元)

边际贡献率＝8÷20×100％＝40％

保本量＝48 000÷8＝6 000(只)

保本额＝6 000×20＝120 000(元)

通过以上计算结果可知，当单价和单位变动成本不变时，固定成本由原来的 40 000 元变为 48 000 元，保本量增加了 1 000 只(6 000－5 000＝1 000)，保本额增加了 20 000 元(120 000－100 000＝20 000)，说明保本点与固定成本呈正向变动。

(二) 价格变动对保本点的影响

单价上升，单位边际贡献和边际贡献率上升，保本量和保本额下降，企业盈利能力上升；反之，保本量和保本额上升，企业盈利能力下降。所以单价的变动会引起保本点反方向变动。

在本量利图上，单价的变动表现为总收入线的斜率变动，在图像上面体现为总收入线与 x 轴的夹角增大。价格增大，总收入线往上倾斜，保本点 Q 会向左移动；价格减少，总收入线往下倾斜，保本点 Q 会向右移动。假设变动前保本点为 Q_0，变动后保本点为 Q_1，如图 3-7 所示。

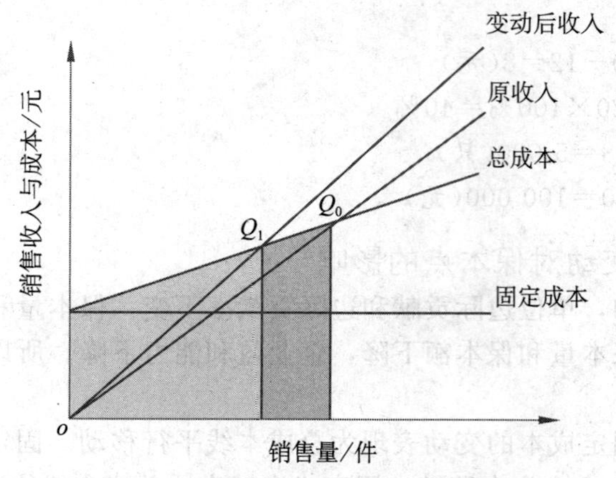

图 3-7　价格变动对保本点的影响

【例 3-28】企业只生产和销售一种产品，单位变动成本为 12 元，固定成本为 40 000 元，销售量为 8 000 只。假设单价提高到 22 元，其他条件不变。求保本点销售量和保本额。

解：

单位边际贡献＝22－12＝10(元)

边际贡献率＝10÷22×100％＝45.45％

保本量＝40 000÷10＝4 000(只)

保本额＝4 000×22＝88 000(元)

通过以上计算结果可知，当固定成本和单位变动成本不变时，单价由原来的 20 元变为 22 元，保本量降低了 1 000 只(5 000－4 000＝1 000)，保本额降低了 12 000 元(100 000－88 000＝12 000)，说明保本点与固定成本呈反向变动。

(三) 单位变动成本变动对保本点的影响

单位变动成本增加，单位边际贡献和边际贡献率下降，保本量和保本额上升，企业盈利能力下降；反之，保本量和保本额下降，企业盈利能力上升。单位变动成本的变动会引起保本点同方向变动。

在本量利图上，单位变动成本的变动表现为总成本线的斜率变动，在图像上面体现为总成本线与 x 轴的夹角增大。单位变动成本增加，总成本线往上倾斜，保本点 Q 会向右移动；单位变动成本减少，总成本线往下倾斜，保本点 Q 会向左移动。假设变动前保本点为 Q_0，变动后保本点为 Q_1，如图 3-8 所示。

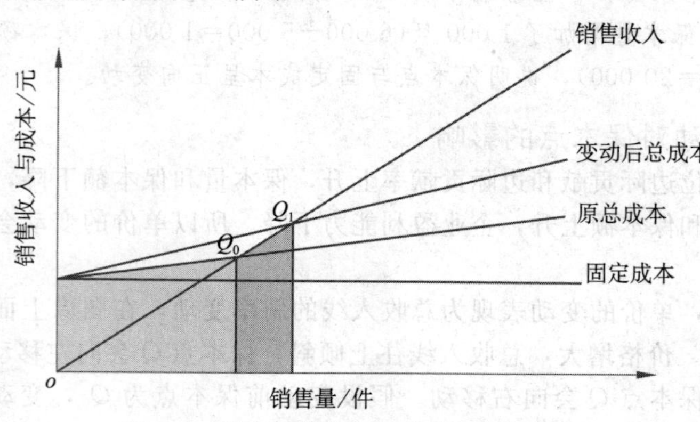

图 3-8　单位变动成本变动对保本点的影响

【例 3-29】企业只生产和销售一种产品，单价为 20 元，固定成本为 40 000 元，销售量为 8 000 只。假设由于人工价格上涨，单位变动成本增加到 15 元，其他条件不变。求保本点销售量和保本额。

解：

单位边际贡献＝20－15＝5(元)

边际贡献率＝5÷20×100％＝25％

保本量＝40 000÷5＝8 000(只)

保本额＝8 000×20＝160 000(元)

通过以上计算结果可知，当单价和单位变动成本不变时，单位变动成本由原来的 10 元变为 15 元，保本量增加了 3 000 只(8 000－5 000＝3 000)，保本额增加了 60 000 元(160 000－100 000＝60 000)，说明保本点与固定成本呈正向变动。

(四) 产品品种构成变动对保本点的影响

品种结构的变动会引起保本点变动，但变动方向不定，取决于边际贡献率。当边际贡献率低的产品销售比重增加时，将引起综合边际贡献率下降，保本点上升，企业的获利能力下降；反之，当边际贡献率高的产品销售比重增加时，将引起综合边际贡献率上升，保本点下降，企业的获利能力上升。

所以，当企业同时生产多种产品的时候，应综合考虑产、销、供等方面的有关因素，正确确定经济合理的品种构成。

【例 3-30】假设企业产销 A、B 两种产品，销售单价分别为 40 元和 60 元，单位变动成本分别为 26 元和 30 元，销售比重分别为 30％和 70％，固定成本总额为 400 400 元。则

A 产品的边际贡献率＝(40－26)÷40×100％＝35％

B 产品的边际贡献率＝(60－30)÷60×100％＝50％

加权平均边际贡献率＝35％×0.3＋50％×0.7＝45.5％

综合保本额＝400 400÷45.5％＝880 000(元)

【例 3-31】假设企业产销 A、B 两种产品，销售单价分别为 40 元和 60 元，单位变动成本分别为 26 元和 30 元，固定成本总额为 400 400 元。假设 A、B 两种产品的销售比重分别变为 20％和 80％，其他条件不变，则

加权平均边际贡献率＝35％×0.2＋50％×0.8＝47％

综合保本额＝400 400÷47％≈851 914.89(元)

>>> 任务小结

公式小结：

$$保本点销售量=\frac{固定成本}{单价-单位变动成本}=\frac{固定成本}{单位边际贡献}$$

$$联合保本量=\frac{固定成本}{联合单价-联合单位变动成本}$$

$$保本点销售额=\frac{固定成本}{边际贡献率}=\frac{固定成本}{1-变动成本率}$$

$$保本作业率=\frac{保本销售额}{正常销售额}\times 100\%=\frac{保本销售量}{正常销售量}\times 100\%$$

安全边际销售量＝实际(预计)销售量－保本点销售量

安全边际销售额＝实际(预计)销售额－保本点销售额

$$安全边际率=\frac{安全边际销售量}{实际(预计)销售量}\times 100\%$$

安全边际率＋保本作业率＝1

利润＝(销售收入－保本销售收入)×边际贡献率

各因素变动对保本点的影响：固定成本的变动会引起保本点同方向变动；单价的变动会引起保本点反方向变动；单位变动成本的变动会引起保本点同方向变动；产品的品种结构的变动会引起保本点变动，但变动方向不定，取决于边际贡献率。

任务四　本量利的敏感性分析

>>> 任务分析

本量利关系中的敏感性分析主要研究两个方面的问题：一是有关因素发生多大变化时会使企业由盈利变为亏损，即有关因素临界值的确定；二是有关因素变化对利润变化的影响程度。敏感性分析研究的是，当一个系统的条件发生变化时，将导致这个系统发生什么样的变化，是变化大(敏感)还是变化小(不敏感)。

>>> 导入案例

某厂生产新产品，销售价格为200元，2003年销售量为1 000台，固定成本总额为8万元，变动成本总额为10万元。要把企业管理好或把项目运做好，关键是要有正确的决策做保证，而正确决策，单凭个人经验或者拍脑袋，对现代化大生产是远远不够的，还必须有大量的科学依据。盈亏分析就是依据之一。事先要谋划、要决策，而投资、成本、销量、价格等每项因素都可能带有不确定性。

你能对这个工厂进行盈亏分析吗？如果价格变动1个单位，你能确定利润成多少倍数变动吗？

敏感性分析是研究与分析一个系统因周围条件发生变化而引起其状态或输出结果变化的敏感程度的方法。具体而言，它是求得某个模型的最优解后，研究模型中某个或若干个参数允许变化多大，仍能使原最优解的条件保持不变。或者在参数变化超出允许范围，原最优解已不能保持时，提供一套简捷的计算方法，重新求得最优解。

实践中，对本量利敏感性分析的作用主要体现在：一是确定影响项目经济效益的敏感因素，找出影响最大、最敏感的主要变量因素，进一步分析、预测或估算其影响程度，找出产生不确定性的根源，采取相应的有效措施；二是计算主要变量因素的变化引起项目经济效益评价指标变动的范围，使决策者全面了解建设项目投资方案可能出现的经济效益变动情况，以减少和避免不利因素的影响，改善和提高项目的投资效果；三是通过各种方案敏感度大小的对比，区别敏感度大或敏感度小的方案，选择敏感度小的，即风险小的项目作投资方案；四是通过可能出现的最有利与最不利的经济效益变动范围的分析，为投资决策者预测可能出现的风险程度，并对原方案采取某些控制措施或寻找可替代方案，为最后确定可行的投资方案提供可靠的决策依据。

一、有关因素临界值的确定

所谓临界值的计算，就是求取达到盈亏临界点(即利润为零时)的销售量和单价的最小允许值以及单位变动成本和固定成本的最大允许值，又称为最大最小法。

临界值：利润＝单位产品边际贡献×销售量－固定成本＝(单价－单位变动成本)×销售量－固定成本。

所谓临界值的计算实质是在保证企业不赔不赚的情况下(保本状态下)，观察各因素的容忍程度。因此，当利润为零时求取最大最小值的有关公式如下：

销售量临界值＝固定成本÷(单价－单位变动成本)

销售单价临界值＝单位变动成本＋固定成本÷销售量

单位变动成本临界值＝销售单价－固定成本÷销售量

固定成本临界值＝销售量×(销售单价－单位变动成本)

【例 3-32】企业只生产一种产品，单价为 2 元，单位变动成本为 1.20 元，预计明年固定成本为 40 000 元，产销量计划达 100 000 件。有关参数发生多大变化使盈利转为亏损？

解：

预计明年销售利润＝100 000×(2－1.20)－40 000＝40 000(元)

(1) 单价的最小值。

设单价为 P：

$100\,000\times(P-1.20)-40\,000=0$

$P=1.60$(元)

单价降到少于 1.60 元，即降低大于 20%(0.40÷2)时企业由盈利转为亏损。

(2) 单位变动成本的最大值。

设单位变动成本为 V：

$100\,000\times(2-V)-40\,000=0$

$V=1.60$(元)

单位变动成本由 1.20 元上升至 1.60 元时，企业利润由 40 000 元降至零。此时，单位变动成本上升了 33%(0.40÷1.20)。

(3) 固定成本最大值。

设固定成本为 F：

$100\,000\times(2-1.20)-F=0$

$F=80\,000$(元)

固定成本增至 80 000 元时，企业由盈利转为亏损，此时固定成本增加了 100%(40 000÷40 000)。

(4) 销售量最小值(盈亏临界点销售量)。

$$Q_0=\frac{40\,000}{2-1.2}=50\,000(\text{件})$$

销售计划如果只完成 50%(50 000÷100 000)，则企业利润为零。

【例 3-33】设某企业生产和销售单一产品。计划年度内预计有关数据如下：销售量为 5 000件，单价为 50 元，单位变动成本为 20 元，固定成本为 60 000 元。则

(1) 目标利润＝5 000×(50－20)－60 000＝90 000(元)

(2) 销售量的临界值(最小值)＝60 000÷(50－20)＝2 000(件)

表明实际销量达到预计销量的40%，企业就可以保本。

(3) 销售单价临界值(最小值)＝60 000÷5 000＋20＝32(元)

表明企业的降价幅度不能超过36%。

(4) 单位变动成本临界值(最大值)＝50－(60 000÷5 000)＝38(元)

表明变动成本的增长最多不能超过90%。

(5) 固定成本临界值(最大值)＝5 000×(50－20)＝150 000(元)

表明固定成本最多可以增长150%。

二、有关因素变动对利润变化的影响程度

在有关因素中，如果有的因素变动较小，却导致利润发生了很大变化，就称这些因素为敏感因素；如果有的因素虽然发生变化较大，但利润的变化却不大，就称这些因素为非敏感因素。反映敏感程度的指标称为敏感系数，其公式为

$$\text{敏感系数}=\frac{\text{目标值变动百分比}}{\text{因素值变动百分比}}$$

$$\text{固定成本的敏感系数}=-\frac{\text{利润变动百分比}}{\text{固定成本变动百分比}}$$

$$\text{变动成本的敏感系数}=-\frac{\text{利润的变动百分比}}{\text{变动成本的变动百分比}}$$

$$\text{销售价格的敏感系数}=\frac{\text{利润的变动百分比}}{\text{销售价格的变动百分比}}$$

$$\text{销售量的敏感系数}=\frac{\text{利润的变动百分比}}{\text{销售量的变动百分比}}$$

由以上公式可以总结出两点规律性的结论：

▶ 1. 关于敏感系数的符号

敏感系数如果为负号，表明该因素的变动与利润的变动为反向增减关系；敏感系数如果为正号，表明该因素的变动与利润的变动为同向增减关系。

▶ 2. 关于敏感系数的大小

数值越大则表面敏感程度越高。此外，利润灵敏度指标的排列有以下特点：

(1) 单价的敏感系数总是最大，因此涨价是企业提高利润的最直接最有力的手段，降价则是企业最大的威胁；

(2) 销售量的敏感系数不可能最低；

(3) 单价的敏感系数与单位变动成本的灵敏度指标之差等于销售量的灵敏度指标；

(4) 销售量的敏感系数与固定成本的敏感系数之差等于1%。

【例3-34】某企业生产和销售单一产品。计划年度内预计有关数据如下：销售量为5 000件，单价为50元，单位变动成本为20元，固定成本为60 000元。假设销售量、单价、单位变动成本和固定成本均分别增长20%，计算各因素的敏感系数。

解：

变动前利润＝5 000×(50－20)－60 000＝90 000(元)

(1) 销售量的敏感系数。销售量增长20%，则

变化后的销售量＝5 000×(1＋20％)＝6 000(件)

变化后的利润＝6 000×(50－20)－60 000＝120 000(元)

利润变化百分比＝$\frac{120\ 000-90\ 000}{90\ 000}$×100％≈33.33％

销售量的敏感系数＝$\frac{33.33\%}{20\%}$≈1.67

(2) 单价的敏感系数。单价增长 20％，则

变化后的单价＝50×(1＋20％)＝60(元)

变化后的利润＝5 000×(60－20)－60 000＝140 000(元)

利润变化百分比＝$\frac{140\ 000-90\ 000}{90\ 000}$×100％≈55.56％

销售价格的敏感系数＝$\frac{55.56\%}{20\%}$＝2.78

(3) 单位变动成本的敏感系数。单位变动成本增长 20％，则

变化后的单位变动成本＝20×(1＋20％)＝24(元)

变化后的利润＝5 000×(50－24)－60 000＝70 000(元)

利润变化百分比＝$\frac{70\ 000-90\ 000}{90\ 000}$×100％≈－22.22％

单位变动成本的敏感系数＝$\frac{-22.22\%}{20\%}$＝－1.11

(4) 固定成本的敏感系数。固定成本增长 20％，则

变化后的固定成本＝60 000×(1＋20％)＝72 000(元)

变化后的利润＝5 000×(50－20)－72000＝78 000(元)

利润变化百分比＝$\frac{78\ 000-90\ 000}{90\ 000}$×100％＝－13.33％

固定成本的敏感系数＝$\frac{-13.33\%}{20\%}$＝－0.67

从例 3-34 可以总结出临界值与敏感系数的关系。实际上二者是一个问题的两个方面：某项因素达到临界值之前的容忍程度越高，利润对这项因素就越不敏感；反之，容忍程度低，则利润对该因素敏感。比如例 3-34 中临界值对固定成本的容忍程度最高(允许增加到原来的 150％)，其敏感系数最小(－0.67)。临界值对单价的容忍程度最低(降价不能超过 36％)，其敏感系数最大(2.78)。

三、敏感分析表的编制

敏感系数可以体现利润对有关因素变动而变动的敏感程度，却不能直接反映变动后的利润值。为了弥补这一缺点，使有关决策人员能够更直观地了解有关因素的敏感度，可以通过编制敏感度分析表来表示。

【例 3-35】根据例 3-34 中的数据，即企业计划年度内预计销售量为 5 000 件，单价为 50 元，单位变动成本为 20 元，固定成本为 60 000 元。另外设定各因素的变动幅度以 10％为间隔，以 30％为限。敏感分析表编制如表 3-8 所示。

表 3-8 敏感分析表

利润 变动率 项目	-30%	-20%	-10%	0	10%	20%	30%
销售量/件	37 500	50 000	62 500	75 000	87 500	100 000	112 500
单价/元	0	25 000	50 000	75 000	100 000	125 000	150 000
单位变动成本/元	112 500	100 000	87 500	75 000	62 500	50 000	37 500
固定成本/元	90 000	85 000	80 000	75 000	70 000	65 000	60 000

从表 3-8 中数据看，在四个主要因素中，单价对利润的影响最明显，从-30%到+30%，前后带来利润跨度为 150 000 元(150 000-0)，利润额与目标利润偏离度达到±100%[(75 000-0)/75 000]和[(75 000-150 000)/75 000]。固定成本对利润的影响程度最小，从-30%到+30%，前后带来利润跨度为 30 000 元(90 000-60 000)，利润额与目标利润偏离度为±20%[(75 000-60 000)/75 000]和[(75 000-90 000)/75 000]。

>>> 任务小结

1. 有关临界值的计算

销售量临界值=固定成本÷(单价—单位变动成本)

销售单价临界值=单位变动成本+固定成本÷销售量

单位变动成本临界值=销售单价-固定成本÷销售量

固定成本临界值=销售量×(销售单价-单位变动成本)

2. 敏感程度的计算

$$\text{敏感系数}=\frac{\text{目标值变动百分比}}{\text{因素值变动百分比}}$$

$$\text{固定成本的敏感系数}=-\frac{\text{利润变动百分比}}{\text{固定成本变动百分比}}$$

$$\text{变动成本的敏感系数}=-\frac{\text{利润的变动百分比}}{\text{变动成本的变动百分比}}$$

$$\text{销售价格的敏感系数}=\frac{\text{利润的变动百分比}}{\text{销售价格的变动百分比}}$$

$$\text{销售量的敏感系数}=\frac{\text{利润的变动百分比}}{\text{销售量的变动百分比}}$$

拓展阅读

边际贡献总额分析经营管理法

边际贡献总额分析经营管理法不仅是一种新颖的营销创新方式，而且具有相当的经营盈利空间，它涵盖了从厨房的菜单制定到采购到验收到储存和领用到订单到制作再到餐厅的传输、服务、结算、核算等工作流程。

酒店一直采用营业收入作为衡量其业绩的指标，但是这个指标没有反映成本的多少，有时候会出现营业收入上升利润反而下降的现象；采取食品总成本率和毛利来衡量经营业绩的指标，但是也会出现食品成本率下降、毛利上升而利润下降的现象，因为毛利的增加并不等于净利润能够同幅度增加，如果人工能源消耗和其他营业费用得不到有效的控制，就会出现这种现象。而且这种现象的出现会让管理者产生误解，做出错误的决策，从而降低餐厅的营利能力。应该采用边际贡献总额这个指标来衡量经营业绩。

边际贡献这个重要的概念在酒店经营中是指价格中支付食品成本和其他变动成本后的剩余部分，这个部分是对抵补固定成本和盈利所做出的贡献。一般而言，餐厅的固定成本总额不会随着餐厅销售量的增减而变化。当餐厅出售足够多份数的菜肴，使变际贡献总额等于固定成本总额时，餐厅的销售额就达到了保本点。此后，每多售出一份菜品，餐厅的利润数额相当于这份菜品的边际贡献的数额。这样，在一定时期、一定范围内边际贡献总额的增减量就等于餐厅盈利额的增减量。因此，边际贡献总额可以用来衡量餐厅经营业绩的好坏。

每份菜品的单位边际贡献是指每份菜品的售价扣除生产该份茶品的变动成本后的剩余部分，它反映了每份菜品的营利能力。同样，变动成本主要包括食品原料成本及制作这份菜品时所耗用的人工成本和燃料费。在工作中我们很难精确度量每份菜品所耗用的人工成本和燃料费。我们是这样做的：根据每份菜品的加工难度和制作时间将菜单中所有菜品进行大致分类，然后从每一类菜品中选出一种最典型的菜品进行测试。根据制作这份菜品所耗用的各类厨师和设备的时间，大致确定这份菜应分摊的人工成本和燃料费。这样做虽不十分精确，但也足够了。

最后将测试完的菜品按照单位边际贡献的高低排序，从管理者到服务人员都应清楚地知道各种菜品的单位边际贡献，重点宣传单位边际贡献高和单位边际贡献中高的菜品。可以把这类菜品放在菜单最显眼的位置上，必要时加上图片和文字说明。充分利用餐厅的墙壁、立柱、桌面、招牌等进行宣传，鼓励服务员不失时机地向顾客推荐那些单位边际贡献高的菜品，但要注意不能勉强顾客，而应根据顾客的口味、爱好来确定几种既能为顾客接受，单位边际贡献又较高的菜品，由高向低依次向顾客推荐。

餐饮管理人员可以做出以下经营决策来提高餐厅的营利能力：一是重点推销单位边际贡献高的菜品；二是及时调整菜单项目；三是适当开发销售价格水平适合更多客人消费水平的出品；四是采用套餐式的销售策略，通过有意识地推荐或给予一定折扣等方式，吸引客人选择餐厅事先设计好的几类套餐，套餐把不同单位边际贡献的菜品组合在一起销售，并且分量稍高于客人通常的消费量；五是尽量向客人推销一些小吃、冷盘、甜品、汤、酒水、饮料、鲜榨果菜汁等变动成本低、边际贡献高的附加食品，以增加每客消费额；六是增加座位的占有率和流动率；七是尽量提高每客边际贡献等。

上述酒店管理人员对于边际贡献总额法的介绍，虽然整个过程实际实施起来难度不小，需要餐厅和厨房的所有员工协调配合才能完成。它是考验一个酒店餐饮经营管理水平的综合尺度。边际贡献总额是一个对企业非常具有实践指导意义的指标之一。

实践操作

已知某公司产销一种产品，本年有关资料如下：

单位售价	20 元
单位变动成本：	
直接材料	4 元
直接人工	7 元
变动制造费用	3 元
单位边际贡献	6 元

要求：

(1) 若每月销售额为 25 000 元时可以保本，计算当年固定成本总额；

(2) 若直接人工增加 10%，要维持目前的边际贡献率，计算单位售价的提高幅度。

课后习题

一、单项选择题

1. 生产单一品种产品企业，保本销售额=(　　)。
   A. 保本销售量×单位利润
   B. 固定成本总额÷边际贡献率
   C. 固定成本总额÷(单价－单位变动成本)
   D. 固定成本总额÷综合边际贡献率
2. 从保本图上得知，对单一产品分析，(　　)。
   A. 单位变动成本越大，总成本斜线率越大，保本点越高
   B. 单位变动成本越大，总成本斜线率越小，保本点越高
   C. 单位变动成本越小，总成本斜线率越小，保本点越高
   D. 单位变动成本越小，总成本斜线率越大，保本点越低
3. 销售收入为 20 万元，边际贡献率为 60%，其变动成本总额为(　　)万元。
   A. 8　　B. 12　　C. 4　　D. 16
4. 某企业只生产一种产品，单价为 6 元，单位变动生产成本为 4 元，单位销售和管理变动成本为 0.5 元，销售量为 500 件，则其产品边际贡献为(　　)元。
   A. 650　　B. 750　　C. 850　　D. 950
5. 下列因素中导致保本销售量上升的是(　　)。
   A. 销售量上升　　B. 产品单价下降
   C. 固定成本下降　　D. 产品单位变动成本下降
6. 已知产品销售单价为 24 元，保本销售量为 150 件，销售额可达 4 800 元，则安全

边际率为(　　)。

A. 33.33%　　B. 25%　　C. 50%　　D. 20%

7. 已知企业只生产一种产品，单位变动成本为每件 45 元，固定成本总额 60 000 元，产品单价为 120 元，为使安全边际率达到 60%，该企业当期至少应销售的产品为(　　)件。

A. 2 000　　B. 1 333　　C. 1 280　　D. 800

8. 保本作业率与安全边际率之间的关系是(　　)。

A. 两者相等　　B. 前者一般大于后者

C. 后者一般大于前者　　D. 两者之和等于 1

9. 某企业只生产一种产品，月计划销售 600 件，单位变动成本为 6 元，月固定成本为 1 000 元，欲实现税前利润为 1 640 元，则单价应为(　　)元。

A. 16.40　　B. 14.60　　C. 10.60　　D. 10.40

10. 某企业每月固定成本 1000 元，单价为 10 元，计划销售量为 600 件，欲实现目标利润 800 元，其单位变动成本为(　　)元。

A. 10　　B. 9　　C. 8　　D. 7

二、多项选择题

1. 下列两个指标之和为 1 的有(　　)。

A. 安全边际率与边际贡献率

B. 安全边际率与保本作业率

C. 保本作业率与变动成本率

D. 变动成本率与边际贡献率

E. 边际贡献率与保本作业率

2. 本量利分析基本内容有(　　)。

A. 保本点分析　　B. 安全性分析　　C. 利润分析

D. 成本分析　　E. 保利额分析

3. 安全边际率=(　　)。

A. 安全边际量÷实际销售量

B. 保本销售量÷实际销售量

C. 安全边际额÷实际销售额

D. 保本销售额÷实际销售额

E. 安全边际量÷安全边际额

4. 下列各项中，导致利润减少的因素有(　　)。

A. 单价降低

B. 单价上涨

C. 单位变动成本增加

D. 固定成本减少

E. 销售量减少

5. 边际贡献率的计算公式可表示为(　　)。

A. 1－变动成本率

B. 边际贡献/销售收入

C. 固定成本/保本销售量

D. 固定成本/保本销售额

E. 单位边际贡献/单价

6. 本量利分析的假设条件包括(　　)。

A. 产品品种相关假设　　B. 相关范围假设

C. 线性相关假设　　D. 产销平衡假设

7. 保证目标利润实现的销售额计算公式中，其分母是(　　)。

A. 单位边际贡献　　B. 单位变动成本

C. 边际贡献率　　D. 1－变动成本率

8. 在下列利润的计算式中，正确的是(　　)。

A. 利润＝固定成本－边际贡献

B. 利润＝单价×销量－单位变动成本×销量－固定成本

C. 利润＝销售收入－变动成本－固定成本

D. 利润＝安全边际量×边际贡献率

E. 利润＝(销售收入－保本点销售额)×边际贡献率

9. 下列说法中正确的是(　　)。

A. 固定成本总额越大，保本点越高

B. 固定成本总额越小，保本点越低

C. 单位变动成本越高，总成本线斜率越大，保本点越高

D. 单价越高，总收入线斜率越大，保本点越高

10. 下列关于敏感系数的说法中，正确的有(　　)。

A. 敏感系数＝目标值变动百分比÷参量值变动百分比

B. 敏感系数数值越小，说明利润对该参数的变化越不敏感

C. 敏感系数绝对值越大，说明利润对该参数的变化越敏感

D. 敏感系数为负值，表明因素的变动方向和目标值的变动方向相反

三、计算分析题

1. 已知某企业产销A、B、C、D四种产品的有关资料如表3-9所示。

表3-9　某企业生产A、B、C、D四种产品相关资料　　金额单位：元

产　品	销售数量	销售收入总额	变动成本总额	单位贡献边际	固定成本总额	利润(或亏损)
A	(1)	40 000	(2)	5	7 000	9 000
B	3 000	60 000	(3)	(4)	10 000	－1 000
C	1 000	6 000	2 000	(5)	9 000	(6)
D	5 000	(7)	25 000	4	(8)	6 000

要求：计算并填列表中(1)～(8)所示项目。

2. 已知某公司只生产一种产品，2015年销售收入为1 000万元，税前利润为100万元，变动成本率为60%。

要求：

(1) 计算该公司2015年的固定成本；

(2) 假定2016年该公司只追加20万元的广告费，其他条件均不变，试计算该年的固定成本。

(3) 计算2016年该公司保本额。

3. 已知某企业只产销一种产品，2015年销售量为8 000件，单价为240元，单位成本为180元，其中单位变动成本为150元，该企业计划2016年利润比2015年增加10%。

要求：运用本量利分析原理分析，从哪些方面采取措施才能实现目标利润(假定采取某项措施时，其他条件不变)。

4. 已知某公司生产甲、乙、丙三种产品，其固定成本总额为19 800元，三种产品的有关资料如下：

品种	销售单价/元	销售量/件	单位变动成本/元
甲	2 000	60	1 600
乙	500	30	300
丙	1 000	65	700

要求：

(1) 采用加权平均法计算该厂的综合保本销售额及各产品的保本销售量。

(2) 计算该公司的营业利润。

4 项目四 Chapter 4 预测分析

>>> 学习目标

知识目标：

1. 理解企业经营预测的概念；
2. 了解预测分析的概念及方法；
3. 了解定量预测和定性预测的含义与特点。

能力目标：

1. 能运用销售预测、成本预测、资金需求量预测的方法对企业进行预测分析；
2. 能运用加权平均法、销售百分比法和回归分析法对企业进行分析。

素质目标：

1. 培养细心踏实的观念；
2. 参与企业的预测决策分析。

思维导图

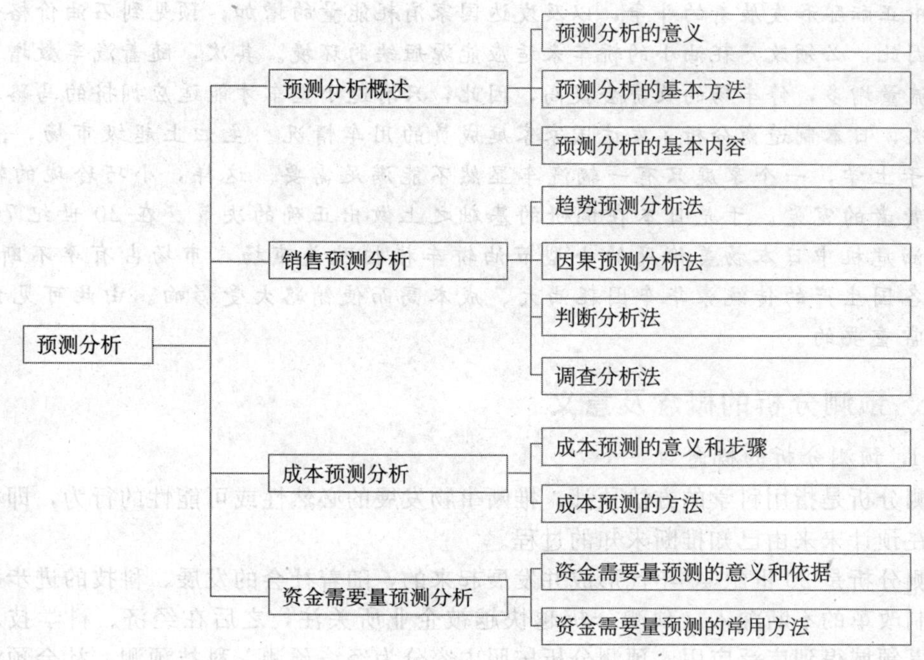

任务一 预测分析概述

任务分析

预测是进行科学决策的前提，它是根据所研究现象过去的信息，结合该现象的一些影响因素，运用科学的方法，预测现象将来的发展趋势，是人们认识世界的重要途径。而预测分析就是财务工作者根据企业过去一段时期财务活动的资料，结合企业当前面临和即将面临的各种变化因素，运用数理统计方法，以及结合主观判断，来预测企业未来财务状况。进行预测的目的是体现财务管理的事先性，即帮助财务人员认识和控制未来的预算分析的不确定性，使对未来的无知降到最低限度，使财务计划的预期目标同可能变化的周围环境和经济条件保持一致，并对财务计划的实施效果做到心中有数。

导入案例

美国汽车制造一度在世界上占霸主地位，而日本汽车工业则是20世纪50年代学习美国发展而来的，但是时隔30年，日本汽车制造业突飞猛进，充斥欧美市场及世界各地，为此美国与日本之间出现了汽车摩擦。

在20世纪60年代，当时有两个因素影响汽车工业：一是第三世界的石油生产被工业发达国家所控制，石油价格低廉；二是轿车制造业发展很快，豪华车、大型车盛行。但是擅长市场调查和预测的日本汽车制造商，首先通过表面经济繁荣，看到产油国与跨国公司之间暗中正酝酿和发展着的斗争，以及发达国家消耗能量的增加，预见到石油价格会很快上涨。因此，必须改产耗油小的轿车来适应能源短缺的环境。其次，随着汽车数增多，马路上车流量增多，停车场的收费会提高，因此，只有造小型车才能适应拥挤的马路和停车场。再次，日本制造商分析了发达国家家庭成员的用车情况。主妇上超级市场，主人上班，孩子上学，一个家庭只有一辆汽车显然不能满足需要。这样，小巧玲珑的轿车得到了消费者的宠爱。于是日本在调研的基础之上做出正确的决策。在 20 世纪 70 年代世界石油危机中日本物美价廉的小型节油轿车横扫欧美市场，市场占有率不断提高，而欧美各国生产的传统豪华车因耗油大、成本高而使销路大受影响。由此可见预测分析是非常重要的。

一、预测分析的概念及意义

▶ 1. 预测分析的概念

预测分析是指用科学的方法预计、推断事物发展的必然性或可能性的行为，即根据过去和现在预计未来由已知推断未知的过程。

预测分析是 20 世纪 40 年代形成并发展起来的，随着社会的发展、科技的进步和市场经济体制改革的不断深入，预测分析越快越被企业所关注，之后在经济、科学技术、社会、军事领域得到广泛应用。预测分析按照内容分为经济预测、科技预测、社会预测和军事预测；按照应用方法，分为定性预测和定量预测；按照预测期限，分为长期预测、中期预测和短期预测。

▶ 2. 预测分析的意义

预测分析在提高企业经营管理水平和企业经济效益方面有着十分重要的意义。

(1) 预测分析是经营决策的基础和前提。企业经营成败的关键是决策，决策是通过比较若干备选方案的优劣进而择优的过程，而备选方案优劣的评估分析主要依赖于预测分析所提供的信息。也就是说，决策的基础是科学预测，预测分析直接为决策服务，是决策的前提。

(2) 预测分析是编制全面预算的基础。预测分析也要为计划服务，它所提供的目标利润、目标成本及目标销售量等诸多数据最终被直接纳入预算，成为编制全面预算的基础。事实上，全面预算能否在企业生产经营活动中发挥其在规划、控制和考核评价方面的重要作用要取决于预测分析结果的准确性和可靠程度。

二、预测分析的基本方法

▶ 1. 定量分析法

定量分析法亦称数量分析法。它主要是运用现代数学方法(包括运筹学、概率论和微积分等)和各种现代化计算工具对与预测对象有关的各种经济信息进行科学的加工处理，并建立预测分析的数学模型，充分揭示各有关变量之间的规律性联系。定量预测法按照具体做法的不同，又可以分为趋势预测法和因果预测法。

(1) 趋势预测法。趋势预测法是根据预测对象过去的、按时间顺序排列的一系列数据，应用一定的数学方法进行加工、计算，借以预测未来发展趋势的分析方法，又叫作时间序列法。它的实质是遵循事物发展的规律，并采用数理统计的方法，来预测事物发展的趋势。例如，算术平均法、移动加权平均法、指数平滑法等都属于这种类型。

(2) 因果预测法。因果预测法是根据预测对象与其他指标之间相互依存、相互制约的规律性联系，来建立相应的因果数学模型所进行的预测分析方法。它的实质是遵循事物发展的相关性原则，来推测事物发展的趋势。例如，本量利分析法、回归分析法等就属于这种类型。

▶ 2. 定性分析法

定性分析法亦称非数量分析法。它是一种直观性的预测方法，主要是依靠预测人员丰富的实践经验和主观的判断和分析能力，在不用或少量应用计算的情况下，就能推测事物的性质和发展趋势的分析方法。定性分析法按具体做法的不同可以分为函询调查法、市场调查法和判断分析法等。

(1) 函询调查法。函询调查法又称德尔菲法，这是集合意见法的一种变异形式。每个参与者递交他们的个人估计值，然后审查其他参与者的估计值。这样，他们就会照顾到不同意见而重新考虑和修改他们的原始数值。参加者应该背对背，不能相互碰面。一般来说，他们把预测值邮寄或送到组织者手中，由组织者汇总各人的看法后再返还给他们。他们可以在不受别人干扰的情况下，客观地分析手中的数据。这样反复几次，最后采用加权平均法或中位数法归纳各个意见，得到最终判断。

(2) 市场调查法。市场调查法也称统计推断法，企业利用市场调查技术，直接从顾客那里收集信息。百事可乐用过此类调查法进行了“味道测试”，他们请消费者品尝百事可乐与可口可乐，然后说出他们的偏好。但是，如果抽样不具有代表性或者问卷设计有漏洞，所得到的结果就可能极不准确。按照推测，10 年前可口可乐公司停止销售其老式可乐的原因之一是由一个调查问卷的措词不当。这个问卷没有明确地询问消费者，如果老式可乐从市场中被取消，他们会有什么感觉。市场测试是指在一个小范围内，展示和促销一个品牌。

(3) 判断分析法。判断分析法是指通过一些具有丰富经验的经营管理人员或知识渊博的外界经济学家对企业一定期间的生产经营做出判断和预计的一种方法。这种方法依据判断者的不同可分为主观分析法和专家判断法等。

三、预测分析的基本内容和程序

▶ 1. 预测分析的基本内容

预测分析的范围十分广泛，对于不同的部门、不同的目的，有不同的预测内容。就管理会计来说，预测分析的基本内容主要包括以下几点：

(1) 销售预测分析。销售预测是指企业根据产品所处的市场环境和掌握的历史资料，对未来一定时期内产品的销售量或销售额进行预测。进行销售预测分析的目的在于了解产品的社会需求量、销售前景和市场占有率等情况。

(2) 成本预测分析。成本预测是指根据企业目前的经营状况和历史数据资料，利用专门方法对企业未来的成本水平和变动趋势进行的推测。通过成本预测分析可以了解未来的成本水平和变动趋势，为管理者进行成本决策和实施成本控制提供依据。

(3) 资金需要量预测分析。资金需要量预测是指企业对将来进行生产经营活动所需资金以及扩展业务所需追加资金的估计和测算。通过资金预测可以使企业保证资金供应，合理安排资金，不断提高资金的使用效果。

▶ 2. 预测分析的一般程序

预测分析的一般程序可以分为以下七个步骤：

(1) 确定预测目标。确定目标就是明确要预测什么和达到什么目标。预测目标一般是根据企业要解决的问题去确定。预测目标包括预测的项目(即要解决的具体问题)、地域范围要求、时间要求、各种指标及其准确性要求等。预测目标是进行其他预测步骤的依据。

(2) 收集、分析资料。根据预测目标进行市场调查,对市场调查所收集的资料进行认真的核实与审查,去粗取精,去伪存真,并进行归纳分类,分析整理,分门别类地编号保存,力争使之系统、完整、准确,为预测做好资料准备。

(3) 选择预测方法。根据预测目标和资料情况,选择可行的预测方法。在预测过程中,仅仅使用一种方法进行预测不太多见,也不太可靠。通常,企业经常以定性和定量的方法同时进行预测,或以多种预测方法互相比较印证其预测结果,这样可使预测的准确度提高。

(4) 实际进行预测。进行定量预测时,往往要建立预测模型。预测模型是以数学方程式表达的各种变量之间的函数关系,它抽象地描述企业市场营销活动中各种因素、现象之间的相互关系。根据预测模型,运用数学方法,或借助于电子计算机,做出相应的预测。

(5) 对预测结果进行验证评价。经过一段时间,对上一阶段的预测结果进行验证,即以实际数与预测数进行比较,计算误差,分析原因,以便及时修正预测方法,完善预测模型。

(6) 修正预测结果。在分析评判的基础上,通常还要根据最新信息对原预测结果进行评估和修正。由于数据不充分或不确定因素引起的定量预测误差,可以用定性分析方法考虑这些因素,并修正定量预测结果。对于定性预测结果,应用定量方法加以验证、修改和补充,使预测更接近实际。

(7) 编写预测报告。预测报告应该包括预测研究的主要活动过程,包括预测目标、预测对象及有关因素的分析结论、主要资料和数据,预测方法的选择和模型的建立,以及对预测结论的评估、分析和修正等,如图 4-1 所示。

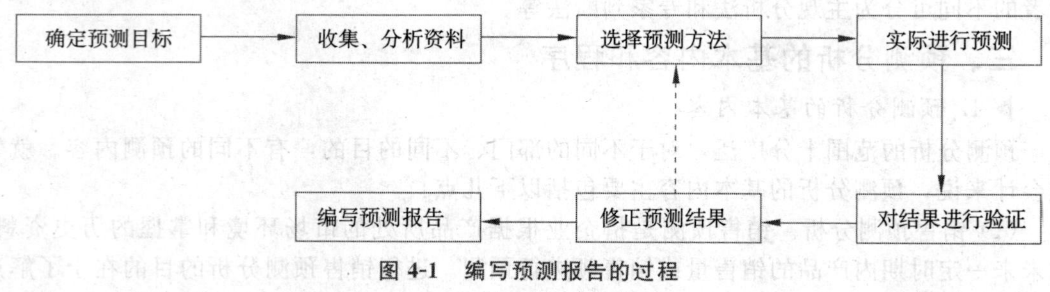

图 4-1　编写预测报告的过程

>>> 任务小结

现代经营管理离不开决策,决策正确与否关系到企业的生存与发展。而正确的决策需要依据科学的预测,预测分析是决策的前提和基础,是企业计划工作的有机组成部分,是管理会计的重要内容。本任务学习了预测分析的意义预测分析的基本方法内容。

任务二 销售预测分析

>>> 任务分析

销售计划的中心任务之一就是销售预测，无论企业规模的大小、销售人员的多少，销售预测影响到包括计划、预算和销售额确定在内的销售管理的各方面工作。

销售预测是指对未来特定时间内，全部产品或特定产品的销售数量与销售金额的估计。销售预测是在充分考虑未来各种影响因素的基础上，结合本企业的销售实绩，通过一定的分析方法提出切实可行的销售目标。尽管销售预测十分重要，但进行高质量的销售预测却并非易事。在进行预测和选择最合适的预测方法之前，了解对销售预测产生影响的各种因素是非常重要的。

>>> 导入案例

所谓的"双十一"购物狂欢节开跑仅仅55秒钟交易额就突破了1亿元。所以外国的媒体也纷纷聚焦中国热闹的"双十一"网购盛宴。美国《华尔街日报》就报道说，每年的11月11日都会有数百万中国消费者涌向阿里巴巴旗下的电子商务网站，仅在这一天这些网站的购物金额就会让美国人自愧不如。根据中央网信办信息化发展局对重点电子商务平台的监测显示，2014年11月11日当日，综合性网络零售平台天猫商城当天的网络销售额达到571亿元。以品牌特卖为主的唯品会网络销售额达3.46亿元。以高端食品为主的顺丰优选网络销售额为7 200万元。2015年11月11日当日，全网总销售额1 229.4亿元，产生包裹数6.8亿个！手机的销售额占全网总额的7.5%，母婴海外购销售额占品类总额的26.6%，冠军商家为天猫小米官方旗舰店。在全网电商中，天猫"双十一"全球狂欢节全天交易额912.17亿元。

如果你是统计人员，你能预测出下一年度"双十一"的销售额吗？

在企业经营预测中，销售预测是处于先导地位的。销售预测常用的方法有很多，一般有趋势预测分析法、因果预测分析法、判断分析法和调查分析法。前两类属于定量分析，后两类属于定性分析。企业的销售预测人员在选用预测方法时，应该根据企业的现状以及行业的特点，选出适合本企业的销售预测方法，适合本企业的预测方法就是最好的预测方法。

一、趋势预测分析法

趋势预测分析法也称时间序列预测分析法。它是运用事物发展的连续性原理和数理统计的方法来预测事物发展趋势的一种方法。这种方法之所以能够用来进行预测分析，是基于一种假设，即事物的发展具有一定的连贯性，一定的事物过去随时间而发展变化的趋势，也是今后该事物随时间而发展变化的趋势。

根据所采用的具体数学方法的不同趋势预测分析法又可分为算术平均法、移动加权平均法、指数平滑法等。

1. 算术平均法

算术平均法又称简单平均法，它是直接将过去若干时期的实际销售量的算术平均值作为预测销售量的一种方法。计算公式如下：

$$销售预测量(额)预测数=\frac{各期销售业务量(额)之和}{期数}$$

即

$$\overline{X}=\frac{\sum X_i}{n}$$

【例 4-1】某企业经营一种产品，2016 年 1～6 月份销售量如表 4-1 所示，用算术平均法预测 2016 年 7 月份的销售量。

表 4-1　某企业 2016 年 1～6 月产品销售量　　单位：件

月　份	1	2	3	4	5	6
销售量	1 400	1 450	1 500	1 550	1 650	1 600

解：

根据图 4-1 资料预测 2016 年 7 月份的销售量如下：

$$预测销售量=\frac{\sum X_i}{n}=\frac{1\,400+1\,450+1\,500+1\,550+1\,650+1\,600}{6}=1\,525(件)$$

算术平均法的优点是计算过程简便；缺点是由于它是一视同仁地看待 n 期内的各期销售量或销售额对未来预测销售量或销售额的影响，没有考虑远近期销售量或销售额的变动对预测期销售量或销售额的不同影响程度，从而使不同时期资料的差异简单平均化。故该方法只适用于各期销售量或销售额比较稳定、没有季节性变动的食品、文具、日常用品等的预测。

2. 移动加权平均法

移动加权平均法是根据过去若干时期的销售量或销售额，按近大远小的原则确定各期权数，以其加权平均数作为预测期销售量或销售额的方法。其特点是按过去实际销售量或销售额距预测期的远近，分别给予不同的权数进行加权平均。离预测期越近，对预测值的影响越大，其权数也应越大；反之，离预测期越远，对预测值的影响越小，其权数也就越小。计算方法是：

$$计划期销售预测值=各期销售量(额)分别乘其权数之和$$

即

$$\overline{X}=\sum X_iW_i$$

其中

$$\sum W_i=1$$

为了能反映近期的销售发展趋势，还可在上述基础上，再加上平均每月的变动趋势值 b，以此作为计划期的销售预测值。因此，公式可以变为

$$\overline{X}=\sum X_iW_i+b$$

$$b=\frac{本季度平均每月实际销售量(额)-上季度平均每月实际销售量(额)}{3}$$

在使用移动加权平均法时，若取三个观测值，其权数可取0.2、0.3、0.5；若取五个观测值，其权数可取0.03、0.07、0.15、0.25、0.5。

【例4-2】根据例4-1的资料，及4、5、6三个月的观测值，按移动加权平均法预测2016年7月份的销售量。

解：

(1) 计算平均每月销售变动趋势值。

$$第一季度月平均实际销售量=\frac{1\,400+1\,450+1\,500}{3}=1\,450(件)$$

$$第二季度月平均实际销售量=\frac{1\,550+1\,650+1\,600}{3}=1\,600(件)$$

$$b=\frac{1\,600-1\,450}{3}=50(件)$$

(2) 取权数 $W_1=0.2$，$W_2=0.3$，$W_3=0.5$，得

$$\overline{X}=(1\,550\times0.2+1\,650\times0.3+1\,600\times0.5)+50=1\,655(件)$$

3. 指数平滑法

指数平滑法是指采用由近到远指数递减权数的加权平均预测法，是加权平均法的一种变化形式。计算公式如下：

$$S_t=\alpha X_{t-1}+(1-\alpha)S_{t-1}$$

其中：S_t为t期的销售预测值；S_{t-1}为t期的上一期即$t-1$期的销售预测值；X_{t-1}为t期的上一期即$t-1$期的销售预测值；α表示满足$0\leqslant\alpha\leqslant1$条件的常数，即平滑指数。公式中，平滑系数的取值范围一般为0.3～0.7。若近期的实际值对预测值影响较大，则平滑系数取较大值；若近期的实际值对预测值影响较小，则平滑系数取较小值。平滑系数的取值合适与否，直接体现了预测者的判断水平，也决定了预测数值的准确性。

【例4-3】根据例4-1的资料，该公司6月份商品实际销售量1 600件，原来预测6月份的销售量为1 590件，平滑系数为0.7。试按指数平滑法预测7月份该类商品的销售额。

解：

$$S_7=0.7\times1\,600+(1-0.7)\times1\,590=1\,597(件)$$

与加权平均法相比，指数平滑法有两个优点：一是α值可以任意设定，比较灵活方便；二是在不同程度上考虑了以往所有各期的观察值，比较全面。在实际工作中，平滑系数也可以通过用若干不同数值计算预测值，以预测值与实际值差异最小的作为最佳数值。

二、因果预测分析法

因果预测分析法又称相关预测分析法，是从事物变化的因果关系质的规定性出发，用统计方法寻求市场变量之间依存关系的数量变化函数表达式的一类预测方法。它是根据已掌握的历史资料，找出预测对象的变量与其相关事物的变量之间的依存关系，建立相应的因果预测数学模型，据以预测计划期的销售量或销售额。

因果预测分析采用的具体方法较多，最常用的是回归分析法。这种方法简便易行，成本低廉。如果预测对象的相关因素有两个或两个以上，则需要采用多元线性回归法，这里我们只介绍一元线性回归法，适用于只有一个相关因素的情况。在现实经营活动中，回归分析法是因果预测分析中常用的方法。具体步骤如下：

(1) 确定影响销售量或销售额的主要因素。

(2) 根据有关资料确定销量 y 与自变量 X_i 之间的数量关系，可以根据回归分析的原理建立直线方程 $y=a+bx$。

(3) 根据未来的关自变量 X 的变动情况，预测销售量或销售额。

建立模型 $y=a+bx$，通过最小平方法求得

$$a=\frac{\sum y-b\sum x}{n}$$

$$b=\frac{n\sum xy-\sum x\sum y}{n\sum x^2-\left(\sum x\right)^2}$$

应用最小平方法，一般还可以进行相关程度测定，即通过计算相关系数来检验预测变量与相关因素变量间的相关性，以判断预测结果的可靠性。相关系数 R 的计算公式如下：

$$R=\frac{n\sum xy-\sum x\sum y}{\sqrt{\left[n\sum x^2-\left(\sum x\right)^2\right]\times\left[n\sum y^2-\left(\sum y\right)^2\right]}}$$

相关系数 R 的取值范围为 $-1\leqslant R\leqslant 1$，$|R|$ 越接近 1，相关关系越密切。一般可按如下标准加以判断：

$0.7\leqslant|R|\leqslant 1$，为较高程度相关；

$0.3\leqslant|R|<0.7$，为中等程度相关；

$0<|R|<0.3$，为较低程度相关。

【例 4-4】某工业制造企业根据主营业务收入与主营业务利润的近年资料判断决定公司营业利润的主要因素是产品销售收入。假设公司预测 2016 年计划年度产品销售收入 190 万元的销售利润。2011～2015 年有关资料如表 4-2 所示。

要求：预测 2016 年的产品销售利润。

表 4-2 某制造企业有关资料　　单位：万元

年度	主营业务收入	主营业务利润
2011	100	15
2012	110	14
2013	125	20
2014	135	16
2015	160	25

解：(1) 按上列资料进行计算，编制销售收入和利润的变化情况表，如表 4-3 所示。

表 4-3 销售收入和利润的变化情况 单位：万元

年 度	产品销售收入(X)	产品销售利润(Y)	XY	X^2	Y^2
2011	100	15	1 500	10 000	225
2012	110	14	1 540	12 100	196
2013	125	20	2 500	15 625	400
2014	135	16	2 160	18 225	256
2015	160	25	4 000	25 600	625
$n=5$	$\sum X=630$	$\sum Y=90$	$\sum XY=11\ 700$	$\sum X^2=81\ 550$	$\sum Y^2=1\ 702$

(2) 根据上述计算资料，利用回归直线方程进行计算，结果如下：

$$y=a+bx$$

$$b=\frac{5\times 11\ 700-630\times 90}{5\times 81\ 550-630^2}=0.17$$

$$a=\frac{90-0.17\times 630}{5}=-3.42$$

(3) 2016 年公司预测 2016 年计划年度产品销售收入 190 万元，则

$$y=-3.42+0.17\times 190=28.88(\text{万元})$$

三、判断分析法

判断分析法是指通过一些具有市场经验的经营管理人员或专家对企业未来某一特定时期的产品销售业务情况进行综合研究，并做出推测和判断的方法。一般是销售人员根据直觉判断进行预估，然后由销售经理加以综合，从而得出企业总体的销售预测的一种方法，适用于不具备完整可靠的历史资料、无法进行定量分析的情况，例如对一个新上市的商品的销售预测。判断分析法按具体方式，可以分为专家判断法、推销人员意见综合判断法、经理人员意见综合判断法三种。

▶1. 专家判断法

专家判断法是指聘请见识广博、学有专长的经济专家，根据他们的实践经验、知识和判断能力做销售预测。参与判断预测的专家既可以是企业内部人员，如销售部门经理和销售人员，也可以是企业外部的人员，如有关推销商和经济分析专家等。专家判断法根据具体进行方式的不同又可分为以下几种方法：

(1) 德尔菲法。德尔菲法又称为函询调查法，先制定预测问题调查表，寄发给各位专家，分别征求他们的意见。然后把各专家的判断，以匿名方式汇集于一张表上，请各位专家分别在别人意见的基础上修正自己的第一次判断。如此反复 3～5 次，最后采用加权平均法或中位数法，综合各专家意见，做出最终判断。

(2) 专家小组法。专家小组法也属于一种客观判断法，它是由企业组织各有关方面的专家组成预测小组，通过召开各种形式座谈会的方式，进行充分广泛的调查研究和讨论，然后运用专家小组的集体科研成果做出最后的预测判断。

(3) 个人意见综合判断法。个人意见综合判断法是先向各位专家征求意见，要求他们对本企业产品销售的当前状况和未来预测做出个人判断，然后把各种意见形成一个销售

预测。

【例 4-5】某公司准备推出一种全新产品在本地销售，现聘请行业专家、销售部经理、本地经销商等十一人采用德尔菲法预测该新产品的销售量。公司先将该全新产品的样品、特点和用途分别向各位专家做了详细介绍，并提供同类产品的相关价格和销售情况等信息。然后发出征求意见函，请十一位专家分别提出个人的判断。经过三次反馈，预测结果见表 4-4。

要求：根据专家意见汇总表预测出新产品的销售量。

表 4-4　专家意见汇总表　　单位：台

专家编号	第一次预测			第二次预测			第三次预测		
	最低	可能	最高	最低	可能	最高	最低	可能	最高
1	1 000	1 500	1 800	1 200	1 500	1 800	1 100	1 500	1 800
2	400	900	1 200	600	1 000	1 300	800	1 000	1 300
3	800	1 200	1 600	1 000	1 400	1 600	1 000	1 400	1 600
4	1500	1 800	3 000	1 200	1 500	3 000	1 000	1 200	2 500
5	200	400	700	400	800	1 000	600	1 000	1 200
6	600	1000	1500	600	1 000	1 500	600	1 200	1 500
7	500	600	800	500	800	1 000	800	1 000	1 200
8	500	600	1 000	700	800	1 200	700	800	1 200
9	800	1 000	1 900	1 000	1 100	2 000	600	800	1 200
10	900	1 100	1 800	1 000	1 200	1 900	900	1 200	1 600
11	500	900	1 200	600	1 000	1 300	700	1 000	1 400
平均	700	1 000	1 500	800	1 100	1 600	800	1 100	1 500

解：(1) 用算术平均法，按第三次判断的平均值计算。

$$\text{预计销售量 } \bar{X} = \frac{\sum X_i}{n} = \frac{800 + 1\,100 + 1\,500}{3} = 1\,133\text{（件）}$$

(2) 用加权平均法，按第三次判断的平均值加权平均计算。

$$\text{预计销售量 } \bar{X} = \sum X_i W_i = 1\,500 \times 0.3 + 1\,100 \times 0.5 + 800 \times 0.2 = 1\,160\text{(件)}$$

(3) 用中位数法，根据第三次判断，按数值从高到低排列成中位数计算表，见表 4-5。

表 4-5　中位数计算表　　单位：件

销售量	预测值从高到低	中位数
最高	2 500，1 800，1 600，1 500，1 400，1 300，1 200	第四项：1 500
最可能	1 500，1 400，1 200，1 000，800	第三项：1 200
最低	1 100，1 000，900，800，700，600	第三项、第四项的平均数：850

计算中位数及其加权平均值：

预计销售量 $\bar{x}$=1 500×0.3+1 200×0.5+850×0.2=1 220(件)

▶ 2. 销售人员意见综合判断法

销售人员意见综合判断法是征求本企业销售人员和商业部门人员的意见，然后综合汇总做出销售预测。用此方法得出的预测数比较接近实际，因为公司销售人员比较熟悉顾客需求特点和市场供求状况。为了提高预测的准确性，应采取以下措施：

(1) 召集有经验的销售人员。

(2) 把公司领导对本企业购买量、市场需求变化趋势、竞争对手动向等信息提供给所有销售人员作为向导。

(3) 要求各位销售人员讨论得出的销售预测，并分析有关预测的异常因素。

(4) 对预测结果进行综合的预测方法，可以采取算术平均法或加权平均法。

这种方法一般适用于直接销售给数量不多的顾客，同时这些顾客又能事先告知未来需求的商品。

▶ 3. 经理人员意见综合判断法

经理人员意见综合判断法是由企业经理人员、销售主管人员、各地区销售经理，根据实践经验和智慧，广泛交换意见，集思广益进行销售预测。这种方法的优点是实用、快捷；缺点是主观因素较多，所做出的估计和判断易受人们心理状态的影响。

【例 4-6】某电动车厂对计划期 F 电动车的销售进行预测，决定由该厂销售部门经理与广、上、深的经销商负责人一起成立专门的预测小组，进行判断分析。四位经理人的初步判断资料见表 4-6。

表 4-6 经理人员预测资料表

预测人员	最高		最可能		最低	
	数量/辆	概率	数量/辆	概率	数量/辆	概率
销售部经理	5 000	0.3	4 800	0.5	4 200	0.2
经销商负责人(广)	6 000	0.2	5 500	0.6	5 000	0.2
经销商负责人(上)	4 500	0.3	4 200	0.4	3 800	0.3
经销商负责人(深)	5 500	0.2	4 800	0.5	4 500	0.3

假定根据该电动车厂过去的经验，厂销售部经理与广、上、深经销商负责人的预测准确性和重要程度是不同的，在综合意见时，分别给予的权重依次是 0.2、0.25、0.25、0.3。

要求：对该电动车厂 F 电动车在计划期的销售量做出综合判断。

解：(1) 分别计算各预测人员的预测期望值。

销售部经理预测期望值=5 000×0.3+4 800+×0.5+4 200×0.2=4 740(辆)

负责人(广)预测期望值=6 000×0.2+5 500×0.6+5 000×0.2=5 500(辆)

负责人(上)预测期望值=4 500×0.3+4 200×0.4+3 800×0.3=4 170(辆)

负责人(深)预测期望值=5 500×0.2+4 800×0.5+4 500×0.3=4 850(辆)

(2) 按权重的不同，对四位预测人员的预测期望值进行综合。

计划期的预计销售量=4 740×0.2+5 500×0.25+4 170×0.25+4 850×0.3

=4 820.5(辆)

四、调查分析法

调查分析法，就是通过对某种商品在市场上的供需情况和消费者购买意向的详细调查，来预测其销售量或销售额的专门方法。调查分析法一般可以从以下四个方面进行：

▶ 1. 调查商品所处的寿命周期阶段

任何工业品在市场上都有其产生、发展与衰亡的过程，经济界把这个过程称为产品的寿命周期。一般可分为投入期、成长期、成熟期和衰退期四个阶段，不同阶段的销售量或销售额是不相同的。

▶ 2. 调查消费者的情况

了解消费者的经济情况，例如选择供应者的标准、消费爱好、风俗、习惯、购买力和购买方式等的变化情况，以及对本企业产品与商标的信任程度等因素对本企业产品销售所产生的影响。

▶ 3. 调查市场竞争情况

了解同行竞争企业，特别是竞争对手的同类产品在花色品种、价格、服务、质量、技术和经营等方面的特点及所采取的改进措施对销售的影响，还要了解竞争对手的市场占有率，掌握本企业产品在市场上的竞争地位。

$$\text{市场占有率}=\frac{\text{本企业产品在市场上的销售量}}{\text{同类产品市场上的总销售量}}\times 100\%$$

▶ 4. 调查国内外和本地区经济发展的趋势

了解国内外和本地经济区域发展水平、发展趋势对产品销售可能产生的影响。

将上述四个方面的调查资料内容进行整理、加工、综合、计算就可以对产品的销售做出预测。

企业也可以利用统计部门或同业协会的调研机构等专门提供调查数据的机构获得资料，这些资料中有显示的整个行业市场需求潜量，将需求潜量乘以本企业市场占有率，即为本企业的销售潜量。

【例 4-7】A 市有居民 100 万户。2016 年，某电动车厂生产的电动车在该市的市场占有率为 30%，在其他地区的年销售量为 3 万辆，通过市场调查，得到相关资料，如表 4-7 及表 4-8 所示。

表 4-7　耐用消费品各寿命阶段的特点

寿命周期	投入期	成长期		成熟期	衰退期
		成长前期	成长后期		
年数	1～5 年	1～5 年	1～3 年	1～5 年	1～3 年
商品普及率	5%以下	5%～50%	51%～75%	75%～90%	逐步减小

表 4-8　A 市三种耐用消费品所处的市场阶段情况

产品名称	电动车	电冰箱	电视机
所处寿命阶段	成长前期(3 年)	成长后期(2 年)	成熟期(2 年)
已有用户/万户	20	40	55

要求：预测三种耐用消费品平均每年的需要量和该电动车厂在 2016 年电动车的预计

销售量。

解：(1) A 市三种耐用消费品平均每年需要量的计算如表 4-9 所示。

表 4-9 消费品需要量表

产品名称	所处寿命阶段	已有用户所占比重(%)	各阶段潜在消费量(按每户一辆或一台计算)	平均每年需要量
电动车/万辆	成长前期(3 年)	20	100×(50%－20%)＝30	30÷3＝10(万辆)
电冰箱/万台	成长后期(2 年)	40	100×(75%－40%)＝35	35÷2＝17.5(万台)
电视机/万台	成熟期(2 年)	55	100×(90%－55%)＝35	35÷2＝17.5(万台)

(2) 该电动车厂 2016 年电动车预计销售量为 10×30%＋3＝6 万辆。

>>> 任务小结

销售预测可以看作一个系统，是由有关信息资料的输入、处理和预测结果的输出所组成的信息资料转换过程。对于复杂的预测对象，有时要把它进行分解，对分解后的子系统进行预测，在此基础上再对总的预测目标进行预测。其基本方法：(1) 销售预测的定性分析方法，一般来说，在销售预测中常用的定性分析方法主要包括调查分析法、专家判断法、销售人员意见综合判断法和经理人员意见综合判断法等。(2)销售预测的定量分析方法，定量分析法通常是在具有系统、完备的历史观察数据，或者影响未来销售量变动的有关因素可以量化的情况下采用。销售预测的定量分析方法主要包括趋势预测分析法和因果预测分析法两种类型。

任务三 成本预测分析

>>> 任务分析

随着生产的日益社会化和现代化，企业规模不断扩大，工艺过程愈加复杂，生产过程中某一环节或者是某一短暂时期内的生产耗费一旦失去控制，都有可能给企业造成无可挽回的经济损失。鉴于此，为了防止成本费用管理的失控现象，首先必须科学地预见生产耗费的趋势和程度，以便在此基础上采取有效措施，从而搞好成本管理工作。通过成本预测，可以了解未来成本水平的变动趋势，为管理者进行成本决策和实施成本控制提供依据。

>>> 导入案例

沃尔玛降低配送成本的一个方法就是与供应商一起来分担。比如，供货商们可以送货到沃尔玛配送中心，也可以直接送到商店。但如果供货商们采用沃尔玛配送中心的配送方式，就可以节省很多钱，且可以把省下来的这部分利润，让利于消费者。这些供货商们也可以为沃尔玛分担一些建立配送中心的费用，如此沃尔玛可从整个供应链中，将配送中心的成本费用节省下来。那么沃尔玛是如何预测出要降低多少成本的，该怎么降低？

一、成本预测的意义和步骤

成本预测是指依据掌握的经济信息和历史成本资料以及成本与各种技术经济因素的相互依存关系，采用科学的方法，对企业未来成本水平及其变化趋势做出科学的推测。

▶ 1. 成本预测的意义

成本预测是成本管理的重要环节。在编制成本预算之前，根据企业的经营总目标和预测期可能发生的各个影响因素，采用定量和定性的分析方法，确定目标成本、预测成本水平和变动趋势的一种管理活动。成本预测是企业进行产品设计方案选择、零件外购或自制、是否增加新设备、新产品是否投产等决策的基础。通过成本预测，可以掌握未来的成本水平及其变动的趋势，为编制成本计划，进行成本控制、成本分析和成本考核提供依据。简单概括成本预测的意义有四点：一是有利于成本决策的进行；二是有利于成本计划的编制；三是有利于成本控制的实施，从而降低产品成本；四是有利于增强企业竞争力和提高企业经济效益。

▶ 2. 成本预测的步骤

(1) 根据企业的经营总目标，提出初选的目标成本。进行成本预测，首先要有一个明确的目标。成本预测的目标又取决于企业对未来的生产经营活动所欲达成的总目标。成本预测目标确定之后，便可明确成本预测的具体内容。

(2) 预测在当前生产经营条件下成本可能达到的水平，并找出与初选目标成本的差距。在进行预测时，必须对已收集到的有关资料，运用一定的数学方法进行科学的加工处理，建立科学的预测模型，借以揭示有关变量之间的规律性联系。这里应当注意预测方法的选择与配合问题。不应把某个预测方法当作对某一个预测问题的最终解决方法，因为每一种预测方法可能适用于某几种预测问题，同时某一个预测问题又可能适用几种预测方法。预测成本最常用的方法有高低点法、加权平均法和回归分析法三种。

(3) 提出各种成本降低方案，对比、分析各种成本方案的经济效果。针对存在的问题，动员企业内部各部门，拟定出降低成本水平的各种可行性方案，并力求缩小预测成本与目标成本的差距。

(4) 选择成本最优方案并确定正式目标成本。由于假设的存在，数学模型往往舍去了一些影响因素或事件，因此要运用定性预测方法对定量预测结果进行修正，对降低成本的各种可行性方案进行技术、经济分析，从中选出经济效益与社会效益最佳的方案，以保证预测目标顺利实现。

二、成本预测的方法

成本预测一般都是根据本企业产品成本的历史资料数据，按照成本习性的原理，应用数理统计的方法来推测、估计成本的发展趋势。根据过去的成本资料，设 y 代表一定期间某项半变动成本总额，x 代表业务量，a 代表半变动成本中的固定部分，b 代表半变动成本中依一定比率随业务量变动的部分(单位变动成本)，建立如下总成本模型：

$$y=a+bx$$

利用销售量的预测值，预测出未来总成本和单位成本水平。通过确定固定成本 a 和单

位变动成本 b 进行总成本的预测，具体可以采用高低点法、加权平均法和回归分析法。高低点法在项目二中已介绍，下面介绍加权平均法和回归分析法。

▶ 1. 回归分析法

在实际预测中，以成本总额作为因变量 y，以产量作为自变量 x，并假定成本变化趋势可以近似地用一条直线 $y=a+bx$ 来表示。其计算公式为

$$a=\frac{\sum y-b\sum x}{n}$$

$$b=\frac{n\sum xy-\sum x\sum y}{n\sum x^2-\left(\sum x\right)^2}$$

【例 4-8】某企业 2015 年度 1～12 月份机床维修成本的历史数据如表 4-10 所示。用回归分析法预测计划月度(2016 年 1 月)的产品总成本与单位成本。

表 4-10 机床维修成本

月　份	机器小时(x)	维修成本(y)
1	1 200	900
2	1 300	910
3	1 150	840
4	1 050	850
5	900	820
6	800	730
7	700	720
8	800	780
9	950	750
10	1 100	890
11	1 250	920
12	1 400	930

解：(1) 编制回归分析计算表，如表 4-11 所示。

表 4-11 机器小时和维修成本变化情况

月　份	机器小时(x)/小时	维修成本(y)/元	xy	x^2
1	1 200	900	1 080 000	1 440 000
2	1 300	910	1 183 000	1 690 000
3	1 150	840	966 000	1 322 500

续表

月　份	机器小时(x)/小时	维修成本(y)/元	xy	x^2
4	1 050	850	892 500	1 102 500
5	900	820	738 000	810 000
6	800	730	584 000	640 000
7	700	720	504 000	490 000
8	800	780	624 000	640 000
9	950	750	712 500	902 500
10	1 100	890	979 000	1 210 000
11	1 250	920	1 150 000	1 562 500
12	1 400	930	1 302 000	1 960 000
合计	12 600	10 040	10 715 000	13 770 000

(2) 计算 a、b 值，并预测成本：

$$b=\frac{12\times 10\ 715\ 000-12\ 600\times 10\ 040}{12\times 13\ 770\ 000-158\ 760\ 000}=0.32$$

$$a=\frac{10\ 040-0.32\times 12\ 600}{12}=500.67$$

2016 年 1 月机床的维修总成本 $y=a+bx=500.67+0.32\times 1\ 800=1\ 076.67$(元)

2016 年 1 月机床的维修单位成本 $=\frac{y}{x}=\frac{1076.67}{1\ 800}=0.60$(元)

回归分析法能较准确地反映预测对象的发展趋势，它适用于各期成本变动较大的产品的预测。

▶ 2. 加权平均法

加权平均法是根据过去若干期的单位变动成本 b 和固定成本总额 a 的历史资料，对资料各期的成本按照近大远小的原则分别确定不同的权数，用加权平均数计算计划期的产品成本，适用于成本资料齐全的企业。其计算公式如下：

$$y=\sum a_i w_i + x\sum b_i w_i\left(\sum w_i = 1\right)$$

【例 4-9】同例 4-8 资料，其中 8～12 月的单位变动成本与固定成本总额资料如表4-12所示，用加权平均法预测 2016 年 1 月机床使用 1 800 小时的总成本和单位成本。令 w_i 依次为 0.03、0.07、0.15、0.25、0.5。

表 4-12　成本资料

月　度	机器小时(x)	单位变动维修成本(b)/元	固定维护成本总额(a)/元
8	800	0.3	540
9	950	0.16	598
10	1 100	0.22	648

续表

月 度	机器小时(x)	单位变动维修成本(b)/元	固定维护成本总额(a)/元
11	1 250	0.16	720
12	1 400	0.12	762

解： 将已知资料代入计算公式。

(1) 2016 年 1 月机床的维修总成本 $y=\sum a_i w_i + x\sum b_i w_i$

$$=(540\times0.03+598\times0.07+648\times0.15+720\times0.25+762\times0.5)+1\,800\times(0.3\times0.03+0.16\times0.07+0.22\times0.15+0.16\times0.25+0.12\times0.5)$$

$$=992.02(\text{元})$$

(2) 2016 年 1 月机床的维修单位成本 $=\frac{y}{x}=\frac{992.02}{1\,800}=0.55(\text{元})$

>>> 任务小结

工业生产中追求经济效果，力求以较少的劳动耗费取得较多的生产成果，是发展社会主义经济的客观要求。为此，工业企业要不断改进生产技术和工艺方法，建立一套科学的管理制度。开展成本预测分析，就是实行科学管理的一项重要措施。成本预测的方法主要有高低点法、回归分析法、加权平均法。

任务四 资金需要量预测分析

>>> 任务分析

资金需要量预测是指企业对将来进行生产经营活动所需资金以及扩展业务所需追加资金的估计和测算。公司筹集资金首先要对资金需要量进行预测。公司对固定资产资金需要量的预测一般是通过投资决策、编制资本预算完成的。在公司正常经营的情况下，资金的预测主要是对流动资金需要量进行测算。通过资金预测可以使企业保证资金供应，合理安排资金，不断提高资金的使用效果。资金需要量预测的常用方法包括销售百分比法和回归分析法。

>>> 导入案例

A 企业上年度资金平均占用额为 1 800 万元，经分析，其中不合理部分为 100 万元，预计本年度销售额增长 5%，资金周转加速 2%。请预测今年的资金需求量。B 企业上年度资金平均占用额为 1 800 万元，经分析，其中不合理部分为 100 万元，预计本年度销售额下降 5%，资金周转下降 2%。请预测今年的资金需求量。

这两家企业资金需求量有什么不同？怎么预测呢？

一、资金需要量预测的意义和步骤

资金是企业生产经营中各种资产的货币表现。拥有必要数量的资金是企业进行生产经营活动的必要条件。通常资金按其在生产经营过程中的不同作用分为两类：一类是用于固定资产方面的资金，即固定资金；另一类是用于流动资产方面的资金，即营运资金。这里的资金需要量预测是指包括固定资金和营运资金在内的需要总量的预测。

1. 资金需要量预测的意义

(1) 资金需要量预测是企业制订融资计划的基础。企业持续的生产经营活动，不断地产生对资金的需求，同时，企业进行对外投资和调整资本结构，也需要筹措资金。企业所需要的这些资金，一部分来自企业内部，另一部分通过外部融资取得。由于对外融资时，企业不但需要寻找资金提供者，而且还需要做出还本付息的承诺或提供企业盈利前景，使资金提供者确信其投资是安全的并可获利，这个过程往往需要花费较长的时间。因此，企业需要预先知道自身的财务需求，确定资金的需要量，提前安排融资计划，以免影响资金周转。

(2) 资金需要量预测有助于改善企业的投资决策。资金需求量预测的目的就是要有意识地把生产经营活动引导到以最少的资金占用取得最佳的经济效益的轨道上来，良好的销售预测是资金需要量预测的主要依据。科学地预测资金需要量，不仅能为企业生产经营活动的正常开展测定相应的资金需要量，还能为经营决策、节约资金耗费、提高资金利用效果创造条件。

2. 资金需要量预测的步骤

资金需要量预测一般按以下几个步骤进行：

(1) 销售预测。销售预测是企业财务预测的起点。销售预测本身不是财务管理的职能，但它是财务预测的基础，销售预测完成后才能开始财务预测。因此，企业资金需要量的预测也应当以销售预测为基础。

(2) 估计需要的资产。资产通常是销售量的函数，根据历史数据可以分析出该函数关系。根据预计销售量和资产销售函数，可以预测所需资产的总量。某些流动负债也是销售的函数，相应地也可以预测负债的自发增长率，这种增长可以减少企业外部融资的数额。

(3) 估计收入、费用和留存收益。收入和费用与销售额之间也存在一定的函数关系，因此，可以根据销售额估计收入和费用，并确定净利润。净利润和股利支付率，共同决定了留存收益所能提供的资金数额。

(4) 估计所需要的追加资金需要量，确定外部融资数额。根据预计资产总量，减去已有的资金来源、负债的自发增长和内部提供的留存收益，得出应追加的资金需要量，以此为基础进一步确定所需的外部融资数额。

二、资金需要量预测的常用方法

1. 销售百分比法

销售百分比法是在分析资产负债表有关项目与销售额关系的基础上，根据市场调查和销售预测取得的资料，确定资产、负债和所有者权益的有关项目占销售的百分比，并依此推算出流动资金需要量的一种方法。

销售百分比法一般按照以下步骤进行：

(1) 确定基期随销售额变动而变动的资产负债表中的敏感项目。将资产负债表各项目划分为敏感项目与非敏感项目两大类。把金额变动与销售额增减有直接关系(即表现为一定的比例关系)的项目称为敏感项目；把金额变动与销售额增减没有直接关系的项目称为非敏感项目。

(2) 计算敏感性项目的销售百分比。其计算公式如下：

敏感性项目与销售额的百分比=(基期敏感项目数额÷基期销售额)×100%

(3) 计算需要增加的资金。其计算公式如下：

$$\begin{aligned}\text{需要增加的总资金量}&=\text{增加的资产}-\text{增加的负债}\\&=\left(\frac{A}{S_1}\times\Delta S-\frac{B}{S_1}\times\Delta S\right)+\text{固定资金增加额}\\&=\Delta S\times\left(\frac{A}{S_1}-\frac{B}{S_1}\right)+\text{固定资金增加额}\end{aligned}$$

(4) 计算内部留存收益增加额及外部融资需求。其计算公式如下：

$$\begin{aligned}\text{外部融资需求量}&=\text{增加的资产}-\text{增加的负债}-\text{增加的留存收益}\\&=\Delta S\times\left(\frac{A}{S_1}-\frac{\mathrm{B}}{\mathrm{S}_1}\right)+\text{固定资金增加额}-\text{增加的留存收益}\end{aligned}$$

$$\begin{aligned}\text{增加的留存收益}&=\text{预计销售收入}\times\text{销售净利率}\times\text{利润留存率}\\&=\frac{A}{S_1}\times\Delta S-\frac{B}{S_1}\times\Delta S-S_2\times P\times E\end{aligned}$$

其中：A 为随销售变化的资产(敏感资产)；B 为随销售变化的负债(敏感负债)；S_1 为基期销售额；S_2 为预测期销售额；ΔS 为销售的变动额；P 为销售净利率；E 为利润留存比率；$\frac{A}{S_1}$为敏感资产占基期销售额的百分比；$\frac{B}{S_1}$为敏感负债占基期销售额的百分比。

【例 4-10】假定某企业 2015 年实际销售收入为 3 000 万元，销售净利润率为 12%，利润留存率为 10.5%，2016 年预测销售收入为 3 800 万元。该企业 2015 年度资产负债表如表 4-13 所示。

表 4-13 资产负债表 单位：万元

资 产	期末余额	负债及所有者权益	期末余额
货币资金	15	应付票据	100
应收账款	480	应付账款	528
存货	522	应付职工薪酬	21
其他流动资产	2	应付债券	11
固定资产净值	57	负债合计	660
		实收资本	50
		留存收益	366
		所有者权益合计	416
资产总计	1 076	负债及所有者权益总计	1 076

要求：

(1) 计算2016年公司需增加的资金量；

(2) 预测2016年需要对外筹集的资金量。

解：(1) 根据上述资料编制该企业2016年预计资产负债表，如表4-14所示。

表4-14　2016年预计资产负债表　　单位：万元

项　目	金　额	销售百分比(%)	2016年预计数
资产：			
货币资金	15	0.50	19
应收账款	480	16.00	608
存货	522	17.40	661.20
其他流动资产	2		2
固定资产净值	57		57
资产总计	1 076		1 347.20
负债及所有者权益：			
应付票据	100		100
应付账款	528	17.60	668.80
应付职工薪酬	21	0.70	26.60
应付债券	11		11
负债合计	660		806.40
实收资本	50		50
留存收益	366		366
所有者权益合计	416		416
负债及所有者权益总计	1 076		1 222.40

(2) 确定追加资金需要量。

2016年总资产＝1 347.2(万元)

2016年负债及所有者权益总额＝1 222.4(万元)

2016年资金总需要量＝预计总资产－预计负债及所有者权益

＝1 347.2－1 222.4＝124.8(万元)

(3) 该企业2016年留存收益增加＝3 800×10%×10.5%＝39.9(万元)

该企业需要从外部筹集的资金数额为124.8－39.9＝84.9万元。

▶ 2. 回归分析法

回归分析法是假定资本量与业务量之间存在线性关系并建立数学模型 $y=$

$a+bx$，来预测资金需要量的一种方法，具体计算方法与成本回归预测相同，计算公式如下：

$$a=\frac{\sum y-b\sum x}{n}$$

$$b=\frac{n\sum xy-\sum x\sum y}{n\sum x^2-\left(\sum x\right)^2}$$

【例 4-11】某公司近五年销售收入与资金占用总量的历史资料如表 4-15 所示。

表 4-15 某公司近五年业务量总额与资金占用额 单位：万元

年 度	业务量	资金占用
2011	500	100
2012	520	110
2013	480	120
2014	540	125
2015	690	130

该公司计划年度(2016 年)的业务量总额预测值为 700 万元，已有资金 60 万元。

要求：

(1) 预测该公司 2016 年的资金需求量。

(2) 计算公司 2016 年度还需追加的资金数量。

解：(1) 按回归分析原理对历史资料进行加工、整理并制表计算，如表 4-16 所示。

表 4-16 回归分析计算表

年度	业务量 x/万元	资金占用 y/万元	xy	x^2
2011	500	100	50 000	250 000
2012	520	110	57 200	270 400
2013	480	120	57 600	230 400
2014	540	125	67 500	291 600
2015	690	130	89 700	476 100
合计	$\sum x=2\ 730$	$\sum y=585$	$\sum xy=322\ 000$	$\sum x^2=1\ 518\ 500$

(2) 根据计算公式可得

$$b=\frac{5\times322\ 000-2\ 730\times585}{5\times1\ 518\ 500-(2\ 730)^2}=0.092\ 8$$

$$a=\frac{585-0.092\ 8\times2\ 730}{5}=66.350\ 3$$

资金预测公式为：$y=66.3503+0.0928x$

2016 年的资金需要量 $y=66.3503+0.0928\times700=131.31$(万元)

(3) 2016 年需追加的资金量＝131.31－60＝71.31(万元)

多数企业在其生产经营期间都要求有一定的现金储备量，以确保现金收入发生背离计划的差异时进行现金补充，使生产经营过程不因资金供应不足而受到影响。因此，在实际工作中上述计算还应该考虑现金储备量这个因素。

>>> 任务小结

资金需要量预测是指企业根据生产经营的需求，对未来所需资金的估计和推测。企业筹集资金，首先要对资金需要量进行预测，即对企业未来组织生产经营活动的资金需要量进行估计、分析和判断，它是企业制订融资计划的基础。企业资金需要量的预测方法主要有定性预测法和定量预测法两种。本任务主要学习了销售百分比法和回归分析法。

拓展阅读

2016 年中国经济形势分析与预测：李克强撰文解惑 2016 中国经济

近期，中国国务院总理李克强在英国《经济学人》年刊《世界 2016》中撰写了题为《中国经济的蓝图》的文章，主要论述了 2016 年中国经济的发展方向。11 月 21 日，印度总理莫迪在见到老朋友李克强时说："我刚刚看到您在《经济学人》年终特刊发表文章谈 2016 年中国经济发展，给我留下了很深刻的印象。"莫迪表示赞同李克强总理的经济理念。

《香港商报》在对该文进行解读分析时认为，李克强之所以在《经济学人》上发表文章，旨在回应外界对中国经济的质疑，打消国际社会对中国经济前景的疑虑。

抛开各方对李克强总理这篇文章用意的猜测，在笔者看来，这篇《中国经济的蓝图》主要为我们解答了以下几个问题：

中国经济往哪走?

李克强总理认为，改革、开放与国际合作的有力结合是多年来中国增长的核心要素，因而 2016 年，中国将继续深化改革，扩大对外开放，拓展国际经济合作。

2015 年被称为全面深化改革的关键之年，中国经济体制改革取得了长足进展。2016 年是"十三五"的开局之年，将坚持深化改革作为如期实现全面建成小康社会奋斗目标，推动经济社会健康发展所必须遵循的六大原则之一。深化改革不但是 2016 年中国政府必须坚持的宏观政策方向，同时也是未来五年内持之以恒的政策原则，其中经济体制改革在其中所占的比重不言而喻，因而李克强总理说"深化改革是前进之路"。

同时，在刚刚结束的"三会一国"外访中，李克强总理表示，中国正在同东亚国家推进"一带一路"建设和国际产能合作，亚洲基础设施投资银行和丝路基金等将为此提供融资支持。中国还将继续扩大对外开放，更深地融入世界经济。预计未来五年中国进口商品会达到 10 万亿美元。

拉动经济增长靠什么？

传统意义上，宏观经济研究普遍认为，拉动经济增长的是“三驾马车”，即投资、出口和消费。而李克强总理认为，中国的经济总量已经超过10万亿美元，未来如果要继续发展，过度依赖投资和出口拉动是不可持续的。

那么，未来中国经济想要继续保持中高端增长靠什么？李克强总理给出的答案是：“推动结构性改革”。其核心要素便是“创新驱动”和“消费拉动”，因而中国政府要通过大力推动市场化改革，尽快构建起一个大幅度增加创新驱动和消费拉动力的可持续增长的新模式。

李克强总理曾在多个场合表达过对中国经济增长的信心，这种信心并非盲目的，而是根植于中国政府的宏观调控政策储备和工具，根植于其应对各种风险挑战的丰富经验。他在文章中提道，本届政府并没有推行量化宽松，也没有采取竞争性货币贬值，而是将很多政策工具组合成两大经济增长引擎，一个是大众创业、万众创新；另一个是增加公共产品、公共服务供给。通过这两大引擎既可以有效拉动内需，又可以改善民生。

2015年被中国媒体人戏称为“创业元年”，中国政府力推的“大众创业、万众创新”如燎原之火，轰轰烈烈地在中国大地燃烧。政府通过简政放权、商事登记制度改革等为市场主体营造适合创新创业的环境，释放增长潜力。据不完全统计，2015年前三季度中国新登记企业315.9万户。李克强总理认为，年轻人通过创业对他们个人而言在解决就业的同时还能够实现人生理想；对社会而言，可以促进社会公平，打通阶层流动；于企业而言，无论大企业还是中小微企业，只有通过不断创新，才能够在市场竞争中立于不败之地。

需要解决什么问题？

最近，中央提出的“供给侧改革”被舆论与学界频繁热议，有媒体评论说，国务院连发两文提振“新消费”，是给“供给侧改革”拉开大幕，是为“供给侧改革”打造新动力。有分析称中央已经认识到，中国面临的问题不是需求不足的问题，而是供给端的问题。这就要求未来的政策制定中，要以供给侧为主要改革方向。

李克强总理将增加公共产品和公共服务供给，作为拉动中国经济持续增长的动力引擎之一，他非常看好中国的消费潜力。中国有13亿人口，3亿中等收入人群，中国的城镇化率刚刚超过50%，与发达国家相比远远不足，这些都为中国经济增长提供了广阔的空间。他在文章中指出：“尽管增速有所放缓，中国经济正朝着我们期待的方向，朝着更多立足内需和创新拉动的方向发展。”

随着中国人生活水平的不断提高，他们对消费与服务有了更加多样化的需求，比如购买产品更追求精致化、品牌化、个性化，购买公共服务如养老、医疗、保险等有了更人性化的需求，如果中国产品与服务不能够满足他们日益增长的消费需求，那么无可避免地会造成消费外流。

如何解决这一问题？李克强总理给出了“药方”，提高传统产业竞争力，推动“中国制造”更上一层楼。今年政府工作报告中首次提出实施“中国制造2025”。5月中旬，国务院印发《中国制造2025》，部署全面推进制造强国战略。李克强总理认为，互联网＋双创＋中国制造2025，彼此结合起来进行工业创新，将会催生一场“新工业革命”。

（资料来源：俞木．李克强撰文解惑中国经济：2016，往哪走？．[2015-11-27]. http://finance.people.com.cn/n/2015/1127/c1004-27861360.html.）

实践操作

宏鑫公司近5年来A产品的产销量及成本水平如表4-17所示。

表4-17 产销量及成本情况

项目	2011年	2012年	2013年	2014年	2015年
产量x/台	250	200	300	360	400
总成本y/元	275 000	240 000	315 000	350 000	38 800
固定成本总额/元	86 000	88 000	90 000	89 000	92 000
单位变动成本/元	756	760	750	725	740

若2016年的预计产量为480台，用加权平均法和高低点法求出2016年A产品的预测总成本和预测单位成本。

课后习题

一、单项选择题

1. 预测方法分为两大类，是指定量分析法和(　　)。

A. 平均法　　B. 定性分析法

C. 回归分析法　　D. 指数平滑法

2. 预测分析的内容不包括(　　)。

A. 销售预测　　B. 利润预测

C. 资金预测　　D. 所得税预测

3. 销售百分比预测法是用来预测(　　)的。

A. 销售额　　B. 销售量

C. 资金需要量　　D. 利润

4. 在对计划期内企业资金需要量的预测中，需要考虑的主要因素是(　　)。

A. 材料采购成本　　B. 固定成本

C. 变动成本　　D. 预计销售金额

5. 下列各项中，属于因果预测分析法的是(　　)。

A. 趋势平均法　　B. 移动平均法

C. 指标建立法　　D. 平滑指数法

6. 下列各项中，不属于定量分析法的是(　　)。

A. 判断分析法　　B. 算术平均法

C. 回归分析法　　D. 平滑指数法

7. 通过函询方式，在互不通气的前提下向若干经济专家分别征求意见的方法是(　　)。

A. 专家函询法　　B. 专家小组法

C. 专家个人意见集合法　　D. 德尔菲法

8. 下列各种销售预测方法中，属于没有考虑远近期销售业务量对未来销售状况会产生不同影响的方法是(　　)。

A. 移动平均法　　B. 算术平均法

C. 加权平均法　　D. 平滑指数法

9. 下列各项中，不能按照统一的方法直接确定各期权数值的方法是(　　)。

A. 移动平均法　　B. 趋势平均法

C. 加权平均法　　D. 平滑指数法

10. 在采用平滑指数法进行近期销售预测时，应选择的指数是(　　)。

A. 固定的平滑指数　　B. 较小的平滑指数

C. 较大的平滑指数　　D. 任意数值的平滑指数

二、多项选择题

1. 下列各项中，属于预测分析内容的有(　　)。

A. 销售预测　　B. 利润预测　　C. 成本预测

D. 资金预测　　E. 定性预测

2. 判断分析法通常包括的方法有(　　)。

A. 推销人员意见综合判断法

B. 经理人员意见综合判断法

C. 专家判断法

D. 因果预测分析法

E. 趋势外推分析法

3. 下列各项中，属于影响销售量的外部因素的有(　　)。

A. 市场环境　　B. 竞争对手　　C. 产品价格

D. 经济发展趋势　　E. 生产条件

4. 下列各项中，可用于销售预测的定量分析方法有(　　)。

A. 判断分析法　　B. 趋势外推分析法

C. 本量利分析法　　D. 因果预测分析法

E. 产品寿命周期推断法

5. 下列各项中，属于趋势预测分析法的有(　　)。

A. 平均法　　B. 修正的时间序列回归法

C. 因果预测分析法　　D. 综合判断法

E. 全面调查法

6. 从本质上看，平滑指数法属于(　　)。

A. 平均法　　B. 算术平均法

C. 因果预测分析法　　D. 趋势外推分析法

E. 特殊的加权平均法

7. 在销售预测中，定性预测可以采用的方法有(　　)。
A. 移动加权平均法　B. 回归分析法　C. 专家判断法
D. 推销员判断法　E. 综合判断法

8. 采用平滑系数法预测销售量时，对于平滑系数的取值，下述观点正确的有(　　)。
A. 要求大于零，小于0.5
B. 一般在0.1与0.4之间
C. 要求大于零，小于1
D. 一般在0.3与0.7之间
E. 要求大于1，小于1.5

9. 较大的平滑指数可用于(　　)情况的销量预测。
A. 近期　B. 远期　C. 波动较大
D. 波动较小　E. 长期

10. 下列属于定性分析法的有(　　)。
A. 判断分析法　B. 平滑指数法
C. 回归分析法　D. 调查分析法

三、判断题

1. 预测就是对不确定的或不知道的事件做出叙述和描述。(　　)
2. 预测是为决策服务的，有时候也可以代替决策。(　　)
3. 定性分析法与定量分析法在实际应用中是相互排斥的。(　　)
4. 销量预测中的加权平均法与移动加权平均法没有任何共同之处。(　　)
5. 趋势平均法对历史上各期资料同等对待，权数相同。(　　)
6. 平滑指数数值越小，则近期实际数对预测结果的影响就越大。(　　)
7. 在资产负债表中，资产、负债的各项目都随销售额的变动而发生相应的变动。(　　)
8. 进行成本预测，必须经过确定目标利润、预测发展趋势和修订目标成本三个步骤。(　　)
9. 目标成本是在确保实现目标利润的前提下，企业在广义成本方面应达到的奋斗目标。(　　)
10. 成本预测是其他各项预测的前提。(　　)
11. 销售预测中的算术平均法适用于销售量略有波动的产品的预测。(　　)
12. 在产品寿命的不同周期阶段，销售量的发展趋势是不同的。(　　)
13. 因果预测法就是回归分析法。(　　)
14. 西方国家对成本的预测通常是以目标利润为前提，我国企业则常以先进的成本水平作为目标成本。(　　)
15. 预测必须在计划之前进行。(　　)

四、计算分析题

1. 瑞丰公司生产电动车专用电池，该公司收集了广州市各年度电动车和电动车专用电池的销售量资料，如表4-18所示。已知电动车专用电池和电动车的销售量之间存在线性相关。2016年电动车的销售量预计为38万辆，瑞丰公司产品的市场占有率为35%，试预测该公司2016年的产品销售量。

表 4-18 广州市电动车和电动车专用电池销售资料

年度	电动车销售量/万辆	专用电池销售量/万块
2011	8	20
2012	10	30
2013	20	70
2014	30	100
2015	30	120
合计	98	340

2. 利达企业 2016 年上半年各期的实际销售总额分别为 40 万元、45 万元、43 万元、50 万元、58 万元、60 万元。若 6 月份的预计销售总额为 62 万元，平滑系数取 0.7。利用算数平均法、利用三期移动加权平均法和指数平滑法分别预测 7 月份的销售总额。

5 项目五 Chapter 5 短期经营决策

>>> 学习目标

知识目标：

1. 了解各类成本的概念；
2. 掌握生产决策的方法；
3. 掌握定价决策的方法；
4. 掌握存货决策的方法。

能力目标：

1. 能区分决策的相关成本和无关成本；
2. 能运用常用的决策分析方法进行生产决策；
3. 能利用相关的决策方法进行定价决策；
4. 能利用一定的方法进行存货决策和管理。

素质目标：

1. 树立资源优化配置的观念；
2. 参与企业的短期经营决策分析。

>>> 思维导图

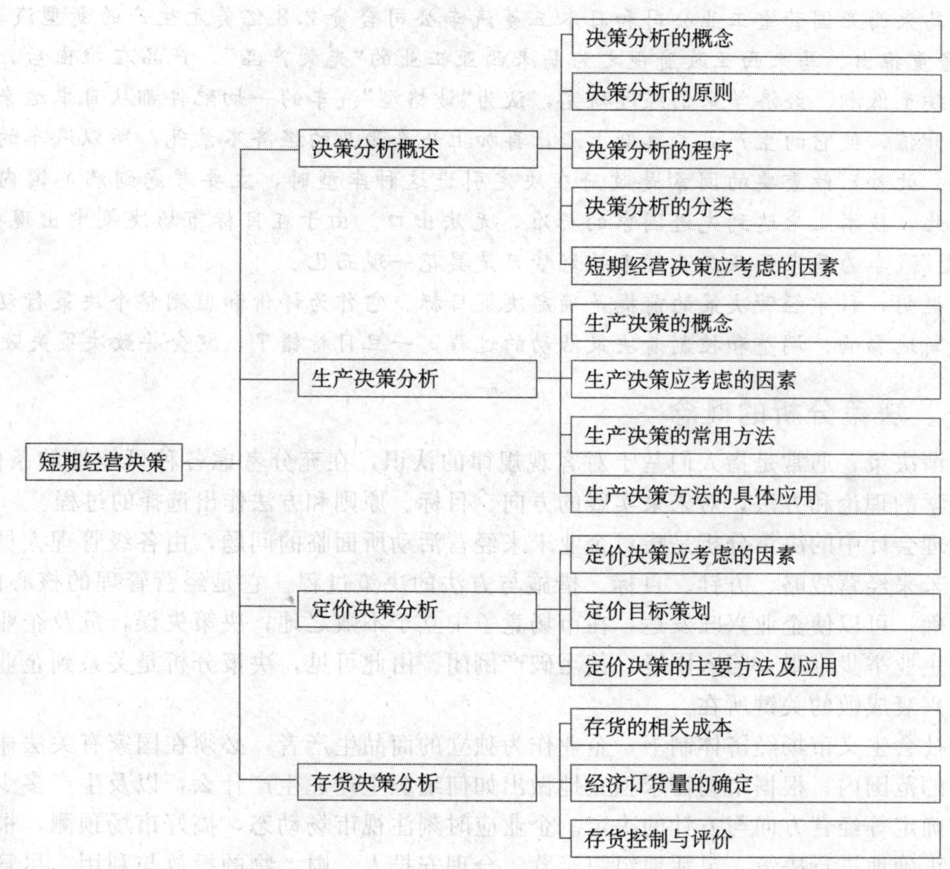

任务一　决策分析概述

>>> 任务分析

决策是决定企业管理工作成败的关键，是实施各项管理职能的保证，贯穿于企业生产经营活动的整个过程。决策过程并不仅仅是一个做决定的过程，也不是单纯选择方案的简单行动，而是一个提出问题、分析问题和解决问题的复杂过程。决策者要做出正确的决策，必须遵循正确的决策程序。只有明确了决策目标，才能避免决策的失误。所以，确定决策目标是决策的首要环节。对各个备选的具体方案进行总体权衡后，由决策者挑选一个最优的方案。

本任务主要介绍决策分析的一些基础知识。通过本任务的学习，能整体上把握决策的相关基本概念。

>>> 导入案例

由马来西亚国营重工业公司和日本三菱汽车公司合资2.8亿美元生产的新型汽车“沙格型”隆重推出。马来西亚政府视之为马来西亚工业的“光荣产品”。产品在推出后，销售量很快跌至低潮。经济学家们经过研究，认为“沙格型”汽车的一切配件都从日本运来，由于日元升值，使它的生产成本急剧上涨，再加上马来西亚的经济不景气，所以汽车的销售量很少。此外，最重要的因素是政府在决定引进这种车型时，主要考虑到满足国内的需要，因此，技术上未达到先进国家的标准，无法出口。由于在目标市场决策中出现失误，“沙格型”汽车为马来西亚工业带来的好梦只是昙花一现而已。

这说明，科学经营决策的前提是确定决策目标。它作为评价和监测整个决策行动的准则，不断地影响、调整和控制着决策活动的过程，一旦目标错了，就会导致决策失败。

一、决策分析的概念

所谓决策，通常是指人们基于对客观规律的认识，在充分考虑各种可能性的条件下，借助科学的理论和方法，对未来实践的方向、目标、原则和方法作出选择的过程。

管理会计中的决策分析是指对企业未来经营活动所面临的问题，由各级管理人员做出的有关未来经营战略、方针、目标、措施与方法的决策过程。它是经营管理的核心内容。决策正确，可以使企业兴旺发达，在市场竞争中立于不败之地；决策失误，危及企业的发展，使企业举步维艰，陷入困境，甚至破产倒闭。由此可见，决策分析是关系到企业未来发展和兴衰成败的关键所在。

在社会主义市场经济体制下，企业作为独立的商品生产者，必须在国家有关法律和法规允许的范围内，根据市场需求独立地做出如何组织生产、生产什么，以及生产多少、价格如何确定等经营方向与方针的决定。企业应时刻注视市场动态，搞好市场预测，根据需求变化正确地进行决策，灵活地组织经营，合理安排人、财、物的投放与利用。尽管经济效益的高低要受到多种因素的影响，但经营决策正确与否往往是关键因素。一个企业管理者所面临的不是是否应该进行决策的问题，而是应该如何科学地、正确地进行决策的问题。

企业决策分析是企业经营活动的起点，是企业经营管理活动的基本行为，它贯穿于生产经营活动的各个环节、各个方面以及各个时期，在企业经营管理活动中处于核心位置。它通常包括企业经营战略与方针的决策，经济目标与长、短期计划的决策，产品品种开发决策，技术发展与投资决策，资源开发与利用决策，价格决策，成本决策，生产组织决策，市场营销决策，资金筹措决策，利润分配与使用决策，组织、人事、劳动管理决策等。

决策是一个提出问题、分析问题和解决问题的系统分析过程。决策是面向未来的，而未来含有许多不确定的因素，因此，良好的预测是决策的基础，是决策科学化的前提。没有准确、科学的预测，就不可能做出符合客观实际的科学决策。

二、决策分析的原则

决策分析的原则是指进行决策必须遵循的指导规则和行为准则，它是科学决策指导思想的反映，也是决策实践经验的总结。为了保证决策的科学性，使之达到预期的目标，必须遵循以下几项原则：

▶ 1. 方向性原则

决策是一种有目的的活动，必须具有方向性。所谓方向性是指两个方面的内容：一是企业进行决策时，不能仅仅考虑微观利益，而应当从国家这一大局出发，自觉地遵守国家的有关法规和制度、政策，绝不允许损人利己、以邻为壑、坑害国家。所以，当企业的微观利益与社会宏观利益发生矛盾，相关法律又暂时不够健全时，必须无条件地按国家规定办事，服从于国家的整体利益。二是决策必须具有明确、具体的方向目标，这一具体的决策目标应该保持相对的稳定性，目标的修正是允许的，但不能朝令夕改。

▶ 2. 责任性原则

决策分析的正确与否直接关系到企业的经济效益、未来生存与发展，事关重大，它应该与决策者的切身利益相联系。因此，决策者应该按其所处的地位及决策内容的性质对其所作的决策承担相应的责任。不愿或不敢承担责任的人不能作为决策者。由于决策是对未来活动进行规划的一个重要组成部分，存在很多意想不到的因素，因此，决策出现一些失误是在所难免的，应当区分不可抗拒因素与人为因素的影响界限，以及不负责任的瞎指挥与偶然失误的领导责任。

▶ 3. 民主性原则

由于现代社会生产及商品经济所具有的宏大性、高速性与瞬变性等特点，使决策的条件越来越复杂，任何一个天才的决策者都不可能独立完成动态信息的收集、分析、整理和归纳工作，因此，也难以据此进行正确地判断并做出科学的决策。这就要求必须由个人决策向集体决策过渡，集思广益，充分依靠智囊团和专家决策群体，依靠参谋决策体制，调动各方面的积极性，进行民主决策。但是，民主决策并不是“一切大家说了算”，而是既要有充分的分工协作，又要有集中领导，在决策中要注意维护领导的权威。

▶ 4. 满意性原则

按照传统决策的理论，决策分析就是要选出未来活动的最优方案，但是，在实践中这是行不通的。要寻找最优方案，必须同时满足以下条件：第一，决策者对实现决策目标的所有可行方案及其执行结果都完全掌握，无一遗漏；第二，决策目标单一化或完全有序；第三，约束条件不变或有规律地同步变动；第四，时间是决策事件的常数；第五，所需成本完全满足。显然，任何实际决策问题都不大可能全部同时满足上述条件。因此，决策分析只能找到“基本令人满意的”或者“过得去的”相对优化的方案，而不可能找到绝对最优的方案。

▶ 5. 科学性原则

科学的决策分析是经得起实践检验的，是正确的、合理的，它应具备以下基本特征：第一，决策者必须具备 T 形知识结构(即广博的一般知识和深厚的专业知识造诣)和全面型能力(即具备调查研究的能力、预见未来的能力、接受及判断信息的能力、选择目标的能力、创新的能力、关键时刻拍板决断的能力、组织能力、社交与联络的能力，以及自我完善的能力)。第二，决策分析对象必须具有明确的内涵和外延，必须是人的未来行为能够对其施加影响的客观系统。第三，决策分析必须以信息为依据，掌握充分、准确及时的信息，并且具有收集、传输、加工、处理信息的有效手段及能力。第四，决策分析必须遵循客观规律，选择科学的方法，进行必要的计算与分析，实行反馈控制。第五，决策的结果必须能够转化为易于理解的、明确的指令或计划指标。决策是为了行动，如果决策不能导致行动，决策就没有意义，决策行动必须是有效行动，否则决策便无价值。总之，科学性原则就是要从系统的观点出发，在决策过程中综合考虑上述五个要素，统筹兼顾，相互协调，使决策结果更符合客观实际。

▶ 6. 效益性原则

决策分析面向经营，本身也要讲效益。决策分析不仅要以提高经济效益为目的，而且，对决策过程也要进行成本—效益分析，要节约时间，降低开支，提高工作效率，以较小的代价组织好科学决策的任务。

三、决策分析的程序

为了达到决策的目的，必须尽力实现决策过程的科学化，严格遵照决策的科学程序进行。决策分析的科学程序，一般应包括以下几个基本步骤：

▶ 1. 提出决策问题，确定决策目标

因为决策是为了实现某项预期目标，所以，首先要弄清楚一项决策究竟要解决什么问题，达到什么目的。决策目标一般应具备以下几个特点：

(1) 目标要具体、明确，不能过于笼统、抽象，以免引起误解。

(2) 目标要定量化，可以计量，这样才能使方案的选择有确切的依据。

(3) 目标的约束条件要明确，而且要充分揭示。

(4) 目标的实现，在主、客观上具有现实可能性。

(5) 对多目标决策，要使目标系统化。对多目标首先要分清主次，区别对待；其次要注意对多目标的排序、简化和归并，使综合目标系统化。

▶ 2. 设计达到目标的各种可能的行动方案

在决策目标确定后，应充分考虑现实和可能，设计出各种可能实现决策目标的备选方案。备选方案的提出，一般要经过形成基本设想、作出初步方案、形成备选方案的反复、补充、修改的过程，这是一种创造性的脑力劳动。备选方案的多少和质量好坏，直接影响到决策的效果。备选方案太少，则缺乏选择余地，往往失之偏颇；太多，则又易于鱼目混珠，使决策者无所适从。

▶ 3. 评价方案

评价方案应以决策目标为出发点，运用科学的决策分析方法，对形成的各种备选方案进行可行性研究、论证。在评价过程中，既要采用定量的分析方法，也要采用定性的分析方法；既要考虑可计量的因素，也要考虑不可计量的因素。因为经济系统一般是一个复杂的大系统，任何一个经济决策问题都是一个大小不一的系统工程问题，要从不同侧面分析评价各个方案在技术、经济、组织等方面的先进性、合理性和可能性。论证要充分、可靠，而且，要考虑到各种不确定性因素可能的干扰，切忌偏颇和盲目。

▶ 4. 选择未来行动的方案

选择未来行动的方案，是整个决策过程中最关键的环节。在对各个备选方案综合评价的基础上，全面权衡利弊得失，按照一定原则要求确定最终择优的标准及方法，不断比较、筛选，最终确定出较为满意的行动方案。

▶ 5. 组织和监督决策方案的实施，进行反馈控制

在行动方案选定后，就应纳入计划，组织力量，全力以赴地加以实施。在实施过程中，要对方案的执行情况进行跟踪、检查、监督，并且，将实施结果与决策目标的要求不断地进行比较，找出偏离目标的差异及其原因，做好信息反馈，及时采取有效措施，以保证方案的实施，在不断的修正、调整、补充过程中，使决策的结果更加符合客观实际。

四、决策分析的分类

决策分析贯穿于生产经营活动的始终，涉及的内容广泛，各种不同类型的决策所需要的信息、考虑的重点及分析的方法都有很大的差别。为了加深认识，决策分析可以按照不同的标志进行分类。

▶ 1. 按决策的重要程度分类

(1) 战略决策。它是指关系到企业未来发展方向、大政方针的全局性、长远性重大决策。例如经营目标的确定、新产品的开发、生产能力的扩大等问题。这类决策取决于企业的长远规划和外部环境对企业的影响，其正确与否，与企业的发展成败息息相关。

(2) 战术决策。它是指为实现战略决策目标，而对日常经营活动所采用的方法与手段的局部性短期决策。例如零部件的自制与外购、生产结构的安排以及短期资金的筹措等决策。这类决策主要考虑怎样合理地使用现有的人力、物力、财力等资源，以提高企业的经济效益。决策正确与否一般不会对企业的大局产生决定性的影响。

▶ 2. 按决策所依据条件的肯定程度分类

(1) 确定性决策。确定性决策是指与决策相关的那些客观条件或自然状态是确定的、明确的，并且可用具体的数字表示出来，决策者可直接根据完全确定的情况，从中选择最有利的方案。

(2) 风险性决策。风险性决策是指与决策相关的因素的未来情况呈随机状态，不能完全肯定，但决策者可以知道其发生的可能性的大小。这种可能性的大小，可以用概率来表示。依据这些概率，可以求得各个备选方案的目标期望值，根据期望值的大小进行决策。这类决策由于决策结果的不唯一性而存在一定的风险。

(3) 不确定性决策。不确定性决策是指影响这类决策的因素的未来情况不仅不能完全确定，而且，连出现这种可能结果的概率也无法确切地进行预计。由于决策所需信息的缺乏，这种决策在很大程度上只能依据决策者的经验和个人素质来进行，具有较大的主观随意性。

▶ 3. 按决策的时间长短分类

(1) 短期决策。短期决策是指在一个经营年度或经营周期内能够实现其目标的决策。例如生产决策、成本决策和定价决策等。这类决策的主要特点是投资金额少，涉及的时间短，一般不考虑货币的时间价值，主要目的是充分合理地利用现有的经济资源，以期取得最佳的经济效益，属于战术性决策。

(2) 长期决策。长期决策是指在较长时期内(超过一年)才能实现其目标的决策。其主要特点是投入的资金数额大，对企业若干期的生产经营的收支产生影响；决策方案一旦执行，结果难以逆转，要想改变，往往为时已晚或需付出巨大代价。同时，由于投资涉及的时间长、金额大，因而需要考虑货币的时间价值和风险价值。例如，厂房设备的扩建、更新、改造，资源的开发利用，老产品的改造和新产品的试制，以及国际间的技术引进等都属于长期投资决策。

▶ 4. 按决策方案之间的关系分类

(1) 单一方案决策。单一决策方案是指只需对一个方案作出接受或拒绝的选择，例如亏损产品是否停产的决策、是否接受特殊追加订货的决策都属于这类决策。

(2) 互斥方案决策。互斥方案决策是指需要在两个以上备选方案中选出唯一的一个最佳方案的决策，它属于多方案决策。例如，开发新产品的品种决策、转产或增产某种产品的决策都属于这类决策。

(3) 组合方案决策。组合方案决策是指在多个备选方案中选出一组最优的组合方案，它也属于多方案决策。

▶ 5. 决策的其他分类

决策还可按其他标志进行分类，比如，按决策者所处的管理层次不同，可将决策分为高层决策、中层决策和基层决策三类；按决策出现的重复程度，可分为程序性决策和非程序性决策；按决策的内容不同，可分为成本决策、生产决策、定价决策、存货决策、设备更新改造决策；按决策的侧重点不同，可分为计划决策和控制决策，等等。

五、短期经营决策应考虑的因素

短期经营决策是指企业为有效地组织现在的生产经营活动，合理利用经济资源，以及在不远的将来取得最佳的经济效益而进行的决策。短期经营决策分析的决策结果只影响或决定企业一年或一个经营周期的经营实践的方向、方法和策略，侧重于从资金、成本、利润等方面充分利用企业现有资源和经营环境，以取得尽可能大的经济效益。

短期经营决策的具体内容较多，概括地说主要包括生产决策、定价决策和存货决策三大类。短期经营决策必须考虑以下几个因素。

▶ 1. 相关收入

相关收入是指与特定决策方案相联系的、能对决策产生重大影响的、在短期经营决策中必须予以充分考虑的收入，又称有关收入。如果某项收入只属于某个经营决策方案，即若有这个方案存在，就会发生这项收入，若该方案不存在，就不会发生这项收入，那么这项收入就是相关收入。相关收入的计算，要以特定决策方案的单价和相关销售量为依据。

与相关收入相对立的概念是无关收入。如果无论是否存在某决策方案，均会发生某项收入，那么就可以断定该项收入是上述方案的无关收入。

▶ 2. 相关成本

相关成本是指与特定决策方案相联系的、能对决策方案产生重大影响的、在短期经营决策中必须予以充分考虑的成本。

(1) 差量成本。差量成本也称差别成本，广义的差量成本是从可供选择的不同方案之间估计出来的成本差别；狭义的差量成本又称增量成本，是指单一决策方案由于生产能力利用程度的不同而表现在成本方面的差额。

在一定条件下，某一决策方案的差量成本就是该方案的相关变动成本，即等于该方案的单位变动成本与相关业务量的乘积。

(2) 边际成本。经济学家所说的边际成本，是指成本对业务量无限小的变化的变动部分，在数学上可用成本函数的一阶导数来表现。但在实际经济生活中业务量无限小的变化是相对的，只能小到一个经济单位(如一批、一只、一件等)。因此，在管理会计中，边际成本是指当业务量以一个最小经济单位变动时所引起的成本差量。

显然，在相关范围内，增量成本、单位变动成本和边际成本取得了一致。

(3) 机会成本。决策时，从多种可供选择的方案中选取一种最优方案，必须有一些次优以至更差的方案被放弃。基于这种情况，应把已放弃的次优方案可能取得的利益看作是被选取的最优方案的机会成本。因为企业一定的经济资源，在一定时空条件下又总是相对有限的，用在某一方面，就不能同时用在另一方面，有所得，也一定有所失。只有把已失去的“机会”可能产生的效果也考虑进去，才能对最“优”方案的最终效果进行全面的评价。

(4) 重置成本。重置成本是指目前从市场上重新取得某项现有资产所需支付的成本。在短期经营决策的定价决策以及长期投资决策的以新设备替换旧设备的决策中，需要考虑以重置成本作为相关成本。大家知道，财务会计是以历史成本作为资产入账的基础，但历史成本对于目前的许多决策往往意义不大。例如，关于产品定价的决策，就必须以重置成本作为考虑的重点。设有一项存货，每单位的历史成本为500元，重置成本为750元，售价的制定应以何者为依据？从历史成本来看，每单位按700元出售，还可取得利润200元，这实际上是一种假象，因为出售以后，重新购进它，每单位要花费750元，每单位按700元出售，不仅不能取得盈利，反而会亏损50元。可见重置成本也是决策中不可忽视的一个重要因素。

(5) 付现成本。付现成本又称现金支出成本。在进行短期经营决策时，付现成本就是动用现金支付的有关成本。当资金紧张时，特别要把现金支出成本作为考虑的重点。在某些情况下，管理部门宁可用现金支出成本最少的方案来取代总成本最低的方案。例如，设某厂由于装配线损坏，不能按时装配产品出售，每天要损失10 000元；这时正值企业资金紧张，现金余额已降低到5 000元，一时无法从银行取得追加贷款，预计两周内也不可能从应收账款方面收到现金。管理部门通过洽谈，从许多供应者中发现有两家供应者提出的条件较为优惠，但具体的要求又不尽相同：一家供应者提供新的装配线，仅要价52 000元，但必须全额立即支付现金；另一家供应者提供同样的机器要价60 000元，但允许可先付现金3 000元，余额在未来的12个月内分12次支付，每次支付4 760元。基于上述情况，管理部门选取用总成本较高但现金支出成本较低的方案，显然是合理的。因为只有这样，才能尽快恢复生产，多支出的成本可从早期恢复生产所取得的收入中补偿。

(6) 专属成本。专属成本是指那些能够明确归属于特定决策方案的固定成本或混合成本。它往往是为了弥补生产能力不足的缺陷，增加有关装置、设备、工具等长期资产而发生的。专属成本的确认与取得上述装置、设备、工具的方式有关。若采用租入的方式，则专属成本就是与此相关联的租金成本；若采用购买方式，则专属成本的确认还必须考虑有关装置、设备、工具本身的性质；如果取得的装备等是专用的，即只能用于特定方案，则专属成本就是这些装备的全部取得成本；如果取得的装备等是通用的，则专属成本就是与使用这些装备有关的主要使用成本(如折旧费、摊销费等)。

(7) 可延缓成本。在企业财力有限的情况下，企业已决定选用的某一方案如推迟执行，还不致影响企业的全局，那么与这一方案有关的成本就称为可递延成本或可延缓成本。在短期决策中暂缓支出可延缓成本不会对企业未来的生产经营产生重大不利的影响。

例如，某企业决定购买8台计算机以便在财务部推广电算化，但因企业目前资金紧张，决定推迟其购买时间。因为这一方案即使不立即实施，也不会对企业目前的生产经营活动产生重大影响。那么，与购买计算机相关的成本称为可延缓成本。

(8) 可避免成本。可避免成本是指企业可以通过决策行动改变其数额的成本，或是成本发生是否直接同某项备选方案是否选用关联的成本。也就是说，如果某一特定方案采用了，与其相联系的某项支出就必然产生；反之，如果某项方案不采用，则某项支出就不会发生。

例如，某企业存在自动流水线和机械化生产方案选择的情况，如果选择机械化生产，产品零部件的传送需要人工来搬运，而改用自动流水线进行生产时，就可自动传送，这样对于自动流水线生产方案来说，机械化生产情况下搬运零部件所需的人工费用、设备费用就是该方案可避免成本。

▶ 3. 相关业务量

相关业务量对决策方案的影响往往是通过对相关收入和相关成本的影响来实现的。在半成品是否深加工的决策和是否接受特殊价格追加订货的决策中，都需要认真考虑相关业务量问题，而不是笼统的全部产量，并且，计算某一产品的相关收入与相关成本所使用的相关业务量有时也不一定相同。

实践表明，在生产经营决策过程中，许多对具体决策方案的相关收入和相关成本的确认和计量发生失误，其原因往往是对相关业务量的判断错误。因此，相关业务量是生产经营决策中一个不容忽视的重要因素。

>>> 任务小结

所谓决策，通常是指人们基于对客观规律的认识，在充分考虑各种可能性的条件下，借助于科学的理论和方法，对未来实践的方向、目标、原则和方法作出选择的过程。

决策分析的原则是指进行决策必须遵循的指导规则和行为准则，它是科学决策指导思想的反映，也是决策实践经验的总结。

决策分析原则主要包括：方向性原则、责任性原则、民主性原则、满意性原则、科学性原则、效益性原则。

决策分析的程序包括：提出决策问题，确定决策目标；设计达到目标的各种可能的行动方案；评价方案；选择未来行动的方案；组织和监督决策方案的实施，进行反馈控制。

决策分析按决策的重要程度分为战略决策和战术决策；按决策所依据条件的肯定程度分为确定性决策、风险性决策、不确定性决策；按决策的时间长短分为短期决策和长期决策；按决策方案之间的关系分为单一方案决策、互斥方案决策和组合方案决策决策。

短期经营决策应考虑的因素有：相关收入；相关成本(差量成本、边际成本、机会成本、重置成本、付现成本、专属成本、可延缓成本和可避免成本)；相关业务量。

任务二　生产决策分析

>>> 任务分析

生产是企业运营过程中很重要的环节，通常都要对生产什么、生产多少以及如何生产等几个方面的问题做出决策。生产决策是根据企业的经营战略方案及企业内外经营环境的状况确定企业的生产方向、生产目标、生产方针及生产方案的过程。生产决策具体包括开发新产品品种的选择、剩余生产能力如何运用、亏损产品是否停产、产品是否进一步加工和生产批量的确定、生产工艺怎么选择等。

本任务要求掌握各种生产决策方法，对这些决策内容要有新的认识和判断。比如说，根据经验判断，当该生产产品的利润小于零，即发生亏损时，要将产品停产。

>>> 导入案例

假定某日用化工厂计划生产一种新牌香水，其中某种配料每年需要180 000千克，现该厂有剩余生产能力可以自制，其成本经估算如下：

直接材料	600 000 元
直接人工	100 000 元
变动制造费用	60 000 元
固定制造费用	65 000 元

同时，该厂总经理对这 180 000 千克的配料也考虑向天津化工厂购买，每千克购价 4.25 元，另加运费 0.40 元/千克。假定该日用化工厂不自制这种配料，其剩余生产能力可制造另一种产品，每年可提供边际贡献总额 40 000 元。

该日用化工厂生产香水需要的配料自制和外购都能取得，如果你是决策者，是选择自制还是外购呢？为什么？

一、生产决策的概念

生产决策是短期决策的一项重要内容，指短期内(通常为 1 年)，在生产领域中，围绕着是否生产、生产什么、生产多少，以及怎样生产等方面的问题所进行的决策。例如关于新产品开发的品种决策、亏损产品的处理决策、零部件取得方式的决策、生产工艺技术方案的选择决策、是否接受特殊追加订货的决策等。生产决策的任务就是要利用相关信息，对上述问题优选出能够为企业提供最大经济效益的行动方案。

生产决策是加强企业管理、增强企业素质、提高企业经济效益的核心工作，对企业目前的存在和将来的发展都关系极大。一个企业能否在错综复杂、瞬息万变的激烈竞争中求得生存和发展，关键在于它能否以最理想的产品品种和数量、最合理的产品组合和批量、最有效的设备配套和加工方式、最低的成本和最快的速度，向社会提供品种广泛、功能优良、竞争力强的产品。为了达到这一目的，正确的生产经营决策是必不可少的。

二、生产决策应考虑的因素

生产决策属于短期决策的内容之一，除了考虑短期经营决策必须通盘考虑的相关收入、相关成本和相关业务量三大因素之外，还应考虑企业的生产经营能力。

生产经营能力是指在一定时期内和一定生产技术、组织条件下，企业内部各个环节直接参与生产过程的生产设备、劳动手段、人力资源和其他服务条件，能够生产的各类产品产量或加工处理一定原材料的能力。生产经营能力是企业生产经营活动的基本依据，是企业自身各种条件综合配置和平衡的结果，是企业技术能力和管理能力的综合。

企业生产经营能力的利用程度，由企业管理部门根据当前经营计划，结合工程、经济和环境要求等因素来确定，其上限是“理论生产经营能力”，即百分之百有效利用工程技术、人力及物力资源条件下的产出量。“可行生产经营能力”则是指在高效率经营下可能达到的生产经营能力。企业生产经营决策中所说的生产经营能力，一般是指正常的生产经营能力或计划生产经营能力，即在计划年度内，充分考虑到现有生产技术条件、人力资源状况、管理水平，以及可能采取的各种措施，必须达到的生产经营能力。

显然，企业生产经营能力受到薄弱生产环节的制约，但其他生产环节，特别是主导生产环节的生产经营能力大于薄弱环节的生产经营能力时，企业便具备一定的生产经营潜力。这时，若将生产场地、生产设备和劳动力等要素实施优化组合，就能合理地利用并不断提高企业的综合生产经营能力。

三、生产决策的常用方法

生产决策由于具体内容不同，在决策方法上也存在很大差异。在实践中，经常使用的方法有单位资源边际贡献法、边际贡献总额法、差量损益分析法、相关损益分析法、相关成本分析法和成本平衡点法。另外，运筹学和系统分析中的一些方法，像线性规划法、决策树法、整数规划法中的分支定界法等在生产决策中也越来越受到广泛的关注。现将一些常用的方法介绍如下：

▶ 1. 单位资源边际贡献法

单位资源边际贡献法是指以有关方案的边际贡献指标作为决策评价指标的一种方法。由于生产经营决策属于短期决策，在决策中一般不改变生产能力，固定成本通常也不会改变，当企业生产只受到某一项资源(例如，某种原材料、人工工时或机器工时等)的约束，并且，备选方案中各种产品的单位边际贡献和单位资源消耗额(例如，材料消耗定额、工时定额)均为已知的条件下，可按下式计算单位资源所能创造的边际贡献指标，并以此作为决策评价的依据。

$$单位资源边际贡献=\frac{单位边际贡献}{单位产品资源消耗定额}$$

单位资源边际贡献是一个正指标，哪个方案的该项指标大，哪个方案则为优。

▶ 2. 边际贡献总额法

在生产经营决策中，当有关决策方案的相关收入均不相等，全部相关成本均为变动成本时，则可以使用边际贡献总额法。所谓边际贡献总额法是指以有关方案的边际贡献总额指标作为决策评价指标的一种方法。

边际贡献总额也是一个正指标，哪个决策方案的该项指标大，则哪个方案便为相对最优。但是，应当注意的是，在生产经营决策中，如果不同方案的相关业务量不一致，就不能以产品的单位边际贡献指标的大小作为取舍优劣的标准。

▶ 3. 差量损益分析法

差量损益分析法也称差别损益法，是指在进行两个相互排斥方案的评价时，以差量损益指标作为方案评价取舍标准的一种决策方法。

这里的差量损益等于差量收入与差量成本之差，表示企业多得的利润或少发生的损失；差量收入等于两方案相关收入之差；差量成本等于两方案相关成本之差。

在决策时，若差量损益大于零，则前一个方案较优；若差量损益小于零，则后一个方案较优；若差量损益等于零，则前后两个方案效益相同。

该方法比较科学、简单、实用，在决策过程中，如果各有关方案的相关收入、相关成本的内容确定得不合适，便会严重地影响到决策的质量，甚至会得出错误的结论。另外，对于两个以上互斥方案只能逐次应用此法，两两比较分析，筛选择优，故应用起来比较麻烦。

▶ 4. 相关损益分析法

相关损益分析法，是指在进行生产经营决策时，以相关损益指标作为决策评价指标的一种决策方法。某方案的相关损益是指该方案的相关收入与相关成本之差。该评价指标也是一个正指标，在对多个备选方案的评价中，哪个方案的相关损益大，哪个方案则为优。

▶ 5. 相关成本分析法

相关成本分析法是指在生产经营决策中，当各备选方案的相关收入相等时，通过直接比较各方案的相关成本作出方案选择的一种决策方法，实质上是相关损益法的特殊形式。相关成本是个反指标，在决策分析时，哪个决策方案的成本最低，则哪个方案最优。

▶ 6. 成本平衡点(或成本分界点)分析法

成本平衡点分析法是指在各个备选方案的相关收入均相等，相关业务量为不确定因素时，通过判断处于不同水平上的业务量与成本平衡点业务量之间的关系，来作出相互排斥方案选择的一种决策方法。这里的成本平衡点业务量是指能使两个方案总成本相等的业务量，又称为成本无差别点或成本分界点。此种方法关键在于确定成本平衡点(或成本分界点)。其计算公式如下：

$$成本平衡点=\frac{两方案固定成本之差}{两方案单位变动成本之差}$$

成本平衡点是两个方案总成本相等时的业务量。当业务量小于成本平衡点业务量时，应选择固定成本小、单位变动成本大的方案；当业务量大于成本平衡点业务量时，应选择固定成本大、单位变动成本小的方案。

四、生产决策方法的具体应用

(一) 新产品开发的品种决策分析

企业必须不断地研制、开发新产品，促进产品的更新换代，才能不断满足社会的需要，维持和扩大市场占有率，取得经营主动权，获得良好的经济和社会效益。这里介绍的新产品开发的品种决策，是指可以利用企业现有剩余生产能力来开发某种在市场上有销路的新产品，并且，已经掌握可供选择的多个新品种开发方案的有关资料，但不涉及大量投资追加技术装备的问题。

新产品开发的品种决策可以按照是否涉及追加专属成本分两种情况讨论。

▶ 1. 不追加专属成本时的决策

当各备选方案只是利用现有剩余生产能力，而不涉及追加专属成本时，各备选方案的原有固定成本都是相同的，属于无关成本。在进行决策分析时，只计算各方案的边际贡献就可以正确决策。可以采用单位资源边际贡献法和边际贡献总额分析法决策。

【例 5-1】某企业现有年剩余生产能力 2 000 台时，可用来生产 A 产品或 B 产品，此剩余生产能力的年固定资产折旧费为 80 000 元，其他预测资料如表 5-1 所示。

要求：进行决策分析。

表 5-1 预测资料

项目 \ 品种	A 产品	B 产品
单价/(元/件)	150	80
单位变动成本/(元/件)	90	50
单位产品定额台时/(台时/件)	5	2

解：

(1) 单位资源边际贡献法：

A 产品的单位边际贡献＝150－90＝60(元/件)

B 产品的单位边际贡献＝80－50＝30(元/件)

A 产品的单位台时边际贡献＝60÷5＝12(元/台时)

B 产品的单位台时边际贡献＝30÷2＝15(元/台时)

因为 12＜15，所以选择 B 方案。

(2) 边际贡献总额分析法：

A 产品的单位边际贡献＝150－90＝60(元/件)

B 产品的单位边际贡献＝80－50＝30(元/件)

A 产品的产量＝2 000÷5＝400(件)

B 产品的产量＝2 000÷2＝1 000(件)

A 产品的边际贡献总额＝60×400＝24 000(元)

B 产品的边际贡献总额＝30×1 000＝30 000(元)

因为 24 000＜30 000，所以选择 B 方案。

2. 追加专属成本时的决策

当新产品开发的品种决策方案涉及追加专属成本时，就无法直接用边际贡献指数评价各方案的优劣，可以采用剩余边际贡献指标来评价，也可以用差量损益分析法进行分析评价。其中，剩余边际贡献＝边际贡献－专属成本。

【例 5-2】某企业有一条闲置的生产线，按最初的投资额计算每年应发生的折旧额为 28 000元，现有甲、乙两种产品可供选择生产，预测有关资料如表 5-2 所示。

要求：分析该企业应生产哪种产品。

表 5-2 预测资料

项目＼品种	甲产品	乙产品
可生产量/件	8 000	6 000
单价/(元/件)	18	32
单位变动成本/(元/件)	12	23
追加专属成本/元	10 000	20 000

解：

(1) 剩余边际贡献法：

甲产品边际贡献总额＝8 000×(18－12)＝48 000(元)

乙产品边际贡献总额＝6 000×(32－23)＝54 000(元)

甲产品剩余边际贡献＝48 000－10 000＝38 000(元)

乙产品剩余边际贡献＝54 000－20 000＝34 000(元)

因为 38 000＞34 000，所以选择生产甲产品。

(2) 差量损益分析法：

差别收入＝8 000×18－6 000×32＝－48 000(元)

差别成本＝(8 000×12＋10 000)－(6 000×23＋20 000)＝－52 000(元)

差别损益＝－48 000－(－52 000)＝4 000(元)＞0

所以，应选择生产甲产品。

(二)损亏产品的决策分析

在企业组织多品种生产时，往往由于某种原因而导致一些产品的收入低于按照完全成本法计算的产品成本，出现亏损。对已经发生亏损的产品是否继续组织生产，企业管理者需要及时做出正确的决策。

▶1. 相关剩余生产能力不能转移的决策

所谓相关剩余生产能力无法转移，是指当亏损产品停产以后，由此而闲置下来的生产能力，既不能转产，也不能将有关设备对外进行出租。在这种情况下，由于剩余生产能力不能转移，相应的固定成本属于无关成本，在决策中不必加以考虑，所以，只要亏损产品满足边际贡献(单位边际贡献)大于零，就应当继续组织生产。

如果简单地盲目停止生产满足边际贡献(单位边际贡献)大于零的亏损产品，则不但不能使企业增加利润，反而会使其多损失相当于该亏损产品所能提供的边际贡献那么多的利润。这是因为，如果亏损产品能够提供正的边际贡献的话，这些边际贡献便可以为企业补偿一部分固定成本。如果停止其生产，作为沉没成本的固定成本仍然还要发生，这些成本就势必要转由其他产品承担，最终导致整个企业减少相当于亏损产品所能提供的边际贡献那么多的利润。

如果该亏损产品不能满足边际贡献(单位边际贡献)大于零，其本身又不属于国计民生必需的产品，一般就可以考虑停止生产。

【例 5-3】某企业 2014 年生产 A、B、C 三种产品，如表 5-3 所示，其中 C 产品发生亏损。假定 2015 年一切条件均不变。

要求：做出该公司 2015 年是否应该继续生产 C 产品的决策。

表 5-3 损益计算表　　单位：元

品种 项目	A 产品	B 产品	C 产品	合计
销售收入	150 000	180 000	260 000	590 000
销售成本				
变动成本	40 000	48 000	120 000	208 000
固定成本	30 000	32 000	95 000	157 000
合计	70 000	80 000	215 000	365 000
销售与管理费用				
变动费用	10 000	12 000	30 000	52 000
固定费用	20 000	13 000	20 000	53 000
合计	30 000	25 000	50 000	105 000
利润或亏损	50 000	75 000	(5 000)	120 000

解：依据题意计算得

C 产品的销售收入＝260 000(元)

C产品的变动成本=120 000+30 000=150 000(元)

C产品的边际贡献总额=260 000−150 000=110 000(元)

由于C产品的边际贡献总额大于零，所以应当继续生产C产品。否则，企业将多损失110 000元的利润。

C产品虽然最终亏损5 000元，但它仍可以为企业提供110 000元的边际贡献，把它看成企业的利润。如果C产品不继续生产，不仅对企业利润所作的这部分贡献随之消失，而且C产品承担的固定成本115 000元(95 000+20 000)，也将“转嫁”给A和B产品承担。

假定其负担额按各自的销售收入比例进行分配，则

产品A应分摊：(95 000+20 000)×150 000/(150 000+180 000)=52 273(元)

产品B应分摊：(95 000+20 000)×180 000/(150 000+180 000)=62 727(元)

相关损益计算如表5-4所示。

表5-4 损益计算表 单位：元

项目＼产品	A产品	B产品	合计
销售收入	150 000	180 000	330 000
销售成本			
变动成本	40 000	48 000	88 000
固定成本	73 182	83 818	157 000
合计	113 182	131 818	245 000
销售与管理费用			
变动费用	10 000	12 000	22 000
固定费用	29 091	23 909	53 000
合计	39 091	35 909	75 000
利润或亏损	2 273	12 273	10 000

通过表5-4的计算结果可以看出，亏损C产品停产以后，企业的利润总额不仅没有增加，反而大幅度地降低，由原来的120 000元降至10 000元，这在经济上对企业是很不利的。因此，在目前条件下，亏损产品C不能停产，而应继续组织生产。

▶ 2. 相关剩余生产能力能够转移的决策

如果亏损产品停产以后，闲置下来的生产能力可以转移，如用于承揽零星加工业务，或将有关设备对外出租，或者转产其他产品。那么，这时就不能按上述介绍的方法进行决策，而必须考虑有关机会成本因素，进行相关损益分析。

如果亏损产品创造的边际贡献大于与闲置下来的生产能力有关的机会成本，就应当继续生产，否则，企业将因此而多损失相当于该亏损产品创造的边际贡献与有关的机会成本之差的利润。如果亏损产品创造的边际贡献小于与闲置下来的生产能力有关的机会成本，就应当停产。如果亏损产品创造的边际贡献等于与闲置下来的生产能力转移有关的机会成本，那么，继续生产或停产亏损产品都行。

确认与闲置下来的生产能力转移有关的机会成本，应当具体问题具体分析。如果将闲

置下来的生产能力用于承揽零星加工业务，则与继续生产亏损产品方案有关的机会成本就是承揽零星加工业务可望获得的边际贡献；如果将闲置下来的生产设备用于对外出租，则与继续生产亏损产品方案有关的机会成本就是可望获得的租金收入；如果将闲置下来的生产设备用于转产其他产品，则与继续生产亏损产品有关的机会成本就是转产以后的产品能够创造的边际贡献。

【例 5-4】仍以例 5-3 中的资料为准。假设该企业在 C 产品停产后，可以转产 D 产品，D 产品的销售单价为 500 元，单位变动成本为 280 元，通过市场预测，预计 D 产品可以售出 600 件。

要求：做出是否转产 D 产品的决策。

解：根据题意，编制相关损益分析表，如表 5-5 所示。

表 5-5 相关损益分析表 单位：元

项目 \ 方案	继续生产 C 产品	转产 D 产品
相关收入	260 000	500×600=300 000
相关成本	120 000+30 000=150 000	280×600=168 000
相关损益	110 000	132 000

从表 5-5 可知，转产 D 产品以后，可使企业的利润总额比继续生产 C 产品多出 22 000 元(132 000－110 000)，所以，企业应该做出停产 C 产品而转产 D 产品的决策。

(三) 低价格追加订货的决策分析

企业在完成现有生产任务后，有时尚有一定剩余生产能力可以利用，如果此时客户要求以较低价格追加订货量，企业是否可以考虑接受这批订货？所谓较低价格，是指低于正常市场销售的价格。能否接受这种条件苛刻的追加订货，应视不同情况区别对待。

▶ 1. 简单条件下的决策

当追加订货不影响本期计划任务(即正常订货)的完成，又不要求追加专属成本，而且现有的剩余生产能力无法转移时，只要追加订货的单价大于该产品的单位变动成本，就可以接受这批追加订货。因为在这种情况下，是否接受追加订货，其原有的固定成本都不会发生变动，特别订货所创造的边际贡献(即特别订货价格超过其单位变动成本的部分)将直接转化为利润，从而增加企业的总利润。这里的固定成本，属于与追加订货决策的无关成本，在决策分析中不必予以考虑。这里企业所增加的总利润，可用以下公式计算：

增加的利润=(追加订货的价格－追加订货的单位变动成本)×追加订货量

【例 5-5】某企业本年度甲产品的最大生产能力为 12 000 件，正常销售单价为 60 元，单位甲产品的直接材料费为 30 元，直接人工为 12 元，变动性制造费用为 3 元，固定性制造费用为 5 元，共计 50 元。根据正常订货需求，本年度的预算销售量为 10 000 件。该企业在完成计划生产任务后的剩余生产能力无法转移，可以接受追加订货，接受追加订货不需要增加专属成本。一月份有一个客户要求追加订货 2 000 件甲产品，每件出价 48 元。

要求：应用差量损益分析法做出可否接受该批追加订货的决策。

解：因为追加订货的单价 48 元＞单位变动成本 45 元(30＋12＋3)，所以可以接受该批追加订货。

增加的利润＝(追加订货的价格—追加订货的单位变动成本)×追加订货量

＝(48－45)×2 000＝6 000(元)

因此，接受该批追加订货，企业可以多获得 6 000 元的利润。

2. 复杂条件下的决策

(1) 冲击正常订货任务。因追加订货冲击了正常订货任务，应将由此而减少的正常收入作为接受追加订货方案的机会成本。当追加订货的边际贡献总额补偿完这部分机会成本仍有富余时，则可以接受这批追加订货。在实际工作中，一般利用相关损益分析法进行决策。

【例 5-6】仍用例 5-5 的资料，假设现在企业最大的生产能力是 11 700 件，而非 12 000 件；剩余生产能力无法转移，也不需要增加专属成本。

要求：作出可否接受该项追加订货的决策。

解：利用所给资料，进行相关损益分析，结果如表 5-6 所示。

表 5-6　相关损益分析表　　单位：元

项目 \ 方案	接受追加订货	拒绝追加订货
相关收入	48×2 000＝96 000	0
相关成本	94 500	0
其中：增量成本	45×1 700＝76 500	0
机会成本	60×300＝18 000	0
相关损益	1 500	0

在表 5-6 中，相关成本中的增量成本是按 1 700 件计算的，原因是企业的最大生产能力是 11 700 件，原计划生产 10 000 件，故追加订货 2 000 件中只能有 1 700 件可利用剩余生产能力来完成，属于相关成本，其余 300 件追加任务要冲击原计划产量。由于追加订货的影响原计划只能完成 9 700 件，由此少完成计划 300 件而遭受的正常收入损失应作为接受 2 000 件追加计划的一项机会成本。

在此情况下，接受追加订货的相关损益为 1 500 元，比拒绝接受追加订货多 1 500 元，所以应当考虑接受该项追加订货。

(2) 剩余生产能力可以转移。当企业有关的剩余生产能力可以转移时，在考虑是否接受追加订货的方案时，应将与剩余生产能力转移有关的可能收益作为追加订货方案的机会成本综合考虑。

【例 5-7】仍用例 5-5 中的资料。假设企业的剩余生产能力可以转移，若用于对外出租，即可获得租金收入 6 500 元。

要求：应用相关损益分析法作出此时是否可接受这项追加订货的决策。

解：依据所给资料进行相关分析，结果如表 5-7 所示。

表 5-7 相关损益分析表 单位：元

项目 \ 方案	接受追加订货	拒绝接受订货并出租设备
相关收入	48×2 000＝96 000	6 500
相关成本	90 000	0
其中：增量成本	45×2 000＝90 000	0
相关损益	6 000	6 500

因为接受订货的相关损益比拒绝订货的相关损益少 500 元，所以不应接受该批追加订货。

(3) 追加专属成本。若接受追加订货需要追加专属成本，则只有当满足以下条件时，该项追加订货方案才可以考虑予以接受：该方案的边际贡献大于其相关成本(专属成本、增量成本)。上述条件亦可改为：追加订货的价格＞原单位变动成本＋(新增专属成本/追加订货量)。

【例 5-8】仍用例 5-5 的资料，又假设若接受该项追加订货，则需购置一台专用加工设备，该设备的价款为 5 000 元。

要求：应用差量损益分析法作出可否接受该项追加订货的决策。

解：依据所给资料编制差量损益分析表，如表 5-8 所示。

表 5-8 差量损益分析表 单位：元

项目 \ 方案	接受追加订货	拒绝接受追加订货	差异额
相关收入	48×2 000＝96 000	0	96 000
相关成本	95 000	0	95 000
其中：增量成本	45×2 000＝90 000	0	
专属成本	5 000	0	

由于接受追加订货可多获得 1 000 元的利润，所以应该接受该项追加订货。在是否接受低价追加订货的决策中，对于不同情况，我们分别使用了相关损益分析法和差量损益分析法。事实上，在这类决策问题中，两种方法是可以通用的，在分析过程中不论使用哪种方法都会得出相同的结论。

【例 5-9】立新汽车配件公司生产一种汽车配件，其年最大生产能力为 10 万件。该产品的正常销售价格为每件 160 元，单位变动生产成本为 110 元。根据正常订货需求，2016 年度的预算销售量为 9 万件，全年预算固定制造费用为 180 万元，每件产品吸收固定制造费用 20 元，产品单位完全成本为 130 元。预算执行年度中间，有一个客户向立新公司发来一个特殊订单，其要求的价格为每件 128 元，而且此项订单不需要增加变动销售费用。

要求：就以下各不相关的订货数量方案作出是否接受该特殊订单的决策。

(1) 订货 8 000 件，剩余生产能力无其他用途。

(2) 订货 8 000 件，但目前有一家公司打算租用立新公司闲置的生产设备，并愿意支付租金 120 000 元。

(3) 订货 11 000 件，剩余生产能力无其他用途。

解：(1) 应比较订单出价与单位变动成本的金额。订单出价大于单位变动成本，则接受订单，否则不接受。

依题意，订单出价每件为 128 元，单位变动成本为 110 元，因为 128＞110，所以接受该特殊订单。

(2) 存在机会成本，应用差量损益分析法。

差别收入＝8 000×128－120 000＝904 000(元)

差别成本＝8 000×110－0＝880 000(元)

差别损益＝904 000－880 000＝24 000(元)＞0

所以选择接受该特殊订单。

(3) 由于剩余生产能力只能生产 10 000 件产品，特殊订货量 11 000 件超过了剩余生产能力。如果接受该特殊订单只能放弃正常销售量 1 000 件，因此应将放弃正常销售 1 000 件的边际贡献作为接受特殊订单的机会成本。

如果接受订单：

增加销售收入＝11 000×128＝1 408 000(元)

增加的变动成本总额＝11000×110＝1 210 000(元)

增加边际贡献总额＝1408000－1210000＝198 000(元)

接受订单放弃正常销售的边际贡献＝50×1 000＝50 000 (元)

因为 198 000－50 000＝148 000(元)＞0，说明接受订单比放弃订单多 148 000 元收益，所以应选择接受该特殊订单。

(四) 产品加工程度的决策分析

企业生产的半成品，本来是其连续生产过程中的中间产品，但它们往往也可以直接出售。如钢铁工业中的生铁，既可以进一步加工成钢或钢材，也可以直接向外出售。半成品立即出售，价格一般偏低，进一步深加工后再出售，价格一般较高，但需支付一定的深加工成本。究竟如何决策对企业更有利，这就要看对半成品深加工能否为企业带来一定的追加利润。由于深加工总是在已经完成的半成品的基础上进行的，所以，半成品阶段的加工成本和是否深加工的决策无关，属于决策的无关成本，应不予考虑。在决策分析时只要直接比较深加工阶段所需追加的成本和加工完成后所能增加的收入，即可判断出对半成品进行深加工是否对企业更为有利。当深加工后增加的收入大于深加工需要追加的成本时，深加工的方案较优；当深加工后增加的收入小于深加工需要追加的成本时，出售半成品的方案较优；当深加工后增加的收入等于深加工需要追加的成本时，两方案等价。

显然，在半成品是否深加工的决策中，还需考虑作为半成品和产成品的销路，以及深加工能力是否可以转移等因素的影响。

【例 5-10】某企业生产的甲半成品，年产量 10 000 件，单位变动成本为 14 元，单位固定成本为 6 元，单位售价为 30 元。若将其进一步深加工为乙产品再出售，预计单位售价可增加到 42 元，但需要追加直接材料 6 元、直接人工 2 元。

要求：应用差量损益分析法就以下三种各不相关的情况，分别作出甲半成品是应该直接出售还是应该深加工后再出售的决策分析。

(1) 企业现已具备深加工 10 000 件甲半成品的能力，不需追加专属成本，且深加工能力无法转移；

(2) 企业深加工需租用一台专用设备，年租金为 50 000 元；

(3) 企业只具备深加工 8 000 件甲半成品的能力，该能力可用于对外承揽加工业务，预计一年可获得边际贡献 35 000 元。

解：(1) 编制差量损益分析表，如表 5-9 所示。

表 5-9 差量损益分析表 单位：元

项目＼方案	深加工为乙产品	直接出售甲半成品	差异额
相关收入	42×10 000＝420 000	30×10 000＝30 000	120 000
相关成本	80 000	0	80 000
其中：加工成本	(6＋2)×10 000＝80 000	0	
差量损益			40 000

根据计算结果，应继续对甲半成品进行深加工，企业可多获得利润 40 000 元。

(2) 编制差量损益分析表，如表 5-10 所示。

表 5-10 差量损益分析表 单位：元

项目＼方案	深加工为乙产品	直接出售甲半成品	差异额
相关收益	420 000	300 000	120 000
相关成本	130 000	0	130 000
其中：加工成本	80 000	0	
专属成本	50 000	0	
差量损益			－10 000

由于深加工出售乙产品比直接出售甲半成品少得利润 10 000 元，因此，直接出售甲半成品对企业更为有利。

(3) 编制差量损益分析表，如表 5-11 所示。

表 5-11 差量损益分析表 单位：元

项目＼方案	深加工为乙产品	直接出售甲半成品	差异额
相关收入	42×8 000＝336 000	30×8 000＝240 000	96 000
相关成本	99 000	0	99 000
其中：加工成本	8×8 000＝64 000	0	
机会成本	35 000	0	
差量损益			－3 000

由于直接出售甲半成品比深加工后再出售乙产品的利润多 3 000 元，所以，这时企业

应出售甲半成品，而不应该对其再进行深加工。

另外，在某些企业中，例如石油化工企业，在同一生产过程中往往会同时生产出若干种经济价值都较大的联产品。这些联产品分离后，有的可以直接出售，也可以在分离后进行深加工后再出售，这也是生产联产品的企业经常遇到的决策问题。这一问题的决策分析过程和半成品是否深加工问题的决策分析过程完全相似，也可以采用差量分析法进行决策。这里，联产品分离前的联合成本是无关成本，而进一步加工所发生的可分离成本属于相关成本。

(五) 零部件自制或外购的决策分析

企业生产经营中所需要的零部件，在具有加工能力的条件下，是自制还是外购，这是企业管理者时常面临的一个需要及时作出决策的问题。由于诸多因素的影响，同一种零部件的自制或外购，其成本是不相同的。究竟采用何种方式取得所需要的零部件，在经济上对企业更为有利？在保证零部件的性能、质量、用途和及时供应的前提下，就需要对自制和外购两种取得方式的预期成本进行计量、分析与比较，最终以其数额的多少作为分析、评价决策方案优劣的标准。

在零部件取得方式决策中，由于情况不同，所采用的决策分析方法也不尽相同，但一般都采用相关成本分析法或成本无差别点法。

▶ 1. 零部件需用量确定时的决策

当零部件的需用量确定时，通常可采用相关成本分析法进行决策。

所谓相关成本分析法，是指在短期经营决策中，当各备选方案的相关收入均相等时，通过比较各方案的相关成本指标，做出方案选择的一种决策方法。显然，该方法实质上是一个反指标，哪个方案的相关成本最低，哪个方案便最优。

(1) 企业有剩余生产能力，且无法转移，自制零部件不需要追加专属成本的决策。这时，只需将外购零部件的相关成本，即购买零部件的价格，与自制时的相关成本相对比，相关成本低的即为最优方案。由于剩余生产能力无法转移，而又不需要追加专属成本，所以自制时的相关成本就是自制时的单位变动成本。因此，当自制零部件的单位变动成本大于外购单价时，应该外购；当自制零部件的单位变动成本小于外购单价时，应该自制；当自制零部件的单位变动成本等于外购单价时，零部件的两种取得方式是一样的。

【例 5-11】某企业生产甲产品，每年需要A零件1 000件，其市场售价为每件70元，企业有剩余生产能力进行加工，预计每件的单位变动成本为60元，单位固定成本为15元；又知企业如不制造加工A零件，其剩余生产能力无法转移。

要求：应用相关成本分析法作出A零件是应自制还是应外购的决策分析。

解：因为企业的剩余生产能力无法转移，所以其固定成本属于决策中的无关成本。自制A零件的单位变动成本60元＜A零件的外购单价70元。所以，对于A零件，企业应该自行制造。这样每年可以节约的成本开支数为(70－60)×1 000＝10 000元。

(2) 企业尚不具备自制零部件的生产能力，若自制需要增加专属成本的决策。在这种情况下，自制方案的相关成本不仅包括单位变动成本，而且还应包括单位专属成本。

【例 5-12】某企业生产甲产品所需的A零件数量、市场售价、成本等仍使用例5-11给出的资料。又假设企业尚不具备自行生产A零件的能力，若自制，需租入一套专用设备，年租金为15 000元。

要求：应用相关成本分析法作出A零件是应自制还是外购的决策分析。

解：依据题目所给资料，进行相关成本分析，其结果如表 5-12 所示。

表 5-12 相关成本分析表 单位：元

项目＼方案	自制	外购
变动成本	60×1 000=60 000	70×1 000=70 000
专属成本	15 000	0
相关成本合计	75 000	70 000

由表 5-12 可知，外购成本低于自制成本，所以对于 A 零件，企业应该采用外购的方式取得。

(3) 企业有剩余生产能力，其不仅可以用于自制零件，也可用于转作他用(比如可将其用于生产另外一种产品，或将其出租)。在企业具备生产能力自制零部件，如不自制，其剩余生产能力可以转作他用的情况下，由于转产其他产品能够提供边际贡献，出租剩余生产能力能获得租金收入，所以自制方案的相关成本就必须把转产产品的边际贡献额或租金收入作为机会成本纳入。这时，将自制方案的变动成本与其机会成本之和与外购的相关成本相比较，以其较小者所对应的方案作为最优方案。

【例 5-13】某企业生产甲产品所需的 A 零件数量、市场供给、成本等仍使用例 5-11 给出的资料。又假设企业已具备生产 A 零件的能力，如不自制，剩余生产能力可用于加工 B 零件，每年可节约 B 零件的外购成本 12 000 元。

要求：应用相关成本分析法作出 A 零件是应自制还是外购的决策分析。

解：依据所给资料，进行相关成本分析，其结果如表 5-13 所示。

表 5-13 相关成本分析表 单位：元

项目＼方案	自制	外购
变动成本	60×1 000=60 000	70×1 000=70 000
机会成本	12 000	
相关成本合计	72 000	70 000

由表 5-13 可知，外购成本低于自制的相关成本，所以，企业应安排外购 A 零件。

▶ 2. 零部件需用量不确定时的决策

当企业所需要的零部件数量不能确定时，可采用成本分界点法，进行零部件取得方式的决策。即首先求出自制方案和外购方案的成本平衡点业务量，然后，根据零部件的不同需用量，确定出相应的最优决策方案。

【例 5-14】某企业生产需要的 C 部件，可以自制，也可以从市场上购买，购买价为每件 18 元。若自制，经测算，每件的单位变动成本为 15 元，相关固定成本为 4 200 元，假定自制 C 部件的生产能力不能移作他用。

要求：应用成本平衡点分析法作出企业取得 C 部件的最佳方式决策。

解：

依据题目所给资料，采用成本平衡点分析法进行决策分析如下：

自制的固定成本为 4 200 元，单位变动成本为 15 元/件；外购的固定成本为 0 元，单位变动成本为 18 元/件。根据成本平衡点公式计算如下：

$$成本平衡点=\frac{两方案固定成本之差}{两方案单位变动成本之差}=\frac{4\ 200-0}{18-15}=1400(件)$$

当 C 部件全年需用量在 0～1 400 件之间变动时，应采取外购的方式；当需用量超过 1 400件时，则应采取自制方式；当需用量为 1 400 件时，两个方案都可以。

当企业向外购买生产经营中所需要的某种零部件时，其供应商往往会采用优惠的方法，如价格折扣或折让，以扩大其销售量。这时，管理者在进行零部件自制或外购的决策时，就应充分考虑外购价格的变动，充分利用这种机会，以便作出对企业更为有利的决策。

【例 5-15】某企业生产甲产品所需要的 A 零件可以自制，也可以外购。若自制，每件零件的变动制造成本为 5 元，另外，需专用设备一台，价值为 2 800 元；若外购，购买量不足 1 000 件时，购买单价为 9 元；购买量超过 1 000 件时，购买单价为 7.5 元。

要求：应用成本平衡点分析法作出 A 零件是应该自制还是应该外购的决策。

解：设 x_1 为 A 零件在 1 000 件以内时自制与外购方式的成本无差别点，x_2 为零件超过 1 000 件时两方案的成本平衡点。根据已知条件，依题意可得两方案的成本平衡点分别为

$x_1=(2\ 800-0)/(9-5)=700$(件)

$x_2=(2\ 800-0)/(7.5-5)=1\ 120$(件)

于是，整个零部件需用量被划分为四个区域：700 件以内、700～1 000 件、1 000～1 120件和 1 120 件以上。

当 A 零件需用量在 700 件以内时，企业应该采用外购方式；当需用量在 700～1 000 件之间时，应采用自制方式；当需用量在 1 000～1 120 件之间时，应采用外购方式；当需用量在 1 120 件以上时，应采用自制方式。

自制与外购的决策，也可以扩展到所有既可由外界完成，又可由企业自己解决的业务活动方面的决策。例如，是自设零售商店销售产品，还是委托代理商经销商品；是租用设备还是购入设备（在不考虑货币时间价值的情况下），等等。

在实务工作中，由于情况的复杂性，在进行自制还是外购的决策中，往往不能仅仅单纯依靠成本因素，有时还应考虑以下一些与此密切相关的因素，比如外购零部件的质量特征、价格水平波动的风险、市场供求量的波动等。一般而言，当生产节奏及零部件需用量规律性较差、规格品种多，又缺乏自制经验或自制所需原材料供应紧张、企业工作量满负荷时，均可以考虑采用外购方案；而市场供应量无保证、质量不好、价格波动较大且有上升趋势、技术上有特殊要求、设备上有剩余能力、企业所需要的零部件数量较大且稳定时，则首先应考虑采用自制方案。当然，企业不应追求大而全、小而全，应提倡专业化、精细化生产和横向联合，相互协助，取长补短，发挥优势。

（六）生产工艺技术方案的决策分析

生产工艺是指加工制造产品或零部件所使用的机器、设备及加工方法的总称。企业在生产过程中，对同一种产品，在保证满足有关技术、质量要求的前提下，往往可以采用不

同的工艺技术进行加工。不同的工艺技术方案，其成本往往差别较大。一般来说，生产工艺自动化程度越高，其固定成本越高，单位变动成本越低；而生产工艺自动化程度低，其固定成本较低，单位变动成本较高。在固定成本和单位变动成本的相互消长变动组合中，产品的数量就成为判断的标准。在生产规模较大时，采用先进的自动化工艺技术方案较为有利；反之，在生产规模较小时，则应采用非自动化的生产工艺方案，这样更经济。对同一种产品，究竟采用何种工艺方案进行生产，必须和生产规模大小联系起来进行分析、研究，而不能片面地认为生产工艺方案越先进越好。对于这类决策问题，可以采用成本平衡点分析法(或者本量利分析法)进行。下面主要使用成本平衡点分析法。

【例 5-16】假设某企业在生产甲产品时，可采用两种工艺技术方案。采用自动化方式生产时，每件的单位变动成本为 20 元，年固定成本为 40 000 元；采用机械化方式生产时，每件的单位变动成本为 25 元，年固定成本为 30 000 元。

要求：应用成本平衡点分析法作出采用何种工艺技术方案生产甲产品的决策分析。

解：

根据题目所给出的条件，采用成本平衡点分析法进行决策，过程如下：

因为，$a_1=40\ 000$ 元，$b_1=20$ 元/件，$a_2=30\ 000$ 元，$b_2=25$ 元/件，所以，两工艺技术方案的成本平衡点业务量为

$x_0=(a_1-a_2)/(b_2-b_1)=(40\ 000-30\ 000)/(25-20)=2\ 000$(件)

当企业的产销量 x 小于 2 000 件时，应该采用机械化方案；当产销量 x 大于 2 000 件时，应采用自动化方案；当产销量 x 为 2 000 件时，两方案可任选其一。

在实务上，对于生产工艺技术方案的决策，还必须密切注意市场供求条件的变化、产品的销售状态及变动趋势，以及产品所处的寿命周期阶段等信息。比如，在例 5-16 中，当产销量为 2 000 件时，原则上两方案任选其一即可。但如果该产品正处于成长期，那么，就应当采用自动化方案，以便积累经验，随时准备扩大生产规模。不过，采用自动化方案，如果涉及需要追加固定资产投资的话，考虑到货币时间价值问题，成本平衡点会大于 2 000 件，应当慎重对待，该问题与长期投资有关。总之，在进行生产工艺技术方案选择的决策时，既要防止贪大求洋，盲目追求设备上的高档化、技术上的先进性，而不考虑经济上的合理性；又要防止安于现状、不思进取、守业经营、不敢承担风险，应当从经济与技术的最佳结合上动态地、合理地考虑问题。

>>> 任务小结

生产决策是短期决策的一项重要内容，指短期内(通常为一年)，在生产领域中，围绕着是否生产、生产什么、生产多少，以及怎样生产等方面的问题所进行的决策。除了考虑短期经营决策必须通盘考虑的相关收入、相关成本和相关业务量三大因素之外，还应考虑企业的生产经营能力。

生产决策的常用方法有：①单位资源边际贡献法，它是一个正指标，哪个方案的该项指标大，哪个方案则为优。②边际贡献总额法，它也是一个正指标，哪个决策方案的该项指标大，则哪个方案便为相对最优。③差量损益分析法，差量损益等于差量收入与差量成本之差，表示企业多得的利润或少发生的损失；差量收入等于两方案相关收入之差；差量成本等于两方案相关成本之差。在决策时，若差量损益大于零，则前一个方案较优；若差量损益小于零，则后一个方案较优；若差量损益等于零，则前后两个方案效益相同。④相关损益分析法，该评价指标也是一个正指标，在对多个备选方案的评价中，哪个方案的相

关损益大，哪个方案则为优。⑤相关成本分析法，相关成本是个反指标，在决策分析时，哪个决策方案的成本最低，则哪个方案最优。⑥成本平衡点(或成本分界点)分析法，当业务量小于成本平衡点业务量时，应选择固定成本小、单位变动成本大的方案；当业务量大于成本平衡点业务量时、应选择固定成本大、单位变动成本小的方案。

新产品开发的品种决策分析。①不追加专属成本的决策分析。当各备选方案只是利用现有剩余生产能力，而不涉及追加专属成本时，只计算各方案的边际贡献就可以正确决策。可以采用单位资源边际贡献法和边际贡献总额分析法决策。②追加专属成本时的决策分析。当新产品开发的品种决策方案涉及追加专属成本时，就无法直接用边际贡献指数评价各方案的优劣，可以采用剩余边际贡献指标来评价，也可以用差别分析法进行分析评价。其中，剩余边际贡献＝边际贡献－专属成本。

是否停产亏损产品的决策分析。若相关剩余生产能力不能转移，只要亏损产品满足边际贡献(单位边际贡献)大于零，就应当继续组织生产。若相关剩余生产能力能够转移，如果亏损产品创造的边际贡献大于与闲置下来的生产能力有关的机会成本，就应当继续生产，否则停产。

低价格追加订货的决策分析。①简单条件下的决策。当追加订货不影响本期计划任务(即正常订货)的完成，又不要求追加专属成本，而且现有的剩余生产能力无法转移时，只要追加订货的单价大于该产品的单位变动成本，就可以接受这批追加订货。②复杂条件下的决策。第一，冲击正常订货任务时一般利用相关损益分析法进行决策。第二，当企业有关的剩余生产能力可以转移时，在考虑是否接受追加订货的方案时，应将与剩余生产能力转移有关的可能收益作为追加订货方案的机会成本综合考虑。③追加专属成本。该方案的边际贡献大于其相关成本(专属成本、增量成本)。上述条件亦可改为：追加订货的价格＞原单位变动成本＋(新增专属成本/追加订货量)。

产品加工程度的决策分析。当深加工后增加的收入大于深加工需要追加的成本时，深加工的方案较优；当深加工后增加的收入小于深加工需要追加的成本时，出售半成品的方案较优；当深加工后增加的收入等于深加工需要追加的成本时，两方案等价。

零部件自制或外购的决策分析。①当零部件的需用量确定时，通常可采用相关成本分析法进行决策。②当企业所需要的零部件数量不能确定时，可采用成本分界点法，进行零部件取得方式的决策。

生产工艺技术方案的决策分析。产品数量确定时，一般用相关成本法；产品数量不确定时，一般用成本平衡点的分析方法。

任务三 定价决策分析

>>> 任务分析

在社会主义市场经济条件下，企业的一切生产经营活动，都会直接或间接地受到价格的影响，因而，定价决策是企业生产经营中一个极为重要的问题。

定价决策就是为其生产的产品确定一个合适的价格，使之能够销售出去，以争取最佳预期经营效益的过程。价格确定得合理，才能增强其在市场上的竞争力，以提高企业的营利水平。价格过高，将会减少销售量，降低市场占有率；价格过低，则应得的经济利益也无法收回，企业便无以自立。因此，定价决策影响到企业生产经营的全局，关系到企业的兴衰成败，对企业的生存与发展有着重要的影响，必须认真地分析与研究。

>>> 导入案例

休布雷公司在美国伏特加酒的市场上，属于营销出色的公司，其生产的史密诺夫酒，在伏特加酒的市场占有率达23%。此时，另一家公司推出一种新型伏特加酒，其质量不比史密诺夫酒低，每瓶价格却比它低一美元。

按照惯例，休布雷公司有三种对策可选择：

(1) 降低一美元，以保住市场占有率。

(2) 维持原价，通过增加广告费用和销售支出来与对手竞争。

(3) 维持原价，听任其市场占有率降低。

由此看出，不论该公司采取上述哪种策略，休布雷公司都处于市场的被动地位。但是，该公司的市场营销人员经过深思熟虑后，却采取了对方意想不到的第四种策略。那就是，将史密诺夫酒的价格再提高一美元，同时推出一种与竞争对手新伏特加酒价格一样的瑞色加酒和另一种价格更低的波波酒。

这一策略，一方面提高了史密诺夫酒的地位，同时使竞争对手新产品沦为一种普通的品牌。结果，休布雷公司不仅渡过了难关，而且利润大增。实际上，休布雷公司的上述三种产品的味道和成分几乎相同，只是该公司懂得以不同的价格来销售相同的产品策略而已。

价格，是商品价值的货币表现。企业定价，就是企业依据产品成本、市场需求以及市场竞争状况等影响因素，为其产品制定适宜的价格，使其产品在保证企业利益的前提下，最大限度地为市场接受的过程。产品定价是一门科学，也是一门艺术，为自己的产品制定一个合适的价格，是当今每一个企业都面对的问题。虽然随着经济的发展和人民生活水平的提高，价格已不是市场接受程度的主要因素。但是，它仍然是关系企业产品和企业命运的一个重要筹码，在营销组合中，价格是唯一能创造利润的变数。价格策略成功与否，关系着企业产品的销量、企业的盈利，关系着企业和产品的形象。因此，企业经营者必须掌握定价的原理、方法和技巧。

一、定价决策应考虑的因素

价格策略是企业营销组合的重要因素之一，它直接决定着企业市场份额的大小和盈利率的高低。企业的定价决策既受企业内部因素的影响，也受外部环境因素的影响。随着营销环境的日益复杂，制定价格策略的难度越来越大，不仅要考虑成本补偿问题，还要考虑消费者的接受能力和竞争状况。一般来说，制定价格策略时应考虑以下几种因素：

(1) 商品的价值。商品的价值是商品价格的基础，商品的价格是商品价值的货币表现。商品价值量的大小在很大程度上决定着商品价格的高低，它是影响商品价格变动的最主要因素。在实务上，新商品的价格可以适当高于其价值，而老产品，特别是寿命周期处于“衰退阶段”的产品，其价格可以适当低于其价值。

(2) 成本的消耗水平。一般而言，成本的消耗水平是影响定价的最基本因素。商品的价格应等于总成本加上合理的利润，否则企业便无利可图。从企业管理和控制的角度来看，企业应根据成本的消耗结构来确定商品的价格，以掌握其盈利状况，避免经营风险。

(3) 商品的质量水平。商品的质量水平和商品的价格及企业的销售收入之间存在着密切的关系。商品的质量水平提高后，价格一般就会提高，而且也容易销售。但是，如果质量水平超过一定界限，势必造成成本过高，价格却很难上升。因而，商品的质量水平与价格之间存在着一个理想点。在定价决策中，应该使价格确定在其最佳结合点上。

(4) 供求关系和价格弹性。供求关系是指一定期间市场上商品供应与商品需求的关系。供求关系的变动，直接影响着产品价格的变动。一般来说，当市场需求超过市场供应时，可将价格定得稍高一些；当市场需求低于市场供应时，则应将价格定得稍低一些。同时，产品价格下降，将会引起商品需求量的增长；产品价格上升，则将引起需求量的减少。商品需求量随其价格变动的规律可以用需求价格弹性来描述。需求价格弹性的大小是企业管理者制和调整商品价格的主要依据之一。

(5) 竞争形式。在社会主义市场经济条件下，每一个企业作为相对独立的商品生产者或经营者，在市场经济活动中，必然存在着相互之间的竞争。商品竞争的形式及激烈程度不同，对商品的定价影响程度也不同。企业要做好定价决策，必须充分了解竞争形式、竞争者的状况及竞争者的定价策略，这样一来，才能在定价决策中做到心中有数，才能为自己生产与经营的商品确定出一个合适的价格。

(6) 国家的价格政策。价格政策是国家管理价格的有关措施和法规，是国家经济政策的重要组成部分。按照价格政策的基本要求，价格和价值应该相符，但在一定时期内，也可以使其相偏离。国家可以通过使价格与价值相偏离的办法，从经济上鼓励或限制某种商品的生产与消费，以调节市场需求状况及其产品结构。同时，国家还会利用生产资料市场、货币市场和关税等，间接地调节和影响价格。因此，企业应全面地了解国家的价格政策，并将其作为制定商品价格的依据。

(7) 商品所处的寿命周期阶段。商品的市场寿命周期一般包括四个阶段：引进与开发期(即试销期)、成长期、成熟期、衰退期。商品所处的寿命周期阶段不同，其定价的策略就应有所不同。引进与开发期的价格既要补偿高成本，又要使商品能顺利进入市场；成长与成熟期是商品的大量销售期，是扩大市场占有率的重要时期，价格则需稳定，以利于开拓和占有市场；而在衰退期中，则一般应采取降价措施，以便充分延长商品的销售期，以发挥其晚期效益。

(8) 商品定价目标的导向。企业确定的定价目标不同，所采取的定价方法与策略也不同，价格的高低也会不尽相同。定价目标的确定，是企业做好定价目标工作首先应该解决的问题。

影响商品定价的因素，除上述各点外还有其他一些因素，也需要在进行定价决策时予以密切注意，如商品在同一市场上的价格比例、差价，消费者的消费习惯、支付能力、心理状态等。

二、定价目标策划

企业定价目标是指企业对其产品定价时预先确定所要达到的目的和标准，是企业营销目标在价格决策上的反映，一般可分为利润目标、销售额目标、市场占有率目标和稳定价格目标。企业定价时，应根据营销总目标、面临的市场环境、产品特点等多种因素来选择定价目标。定价目标是以满足市场需要和实现企业盈利为基础的，它是实现企业经营总目标的保证和手段。同时，又是企业定价策略和定价方法的依据。

▶ 1. 生存导向定价目标

生存导向定价目标又称为维持生存的目标，是特定时期过渡性目标。当企业经营不善，或由于市场竞争激烈、顾客需求偏好突然变化时，会造成产品销路不畅大量积压，资金周转不灵，甚至面临破产危险时，企业应以维持生存作为主要目标。短期而言，只要售价高过产品变动成本，足以弥补部分固定成本支出，则可继续经营。

▶ 2. 利润导向定价目标

利润目标是企业定价目标的重要组成部分，获取利润是企业生存和发展的必要条件，是企业经营的直接动力和最终目的。因此，利润导向定价目标为大多数企业所采用。

(1) 以利润最大化为定价目标。以最大利润为定价目标是指企业在一定时期内综合考虑各种因素后，以总收入减去总成本的最大差额为基点，确定单位产品的价格，以获得最大利润总额。最大利润有长期和短期之分，还有单一产品最大利润和企业全部产品综合最大利润之别。一般而言，企业追求的应该是长期的、全部产品的综合最大利润，企业就可以取得较大的市场竞争优势，占领和扩大更多的市场份额。对于一些中小型、产品生命周期较短、产品在市场上供不应求的企业来说，也可以谋求短期最大利润。价格太高会导致销售量下降，利润总额可能因此而减少。高额利润是可以通过采用低价策略，待占领市场后再逐步提价来获得的；同时企业也可以通过对部分产品定低价甚至亏本销售，以招徕顾客，带动其他产品的销售，进而谋取最大的整体效益。因而通过高价策略达到的利润最大化只能是一种短期行为，最大利润应以公司长期最大利润和全部产品的总利润为目标。

(2) 以投资收益为定价目标。投资收益定价目标是指使企业实现在一定时期内能够收回投资并能获取预期的投资报酬的一种定价目标。投资利润率又称为投资报酬率，是衡量企业经营实力和经营成果的重要标志，它等于净利润与总投资之比，一般以一年为计算期，其值越高，企业的经营状况就越好。采用这种定价目标的企业，一般是根据投资额规定的收益率，计算出单位产品的利润额，加上产品成本作为销售价格。但必须注意两个问题：第一，要确定适度的投资收益率。一般来说，投资收益率应该高于同期的银行存款利息率。但不可过高，否则消费者难以接受。第二，企业生产经营的必须是畅销产品，与竞争对手相比，产品具有明显的优势。

(3) 以合理利润为定价目标。合理利润定价目标是指企业为避免不必要的价格竞争，在补偿正常情况下的社会平均成本的基础上，适当地加上一定量的利润作为产品价格，以适中、稳定的价格获得长期利润的一种定价目标。采用这种定价目标有各种原因：一方面以合理利润为目标使产品价格不会显得太高，从而可以阻止激烈的市场竞争；另一方面是某些企业为了协调投资者和消费者的关系，树立良好的企业形象采取的目标；再者以合理利润为目标不仅使企业可以避免不必要的竞争，又能获得长期利润，而且由于价格适中，消费者愿意接受，还符合政府的价格指导方针，因此这是一种兼顾企业利益和社会利益的定价目标。但实际运用时常常会受到各种限制，必须充分考虑产销量、投资成本、竞争格局和市场接受程度等因素。临时性的企业一般不宜采用这种定价目标。

▶ 3. 成本导向定价目标

成本导向定价法是以产品单位成本为基本依据，再加上预期利润来确定价格的成本导向定价法，是中外企业最常用、最基本的定价方法。

成本导向定价法的主要优点：一是它比需求导向定价法更简单明了；二是在考虑生产者合理利润的前提下，当顾客需求量大时，价格显得更公道些。比如服务企业会维持一个适当的盈利水平，当需求旺盛时，顾客购买费用可以合理降低。许多服务企业在制定服务价格时运用成本导向定价法。在实践中，企业可以采用成本加成的方法(即在服务成本的基础上加一定的加成率)来定价。

成本导向法简单易用，因而被广泛采用。其缺点在于：一是不考虑市场价格及需求变动的关系；二是不考虑市场的竞争问题；三是不利于企业降低产品成本。

成本导向定价法是通过一个个假想的期望销售数字计算出的定价，如果销售数字没达到预期要求，则必然无法达到预期利润。

4. 销售导向定价目标

销售导向定价目标又称市场占有率目标，是在保证一定利润水平的前提下，谋求某种水平的销售量或市场占有率而确定的目标。以销售额为定价目标具有获取长期较好利润的可能性。

采用销售额目标时，确保企业的利润水平尤为重要，销售额和利润必须同时考虑。因为某种产品在一定时期、一定市场状况下的销售额由该产品的销售量和价格共同决定，销售额的增加，并不必然带来利润的增加。有些企业的销售额上升到一定程度，利润就很难上升，甚至销售额越大，亏损越多。因此，对于需求价格弹性较大的商品，降低价格而导致的损失可以由销量的增加而得到补偿，因此企业宜采用薄利多销策略，保证在总利润不低于企业最低利润的条件下，尽量降低价格，促进销售，扩大盈利；反之，若商品需求的价格弹性较小时，降价会导致收入减少，而提价则使销售额增加，企业应该采用高价、厚利、限销的策略。

5. 竞争导向定价目标

在产品的营销竞争中，价格竞争是最有效、最敏感的手段。企业在设定定价前，一般要广泛搜集信息，把自己产品的质量、特点和成本与竞争者的产品进行比较，然后制定本企业的产品价格。根据企业的不同条件，一般有以下决策目标可供选择。

(1) 稳定价格目标。稳定价格目标是指以保持价格相对稳定，避免正面价格竞争为目标的定价。稳定的价格通常是大多数企业获得一定目标收益的必要条件。其实质是通过本企业产品的定价来左右整个市场价格，可以使市场价格在一个较长的时期内相对稳定，减少企业之间因价格竞争而发生的损失。为达到稳定价格的目的，通常情况下是由那些拥有较高的市场占有率、经营实力较强或具有竞争力和影响力的领导者企业确定定价目标，其他企业的价格则与之保持一定的距离或比例关系。这样，对大企业是稳妥的价格保护政策，中小企业也以此避免因价格竞争带来的风险。在钢铁、采矿业、石油化工等行业内，稳定价格目标得到了最广泛的应用。

(2) 追随定价目标。企业会有意识地通过给产品定价主动应付和避免市场竞争。企业价格的制定，主要以对市场价格有影响的竞争者的价格为依据，根据具体产品的情况稍高或稍低于竞争者。竞争者的价格不变，实行此目标的企业也维持原价，竞争者的价格变动，此类企业也相应地参照调整价格。一般情况下，中小企业的产品价格定得略低于行业中占主导地位的企业的价格。

(3) 挑战定价目标。如果企业具备强大的实力和特殊优越的条件，可以主动出击，挑战竞争对手，获取更大的市场份额。一般常用的策略目标有：打击定价，即实力较强的企业主动挑战竞争对手，扩大市场占有率，可采用低于竞争者的价格出售产品；特色定价，即实力雄厚并拥有特殊技术或产品品质优良或能为消费者提供更多服务的企业，可采用高于竞争者的价格出售产品；阻截定价，即企业为了防止其他竞争者加入同类产品的竞争行列，在一定条件下，往往采用低价入市，迫使弱小企业无利可图而退出市场或阻止竞争对手进入市场。

三、定价决策的主要方法及应用

定价决策方法的选择，就是为了保证企业有足够的收入补偿已消耗掉的成本并能获得尽可能多的利润，以适应企业生存与发展的需要。

不同的商品，往往需要使用不同的方法来定价，不存在唯一合理的定价方法。但作为定价的基础，则主要有两点：一是以成本作为定价的基础，即企业给有关商品制定价格主要是以其成本作为客观依据。这里的成本，既可以是完全成本，也可以是变动成本抑或标准成本。二是以市场需求为定价的基础，即企业给有关商品制定价格主要是以市场和消费者对特定价格水平的接受程度作为客观依据。

定价决策是指短期(如一年)内，在流通领域中，决策者围绕如何确定销售产品的价格等问题而进行的决策。下面介绍几种在实务上经常使用的定价方法。

(一) 利润最大化定价法

▶ 1. 利润最大化定价法的概念

利润最大化定价法是指企业在一定时期内综合考虑各种因素后，以总收入减去总成本的最大差额为基点，确定单位产品的价格，以获得最大利润总额。

▶ 2. 利润最大化定价法的应用

最大利润目标并不意味着抬高价格。价格太高，会导致销售量下降，利润总额可能因此而减少。有时，高额利润是通过采用低价策略，待占领市场后再逐步提价来获得的；有时，企业可以通过对部分产品定低价甚至亏本销售，以招徕顾客，带动其他产品的销售，进而谋取最大的整体效益。

【例 5-17】某企业生产的 A 产品准备投放市场，A 产品单位变动成本为 20 元，该企业现时年最大生产能力为 6 000 件，年固定成本为 60 000 元，如果要把年最大生产能力扩大到 10 000 件，每年将新增加固定成本 20 000 元。预测的 A 产品在各种价格下的销售量资料如表 5-14 所示。为获取最大利润，A 产品的销售价格应定为多少元？

表 5-14 A 产品销售量预测表

销售价格/元	年销售量/件
60	4 000
55	4 500
50	5 800
45	7 000
40	8 000
35	8 500

根据资料，当 A 产品的价格在 50～60 元时，销售量为 4 000～5 800 件，不超过企业现时年最大生产能力 6 000 件，所以年固定成本为 60 000 元。当 A 产品的价格在 35～45 元时，销售量为 7 000～8 500 件，已经超出了企业现时年最大生产能力，为达到这一生产能力，年固定成本将达到 80 000 元(60 000+20 000)。具体计算见表 5-15。

表 5-15　A 产品利润计算表　　单位：元

价　格	销售量	销售收入	变动成本	固定成本	总成本	利　润
60	4 000	240 000	80 000	60 000	140 000	100 000
55	4 800	264 000	96 000	60 000	156 000	108 000
50	5 800	290 000	116 000	60 000	176 000	114 000
45	7 000	315 000	140 000	60 000	220 000	95 000
40	8 000	320 000	160 000	60 000	240 000	80 000
35	8 500	297 500	170 000	60 000	250 000	47 500

从表 5-15 中可知，A 产品价格在 50 元时获取的利润最大，所以应把 A 产品定价为 50 元进行销售。

(二) 完全成本定价法

▶ 1. 完全成本定价法的概念

完全成本定价法是一种传统的方法，这种方法把所有为生产某种产品而发生的耗费均计入成本范围，在此基础上加上预期利润作为产品销售价格的定价方法。计算公式如下：

单位产品价格＝单位产品总成本×(1＋目标利润率)

▶ 2. 完全成本定价法的应用

应用完全成本定价法应注意以下两点：

一是要准确核算成本。对成本的确定是在假设销售量达到某一水平的基础上进行的，若产品销售出现困难，则预期利润很难实现，甚至成本补偿也变得不现实。

二是要确定恰当的利润百分比(加成率)。成本利润率的确定，必须考虑市场环境、行业特点等多种因素。某一行业的某一产品在特定市场以相同的价格出售时，成本低的企业能够获得较高的利润率，并且在进行价格竞争时可以拥有更大的回旋空间。

【例 5-18】某电视机厂生产 2 000 台彩色电视机，总固定成本为 600 万元，每台彩电的变动成本为 1 000 元，确定目标利润率为 25%。

要求：用完全成本法对彩色电视机进行定价。

解：

单位产品固定成本＝6 000 000÷2 000＝3 000(元)

单位产品变动成本＝1 000(元)

单位产品完全成本＝3 000＋1 000＝4 000(元)

单位产品价格＝4 000×(1＋25%)＝5 000(元)

(三) 变动成本定价法

▶ 1. 变动成本定价法的概念

变动成本定价法是指只把变动成本计入成本范围，在此基础上加上预期利润作为产品销售价格的定价方法。这种定价方法一般在竞争激烈时采用。因为这时如果采取总成本加成定价法，必然会因为价格太高影响销售，出现产品积压。采用变动成本加成定价法，一般价格要低于总成本加成法，所以易于迅速扩大市场。计算公式如下：

$$\begin{aligned}单位产品价格&=单位产品变动成本\times(1+目标利润率)\\&=单位变动成本+单位边际贡献\\&=\frac{单位变动成本}{1-边际贡献率}\end{aligned}$$

▶ 2. 变动成本定价法的应用

变动成本定价法改变了售价低于总成本便拒绝交易的传统做法，在竞争激烈的市场条件下具有极大的定价灵活性，对于有效地对付竞争者，对于开拓新市场，调节需求的季节差异，形成最优产品组合可以发挥巨大的作用。

但是，过低的成本有可能被指控为从事不正当竞争，并招致竞争者的报复，在国际市场则易被进口国认定为“倾销”，产品价格会因“反倾销税”的征收而畸形上升，失去其最初的意义。

变动成本定价法如果确定的单位边际贡献大于单位产品的固定成本，就能获取利润；反之，如果确定的单位边际贡献小于单位产品的固定成本，就不能获取利润。

【例 5-19】某企业生产的C产品在市场上严重饱和，C产品原来的市场售价为1 700元，其他企业纷纷降价30%左右，该企业希望保住原有的市场份额，每件C产品的价格能有100元的边际贡献就可以降价销售。C产品的单位成本数据如表5-16所示。

要求：采用变动成本定价法计算C产品的销售价格。

表 5-16 C产品单位成本表　　单位：元

项　目	金　额
直接材料费	600
直接人工费	200
变动制造费用	120
固定制造费用	340
变动销售及管理费用	90
固定销售及管理费用	130
单位产品成本合计	1 480

解：依据表5-16可得

C产品的单位变动成本＝600＋200＋120＋90＝1 010(元)

C产品的销售价格＝1 010＋100＝1 110(元)

根据计算，为保住市场占有份额，把C产品价格降低为1 110元，可保证每件产品有100元的边际贡献。

(四) 投资利润率定价法

▶ 1. 投资利润率定价法的概念

投资利润率定价法是在产品的平均成本之上加预期的投资利润为价格的一种定价方

法。此方法中的加成利润，不是以成本为基础计算，而是以全部投资为基础计算的。其计算公式为

$$产品单价=\frac{固定成本总额+投资总额\times投资利润率+单位变动成本\times产品销量}{产品销量}$$

▶ 2. 投资利润率定价法的应用

投资利润率定价法的优点是它把产品成本与产量统一起来考虑，根据销售量的变化来定价，使企业能够获得比较稳定的收益。但它是根据产品销售量来倒推成本和核算价格，这样一来，价格又成了影响产品销售量的因素，这里谁主谁从，关系很不清楚；并且，在市场变化中，如果预期销售量不能实现，这一定价方法则不能运用。

【例 5-20】某企业某年的产品产量为 120 万件，所摊固定成本为 60 万元，单位变动成本为 4 000 元，该企业对该产品的投资总额为 3 000 万元。设投资利润率为 20%，求该种产品的单价。

解：

$$产品单价=\frac{固定成本总额+投资总额\times投资利润率+单位变动成本\times产品销量}{产品销量}$$

$$=\frac{60+3\ 000\times20\%+0.4\times1\ 20}{120}$$

$$=5.9(万元)$$

>>> 任务小结

定价决策应考虑的问题包括商品的价值、成本的消耗水平、商品的质量水平、供求关系和价格弹性、竞争形式、国家的价格政策、商品所处的寿命周期阶段和商品定价目标的导向。

定价目标策划包括生存导向定价目标、利润导向定价目标、成本导向定价目标、销售导向定价目标和竞争导向定价目标。

定价决策的主要方法及应用：

(1) 利润最大化定价法。指企业在一定时期内综合考虑各种因素后，以总收入减去总成本的最大差额为基点，确定单位产品的价格，以获得最大利润总额。

(2) 完全成本定价法。是指把所有为生产某种产品而发生的耗费均计入成本范围，在此基础上，加上预期利润作为产品销售价格的定价方法。计算公式如下：

$$单位产品价格=单位产品总成本\times(1+目标利润率)$$

(3) 变动成本定价法。变动成本定价法只把变动成本计入成本范围，在此基础上，加上预期利润作为产品销售价格的定价方法。

$$单位产品价格=单位产品变动成本\times(1+目标利润率)$$

$$=单位变动成本+单位边际贡献$$

$$=\frac{单位变动成本}{1-边际贡献率}$$

(4) 投资利润率定价法。投资利润率定价法是在产品的平均成本之上，加预期的投资利润为价格的一种定价方法。

$$产品单价=\frac{固定成本总额+投资总额\times投资利润率+单位变动成本\times产品销量}{产品销量}$$

任务四 存货决策分析

>>> 任务分析

存货管理对企业成本的降低和存货质量都是有益处的。存货决策可分为存货与否决策、存货数量决策、存货期限决策等几个方面。其中，存货与否决策涉及零库存问题；存货数量决策决定存货的批量，包括采购批量和生产批量；存货期限决策涉及商品保本期和商品保利期问题。

本任务从介绍存货相关成本概念开始，介绍经济批量的确定以及存货控制与评价。存货管理的目的最终还是出于控制存货成本从而控制企业成本的目的，服务企业管理的需要。

>>> 导入案例

在一个项目中，运用来自AT&T、波音、克莱斯勒、福特、惠普和柯达等公司的116家工厂的数据建立经验模型，检验存货降低对质量和成本相关的变量的影响程度。项目主持者发现，存货的降低对质量和成本的影响是有积极作用的；他们还发现，员工的培训程度、对他们的授权和灵活的生产环境都是降低存货的重要因素。项目主持人从这项研究中得出的结论就是，在灵活的生产环境下，对员工的培训和授权有助于降低存货，这必然需要工人付出更高水准的努力，从而使过程的可信性、收益水平、质量水平和成本水平等方面得到改善。

通过本案例的分析，我们可以得到如下启示：

(1) 质量是适时制的基本保证。与传统方法主要依靠事后检验来保证质量不同，适时制更强调企业要进行全面质量管理，强调事前预防不合格品的产生，要从操作者、机器、工具、材料和工艺过程等方面保证不出现不合格品，强调从根源上保证质量，强调全体员工的积极参与。同时，全面质量管理也强调保证设备的可靠十分重要，这就需要加强对工人的培训，应将工人培养成技能高手，不仅可以操作制造单元内所有的机器设备，还要熟悉设备的维护，当生产间歇时进行预防性维护。

(2) 适时制所要求的零存货管理是要求企业按需要引入存货，并通过努力减少存货、降低存货成本。因为存货对企业的经营存在负面影响，如占压流动资金、发生储存成本。更重要的是，企业持有的存货掩盖生产质量问题，掩盖生产的低效率。

总之，存货降低对企业成本和质量都有好处，而企业要想获得这些好处需要加强对员工的培训，灵活安排企业的生产、采购等各环节的活动，有效地满足客户的需求。

一、存货的相关成本

存货成本是企业由于储存材料、在产品、产成品等存货而发生的成本，反映供应、生产和储运三大环节的管理效益，从本质上讲存货成本是存货在生产经营过程中停留和转移时所耗资源的货币表现，包括采购成本、订货成本、储存成本、缺货成本。

▶ 1. 采购成本

采购成本是指由购买存货而发生的买价(购买价格或发票价格)和运杂费(运输费用和装卸费用)构成的成本，其总额取决于采购数量和单位采购成本。

由于单位采购成本一般不随采购数量的变动而变动，因此，在采购批量决策中，存货的采购成本通常属于无关成本，但当供应商为扩大销售而采用数量折扣等优惠方法时，采购成本就成为与决策相关的成本了。

▶ 2. 订货成本

订货成本是指为订购货物而发生的各种成本，包括采购人员的工资、采购部门的一般性费用(如办公费、水电费、折旧费、取暖费等)和采购业务费(如差旅费、邮电费、检验费等)。

订货成本可以分为两大部分：一是为维持一定的采购能力而发生的、各期金额比较稳定的成本(如折旧费、水电费、办公费等)，称为固定订货成本；二是随订货次数的变动而正比例变动的成本(如差旅费、检验费等)，称为变动订货成本。

▶ 3. 储存成本

储存成本是指为储存存货而发生的各种费用，通常包括两大类：一是付现成本，包括支付给储运公司的仓储费、按存货价值计算的保险费、陈旧报废损失、年度检查费用以及企业自设仓库发生的所有费用；二是资本成本，即由于投资于存货而不投资于其他可盈利方面所形成的机会成本。

▶ 4. 缺货成本

缺货成本是指由于存货数量不能及时满足生产和销售的需要而给企业带来的损失。例如因停工待料而发生的损失、由于商品存货不足而失去的创利额、因采取应急措施补足存货而发生的超额费用等。

二、经济订货量的确定

所谓订购批量，是指每次订购货物(材料、商品等)的数量。在某种存货全年需求量已定的情况下，降低订购批量，必然增加订货批次。这一方面使存货的储存成本(变动储存成本)随平均储存量的下降而下降，另一方面使订货成本(变动订货成本)随订购批次的增加而增加。反之，减少订购批次必然要增加订购批量，在减少订货成本的同时储存成本将会增加。可见，存货决策的目的，就是确定使这两种成本合计数最低时的订购批量，即经济订货量或经济批量。经济批量的确定有列表法、图解法和数学模型法三种。

(一) 列表法

列表法是根据提供的数据对订货次数、平均存货量、总成本等指标进行对比分析以确定经济订货批量的方法。

设 D 为年度材料需用量，Q 为每次订货量，K 为每次订货成本，Kc 为单位存货的每年平均储存成本，Tc 为存货全年总成本，则相关指标的计算公式可以表示如下：

$$订购次数=D/Q$$

$$平均存货量=Q/2$$

$$全年订货总成本=K\times D/Q$$

$$全年平均储存总成本=Kc\times Q/2$$

$$全年存货总成本\ Tc=K\times D/Q+Kc\times Q/2$$

【例 5-21】长安公司全年耗用甲材料 1 800 千克，该材料外购单位成本为 15 元/千克，除年固定的订货成本和储存成本为 500 元外，每次订货成本为 400 元，储存成本平均每千克每年 4 元。

要求：试计算每次订货的最佳数量为多少时，才能使全年存货成本达到最低。

解：根据上述提供的资料及计算公式分别按照不同的订货量计算，计算结果如表 5-17 所示。

表 5-17 不同订货量下的成本

每次订货量(Q)/千克	1 800	900	600	450	360	300
订货次数(D/Q)/次	1	2	3	4	5	6
平均存货量($Q/2$)/千克	900	450	300	225	180	150
储存成本($Kc \times Q/2$)/元	3 600	1 800	1 200	900	720	600
订货成本($K \times D/Q$)/元	400	800	1 200	1 600	2 000	2 400
总成本($K \times D/Q + Kc \times Q/2$)/元	4 000	2 600	2 400	2 500	2 720	3 000

由表 5-17 的计算结果可以看出，甲材料订货量为 600 千克时，全年的订货成本和储存成本的合计数 2 400 元为最低，对应的年订货次数为 3 次。列表法需要多次计算，才能求出最佳订货量，工作量比较大，但在供应商对购货量有限制要求时，类似的计算又是必不可少的。

（二）图解法

图解法是根据提供的数据在直角坐标系中描绘出储存成本线、订货成本线。前者随着订货量的增加而上升，后者随着订货量的增加（订货次数的减少）而减少，经济订货量位于这两条线的交点处，这一点是订货与储存总成本曲线的最低点。纵轴表示成本，横轴表示订货量，如图 5-1 所示。

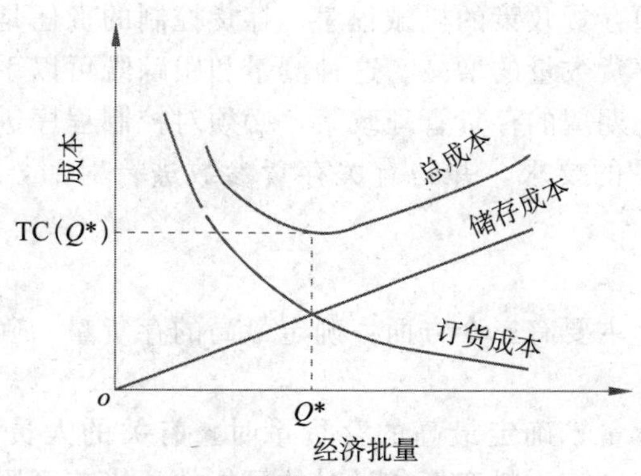

图 5-1 经济批量模型的成本

从图 5-1 可知，经济批量 Q^* 刚好在总成本的最低点，而且这个时候，储存成本与订货成本是相等的。

（三）数学模型法

▶ 1. 假设条件

（1）企业能够及时补充存货，即需要订货时便可立即取得存货。

（2）能集中到货，而不是陆续入库。

(3) 不可以缺货，即无缺货成本，即 TC_S 为0。

(4) 需求量稳定，并且能预测，即 D 为已知常量。

(5) 存货单价不变，不考虑现金折扣，U 为已知量。

(6) 企业现金充足，不会因现金短缺而影响进货。

(7) 所需存货市场供应充足，不会因买不到需要的存货而影响其他。

▶ 2. 基本模型的确立及其相关指标的计算

设立了上述假设后，存货总成本的公式可以简化为

$$\mathrm{TC}=F_1+\frac{D}{Q}\cdot K+DU+F_2+Kc\cdot\frac{Q}{2}$$

当 F_1、K、D、U、F_2、Kc 为常数时，TC 的大小取决于 Q。为了求出 TC 的极小值，对其进行求导演算，可得出下列公式：

$$Q=\sqrt{\frac{2KD}{Kc}}$$

【例 5-22】同例 5-21 的数据，用数学模型求出经济批量 Q。

解：

$$Q=\sqrt{\frac{2KD}{Kc}}=\sqrt{\frac{2\times400\times1\,800}{4}}=600(\text{千克})$$

三、存货控制与评价

(一) 存货控制

▶ 1. 存货控制的定义

存货控制是指对存货的库存情况进行反映和监督，报告当前存货的水平，提供进货决策所需要的信息，使存货数量在不断变化中维持良好状态。这是存货管理的一个重要方面。

存货控制是实施一项存货政策的机械程序。存货控制的责任是要测定特定地点现有存货的单位数和跟踪基本存货数量的增减。这种测量和跟踪既可以手工完成，也可以通过计算机技术完成。为了实施期望的存货管理政策，必须对控制程序进行设计。这些程序用于明确经常性检查存货水平的要求，并与有关存货参数进行对照，确定何时订货以及订多少货。

▶ 2. 存货控制的内容

一般说存货控制工作主要有三个方面：确定最高的存货量；确定最低的存货量；确定再订货数量。

(1) 确定最高的存货量。确定最高的存货量时，有关的人员需要考虑三个方面的因素，分别为物料的消耗速度、物料变坏或过时的可能性、当前可用的存储空间。

这三个因素是相关的。如果物料消耗很快，库存的数量就要多，不过也要考虑到物料的特性。如果是易于变坏的物料，存货量就应该减少，避免更多的物料变坏。此外，工厂可用的存储空间也是需要考虑的，工厂应预备足够的空间来容纳所需的存货量。在很多情况下，前人的经验对确定最高存货量有着很好的参考价值。也可以参考以下公式：

最高存货量=(购备时间+订购周期)×耗用率+安全存货量

(2) 确定最低的存货量。确定最低的存货量时，有关的人员需要考虑两方面因素，分

别为物料的消耗速度、物料的交货时间(即从下订单至收到物料所需的时间)。

如果物料消耗得快，最低的存货量也要相应地提高，但也受物料交货时间的影响。如果下订单后，供应商的物料到位很快，物料消耗快的影响可能不大，最低的存货量也不用调得很高，以免占用过多的资金和空间。计算最低存货量的简单公式为

最低存货量＝单位时间需求量×交货所需时间

(3) 确定再订货数量。再订货数量要比最低的存货量定得高些。在确定再订货数量时，有关的人员需要考虑的因素分别为物料的消耗速度、物料的最低存货量、物料的交货时间(即从下订单至收到物料所需的时间)。

如果物料消耗得快，那么再订货存量通常也要调到最高，但也受物料的最低存货量和交货时间的影响。在交货时间不长，最低存货量又小的情况下，即使物料消耗得很快，也不需将该存货量调得很高。

3. 存货控制的方法

现行存货控制的方法种类繁多，厂商普遍使用的有分类控制、定量控制、定期控制、双分制及综合控制等。

(1) 分类控制。指将物料分为几大类，依类设定控制原则，在数量上实施各类货品的控制。常用的方法为 ABC 分析法。ABC 分析法是对存货各项目(如原材料、在产品、产成品等)按种类、品种或规格分清主次，重点控制的方法。

ABC 分析法的操作步骤下：

①计算每一种存货在一定期间内(通常为 1 年)的资金占用额。

②计算每一种存货资金占用额占全部资金占用额的百分比，并按大小顺序排列，编成表格。

③根据事先确定的标准，将存货分成 A、B、C 三类。

④对存货分类管理和控制。A 类进行重点规划和控制，B 类次重要管理，C 类采用一般管理。

(2) 定量控制。定量控制也称订购点法或 Q 制度。对于某种物料或产品，由于生产或销售的原因而逐渐减少，当库存量降低到某一预先设定的点时，即开始发出订货单(采购单或加工单)来补充库存。直至库存量降低到安全库存时，发出的订单所订购的物料(产品)刚好到达仓库，补充前一时期的消耗，该订货的数值点，即称为订货点。定量控制的经济定量计算公式如下：

定量订购制的经济定量＝平均每天使用量×一个生产周期的天数

(3) 定期控制。定期控制或称 P 制度，定期存货控制是按固定的间隔时间对存货数量进行检查，凡领用过的存货都做补充，定货量即最高存货量与当前存货量的差额，订货数量是不确定的。

定期存货控制可以减少订货次数，若干种存货一起订货可以合并运输，节约成本，但要求的保险库存量大，因此，主要适用于货源集中于少数供应者，以及使用集中仓库的情况。

(4) 双分制。双分制虽将特定物料分为 A、B 两份，平常使用 A 份和 B 份作储存。待 A 份用完后，才准动 B 份，同时订购 A 份的数量。在前置时间内则以 B 份来维持需求。

(5) 综合控制。采用定期的控制方法，在定期检查存货时，往往会发生存货已减至应订货存量之下的情况，即使立即订购物料，待新物料到库已无法应付需求。为了弥补这一

缺点，管理人员可将双分制与定期控制配合使用。如果定期检查日期未到而双分制中的第一份存货已经用完，则应立即订购；如果定期检查的日期已过，而双分制中的第一份未用完，则仍需进行订购。

（二）存货评价

存货管理的评价指标主要有两个：存货周转率和存货周转天数。

▶ 1. 存货周转率

存货周转率是指企业在单位时间(1 年)内存货周转的次数，反映了存货周转速度。存货周转速度越快，企业获利能力越强，因此，存货周转率与企业获利能力密切相关。

存货周转率等于销售成本除以存货平均余额。存货平均余额指的是企业一年中平均每天的存货量，存货平均余额等于月初存货加上月末存货再除以 2。公式为

$$\text{存货周转率}=\frac{\text{销售成本}}{\text{存货平均余额}}=\frac{\text{销售成本}}{(\text{期初存货}+\text{期末存货})/2}$$

一般来说，企业只要维持正常生产，就必须要有存货。例如，海尔集团采取按单生产的方法，在减少原材料库存的基础上减少在制品库存，生产完成后直接就运往各地经销商，但即使这样，海尔集团仍然有一定的存货。企业会因为生产季节性的原因导致存货时高时低，因此，逐月计算比较准确。

▶ 2. 存货周转天数

在管理中，由于存货周转率太过抽象，企业有时也会用存货周转天数评价存货管理。存货周转天数是指产品从买入到售出的天数，受企业原材料周转天数、生产周期和产成品库存的影响，计算方法是 360(天)除以存货周转率。公式为

$$\text{存货周转天数}=\frac{360}{\text{存货周转率}}$$

有些企业在管理中往往会更加细化，将存货周转天数细化为原材料周转率、周转天数，在产品周转率、周转天数，产成品周转率、周转天数。计算出来以后和企业历史水平以及同行业平均水平相比较，反映出企业的存货管理水平。

不同企业的存货周转天数有不同的标准，例如云南白药、同仁堂，存货周转天数比较长，因为这些企业的原材料多是中药，有很强的季节性，一次性采购的数量要保证全年的正常生产。而像娃哈哈这样的企业，存货周转天数就比较短。

企业要尽量采取各种措施加快存货的周转，比如把生产过程细分和进行专业化合作，例如北汽福田，存货周转天数只有 30 多天。

>>> 任务小结

存货的相关成本包括采购成本、订货成本、储存成本和缺货成本。

经济订货量或经济批量指出于存货管理的目的，使总成本最低时的订购批量。经济批量的确定有列表法、图解法和数学模型法三种。

列表法是根据提供的数据对订货次数、平均存货量、总成本等指标进行对比分析以确定经济订货批量的方法。列表法确定经济批量时根据公式计算出各种方案下全年存货总成本，选择总成本最小的方案。选择方案对应的批量，就是我们要确定的经济批量。其中，全年存货总成本 $Tc=K\times D/Q+Kc\times Q/2$。

图解法是根据提供的数据在直角坐标系中描绘出储存成本线、订货成本线。在经济批量模型图中，经济批量 Q^* 刚好在总成本的最低点，而且这个时候，储存成本与订货成本

是相等的。

数学模型法确定经济批量的公式为：$Q=\sqrt{\frac{2KD}{Kc}}$。

存货控制的内容包括确定最高的存货量、确定最低的存货量和确定再订货数量。

存货控制的方法有分类控制、定量控制、定期控制、双分制及综合控制等。

存货管理的评价指标主要有两个：存货周转率和存货周转天数。

$$存货周转率=\frac{销售成本}{存货平均余额}=\frac{销售成本}{(期初存货+期末存货)/2}$$

$$存货周转天数=\frac{360}{存货周转率}$$

拓展阅读

定价策略在企业中的应用

一、飘柔洗发水的定价策略

宝洁公司旗下的飘柔品牌，于 1989 年 10 月进入中国市场，以其独特首创的“洗发、护发二合一洗发水”的品牌理念一举打响，受到广大消费者的热烈支持和追捧，飘柔品牌因此迅速成为中国洗发水行业的第一品牌，且 20 多年来，飘柔品牌一直独领风骚，稳居洗护市场的冠军宝座。品牌上市初期，“飘柔、飘逸和容易梳理”几乎满足了所有消费者对于洗发水的需求，所以不管男女老幼都是飘柔品牌的目标消费者。定价采取宝洁惯用的撇脂定价策略，主要销售于收入水平较高的城市和县城区域。

1. 渗透低价策略

随着洗发水市场规模的扩大，中国消费者对于产品的需求在不断发生变化，飘柔品牌的目标消费者及定价策略也在不断变化。20 世纪 90 年代后期，一大批本土洗护品牌大举进军洗护行业，武汉丝宝集团的舒蕾，广东的拉芳、飘影、好迪和蒂花之秀等，充分利用灵活的终端促销及农村地区广阔的市场及渠道，以农村包围城市的营销策略及更加优惠的价格攻城略地，大幅抢占外企洗护产品的市场份额。宝洁公司及时作出回应，推出两大系列：一是定位于中档价格的“精华护理系列”，目标人群专注于城市区域的一般消费者以及农村区域比较富裕的人群；二是定位于中低价格的“家庭护理系列”，目标消费者主要为农村地区的一般消费者以及城市区域的低收入人群。但 1996 年丝宝公司推出舒蕾洗发系列在市场上掀起了红色风暴，致使舒蕾洗发水成为中低端市场的主导者。面对困境，宝洁在农村地区进行了广泛深入的市场调研，最终推出新版农村飘柔洗发水系列，定价比本土品牌更加便宜。200ml 低于 10 元，只卖 9.9 元，新产品命名为“飘柔家庭护发洗发露”，清洁功效明显但是继续保持柔顺的优势。价格低廉品质又高，飘柔给整个洗发水行业带来了一次冲击。多年来每天看到飘柔品牌的电视广告，使得嫌价格偏贵的农村消费者们惊喜地发现，他们一直喜欢的飘柔品牌竟然比拉芳品牌还要便宜。这就迎合广大农村消费者的廉价需求。“飘柔家庭护理洗发露”系列上市后大获成功，以 9.9 元的价格迅速抢占市场，一举击退本土品牌，取得市场上的主动权，最终使宝洁公司的中国市场洗发水份额惊人地飙升到 60%。

2. 产品组合定价策略

产品组合定价是指将同类商品分为价格不同的组数，每组商品制定一个统一的价格。目标市场上飘柔为满足不同消费者的需求，按功能组合不同推出精华素系列、去屑营养系列和清爽柔顺系列，其200ml装的价格依次为9.9元、14.6元和8.8元。在消费者所熟悉的9.9元旗下，就有鲜果防毛躁精华素、长发垂顺精华素、胶原蛋白精华素、人参养护精华素等不同功效的产品。

二、汰渍洗衣粉的定价策略

1. 适时调整价格

1994年，宝洁公司把汰渍引入中国，汰渍在进入中国市场之初，凭借着准确的目标市场定位、强有力的产品诉求和大量的广告，迅速成为城市市场的领导品牌。1999年，纳爱斯集团推出雕牌洗衣粉，以1.8元每袋的超低价快速杀入农村市场，推出后一年时间市场占有率达到30%，成为汰渍的强大竞争对手。同年11月，联合利华一下子把400g的奥妙洗衣粉的价格从6元下调到了3.5元。价格下调以后，联合利华迅速抢到了宝洁原来在洗衣粉上的第三位的位置，并成为城市洗衣粉的龙头，在上海市场它的占有率甚至达到了空前的37%。随后，宝洁旗下的汰渍洗衣粉也放弃坚守，将价格从6元多下降到3.5元，顿时掀起了销售狂潮。到目前为止，奥妙和汰渍纷纷推出300g装2.9元的低价洗衣粉，把适时调整价格也作为一种定价策略，因为定价策略不是恒久不变的，特别是当企业现有市场占有率下降时，企业为了生存不得不采取削价竞争。这是一种被动降价，但是如果运用得当，也会对竞争对手构成巨大反压。在洗衣粉市场，奥妙、奇强、雕牌、汰渍都曾占据龙头老大位置，激烈的竞争导致价格的变动，汰渍若不及时适应市场调整价格，恐怕早已在市场上湮没。

2. 需求差别定价策略

针对不同型号或样式的产品制定不同价格，往往与它们各自的成本是不成比例的。例如汰渍360度百合分为300g、560g和1.65kg捆绑装，价格分别为2.9元、5.9元和15.9元，总体从300g到5kg的超大包装共计十余种不同规格的包装，价格从最低2.9元到最高34.8元不等，能够满足消费者的各种需求。值得注意的是，通常情况下顾客会认为东西买得越多越实惠，然而情况并非如此。还以汰渍360度百合为例，其300g、560g和1.65kg捆绑装的平均价格分别为9.7元/kg、10.5元/kg、9.6元/kg，再对比5kg的超值装6.96元/kg的低价可以看出，560g装的汰渍360度百合能够赚取更多的相对利润。

实践操作

某公司生产中一个月需要某种零件12 000个。若自制，每件单位成本为28元，具体构成如下：直接材料10元，直接人工6元，制造费用12元，合计28元。

制造费用小时分配率为6元，制造这种零件的生产部门每个月正常的生产能力为24 000个直接人工小时，月制造费用预算总额为144 000元。其中：变动性制造费用为24 000元，固定性制造费用（专属）12 000元，固定性制造费用（共同）108 000元。该零件若外购，每件购价20元。

要求：根据上述资料，确定该零件是自制还是外购。

课后习题

一、单项选择题

1. 下列决策中(   )不属于短期决策。

A. 生产决策　　B. 追加订货决策
C. 定价决策　　D. 设备更新改造

2. 在经济决策中应由中选的最优方案负担的、按所放弃的次优方案潜在受益计算的那部分资源损失，就是所谓的(   )。

A. 增量成本　　B. 机会成本
C. 专属成本　　D. 沉没成本

3. 影响决策的因素不能肯定，且出现这种可能结果的概率也无法确切预计，这种类型的决策称为(   )。

A. 确定型决策　　B. 非确定型决策
C. 风险型决策　　D. 定价决策

4. 某工厂经过一定工序加工后的半成品可立即出售，也可继续加工后再出售。若立即出售可获利 5 000 元，继续加工后再出售可获利 6 510 元，则继续加工方案的机会成本为(   )元。

A. 1 510　　B. 5 000　　C. 6 510　　D. 11 510

5. 下列成本中属于决策无关成本的是(   )。

A. 机会成本　　B. 沉没成本　　C. 专属成本　　D. 付现成本

6. 当企业生产能力有剩余时，不同产量的差别成本应主要考虑(   )。

A. 总成本　　B. 变动成本　　C. 付现成本　　D. 固定成本

7. 当企业的生产能力有剩余时，增加生产量会使企业利润增加或亏损减少的条件是(   )。

A. 增量的销售单价高于单位边际成本
B. 增量的销售单价高于单位变动成本
C. 增量的销售单价高于基础生产量的销售单价
D. 增量的销售单价高于每单位产品固定成本分摊数

8. 对亏损的 B 产品是否停产，应根据(   )来决策。

A. 看 B 产品亏损数是否能由盈利产品来弥补，如能弥补，继续生产
B. B 产品亏损数如能由盈利产品来弥补，也应停止生产
C. B 产品的边际贡献如为正数，不应停止生产
D. B 产品的边际贡献如为正数，应停止生产

9. 生产能力无法转移时，亏损产品满足(   )条件时，应当停产。

A. 该亏损产品的单价大于其单位变动成本
B. 该亏损产品的单位边际贡献大于零
C. 该亏损产品的边际贡献总额大于零

D. 该亏损产品的变动成本大于其单价

10. 在零部件自制或外购决策时，如有剩余生产能力，且无其他用途，固定成本属于(　　)。

A. 相关成本　　B. 无关成本　　C. 机会成本　　D. 边际成本

11. 在短期经营决策中，企业不接受特殊价格追加订货的原因是买方出价低于(　　)。

A. 正常价格　　B. 单位产品成本
C. 单位变动成本　　D. 单位固定成本

12. 在零部件自制或外购的决策中，如果零部件的需用量尚不确定，应当采用的决策方法是(　　)。

A. 相关损益分析法　　B. 差量损益分析法
C. 相关成本分析法　　D. 成本平衡点分析法

13. 在管理会计中，将决策分析划分为确定型决策、风险型决策和不确定决策所依据的分类标准是(　　)。

A. 决策的重要程度　　B. 决策条件的肯定程度
C. 决策规划时期的长短　　D. 决策解决的问题内容

14. 根据管理会计的理论，短期经营决策分析的目标是(　　)。

A. 企业价值最大化　　B. 股东财富最大化
C. 企业短期利润最大化　　D. 企业长期盈利能力最大化

15. 在管理会计中，单一方案决策又称为(　　)。

A. 接受或拒绝方案决策　　B. 互斥方案决策
C. 排队方案决策　　D. 组合方案决策

二、多项选择题

1. 存货的相关成本有(　　)。

A. 缺货成本　　B. 储存成本
C. 采购成本　　D. 订货成本

2. 下列存在差量成本的决策包括(　　)。

A. 生产能力利用程度变动的决策
B. 零部件外购或自制的决策
C. 特定订货应否接受的选择
D. 某种产品的生产应否停产的决策

3. 下列项目中属于相关成本的有(　　)。

A. 机会成本　　B. 增量成本
C. 可避免成本　　D. 沉没成本

4. 按照决策条件的肯定程度，可将决策划分为(　　)。

A. 战略决策　　B. 不确定型决策
C. 确定型决策　　D. 风险型决策

5. 下列各项中属于多方案决策的有(　　)。

A. 接受或拒绝方案决策　　B. 互斥方案决策
C. 战略决策　　D. 组合方案决策

6. 下列各项中属于生产经营决策的有( )。
   A. 亏损产品的决策　　B. 深加工的决策
   C. 生产工艺技术方案的决策　　D. 最优售价的决策
7. 在是否低价追加订货的决策中，如果发生了追加订货冲击正常任务的现象，就意味着( )。
   A. 会因此带来机会成本
   B. 追加订货量大于正常订货量
   C. 追加订货量大于绝对剩余生产力
   D. 自制或外购的决策
8. 定价决策分析的方法主要有( )。
   A. 利润最大化定价法　　B. 全部成本加成定价法
   C. 利润平衡点法　　D. 变动成本加成定价法
9. 下列各项中属于生产经营决策方法的有( )。
   A. 差量损益分析法　　B. 相关损益分析法
   C. 相关成本分析法　　D. 成本平衡点分析法
10. 在进行亏损产品生产决策中，下列说法中正确的是( )。
   A. 在剩余生产能力无法转移时，只要亏损产品的边际贡献为正数，就应该继续生产
   B. 剩余生产能力可以转移时，只要亏损产品的边际贡献大于转产产品的边际贡献，就应该继续生产
   C. 如果亏损产品停产后，生产亏损产品的设备可以出租，只要租金大于亏损产品的边际贡献，就应该把亏损产品停产而把设备出租
   D. 在具备增产亏损产品能力时，且能力无法转移又不增加专属成本的情况下，如果亏损产品的边际贡献为正数，就应该增产

三、判断题

1. 简单地说，决策分析就是领导拍板作出决定的瞬间行为。( )
2. 决策分析的实质就是要从各种备选方案中作出选择，并一定要选出未来活动决定最优的方案。( )
3. 科学的决策就是其决策结果没有误差或错误的决策。( )
4. 在生产经营决策中，确定决策方案必须通盘考虑生产经营能力、相关业务量、相关收入和相关成本等因素。( )
5. 相关业务量通常通过对相关收入和相关成本的影响而实现对决策方案的影响。( )
6. 机会成本是指应由中选的最优方案负担的，按所放弃的其他方案最低收益计算的那部分资源损失。( )
7. 在短期经营决策中，所有的固定成本或折旧费都属于沉没成本。( )
8. 对于那些应当停止生产的亏损产品(假性亏损)来说，不存在是否应当增产的问题。( )
9. 按照管理会计的理论，即使追加订货的价格低于正常订货的单位完全生产成本，也不能轻易作出拒绝接受该项订货的决定。( )
10. 在是否接受低价追加订货的决策中，如果追加订货量大于剩余生产能力，必然会

出现与冲击正常生产任务相联系的机会成本。(　　)

四、计算分析题

1. 已知：某企业尚有一台闲置设备，拟用于开发一种新产品，现有 A、B 两个品种可供选择。A 品种的单价为 100 元/件，单位变动成本为 60 元/件，单位产品台时消耗定额为 2 小时/件；B 品种的单价为 120 元/个，单位变动成本为 40 元/个，单位产品台时消耗定额为 8 小时/个。

要求：用单位资源边际贡献法作出开发哪个品种的决策，并说明理由。

2. 已知：某企业每年生产 1 000 件甲半成品。其单位完全生产成本为 18 元(其中单位固定性制造费用为 2 元)，直接出售的价格为 20 元。企业目前已具备将 80%的甲半成品深加工为乙产成品的能力，但每深加工一件甲半成品需要追加 5 元变动性加工成本。乙产成品的单价为 30 元。假定乙产成品的废品率为 1%。

要求：请考虑以下不相关的情况，用差量损益分析法为企业作出是否深加工甲半成品的决策，并说明理由。

(1) 深加工能力无法转移；

(2) 深加工能力可用于承揽零星加工业务，预计可获得边际贡献 4 000 元；

(3) 同(1)，如果追加投入 5 000 元专属成本，可使深加工能力达到 100%，并使废品率降低为零。

6 项目六 Chapter 6 长期投资决策

>>> 学习目标

知识目标：

1. 了解长期投资决策的概念、特征和意义；
2. 掌握影响投资决策的重要因素——货币时间价值、现金流量和资本成本；
3. 熟练运用各种长期投资决策指标分析投资方案的可行性。

能力目标：

1. 能运用货币时间价值、现金流量和资本成本对具体方案进行计算；
2. 能运用静态和动态评价指标分析各种长期投资方案的可行性。

素质目标：

1. 树立货币时间价值观念；
2. 参与企业的长期投资决策分析。

>>> 思维导图

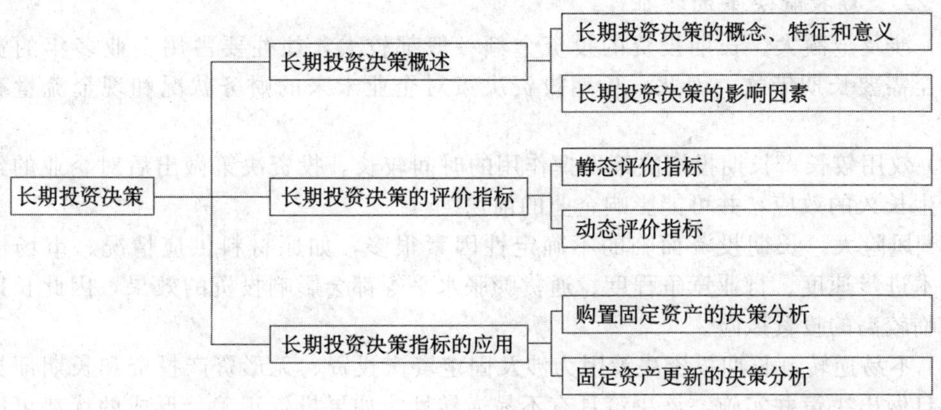

任务一 长期投资决策概述

>>> 任务分析

在现代经济社会中，投资是推动和实现经济增长的基本因素。长期投资作为企业投资的一种，在企业经营活动中的作用越来越重要。本任务主要的核心点就是长期投资决策。哪些问题属于长期投资决策呢？例如，乐视公司是否开始研发并生产超级汽车？肯德基应该研发新的早餐食品吗？百度要砸200亿给糯米开始O2O生态战略吗？这类决策对企业未来的生存和发展有很大影响，是一个涉及面广、错综复杂的决策问题，要受到多方面因素的影响，所以企业不可避免地要尽可能全面地考虑其影响作用，以保证决策的有效运行。

>>> 导入案例

小刘是投资与理财专业毕业的大学生，近期父母准备给他购置一处商品房，房地产公司提出两种付款方案：第一种方案，从现在起，每年年初支付20万元，连续支付10次，共计200万元；第二种方案，从第5年开始，每年年初支付25万元，连续支付10次，共计250万元。同期银行利率为10%，父母不知道如何决策，小刘利用自己的专业知识很快就解决了这个问题。如果是你，你能解决吗？

一、长期投资决策的概念、特征和意义

▶ 1. 长期投资决策的概念

长期投资是指投资资金量大，获取报酬的持续时间长，能够在较长时间内影响企业经营能力和获利能力的投资。对于长期投资期间的认定，至少应该在一年以上。因此，长期投资决策一般是指企业对未来较长期间(超过一年)的重大投资活动所进行的决策。

▶ 2. 长期投资决策的特征

(1) 涉及金额大。长期投资的投资金额一般都较大，往往要占用企业多年的资金积累，甚至需要长期借款。因此，长期投资决策对企业未来的财务状况和现金流量有较大影响。

(2) 效用较长。长期投资决策发挥作用的时间较长，投资决策做出后对企业的经济效益会产生长久的效应，并可能影响企业的前途。

(3) 风险大。长期投资面临的不确定性因素很多，如原材料供应情况、市场供求关系、技术进步速度、行业竞争程度、通货膨胀水平等都会影响投资的效果，因此长期投资决策面临较高的投资风险。

(4) 不易逆转。长期投资决策因为涉及固定资产投资、无形资产投资和长期证券投资等，一旦做出决策并实施，该决策具有不易逆转性。如果投资正确，形成的优势可以在较长时期内保持；如果投资错误，形成的损失也较大。

▶ 3. 长期投资决策的意义

长期投资决策是对企业各项长期投资的备选方案进行分析、评价、选择，最后确定最

佳方案的过程。长期投资决策主要在于规划企业未来的发展方向、规模等，它在较长的时间内，对企业的经营会产生持续的影响，因此，长期投资决策是企业具有长远意义的战略性决策。

二、长期投资决策的影响因素

(一) 货币时间价值

货币时间价值是指一定量货币资本在不同时点上的价值量差额，又叫作资金时间价值。货币的时间价值来源于货币进入社会再生产后的价值增值。通常情况下，它是指没有风险也没有通货膨胀情况下的社会平均利润率。

根据货币具有时间价值的理论，在进行长期投资决策时，不能直接比较发生在不同时点的货币，而要将不同时点的货币价值金额折算为同一时点的价值金额后再进行比较。这是货币时间价值需要考虑的核心问题。这里的时点一般分为现值和终值。现值又称本金，是指未来某一时点上的一定量货币折算到现在所对应的价值。终值又称本利和，是指现值一定量的货币折算到未来某一时点所对应的价值。

▶ 1. 单利的终值和现值

单利是指按照固定的本金计算利息的一种计息方式，即利不生利的计息方法。为计算方便，假定有关字母符号的含义如下：P 为现值；F 为终值；i 为利率；I 为利息；n 为计算利息的期数；A 为年金。

在计算利息时，给出的利率一般为年利率，对于不足一年的利息，以一年等于 360 天来折算。

(1) 单利终值的计算。公式如下：

$$F=P(1+in)$$

【例 6-1】某人将 1 000 元存入银行，年利率为 2%，假设按单利计息，求 5 年后的终值。

解：

$F=P(1+in)$

$=1\ 000\times(1+2\%\times5)$

$=1\ 100$(元)

(2) 单利现值的计算。公式如下：

$$P=F/(1+in)$$

【例 6-2】某人为了 10 年后能从银行取出 6 000 元，在年利率为 2%的情况下，目前应存入银行的金额是多少？假设银行按单利计息。

解：

$P=F/(1+in)$

$=6\ 000/(1+2\%\times10)$

$=5\ 000$(元)

▶ 2. 复利的终值和现值

复利是指不仅对本金计算利息，还对利息计算利息的一种计息方式，即每经过一个计息期，要将该期所派生的利息加入本金再计算利息，逐期滚动计算，俗称“利滚利”。

(1) 复利终值的计算(已知现值 P，求终值 F)。复利终值指一定量的货币，按复利计

算若干期后的本利和。例如，1 元钱存入银行，假设银行的年利率是 10%，按复利计息，则

1 年后的复利终值=1×(1+10%)=1.1(元)

2 年后的复利终值=1.1×(1+10%)=1×$(1+10\%)^2$=1.21(元)

3 年后的复利终值=1.21×(1+10%)=1×$(1+10\%)^3$=1.331(元)

以此类推，可得复利终值的计算公式为

$$F=P\times(1+i)^n$$

其中：$(1+i)^n$ 为复利终值系数，可用符号(F/P，i，n)表示，可在复利终值系数表查到相应的值。因而复利终值公式也可表示为

$$F=P(F/P,\ i,\ n)$$

【例 6-3】某人将 1 000 元存入银行，年利率为 2%，假设按复利计息，求 5 年后的终值。

解：$F=P(1+i)^n$

$=100\times(1+2\%)^5$

=110.41(元)

或

$F=P(F/P,\ i,\ n)$

=100×(F/P，2%，5)

=100×1.104 1=110.41(元)

(2) 复利现值的计算(已知终值 F，求现值 P)。复利现值是指未来某期的一定量的货币，按复利计算的现在价值。其计算公式为

$$P=F/(1+i)^n$$

其中：$(1+i)^{-n}$为复利现值系数，用符号(P/F，i，n)表示，可在复利现值系数表查到相应的值。因而复利现值公式也可表示为

$$P=F(P/F,\ i,\ n)$$

【例 6-4】某人为了 10 年后能从银行取出 6 000 元，在年利率为 2%的情况下，目前应存入银行的金额是多少？假设银行按复利计息。

解：

$P=F/(1+i)^n$

$=6\ 000/(1+2\%)^{10}$

=4 922.09(元)

或

$P=F(P/F,\ i,\ n)$

=6 000×(P/F，2%，10)

=6 000×0.820 3

=4 921.8(元)

▶ 3. 年金的终值

年金是指间隔期相等的系列等额收付款，通常用 A 来表示。年金按其每次收付款项发生的时点不同，可以分为普通年金、预付年金、递延年金、永续年金等类型。普通年金是指从第一期起，在一定时期内每期期末等额收付的系列款项，又称为后付年金。预付年金

是指从第一期起，在一定时期内每期期初等额收付的系列款项，又称先付年金。预付年金与普通年金的区别仅在于付款时间的不同。递延年金是指第一次收付款发生时间与第一期无关，而是隔若干期(m)后才开始发生的系列等额收付款项。永续年金是指无限期等额收付的特种年金。它是普通年金的特殊形式，即期限趋于无穷的普通年金。具体年金分类如表 6-1 所示。

表 6-1 年金的分类

类 型	特 点	现金流量图
普通年金（后付年金）	从第一期开始每期期末收付款项	A A A A 0 1 2 3 4
预付年金（先付年金）	从第一期开始每期期初收付款项	A A A A 0 1 2 3 4
递延年金	在第二期或第二期以后收付款项	A A A A 0 1 2 3 4 5
永续年金	无限期的普通年金	A A A A 0 1 2 3 4 … ∞

注：这里年金的收付时间间隔不一定是一年，还可以是半年、一个季度或者一个月等。

年金在人们的经济生活中非常普遍，如支付房屋的租金、抵押支付、商品的分期付款、分期付款赊购，分期偿还贷款、发放养老金、提取折旧以及投资款项的利息支付等，都属于年金收付形式。

(1) 普通年金终值的计算(已知年金 A，求终值 F)。普通年金终值是指普通年金最后一次收付时的本利和，它是每次收付款项的复利终值之和。

假设每期等额收付款项为 A，利率为 i，年金期数为 n，年金终值为 F，则普通年金的终值如图 6-1 所示。

图 6-1 普通年金终值的计算

根据复利终值的方法，计算年金为 A、利率为 i、期数为 n 的普通年金终值如下：

$$F=A+A(1+i)+\cdots+A(1+i)^{n-2}+A(1+i)^{n-1} \quad ①$$

将两边同时乘以$(1+i)$得

$$F(1+i)=A(1+i)+A(1+i)^2+\cdots+A(1+i)^{n-1}+A(1+i)^n \quad ②$$

上述两式相减，即②－①可得

$$Fi=A(1+i)^n-A=A[(1+i)^n-1]$$

整理得

$$F=A\times\frac{(1+i)^n-1}{i}=A(F/A,\ i,\ n)$$

其中：$\frac{(1+i)^n-1}{i}$称为“年金终值系数”，记作$(F/A,\ i,\ n)$，可直接查阅年金终值系数表。

【例 6-5】小王 5 年中每年年底存入银行 1 000 元，存款利率为 8%，求第 5 年年末小王的本利和是多少？

解：

$$F=A\times\frac{(1+i)^n-1}{i}$$

$$=1\ 000\times\frac{(1+8\%)^5-1}{8\%}$$

$$=5\ 866.60(\text{元})$$

或

$$F=A(F/A,\ i,\ n)=1\ 000\times(F/A,\ 8\%,\ 5)=1\ 000\times5.8666=5\ 866.6(\text{元})$$

【例 6-6】A 矿业公司决定将其一处矿产 10 年开采权公开拍卖，因此它向世界各国煤炭企业招标开矿。已知甲公司和乙公司的投标书最具有竞争力。甲公司的投标书显示，如果该公司取得开采权，从获得开采权的第 1 年开始，每年年末向 A 公司交纳 10 亿美元的开采费，直到 10 年后开采结束。乙公司的投标书表示，该公司在取得开采权时，直接付给 A 公司 40 亿美元，在 8 年末再付给 60 亿美元。如果 A 公司要求的年投资回报率为 15%，A 公司应接受哪家公司的投标？

解：

甲公司的方案对 A 公司来说是一笔年收款 10 亿美元的 10 年普通年金，其终值计算如下：

$$F=A(F/A,\ i,\ n)$$

$$=10\times(F/A,\ 15\%,\ 10)$$

$$=10\times20.304$$

$$=203.04(\text{亿美元})$$

乙公司的方案对 A 公司来说是两笔收款，分别计算其终值：

第 1 笔收款(40 亿美元)的终值：

$$F=40\times(F/P,\ 15\%,\ 10)$$

$$=40\times4.045\ 6$$

$$\approx161.82(\text{亿美元})$$

第 2 笔收款(60 亿美元)的终值：

$$F=60\times(F/P,\ 15\%,\ 2)$$

$$=60\times1.322\ 5$$

=79.35(亿美元)

终值合计=161.82+79.35=241.17(亿美元)

甲公司付出的款项终值小于乙公司付出的款项的终值，因此，A公司应接受乙公司的投标。

实际工作中，对于上述问题的决策多采用比较不同方案现值的方式进行。

(2) 预付年金终值的计算(已知年金 A，求终值 F)。预付年金终值是指一定时期内每期期初等额收付的系列款项的终值。

假设每期等额收付款项为 A，利率为 i，年金期数为 n，年金终值为 F，则预付年金的终值如图 6-2 所示。

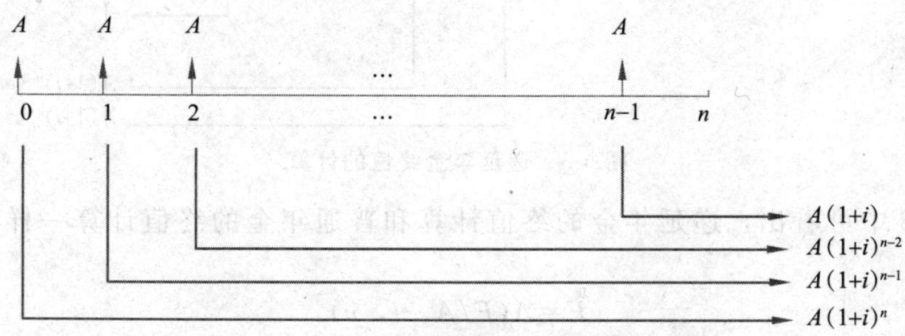

图 6-2 预付年金终值的计算

根据复利终值的方法，计算年金为 A、利率为 i、期数为 n 的预付年金终值如下：

$$F=A(1+i)+A(1+i)^2+A(1+i)^3+\cdots+A(1+i)^n \quad ①$$

将两边同时乘以 $(1+i)$ 得

$$F(1+i)=A(1+i)^2+A(1+i)^3+A(1+i)^4\cdots+A(1+i)^{n+1} \quad ②$$

上述两式相减，即②－①可得

$$F= A\times\frac{(1+i)^n-1}{i}\times(1+i)=A(F/A, i, n)\times(1+i)$$

或

$$F=A\times\left[\frac{(1+i)^{n+1}-1}{i}-1\right]=A[(F/A, i, n+1)-1]$$

其中：$\frac{(1+i)^{n+1}-1}{i}-1$ 称为“预付年金终值系数”，它和普通年金终值系数 $\frac{(1+i)^n-1}{i}$ 相比，期数加 1 而系数减 1，可记作 $(F/A, i, n+1)-1$。

【例 6-7】为给儿子上大学准备资金，王先生连续 6 年于每年年初存入银行 3 000 元。若银行存款利率为 5%(复利计息)，则王先生在第 6 年年末能一次取出本利和多少钱？

解：

$F=A\times[(F/A, i, n+1)-1]$

$=3\,000\times[(F/A, 5\%, 7)-1]$

$=3\,000\times(8.142\,0-1)$

$=21\,426$(元)

或

$F=A(F/A, i, n)(1+i)$

$=3\,000\times(F/A, 5\%, 6)\times(1+5\%)$

$=3\,000\times6.801\,9\times1.05$

$\approx21\,425.99$(元)

(3) 递延年金终值的计算(已知年金 A，求终值 F)。递延年金终值是指间隔一定时期后每期期末或期初收付的系列等额款项的终值。一般用 m 表示递延期数(没有收付款项发生的期数)，用 n 表示连续收付期。递延年金的收付形式如图 6-3 所示。

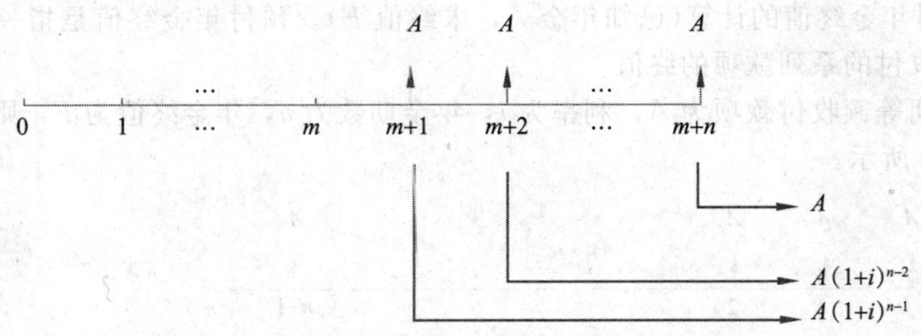

图 6-3 递延年金终值的计算

从图 6-3 中可看出，递延年金的终值计算和普通年金的终值计算一样，计算公式如下：

$$F=A(F/A,\ i,\ n)$$

其中：n 表示连续收付期，递延年金终值的计算与递延期无关。

【例 6-8】某人从第四年末起，每年年末支付 100 元，利率为 10%，问第七年年末共支付多少？

解：

$F=A(F/A,\ i,\ n)$

$=100\times(F/A,\ 10\%,\ 4)$

$=100\times4.641$

$=464.1$(元)

▶ 4. 年金的现值

(1) 普通年金现值的计算(已知年金 A，求现值 P)。普通年金现值是指将在一定时期内按相同时间间隔在每期期末收付的相等金额折算到第一期期初的现值之和。

假设每期等额收付款项为 A，利率为 i，年金期数为 n，年金现值为 P，则普通年金的现值如图 6-4 所示。

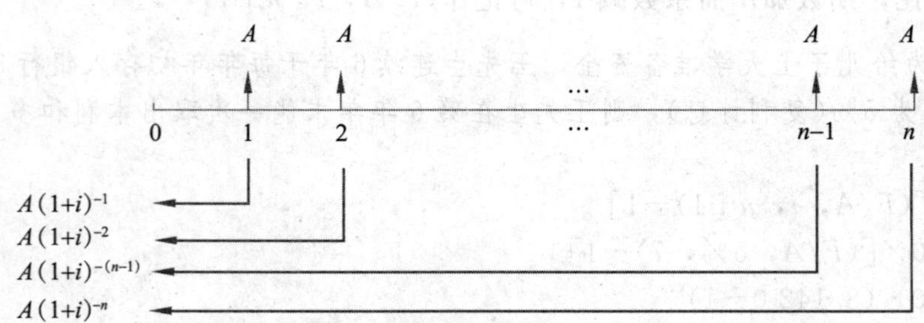

图 6-4 普通年金现值的计算

根据复利现值的方法，计算年金为 A，利率为 i，期数为 n 的普通年金现值如下：

$$P=A(1+i)^{-1}+A(1+i)^{-2}+\cdots+A(1+i)^{-(n-1)}+A(1+i)^{-n} \quad ①$$

将两边同时乘以$(1+i)$得

$$P(1+i)=A+A(1+i)^{-1}+\cdots+A(1+i)^{-(n-2)}+A(1+i)^{-(n-1)} \quad ②$$

上述两式相减，即②－①可得

$$P=A\times\frac{1-(1+i)^{-n}}{i}=A(P/A,\ i,\ n)$$

其中：$\frac{1-(1+i)^{-n}}{i}$称为“年金现值系数”，记作$(P/A,\ i,\ n)$，可直接查阅年金现值系数表。

【例 6-9】某投资项目于 2012 年年初动工，假设当年投产，从投产之日起每年年末可得收益 40 000 元。按年折现率为 6%计算(复利计息)，计算预期 10 年收益的现值。

解：

$$\begin{aligned}P&=40\ 000\times\frac{1-(1+6\%)^{-10}}{6\%}\\&=40\ 000\times(P/A,\ 6\%,\ 10)\\&=40\ 000\times7.360\ 1\\&=294\ 404(元)\end{aligned}$$

(2) 预付年金现值的计算(已知年金 A，求现值 P)。预付年金现值是指将一定时期内按相同时间间隔在每期期初收付的相等金额折算到第一期期初的现值之和。

假设每期等额收付款项为A，利率为i，年金期数为n，年金现值为P，则预付年金的现值如图 6-5 所示。

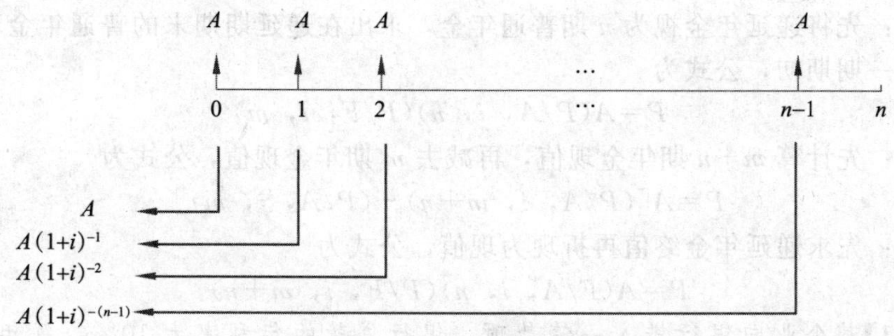

图 6-5 预付年金现值的计算

根据复利现值的方法，计算年金为A，利率为i，期数为n的预付年金现值如下：

$$P=A+A(1+i)^{-1}+A(1+i)^{-2}+\cdots+A(1+i)^{-(n-1)} \quad ①$$

将两边同时乘以$(1+i)$得

$$P(1+i)=A(1+i)+A+\cdots+A(1+i)^{-(n-2)} \quad ②$$

上述两式相减，即②－①可得

$$P=A\times\frac{1-(1+i)^{-n}}{i}\times(1+i)=A(P/A,\ i,\ n)\ (1+i)$$

或

$$P=A\times\left[\frac{1-(1+i)^{-(n-1)}}{i}+1\right]=A[(P/A,\ i,\ n-1)+1]$$

其中：$\left[\frac{1-(1+i)^{-(n-1)}}{i}+1\right]$称为“预付年金现值系数”，它和普通年金现值系数

$\frac{1-(1+i)^{-n}}{i}$相比，期数要减1，而系数要加1，可记作$(P/A, i, n-1)+1$。

【例 6-10】某人拟购房，开发商提出两种方案，一是现在一次性支付80万元，另一种是从现在起每年年初付20万元，连续支付5年，若目前的银行贷款利率是7%，应如何付款？

解：

一次性支付的现值$P=80$(万元)

分期支付的现值$P=A(P/A, i, n)(1+i)$

$=20\times(P/A, 7\%, 5)\times(1+7\%)$

$=20\times4.1002\times(1+7\%)$

≈87.74(万元)

或

$P=A\times[(P/A, i, n-1)+1]$

$=20\times(3.3872+1)$

≈87.74(万元)

可见，分期支付的现值大于一次性支付，因此，一次性支付80万元更有利。

(3) 递延年金现值的计算(已知年金A，求现值P)。递延年金现值是指间隔一定时期后每期期末或期初收付的系列等额款项，按照复利计息方式折算的现时价值，即间隔一定时期后每期期末或期初等额收付资金的复利现值之和。递延年金现值的计算方法有以下三种：

方法一：先将递延年金视为n期普通年金，求出在递延期期末的普通年金现值，然后再折算到第一期期初，公式为

$$P=A(P/A, i, n)(P/F, i, m)$$

方法二：先计算$m+n$期年金现值，再减去m期年金现值，公式为

$$P=A[(P/A, i, m+n)-(P/A, i, m)]$$

方法三：先求递延年金终值再折现为现值，公式为

$$P=A(F/A, i, n)(P/F, i, m+n)$$

【例 6-11】某企业向银行借入一笔款项，银行贷款的年利率为10%，每年复利一次。银行规定前5年不用还本付息，但从第6年至第20年每年年末偿还本息5 000元。

要求：用三种方法计算这笔款项的现值。

解：

方法一：$P=5000\times(P/A, 10\%, 15)\times(P/F, 10\%, 5)$

$=5000\times7.6061\times0.6209$

≈23613.14(元)

方法二：$P=5000\times[(P/A, 10\%, 20)-(P/A, 10\%, 5)]$

$=5000\times(8.5136-3.7908)$

$=23614$(元)

方法三：$P=5000\times(F/A, 10\%, 15)\times(P/F, 10\%, 20)$

$=5000\times31.773\times0.1486$

≈23607.34(元)

三种方法计算结果的差异是因货币时间价值系数的小数点位数保留造成的，与方法无

关。后面的例题中也有类似的情况，不再一一说明。

(4) 永续年金现值的计算(已知年金 A，求现值 P)。永续年金的现值可以看作一个 n 趋于无穷大的普通年金的现值，其计算公式如下：

普通年金现值为

$$P=A\times\frac{1-(1+i)^{-n}}{i}$$

当 n 趋向无穷大时，$(1+i)^{-n}$ 趋于无穷小。故

$$P=A/i$$

【例 6-12】某市政府教育局考虑建立一个永久性教育基金，每年计划提出 100 000 元奖励家庭贫困且品学兼优的中学生，若银行年利率为 5%，计算一次性存入多少钱才能保证以后的款项支付。

解：

$P=A/i=100\,000/5\%=2\,000\,000$(元)

即一次性存入银行 2 000 000 元，才能保证以后的支付。

▶ 5. 年偿债基金(已知年金终值 F，求年金 A)

偿债基金是指为了在约定的未来某一时点清偿某笔债务或积聚一定数额的资金而必须分次等额提取的存款准备金。由于每次提取的等额准备金类似于年金存款，因而同样可以获得按复利计算的利息，所以债务实际上相当于年金终值，每年提取的偿债基金相当于年金 A。也就是说，偿债基金的计算实际上是年金终值的逆运算。其计算公式如下：

$$A=F\times\frac{i}{(1+i)^{n}-1}=F(A/F,\ i,\ n)=F/(F/A,\ i,\ n)$$

其中：$\frac{i}{(1+i)^{n}-1}$称为“偿债基金系数”，记作$(A/F,\ i,\ n)$，它的值是年金终值系数的倒数。

【例 6-13】某人拟在 5 年后还清 10 000 元债务，从现在起每年年末等额存入银行一笔款项。假设银行存款年利率为 10%，则每年需存入多少元？

解：

$$\begin{aligned}A&=F\times(A/F,\ 10\%,\ 5)\\&=F/(F/A,\ 10\%,\ 5)\\&=10\,000/6.105\,1\\&\approx1\,637.97(\text{元})\end{aligned}$$

▶ 6. 年资本回收额(已知年金现值 P，求年金 A)

资本回收额是指在给定的年限内等额回收或清偿初始投入的资本或所欠的债务。年资本回收额是年金现值的逆运算。其计算公式如下：

$$A=P\times\frac{i}{1-(1+i)^{-n}}=P(A/P,\ i,\ n)=P/(P/A,\ i,\ n)$$

其中：$\frac{i}{1-(1+i)^{-n}}$称为“资本回收系数”，记作$(A/P,\ i,\ n)$，它的值是年金现值系数的倒数。

【例 6-14】某企业借得 100 万元的贷款，在 10 年内以年利率 12%等额偿还，则每年应付的金额为多少？

解：

$$A = P\times(A/P, i, n)$$
$$=100/(P/A, 12\%, 10)$$
$$=100/5.6502$$
$$\approx 17.70(万元)$$

(二) 现金流量

▶ 1. 现金流量的概念

现金流量是指一项投资方案在未来一定时期内所发生的现金流入量和现金流出量的总称。在企业长期投资决策过程中，现金流量是评价投资方案是否可行必须考虑的基础性数据，也是计算投资项目评价指标的主要依据和重要信息。

▶ 2. 现金流量的有关假设

(1) 全投资假设。全投资假设以投资项目为主体、以项目计算期为期间确定现金流量的内容，将整个投资项目的自有资金和借入资金都看作投资额，作为现金流出计算。例如，甲公司拟投资一个项目，项目原始投资额为 1 000 万元，企业将自有资金 600 万元和从银行借入的 400 万元一并投入项目，则 1 000 万元都应看作项目的现金流出。

(2) 项目计算期假设。投资项目从开始建设到最后报废清理的全部时间称为项目计算期。项目计算期包括建设期和生产经营期。建设期是指从开始投资建设到建成投产这一过程的全部时间。不管投资项目的原始总投资是一次投入还是分次投入，一般假设原始投资都在建设期内全部投入。生产经营期是指从投产日到终结点这一过程的全部时间，包括试产期和达产期。项目计算期的最后一年称为终结点。假设项目最终报废和清理均发生在项目终结点。项目计算期如图 6-6 所示。

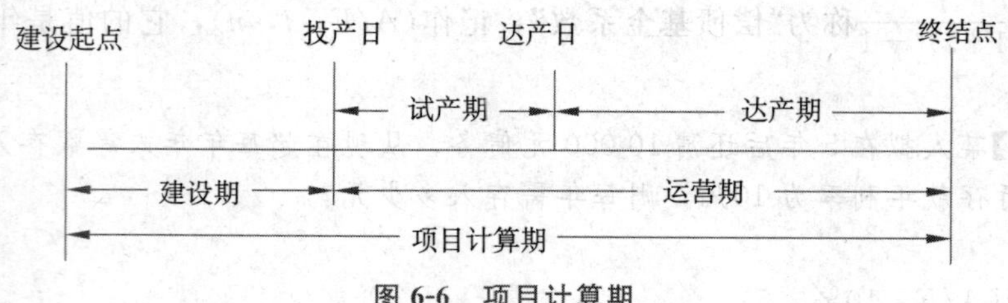

图 6-6 项目计算期

(3) 时点假设。在分析投资项目的相关现金流量时，无论涉及的指标是时期指标还是时点指标，均假设按年初或年末的时点指标处理。一般情况下，建设投资在建设期内的有关年度的年初或年末发生；流动资金投资则在建设期期末或经营期期初发生；经营期内的收入和费用在各年度的年末发生；项目的报废和清理则在终结点发生。

(4) 现金流量符号假设。假设现金流入用正值表示，现金流出用负值表示。

▶ 3. 现金流量的内容

(1) 现金流入量。投资项目现金流入量是整个投资和回收的过程中所发生的实际现金收入，主要包括项目投产后每年的营业现金收入、固定资产报废时的残值收入及项目结束时回收垫支的流动资金。

① 营业收入。营业收入是指项目投产后每年实现的全部销售收入或业务收入，必须是实现的现金收入。

在营业收入中，理论上，本期发生的赊销额不应计入本期的现金流入，而回收以前时期的赊销额则应计入本期的现金流入。实践中为简化核算，可假定正常经营年度内每期发生的赊销额与回收的应收账款大体相等。

② 固定资产报废时的残值收入。固定资产报废时的残值收入是指投资项目的固定资产在报废处理时所收回的价值。

③ 回收垫支的流动资金。回收垫支的流动资金是指项目在终结点因不再发生新的替代投资而收回的原垫支的全部流动资金的投资额。

(2) 现金流出量。投资项目现金流出量是指整个投资和回收过程中所发生的实际现金支出，主要包括建设投资支出、垫支的流动资金、经营成本和各项税款等。

① 建设投资支出。建设投资支出是指在项目建设期内企业按项目规模和生产经营需要而进行的固定资产、无形资产和开办费等投资的总和。

② 垫支的流动资金。垫支的流动资金是指项目生产经营期周转使用的营运资金投入，包括正常的原材料、产成品、在产品、存货的占用等，另外还包括货币资金的支出。

③ 经营成本。经营成本是指在经营期内为满足生产经营而用货币支付的那一部分成本费用，又称付现成本，是生产经营期最主要的现金流出量。某年的经营成本等于该年的总成本扣除该年折旧费和摊销额等非付现成本的差额。

④ 各项税款。各项税款是指企业在项目生产经营期依法缴纳的各项税款，主要包括增值税、消费税、所得税等。本书中这里的税款只考虑所得税。

(3) 现金净流量。现金净流量是指在项目计算期内，一定时期的现金流入量和现金流出量之间的差额，记作 NCF，其计算公式为

$$NCF_t = 第\ t\ 年的现金流入量 - 第\ t\ 年的现金流出量$$

其中：NCF_t表示第 t 年的现金净流量。

任何项目都可分为三个阶段，即建设期、经营期和终结点。每个阶段的现金净流量计算如下：

① 项目建设期内的现金净流量。在项目建设期内，主要是进行投资，所以只有现金流出，几乎没有现金流入，现金净流量就是项目投资额。其计算公式为

$$建设期内某年现金净流量(NCF_t) = -第\ t\ 年的项目投资额$$

② 项目经营期内的现金净流量。项目经营期内的现金净流量是指项目投产后，在整个生产经营期内正常生产经营所发生的现金流入量和流出量的差额。其计算公式为

$$经营期内某年现金净流量(NCF_t) = 营业收入 - 付现成本 - 所得税$$
$$= 税后营业利润 + 非付现成本$$

其中：非付现成本主要是固定资产年折旧费用、长期资产摊销费用、资产减值准备等。

③ 项目终结点的现金净流量。项目终结点的现金净流量是指项目经营期终结时发生的现金流量，除了上述项目经营期计算出的净流量外，还包括固定资产的净残值收入、垫支流动资金的回收等。其计算公式为

$$终结点现金净流量(NCF_t) = 该年经营现金净流量 + 净残值收入 + 该年回收额$$

【例 6-15】某投资项目需要在建设期期初一次性投入固定资产总额 1 100 万元和垫支流动资金 300 万元，固定资产的使用寿命为 5 年，使用直线法折旧，预计残值 100 万元。该项目预计每年生产设备 3 000 台，每台售价为 1 万元，单位销售成本为 0.8 万元，适用的所得税税率为 25%。

要求：确定该投资项目建设期、经营期和终结点的现金净流量。

解：

根据资料计算如下：

(1) 项目建设期的现金净流量：

NCF_0＝－1 100－300＝－1 400(万元)

(2) 项目经营期的现金净流量：

年折旧费＝(1 100－100)÷5＝200(万元)

税后营业利润＝3 000×(1－0.8)×(1－25%)＝450(万元)

经营期现金净流量＝税后营业利润＋非付现成本

＝450＋200

＝650(万元)

NCF_1＝NCF_2＝NCF_3＝NCF_4＝650(万元)

(3) 项目终结点的现金净流量：

NCF_5＝该年经营现金净流量＋净残值收入＋该年回收额

＝650＋100＋300

＝1 050(万元)

将项目建设期、经营期及终结点的现金净流量编制成现金净流量表，如表 6-2 所示。

表 6-2 现金净流量表 单位：万元

时间	0	1	2	3	4	5	合计
固定资产投资	－1 100						－1 100
垫支的流动资金	－300					300	0
年营业现金净流量		650	650	650	650	650	3 250
残值收入						100	100
各期现金净流量	－1 400	650	650	650	650	1 050	

>>> 任务小结

长期投资决策是企业所有决策中最为关键、最为重要的决策。它具有涉及金额大、效用较长、风险大和不易逆转性等特点。

影响长期投资决策的重要因素有货币时间价值、现金流量等。

货币时间价值是指一定量货币资本在不同时点上的价值量差额，又叫作资金的时间价值。根据货币具有时间价值的理论，在进行长期投资决策时，不能直接比较发生在不同时点的货币，而要将不同时点的货币价值金额折算为同一时点的价值金额后再进行比较。在计算上我们运用单利的终值和现值计算、复利的终值和现值计算和年金的终值和现值计算来进行货币时间价值之间的换算。

现金流量是指一项投资方案在未来一定时期内所发生的现金流入量和现金流出量的总称。在企业的长期投资决策过程中，现金流量是评价投资方案是否可行必须考虑的基础性数据，也是计算投资项目评价指标的主要依据和重要信息。在长期投资决策中，现金流量涉及三方面的内容：现金流入量、现金流出量和现金净流量。任何一个项目都可分为三个阶段：建设期、经营期和终结点。项目建设期内的现金净流量的计算公式为：NCF_t＝－第t年的项目投资额；项目经营期内的现金净流量的计算公式为：NCF_t＝营业收入－付现成本－所得税＝税后营业利润＋非付现成本；项目终结点的现金净流量的计算公式为：NCF_t＝该年经营现金净流量＋净残值收入＋该年回收额。

任务二 长期投资决策的评价指标

>>> 任务分析

长期投资决策是企业为适应今后生产经营长期发展的需要规划其资本支出的过程。在对长期投资决策进行评价时有两类指标：一类是不考虑货币时间价值的静态评价指标，主要包括静态投资回收期和投资利润率。另一类是考虑货币时间价值的动态评价指标，主要包括动态回收期、净现值、净现值率、现值指数和内含报酬率等。以上这些指标在对长期投资进行决策时都各有其优缺点。我们应当学会具体情况具体分析，即根据不同时期不同情况使用不同的指标进行分析。

>>> 导入案例

英达公司拟购买一台新型机器，以代替原来的旧机器。新机器购价为800 000元，购入时支付60%，余款下年付清，按20%计息。新机器购入后当年即投入使用，使用年限为6年，报废后估计有残值收入80 000元，按直线法计提折旧。使用新机器后，公司每年新增净利润70 000元。当时的银行利率为12%。你能运用净现值分析该公司是否需要购买新机器吗?

长期投资决策评价指标按是否考虑货币时间价值，可分为静态评价指标和动态评价指标两大类。

一、静态评价指标

静态评价指标是指不考虑货币时间价值而直接按投资项目形成的现金流量计算的指标，包括静态回收期和投资利润率，这类指标计算简单，易于理解。

(一) 静态回收期(PP)

▶ 1. 静态回收期的概念

投资项目的未来现金净流量累计到与原始投资额相等时所经历的时间，这种不考虑货币时间价值而计算的回收期称为静态回收期。

▶ 2. 静态回收期的决策原则

用静态回收期指标评价方案时，回收期越短越好。企业如果事先确定了基准回收期，则回收期≤基准回收期，方案可行；回收期>基准回收期，方案不可行。

如果同时存在两个以上的可接受投资的方案，则应选择回收期较短者。

▶ 3. 静态回收期的计算方法

(1) 未来每年现金净流量相等时，静态回收期的计算公式如下：

$$静态回收期=\frac{原始投资额}{每年现金净流量}$$

【例 6-16】某工厂准备从甲、乙两种机床中选购一种机床。甲机床购价为 30 000 元，投入使用后，每年现金净流量为 6 000 元；乙机床购价为 36 000 元，投入使用后，每年现金流量为 8 000 元。

要求：用静态回收期指标决策该厂应选购哪种机床。

解：

$$甲机床回收期=\frac{30\ 000}{6\ 000}=5(年)$$

$$乙机床回收期=\frac{36\ 000}{8\ 000}=4.5(年)$$

计算结果表明，乙机床的回收期比甲机床短，该工厂应选择乙机床。

(2) 当未来每年现金净流量不相等时，应把每年现金净流量逐年累计加总，根据累计的现金净流量来确定回收期。

$$静态回收期=t+\frac{A-\sum NCF_t}{NCF_{t+1}}$$

其中：A 表示投资额，且该投资项目的回收期在第 t 年与第 $t+1$ 年之间；$\sum NCF_t$ 表示累计到第 t 年的现金净流量；NCF_{t+1} 表示第 $t+1$ 年的现金净流量。

【例 6-17】A 公司有一投资项目，需投资 200 000 元，使用年限为 5 年，每年的现金流量不相等，有关资料如表 6-3 所示。

要求：计算该投资项目的回收期。

表 6-3 项目现金流量表 单位：元

项目 年份	现金净流量	累计现金净流量
第 1 年	30 000	30 000
第 2 年	35 000	65 000
第 3 年	60 000	125 000
第 4 年	50 000	175 000
第 5 年	40 000	215 000

解： 从表 6-3 的累计现金净流量栏中可见，该投资项目的回收期在第 4 年与第 5 年之间。为了计算较为准确的回收期，采用以下方法计算：

$$静态回收期=t+\frac{A-\sum NCF_t}{NCF_{t+1}}=4+\frac{200\ 000-175\ 000}{40\ 000}=4.625(年)$$

▶ 4. 静态回收期的优缺点

优点：计算简便，易于理解。

缺点：没有考虑回收期以后的现金流量。

(二) 投资利润率(ROI)

▶ 1. 投资利润率的概念

投资利润率又称为投资报酬率，是指投资方案的年平均利润额和原始投资额的比率。

▶ 2. 投资利润率的决策原则

利用投资利润率进行投资决策时，将方案的投资利润率与预先确定的基准投资利润率(或企业要求的最低投资利润率)进行比较，则投资利润率≥基准投资利润率，方案可行；投资利润率<基准投资利润率，方案不可行。

一般情况下，投资利润率越高越好。

▶ 3. 投资利润率的计算方法

$$投资利润率=\frac{平均年利润额}{原始投资额}\times 100\%$$

【例 6-18】某项目的原始投资额为 1 500 万元，年平均净利润为 500 万元，计算该项目的投资利润率。

解：

$$投资利润率=\frac{500}{1\ 500}\times 100\%=33.33\%$$

▶ 4. 投资利润率的优缺点

优点：计算简便明了，容易掌握。

缺点：没有考虑资金的时间价值。

二、动态评价指标

长期投资决策中的动态评价指标是指考虑货币时间价值后按投资项目形成的现金净流量计算的指标，包括动态回收期、净现值、净现值率、现值指数和内含报酬率等。

(一) 动态回收期(PP)

▶ 1. 动态回收期的概念

投资项目的未来现金净流量的现值累计到与原始投资额现值相等时所经历的时间，这种考虑货币时间价值而计算的回收期称为动态回收期。

▶ 2. 动态回收期的计算方法

(1) 当未来每年现金净流量相等时，未来现金净流量的年金现值系数为$(P/A,\ i,\ n)$，则

$$原始投资额现值=每年现金净流量\times(P/A,\ i,\ n)$$

【例 6-19】某机械厂准备从甲、乙两种机床中选购一种机床。甲机床购价为 35 000 元，投入使用后，每年现金净流量为 7 000 元；乙机床购价为 36 000 元，投入使用后，每年现金净流量为 8 000 元，资本成本率为 9%。

要求：用动态回收期指标决策该厂应选购哪种机床。

解：

$$甲机床：(P/A,\ 9\%,\ n)=\frac{35\ 000}{7\ 000}=5$$

$$乙机床：(P/A,\ 9\%,\ n)=\frac{36\ 000}{8\ 000}=4.5$$

查表得知当 $i=9\%$ 时，第 6 年年金现值系数为 4.486，第 7 年年金现值系数为 5.033。由于甲机床的年金现值系数为 5，乙机床的年金现值系数为 4.5，相应的回收期运用插值法计算，得知甲机床 $n=6.94$ 年，乙机床 $n=6.03$ 年。计算结果表明，乙机床的回收期比甲机床短，该机械厂应选择乙机床。

(2) 当未来每年现金净流量不相等时，应把每年现金净流量现值逐年累计加总，根据累计的现金净流量现值来确定回收期。

$$动态回收期 = t + \frac{A - \sum \mathrm{PNCF}_t}{\mathrm{PNCF}_{t+1}}$$

其中：A 表示投资额，且该投资项目的回收期在第 t 年与第 $t+1$ 年之间；$\sum \mathrm{PNCF}_t$ 表示累计到第 t 年的现金净流量的现值；PNCF_{t+1} 表示第 $t+1$ 年的现金净流量的现值。

【例 6-20】A 公司有一个投资项目，需投资 150 000 元，使用年限为 5 年，每年的现金流量不相等，资本成本率为 5%，有关资料如表 6-4 所示。

要求：计算该投资项目的动态回收期。

表 6-4　项目现金流量表　　单位：元

项目 年份	现金净流量	累计净流量	净流量现值	累计现值
第 1 年	30 000	30 000	28 560	28 560
第 2 年	35 000	65 000	31 745	60 305
第 3 年	60 000	125 000	51 840	112 145
第 4 年	50 000	175 000	41 150	153 295
第 5 年	40 000	215 000	31 360	184 655

解：从表 6-4 的累计现金净流量栏中可见，该投资项目的回收期在第 3 年与第 4 年之间。为了计算较为准确的动态回收期，采用以下方法计算：

$$动态回收期 = t + \frac{A - \sum \mathrm{PNCF}_t}{\mathrm{PNCF}_{t+1}} = 3 + \frac{150\,000 - 112\,145}{41\,150} \approx 3.92(年)$$

动态回收期的决策原则和静态回收期的一样，而动态回收期相对于静态回收期来说优点在于考虑了货币时间价值，缺点和静态回收期一样是没有考虑回收期以后的现金流量。

(二) 净现值(NPV)

▶ 1. 净现值的概念

净现值是指投资方案未来现金净流量现值与原始投资额现值之间的差额。

▶ 2. 净现值的决策原则

使用净现值指标进行投资方案评价时，预定贴现率是投资者所期望的最低投资利润率。

净现值≥0，方案可行，说明方案的实际利润率高于所要求的利润率；

净现值<0，方案不可行，说明方案的实际投资利润率低于所要求的利润率。

其他条件相同时，净现值越大，方案越好。

利用净现值指标对项目的财务可行性进行评价时，正确选择贴现率显得非常重要，因为贴现率的选择会直接影响投资方案的评价结果。如果选择的贴现率过低，会加大企业的投资风险；如果选择的贴现率过高，可能会使企业失去好的投资机会。贴现率的确定方法有两种。一种是根据资本成本来确定，另一种是根据企业要求的最低资金利润率来确定。相比之下前一种由于计算资本成本比较困难，故限制了其应用范围；后一种根据资金的机会成本，即一般情况下可以获得的报酬来确定，比较容易确定。

▶ 3. 净现值的计算方法

净现值=未来现金净流量现值−原始投资额现值

【例 6-21】新达公司准备投资于一个投资额为 2 万元的 A 项目，项目期限为 4 年，期望投资利润率为 10%，每年能获取现金流量 7 000 元。

要求：利用净现值指标决策该项目的可行性。

解：

$$\begin{aligned}NPV &= 7\,000\times(P/A,\ 10\%,\ 4)-20\,000\\ &= 7\,000\times3.169\,9-20\,000\\ &= 2\,189.30(\text{元})\end{aligned}$$

结论：因该项目的净现值为 2 189.3 元>0，所以该项目在财务上可行。

【例 6-22】新泰公司预购入一台设备，价值 25 000 元，可用 5 年，第一年到第五年各年现金净流量分别为 5 000 元、6 000 元、8 000 元、10 000 元、12 000 元，贴现率为 10%。

要求：计算该投资项目的净现值。

解：

$$\begin{aligned}NPV &= 5\,000(P/F,\ 10\%,\ 1)+6\,000(P/F,\ 10\%,\ 2)+8\,000(P/F,\ 10\%,\ 3)\\ &\quad +10\,000(P/F,\ 10\%,\ 4)+12\,000(P/F,\ 10\%,\ 5)-25\,000\\ &= 5\,000\times0.909\,1+6\,000\times0.826\,4+8\,000\times0.751\,3+10\,000\times0.683\,0\\ &\quad +12\,000\times0.620\,9-25\,000\\ &= 4\,795.1(\text{元})\end{aligned}$$

根据计算结果，净现值 479 5.1 元大于 0，故该方案可行。

▶ 4. 净现值的优缺点

净现值是长期投资决策评价指标中最重要的指标之一。其优点在于以下几点：第一，充分考虑了货币时间价值，能较合理地反映投资项目的真正经济价值。第二，考虑了项目计算期的全部现金净流量，体现了流动性与收益性的统一。第三，考虑了投资风险性，贴现率的选择与风险大小有关，风险越大，贴现率应越高。

但是该指标的缺点也较明显：第一，净现值是一个绝对值指标，无法直接反映投资项目的实际投资收益率水平，当各项目投资额不同时，难以确定投资方案的好坏。第二，贴现率的选择比较困难。如果两方案采用不同的贴现率，不能够得出正确的结论。同一方案中，如果考虑投资风险，要求的风险报酬率不易确定。第三，净现值有时也不能对寿命期不同的互斥投资方案进行直接决策。某项目净现值小，但其寿命期短；另一项目净现值大，但其寿命期长。两项目由于寿命期不同，因而净现值不可比。

(三) 净现值率(NPVR)

▶ 1. 净现值率的概念

净现值率是指投资项目的净现值与原始投资额现值之比。

▶ 2. 净现值率的决策原则

净现值率反映每元原始投资的现值未来可以获得的净现值有多少。所以，净现值率≥0，方案可行；净现值率<0，方案不可行。

净现值率可用于投资额不同的多个方案之间的比较，净现值率最高的投资方案优先考虑。

▶ 3. 净现值率的计算方法

$$净现值率=\frac{净现值}{原始投资额现值}\times 100\%$$

【例 6-23】新泰公司预购入一台设备，价值 25 000 元，可用 5 年，第一年到第五年各年现金净流量分别为 5 000 元、6 000 元、8 000 元、10 000 元、12 000 元，贴现率为 10%。

要求：计算该投资项目的净现值率。

解：由例 6-22 可得该投资项目的净现值为 479 5.1 元，则

$$净现值率=\frac{4\ 795.1}{25\ 000}\times 100\%\approx 19.18\%$$

根据计算结果，净现值率为 19.18%，大于零，故该投资项目可行。

▶ 4. 净现值率的优缺点

净现值率的优点是考虑了资金的时间价值，能从动态角度反映项目投资的资金投入与净产出之间的关系，缺点是无法直接反映投资项目的实际收益率水平。

(四) 现值指数(PI)

▶ 1. 现值指数的概念

现值指数又称获利指数，是指投资项目的未来现金净流量现值与原始投资额现值之比。

▶ 2. 现值指数的决策原则

现值指数反映每元原始投资的现值未来可以获得报酬的现值有多少。所以，现值指数≥1，方案可行；现值指数<1，方案不可行。

现值指数可用于投资额不同的多个独立方案之间的比较，现值指数最高的投资方案优先考虑。

▶ 3. 现值指数的计算方法

$$现值指数=\frac{未来现金净流量现值}{原始投资额现值}=1+净现值率$$

【例 6-24】现有两个独立投资方案，方案 A 的原始投资额为 30 000 元，未来现金净流量现值为 31 500 元，净现值为 1 500 元；方案 B 的原始投资额为 3 000 元，未来现金净流量现值为 4 200 元，净现值为 1 200 元。

要求：用现值指数对以上两个独立投资方案进行决策。

解：从净现值的绝对数来看，方案 A 大于方案 B，似乎应采用方案 A；但从投资额来看，方案 A 的原始投资额现值大大超过了方案 B。所以，在这种情况下，如果仅用净现值来判断方案的优劣，就难以做出正确的比较和评价。按现值指数法计算：

$$A\text{方案现值指数}=\frac{31\,500}{30\,000}=1.05$$

$$B\text{方案现值指数}=\frac{4\,200}{3\,000}=1.4$$

计算结果表明，方案B的现值指数大于方案A，所以应当选择方案B。

▶ 4. 现值指数的优缺点

现值指数法的优点是考虑了资金的时间价值，能够真实地反映投资项目的盈亏程度，由于现值指数是用相对数来表示的，所以有利于在初始投资额不同的投资方案之间进行对比。现值指数法的缺点是无法直接反映投资项目的实际收益率水平。

(五) 内含报酬率(IRR)

▶ 1. 内含报酬率的概念

内含报酬率又称为内部收益率，是指投资方案在项目计算期内各年现金净流量现值之和等于零时的贴现率，即能使投资方案净现值为零时的贴现率。

▶ 2. 内含报酬率的决策原则

利用内含报酬率法进行投资决策的企业，一般先确定一个行业基准收益率。

内含报酬率≥行业基准收益率，方案可行；内含报酬率＜行业基准收益率，方案不可行。

内含报酬率反映了项目本身的实际收益率，对于多个投资项目来说，应该选择内含报酬率较大的项目。

▶ 3. 内含报酬率的计算方法

根据投资方案是否每年有等额现金流入或不等额现金流入的情况，内含报酬率的计算方法有两种：一种是根据计算的年金现值系数求得内含报酬率；另一种是采用逐次测试法计算内含报酬率。

(1) 各年现金净流量相等时内含报酬率的计算。每年现金净流量相等是一种年金形式，通过查年金现值系数表，可计算出未来现金净流量现值，并令其净现值为零，则有：

未来每年现金净流量×年金现值系数－原始投资额现值＝0

计算出净现值为零时的年金现值系数后，通过查年金现值系数表，找出所需的折现率，若表中不能直接找到这个数，则选择与该期年金现值系数相邻的较大和较小的两个折现率，根据这两个相邻的折现率和已知的年金现值系数，采用插值法计算出投资方案的内含报酬率。现以 $A(P/A, i, n)-P=0$ 为例，说明用插值法求 i 的基本步骤：

①计算出 P/A 的值，假设 $P/A=\alpha$。

②查普通年金现值系数表。沿着已知 n 所在的行横向查找，若恰好能找到某一系数值等于 α，则该系数值所在的列所对应的利率即为所求的 i 值。

③若无法找到恰好等于 α 的系数值，应在表中 n 行上找与 α 最接近的上下两个临界系数值，设为 β_1、β_2($\beta_1>\alpha>\beta_2$ 或者 $\beta_1<\alpha<\beta_2$)。找出 β_1、β_2 所对应的临界利率，然后进一步运用插值法。

④在插值法下，假定利率 i 同相关的系数在较小范围内线性相关，因而可根据临界系数 β_1、β_2 和临界利率 i_1、i_2 计算出 i，其计算公式为

$$i=i_1+\frac{\beta_1-\alpha}{\beta_1-\beta_2}(i_2-i_1)$$

【例 6-25】青草公司现有一投资方案，初始投资额为 12 万元，可用 5 年，预计每年的现金流量均为 4 万元，该方案的最低投资利润率要求为 15%。

要求：用内含报酬率指标评价该方案是否可行。

解：令 $4\times(P/A,i,5)-12=0$，得 $(P/A,i,5)=3$。查表可得：$(P/A,18\%,5)=3.1272$，$(P/A,20\%,5)=2.9906$。由此可知，该投资方案的内含报酬率为 18%～20%，采用插值法计算如下：

$$\text{内含报酬率}=18\%+\frac{3.1272-3}{3.1272-2.9906}\times(20\%-18\%)\approx19.86\%$$

因此，该方案的内含报酬率为 19.86%，高于最低投资利润率 15%，方案可行。

(2) 各年现金净流量不相等时内含报酬率的计算。当各年现金净流量不相等时，不能采用直接查年金现值系数表的方法来计算内含报酬率，而需采用逐次测试法，具体可分为以下三步：

第一步，根据已知的有关资料，先估计一个折现率来试算未来现金净流量的现值，并求出此折现率下该方案的净现值。

第二步，求得的净现值若等于零，则所估计的折现率为内含报酬率；若为正数，则表示估计的折现率低于方案的实际投资利润率，需要重估一个较高的折现率进行试算；若为负数，则表示估计的折现率高于方案的实际投资利润率，需要重估一个较低的折现率进行试算。

第三步，根据上述求得的两个折现率，用插值法计算该投资方案的内含报酬率。

【例 6-26】兴业公司有一投资方案，需一次性投资 120 000 元，使用年限为 4 年，每年现金净流量分别为 30 000 元、40 000 元、50 000 元、35 000 元。该方案的最低投资利润率要求为 10%。

要求：计算该投资方案的内含报酬率，并据以评价方案是否可行。

解：由于该方案每年的现金净流量不相等，需采用逐次测试法计算该方案的内含报酬率。测算过程如表 6-5 所示。

表 6-5 净现值的逐次测试 单位：元

年份	每年现金净流量	第一次估计折现率为 10%		第二次估计折现率为 12%	
1	30 000	0.909	27 270	0.893	26 790
2	40 000	0.826	33 040	0.797	31 880
3	50 000	0.751	37 550	0.712	35 600
4	35 000	0.683	23 905	0.636	22 260
未来现金净流量现值合计			121 765		116 530
减：原始投资额			120 000		120 000
净现值			1 765		(3 470)

第一次估计折现率为10%，其净现值为正数，说明该方案的内含报酬率高于10%；第二次估计折现率为12%，净现值为负数，说明该方案的内含报酬率低于12%。可见，该方案的内含报酬率为10%～12%。进一步运用插值法计算如下：

$$内含报酬率=10\%+\frac{1\,765-0}{1\,765-(-3470)}\times(12\%-10\%)\approx10.67\%$$

因此，该方案的内含报酬率为10.67%，高于最低投资利润率10%，方案可行。

4. 内含报酬率的优缺点

采用内含报酬率指标进行投资决策的优点在于内含报酬率反映了投资方案可能达到的实际报酬率，比较客观，这是与其他指标最显著的差异。对于独立投资方案的比较决策，如果各方案原始投资额现值不同，可以通过计算各方案的内含报酬率来做决策。其缺点在于计算复杂，不易直接考虑投资风险大小。在互斥投资方案时，如果各方案的原始投资额现值不相等，有时无法做出正确的决策。

(六) 贴现指标之间的关系

NPV、NPVR、PI和IRR指标之间存在如下数量关系：

当NPV>0时，NPVR>0，PI>0，IRR>i(i为投资方案的行业基准利率)；

当NPV=0时，NPVR=0，PI=0，IRR=i；

当NPV<0时，NPVR<0，PI<0，IRR<i。

在进行单项项目投资决策时，使用不同的贴现投资评价指标得出的结论基本是一致的；然而在进行多个项目的投资决策时，得出的结论却可能不一致，这就需要根据实际情况加以选择。

>>> 任务小结

长期投资决策的分析指标大致分为两类：静态指标和动态指标。静态指标是不考虑货币时间价值，而直接按投资项目形成的现金流量进行计算的指标，主要包括静态投资回收期和投资利润率。动态指标是考虑货币时间价值，即将资金折算到同一时点上，再计算评价指标进行决策分析的一种方法，主要包括动态回收期、净现值、净现值率、现值指数和内含报酬率等。

静态回收期是指在不考虑货币时间价值的情况下，将投资项目的未来现金净流量累计到与原始投资额相等时所经历的时间。

投资利润率又称为投资利润率，是指投资方案的年平均利润额和原始投资额的比率。

动态回收期是指在考虑货币时间价值的情况下，将投资项目的未来现金净流量的现值累计到与原始投资额现值相等时所经历的时间。

净现值是指投资方案未来现金净流量现值与原始投资额现值之间的差额。

净现值率是指投资项目的净现值与原始投资额现值之比。

现值指数又称获利指数，是指投资项目的未来现金净流量现值与原始投资额现值之比。

内含报酬率又称为内部收益率，是指投资方案在项目计算期内各年现金净流量现值之和等于零时的贴现率，即能使投资方案净现值为零时的贴现率。

任务三 长期投资决策指标的应用

>>> 任务分析

本任务主要举例说明如何运用长期投资决策指标进行购置和更新固定资产的决策分析。正确地计算主要评价指标的目的是在进行长期投资方案的对比与选优中发挥这些指标的作用。为正确地进行方案的对比与选优，要从不同的投资方案之间的关系出发，将投资方案区分为独立方案和互斥方案两大类。独立方案是指一组相互分离、互不排斥的方案，选择其中一个方案并不排斥选择另一个方案。例如，新建办公楼、购置固定资产是相互独立的方案。互斥方案是指一组相互关联、相互排斥的方案，选择其中一个方案，就会排斥其他方案。例如，有两个投资项目分别需要10万元和12万元，而投资者只有15万元，他只能选择其中的某一个项目进行投资，因此这两个投资项目就是互斥方案。在这里我们只针对独立方案进行说明，如果某一独立方案的动态评价指标满足以下条件，则项目具有财务可行性；反之，则不具有财务可行性。NPV≥0，NPVR≥0，PI≥1，IRR≥i，i表示预期报酬率。

>>> 导入案例

已知某固定资产投资项目的原始投资额为100万元，项目计算期为11年(其中生产经营期为10年)，基准投资利润率为9.05%，行业基准贴现率为10%，行业标准投资回收期为3年。有关投资决策评价指标分别为：ROI＝10%；PP＝5年；NPV＝16万元；NPVR＝17.04%；PI＝1.170 4；IRR＝12.73%。若这是一个独立投资项目，你觉得它具有财务可行性吗？

一、购置固定资产的决策分析

企业为增强市场竞争力与经济发展后劲，必须不断地开发新产品，为此，许多企业面临增加固定资产的投资、购置新的机器设备等方面的决策分析问题。

【例6-27】某公司为开发新产品，需购入一套生产设备，有关资料如下：期初购置设备需一次性支付价款40万元，期初需垫支流动资金40万元，设备的使用年限为5年，每年可增加销售收入60万元，每年需增加付现成本48万元，期满可回收残值1万元，期满可回收垫支的流动资金40万元，要求的最低投资利润率为8%。

要求：在不考虑所得税的情况下采用净现值法对该方案进行决策分析。(不考虑所得税的情况下，营业现金净流量＝销售收入－付现成本)

解：

根据已知条件，计算如下：

原始投资额＝40＋40＝80(万元)

每年现金净流量＝60－48＝12(万元)

现金净流量的现值＝12×(P/A，8%，5)＋(40＋1)×(P/F，8%，5)

＝12×3.992 7＋41×0.680 6

≈75.81(万元)

净现值＝75.81－80＝－4.19(万元)

计算结果表明，净现值小于零，故该公司购置设备的方案不可行。

【例 6-28】华西公司生产的甲产品在市场上供不应求，为了满足社会需要，准备增产该产品。但现有生产力不足，需购买一台新设备，其买价为 120 000 元，安装费为 3 000 元。该设备预计可用 6 年，期满后的残值为 1 400 元，每年可加工甲产品 15 000 件，每件能提供的边际贡献为 5 元。根据市场预测，假设在今后 6 年内产销平衡。该公司目标投资利润率为 12%。

要求：在不考虑所得税的情况下作出该设备是否应购置设备的决策分析。

解：

根据已知条件，计算如下：

原始投资额＝120 000＋3 000＝123 000(元)

现金净流量的现值＝15 000×5×(P/A，12%，6)＋1 400×(P/F，12%，6)

＝75 000×4.111 4＋1 400×0.506 6

＝309 064.24(元)

净现值＝309 064.24－123 000＝186 064.24(元)

计算结果表明，净现值大于零，故该公司购置设备的方案可行。

二、固定资产更新的决策分析

随着科学技术的飞速发展，市场上不断涌现出性能更好、效率更高的设备，企业为了提高经济效益、增强竞争能力，必然面临是否用新设备代替旧设备的问题。从经济效益上来研究设备该不该进行更新，可采用差量分析法计算新设备比旧设备增加的现金流量来进行决策。若为正数，则需进行更新。若为负数，则不必进行更新。

【例 6-29】某公司五年前购置一台设备，价值 75 万元，预期使用寿命为 15 年，残值为零。设备进行直线折旧，目前已提折旧 25 万元，账面净值为 50 万元。利用这一设备企业每年消耗的成本为 70 万元(付现成本)，产生的销售收入为 100 万元。现在市场上推出一种新设备，价值 120 万元(含运输、安装、调试等所有费用)，使用寿命为 10 年，使用直线法进行折旧，预计 10 年后残值为 20 万元。该设备由于技术先进、效率较高，预期可使产品销售收入增加到每年 110 万元，同时可使生产成本降到每年 50 万元。如果现在将旧设备出售，预计售价为 10 万元。为计算方便，设该公司的资本成本为 10%，所得税税率为 25%。

要求：做出该企业是否以新设备替换旧设备的决策分析。

解：根据已知条件可得

新设备投资＝120(万元)

出售旧设备的净收入＝10(万元)

出售旧设备引起的利润增加＝10－50＝－40(万元)

出售旧设备引起的所得税增加＝－40×25%＝－10(万元)(节税)

因此，购买新设备的实际初始投资额＝120－10－10＝100(万元)

各年现金流量的计算如表 6-6 所示。

表 6-6 现金流量计算表 单位：万元

项目	1～10年	1～10年	1～10年
	旧设备	新设备	二者之差
	(1)	(2)	(3)=(2)-(1)
销售收入	100	110	10
付现成本	70	50	-20
折旧	5	10	5
税前利润	100-70-5=25	110-50-10=50	25
所得税	6.25	12.5	6.25
税后利润	25-6.25=18.75	50-12.5=37.5	18.75
每年现金净流量	18.75+5=23.75	37.5+10=47.5	23.75

第10年年末新设备的残值收入为20万元，故更新设备投资的净现值为

$$\begin{aligned} NPV &= 23.75\times(P/A,\ 10\%,\ 10)+20\times(P/F,\ 10\%,\ 10)-100 \\ &= 23.75\times6.145+20\times0.368-100 \\ &\approx 53.30(\text{万元}) \end{aligned}$$

计算结果表明，更新设备投资的净现值大于零，故应该更新设备。

美国专家的调查资料显示，在静态指标和动态指标两类指标中，20世纪50年代被调查的25家美国大型公司没有一家使用动态指标，70年代后使用动态指标的公司所占比例渐渐上升，到80年代，被调查的公司使用动态现金流量指标的已达90%。美国杜克大学教授2001年调查结果显示美国392家公司中74.9%的公司在投资决策时使用NPV指标，75.7%的公司使用IRR指标，56.7%的公司使用NPV指标和IRR指标的同时使用PP指标。动态指标之所以被广泛使用，并在现代投资决策指标体系中占主导地位，是因为“货币时间价值”已是影响投资者进行投资决策的重要因素。当非折现指标与折现指标的评价结论发生矛盾时，多数投资者是以折现指标的评价结论为主的。

>>> 任务小结

企业为增强市场竞争力与经济发展后劲，必须不断地开发新产品，为此，许多企业涉及增加固定资产的投资、购置新的机器设备等方面的决策分析问题。一般情况下，可通过计算该项目的净现值进行分析，当净现值大于零时项目可行，否则项目不可行。

随着科学技术的飞速发展，市场上不断涌现出性能更好、效率更高的设备，企业为了提高经济效益、增强竞争能力，必然面临是否用新设备代替旧设备的问题。从经济效益上来研究设备该不该进行更新，可采用差量分析法计算新设备比旧设备增加的现金流量来进行决策。若为正数，则需进行更新；若为负数，则不必进行更新。

拓展阅读

新秀电器制造厂的项目投资决策

新秀电器制造厂是生产家用小电器的中型企业，该厂生产的小电器质量优良、价格合理，长期以来供不应求。为扩大生产能力，厂家准备新建一条生产线。负责这项投资工作的总会计师经过调查研究后，得到如下有关资料：

该生产线的原始投资额 650 万元，其中固定资产投资 600 万元，分两年投入。第一年年初投入 500 万元，第二年年初投入 100 万元。第二年年末项目完工可以试投产使用，投产后每年可生产小电器 20 000 台，每台平均销售价格为 406 元，每年可获销售收入 812 万元，投资项目可使用 5 年，5 年后可获残值 50 万元，在投资项目经营期间要垫支流动资金 50 万元，这笔资金在项目结束时可全部收回。

该项目生产的产品总成本的构成如下：

材料费用：200 万元

制造费用：200 万元(其中，折旧费用 110 万元)

人工费用：300 万元

为了计算简便，本案例不考虑增值税，城市维护建设税和教育费附加等已考虑在相关费用的预计中，并且除了折旧外的成本都是付现成本。总会计师通过对各种资金来源进行分析，得出该厂加权平均的资金成本为 10%，企业所得税税率为 25%。

财务部王钢进行了该项目分析，并将可行性研究报告提交厂部中层干部大会讨论。在讨论会上，厂部中层干部提出不同意见。王钢的分析及考虑到不同意见的结果见以下分析。

财务部根据已知条件，计算出该项目的营业现金流量、现金流量、净现值，并根据其计算的净现值，认为该项目可行。有关数据见表 6-7 和表 6-8。

表 6-7 投资项目营业现金流量计算表 单位：万元

项　目	第 1 年	第 2 年	第 3 年	第 4 年	第 5 年
销售收入	812	812	812	812	812
现付成本	590	590	590	590	590
其中：材料费用	200	200	200	200	200
人工费用	300	300	300	300	300
制造费用	90	90	90	90	90
折旧费用	110	110	110	110	110
税前利润	112	112	112	112	112
所得税(25%)	28	28	28	28	28
税后利润	84	84	84	84	84
现金流量	194	194	194	194	194

表 6-8 投资项目现金流量计算表 单位：万元

项 目	投资建设期			经营期				
	0	1	2	3	4	5	6	7
初始投资	－500	－100						
流动资金投资			－50					
营业现金流量				194	194	194	194	194
设备残值								50
流动资金回收								50
现金流量合计	－500	－100	－50	194	194	194	194	294

该项目的净现值：

$$NPV = -500-100\times(P/F, 10\%, 1)-50\times(P/F, 10\%, 2)+194\times(P/A, 10\%, 4)\times(P/F, 10\%, 2)+294\times(P/F, 10\%, 7)$$

$$=-500-100\times0.9091-50\times0.8264+194\times3.1699\times0.8264+294\times0.5132$$

$$\approx26.85(\text{万元})$$

财务部分析结果：净现值为26.85万元，为正值。王钢认为该项目可行，并将可行性研究报告提交厂部中层干部大会讨论。在讨论会上厂部中层干部提出以下意见：

(1) 经营副总认为，在项目投资和使用期间，通货膨胀率大约为2%，将对投资项目各有关方面产生影响；

(2) 基建处长认为，由于受物价变动的影响，固定资产投资将增长20%(在第一年年初增加)，投资项目终结后，设备残值也将增加到60万元；

(3) 生产处长认为，由于物价变动的影响，材料费用每年将增加14%，人工费用也将增加10%；

(4) 财务处长认为，扣除折旧后的制造费用，每年将增加4%；

(5) 销售处长认为，产品销售价格预计每年可增加9%。

根据中层干部的意见，重新对项目的可行性进行评价，有关数据如表6-9和表6-10所示。考虑中层干部意见后的净现值，通货膨胀率为2%，折现率约为12%。

表 6-9 投资项目净现值计算表 单位：万元

项 目	第1年	第2年	第3年	第4年	第5年
销售收入	885.08	885.08	885.08	885.08	885.08
现付成本	651.6	651.6	651.6	651.6	651.6
其中：材料费用	228	228	228	228	228
人工费用	330	330	330	330	330
制造费用	93.6	93.6	93.6	93.6	93.6
折旧费用	132	132	132	132	132
税前利润	101.48	101.48	101.48	101.48	101.48
所得税(25%)	25.37	25.37	25.37	25.37	25.37
税后利润	76.11	76.11	76.11	76.11	76.11
现金流量	208.11	208.11	208.11	208.11	208.11

表 6-10 投资项目现金流量计算表 单位：万元

项目	投资建设期			经营期				
	0	1	2	3	4	5	6	7
初始投资	−620	−100						
流动资金投资			−50					
营业现金流量				208.11	208.11	208.11	208.11	208.11
设备残值								60
流动资金回收								50
现金流量合计	−620	−100	−50	208.11	208.11	208.11	208.11	318.11

该项目的净现值：

$$\begin{aligned}NPV &= -620-100\times(P/F,12\%,1)-50\times(P/F,12\%,2)+208.11\\&\quad\times(P/A,12\%,4)\times(P/F,12\%,2)+318.11\times(P/F,12\%,7)\\&=-620-100\times0.929-50\times0.797\ 2+2\ 081\times3.037\ 3\times0.797\ 2+318.11\times0.452\ 3\\&=-101.36(\text{万元})\end{aligned}$$

分析结果：考虑中层干部的意见后，该厂投资项目的净现值为负值，该项目不可行。

进一步思考：考虑中层干部的意见后，该厂该投资项目的产销量达到多少时，该投资项目才可行？

由此案例可以看出：投资决策决定着企业的前途与命运，企业的投资项目决策正确与否，应在充分考虑各种因素的情况下合理地预测现金流量，选择适当的折现率并利用科学的评价方法进行项目投资决策，才能使企业健康稳定地发展。

（资料来源：张献英，国秀芹．管理会计实务[M]．北京：教育科学出版社，2013）

实践操作

假定某公司计划年度拟购置设备一台，购置成本为 120 000 元，该设备预计可使用 6 年，使用期满有净残值 6 000 元，按直线法折旧。该设备使用后每年可增加营业收入 85 000元，同时增加总成本 52 500 元。所得税税率为 25%。若该公司的基准贴现率为 15%，决策者期望投资利润率为 9.5%，期望静态投资收回期为 3 年。

要求：

(1) 计算投资利润率、静态投资回收期、净现值、净现值率、现值指数、内含报酬率等评价指标；

(2) 对上述设备购置方案是否可行做出评估。

课后习题

一、单项选择题

1. 项目投资决策中，完整的项目计算期是指(　　)。

A. 建设期　　B. 生产经营期

C. 建设期＋达产期　　D. 建设期＋运营期

2. 净现值属于(　　)。

A. 静态评价指标　　B. 反指标

C. 次要指标　　D. 主要指标

3. 某投资项目年营业收入为 180 万元，年付现成本为 60 万元，年折旧额为 40 万元，所得税税率为 25%，则该项目年经营净现金流量为(　　)万元。

A. 81.8　　B. 100　　C. 82.4　　D. 76.4

4. 下列投资项目评价指标中，不受建设期长短、投资回收时间先后及现金流量大小影响的是(　　)。

A. 静态投资回收期　　B. 总投资收益率

C. 净现值率　　D. 内部收益率

5. 某投资项目原始投资为 12 000 元，当年完工投产，有效期为 3 年，每年可获得现金净流量 4 600 元，则该项目内含报酬率为(　　)。

A. 7.33%　　B. 7.68%　　C. 8.32%　　D. 6.68%

6. 如果某一投资方案的净现值为正数，则必然存在的结论是(　　)。

A. 投资回收期在一年以内　　B. 净现值率大于 0

C. 总投资收益率高于 100%　　D. 年均现金净流量大于原始投资额

7. 已知某投资项目的原始投资额为 350 万元，建设期为 2 年，投产后第 1 至第 5 年每年 NCF 为 60 万元，第 6 至第 10 年每年 NCF 为 55 万元，则该项目包括建设期的静态投资回收期为(　　)年。

A. 7.909　　B. 8.909　　C. 5.833　　D. 6.833

8. 下列指标的计算中，没有直接利用净现金流量的是(　　)。

A. 净现值　　B. 净现值率

C. 内部收益率　　D. 总投资收益率

9. 若某投资项目的净现值为 15 万元，包括建设期的静态投资回收期为 5 年，项目计算期为 7 年，运营期为 6 年，则该方案(　　)。

A. 基本不具备财务可行性　　B. 基本具备财务可行性

C. 完全不具备财务可行性　　D. 完全具备财务可行性

10. 某投资项目原始投资额为 100 万元，使用寿命为 10 年，已知该项目第 10 年的经营净现金流量为 25 万元，期满处置固定资产残值收入及回收流动资金共 8 万元，则该投资项目第 10 年的净现金流量为(　　)万元。

A. 8　　B. 25　　C. 33　　D. 43

11. 若设定折现率为 i 时，NPV>0，则(　　)。

A. IRR>i，应降低折现率继续测试　　B. IRR>i，应提高折现率继续测试

C. IRR<i，应降低折现率继续测试　　D. IRR<i，应提高折现率继续测试

12. 某投资方案，当贴现率为16%时，其净现值为338元；当贴现率为18%时，其净现值为-22元。该方案的内含报酬率为(　　)。

A. 15.88%　　B. 16.12%　　C. 17.88%　　D. 18.14%

13. 已知某投资项目的项目计算期是8年，资金于建设起点一次投入，当年完工并投产，若投产后每年的现金净流量相等，经预计该项目包括建设期的静态投资回收期是2.5年，则按内含报酬率确定的年金现值系数是(　　)。

A. 3.2　　B. 5.5　　C. 2.5　　D. 4

14. 甲某四年后需用资金48 000元，假定银行四年期存款年利率为5%，则在单利计息情况下，目前需存入的资金为(　　)元。

A. 40 000　　B. 29 803.04　　C. 39 729.6　　D. 31 500

15. 企业年初借得50 000元贷款，10年期，年利率为12%，已知年金现值系数(P/A，12%，10)=5.650 2，则每年初应付金额为(　　)元。

A. 8 849　　B. 5 000　　C. 6 000　　D. 7 901

16. 某人分期付款购买一套住房，每年年末支付40 000元，分10次付清，假设年利率为3%，则相当于现在一次性支付(　　)元。

A. 469 161　　B. 341 208　　C. 426 510　　D. 504 057

17. 有一项年金，前3年无流入，后5年每年初流入500元，年利率为10%，则其现值为(　　)元。

A. 1 994.59　　B. 1 565.68　　C. 1 813.48　　D. 1 423.21

二、多项选择题

1. 净现值指标的缺点有(　　)。

A. 不能从动态的角度直接反映投资项目的实际收益率水平

B. 当多个项目投资额不等时，仅用净现值无法确定投资方案的优劣

C. 净现金流量的测量和折现率的确定比较困难

D. 没有考虑投资的风险性

2. 影响项目内含报酬率的因素包括(　　)。

A. 投资项目的有效年限　　B. 企业要求的最低投资利润率

C. 投资项目的现金流量　　D. 建设期

3. 在项目生产经营阶段上，最主要的现金流出量项目有(　　)。

A. 流动资金投资　　B. 建设投资

C. 经营成本　　D. 各种税款

4. 甲投资项目的净现金流量为：NCF_0=-210万元；NCF_1=-15万元；NCF_2=-20万元；$NCF_{3\sim6}$=60万元；NCF_7=72万元。下列说法正确的有(　　)。

A. 项目的建设期为2年

B. 项目的运营期为7年

C. 项目的原始总投资为245万元

D. 终结点的回收额为12万元

5. 投资项目的现金流入主要包括(　　)。
A. 营业收入　　B. 回收固定资产余值
C. 固定资产折旧　　D. 回收流动资金
6. 静态投资回收期和投资利润率指标共同的缺点有(　　)。
A. 没有考虑资金时间价值
B. 不能反映原始投资的返本期限
C. 不能正确反映投资方式的不同对项目的影响
D. 不能直接利用净现金流量信息
7. 下列(　　)评价指标的计算与项目事先给定的折现率有关。
A. 内含报酬率　　B. 净现值
C. 净现值率　　D. 静态投资回收期
8. 下列各项中，属于长期投资决策动态评价指标的有(　　)。
A. 内含报酬率　　B. 总投资收益率
C. 净现值率　　D. 静态投资回收期
9. 某公司向银行借入 12 000 元，借款期为 3 年，每年年末还本付息 4 600 元，则借款利率为(　　)。
A. 大于 8%　　B. 小于 8%　　C. 大于 7%　　D. 小于 6%

三、判断题

1. 项目计算期最后一年的年末称为终结点，假定项目最终报废或清理均发生在终结点(但更新改造除外)，从投产日到终结点之间的时间间隔称为建设期，又包括运营期和达产期两个阶段。(　　)
2. 净现值率直接反映投资项目的实际收益率。(　　)
3. 采用净现值率法与采用净现值法总会得到完全相同的评价结论。(　　)
4. 在对同一个独立投资项目进行评价时，用净现值、净现值率和内部收益率指标会得出完全相同的决策结论，而采用静态投资回收期则有可能得出与前述结论相反的决策结论。(　　)
5. 在长期投资决策中，内含报酬率的计算本身与项目的设定折现率的高低无关。(　　)
6. 递延年金现值的大小与递延期无关，故计算方法和普通年金现值是一样的。(　　)
7. 资金时间价值是资金在周转使用中产生的，是资金所有者让渡资金使用权而参与社会财富分配的一种形式。(　　)
8. 普通年金是指从第 1 期起，在一定时期内每期期初等额收付的系列款项。普通年金有时也简称年金。(　　)

四、计算分析题

1. 甲公司 2014 年年初对 A 设备投资 1 000 000 元，该项目 2016 年年初完工投产，2016 年、2017 年、2018 年年末预期收益分别为 200 000 元、300 000 元、500 000 元，银行存款利率为 12%。

要求：

(1) 按单利计算，2016 年年初投资额的终值；

(2) 按复利计算，并按年计息，2016 年年初投资额的终值；

(3) 按复利计算，并按季计息，2016 年年初投资额的终值；

(4) 按单利计算，2016 年年初各年预期收益的现值之和；

(5) 按复利计算，并按年计息，2016 年年初各年预期收益的现值之和；

(6) 按复利计算，并按季计息，2016 年年初各年预期收益的现值之和。

2. 假设某公司计划开发一种新产品，该产品的寿命期为 5 年，开发新产品的成本及预计收入为：需投资固定资产 240 000 元，需垫支流动资金 200 000 元，5 年后可收回固定资产残值为 30 000 元，用直线法计提折旧。投产后，预计每年的销售收入可达 240 000 元，每年需支付直接材料、直接人工等变动成本 128 000 元，每年的设备维修费为 10 000 元。该公司要求的最低投资收益率为 10%，适用的所得税税率为 25%。假定财务费用(利息)为 0。

要求：用净现值法和内含报酬率法对该项新产品是否开发做出分析评价。

3. 甲企业拟建造一项生产设备。预计建设期为 2 年，所需原始投资为 450 万元(均为自有资金)于建设起点一次投入。该设备预计使用寿命为 5 年，使用期满报废清理残值为 50 万元。该设备折旧方法采用直线法。该设备投产后每年增加息税前利润为 100 万元，所得税税率为 25%，项目的行业基准利润率为 20%。

要求：

(1) 计算项目计算期内各年净现金流量；

(2) 计算该设备的静态投资回收期；

(3) 计算该投资项目的投资利润率(ROI)；

(4) 假定适用的行业基准折现率为 10%，计算该项目的净现值；

(5) 计算该项目的净现值率；

(6) 评价该项目的财务可行性。

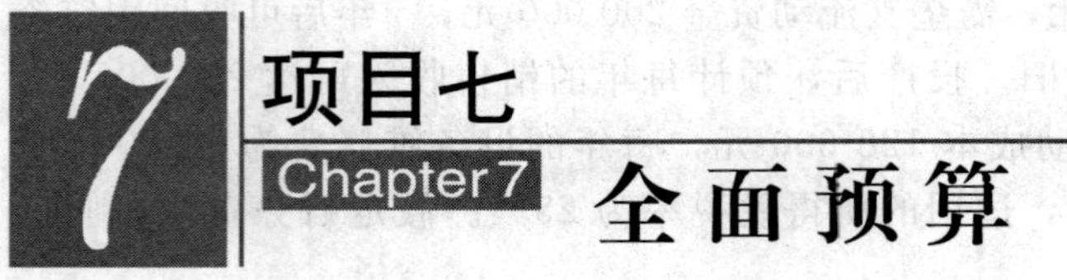

项目七 Chapter 7 全面预算

>>> 学习目标

知识目标：

1. 了解全面预算的概念和作用；
2. 掌握全面预算的六种编制方法；
3. 熟悉全面预算的编制过程。

能力目标：

1. 能运用全面预算编制方法分析具体问题；
2. 学会编制全面预算。

素质目标：

1. 培养全局观念，养成全方位分析问题的习惯；
2. 意识到事前规划的重要性，并练习做一些规划。

>>> 思维导图

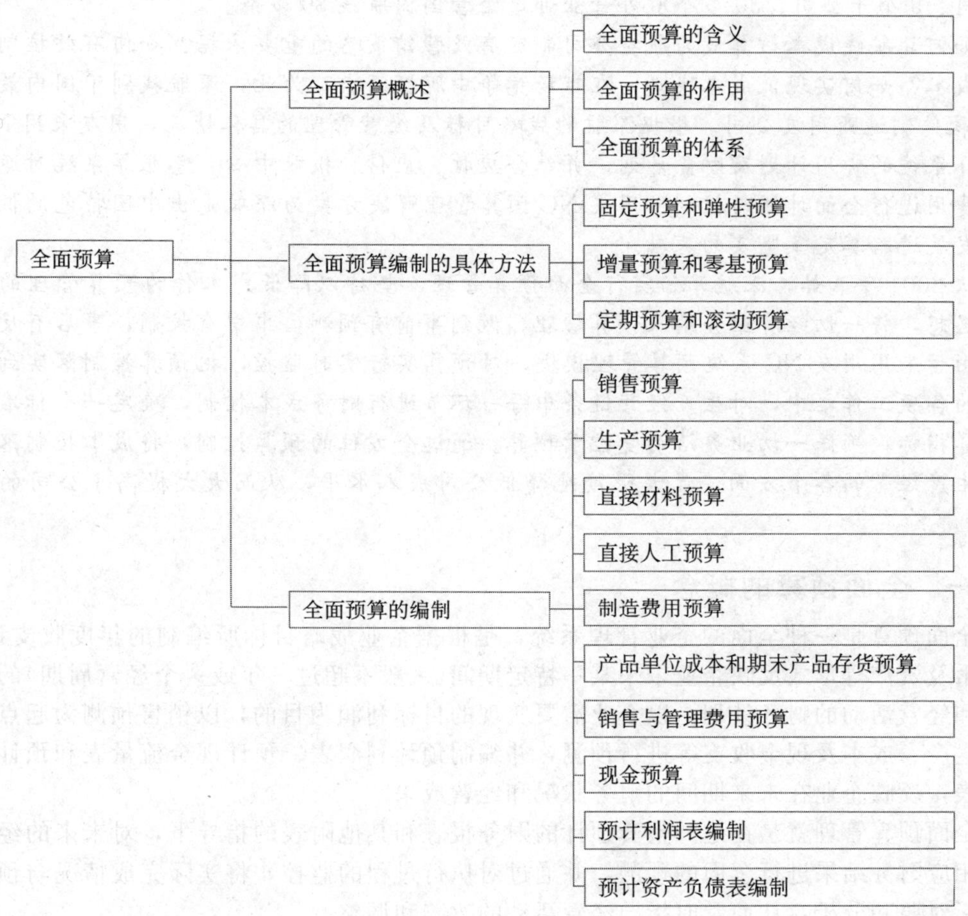

任务一 全面预算概述

>>> 任务分析

全面预算是企业经营管理的基础性工作，要做好这项工作，必须明确它的概念，全面把握全面预算的具体内容。同时，做好全面预算的编制、执行和考评等工作，推动企业经营目标的顺利实现。全面预算中的“全面”是指全人员、全方位和全过程；预算管理的主要内容包括业务预算、专门决策预算、财务预算等。

>>> 导入案例

深圳航空有限责任公司1992年11月成立，1993年9月开航，是一家由广东广控(集团)公司、中国国际航空公司、全程物流(深圳)有限公司、深圳鼎协实业有限公司、深圳众甫地有限责任公司5家企业共同投资经营的股份制航空运输企业，主要经营航空客、货运输业务。目前拥有24架B737系列飞机，总资产36.2亿元，员工1 900多人，下辖2个分公司、5个子公司、30多个驻外营业部，经营国内航线80多条。

如何让航线成本核算成为航空公司制定有效营销策略的重要依据？如何有效控制企业经营成本？如何实现低成本战略，在市场竞争中脱颖而出？为此，深航找到了国内最大的ERP软件制造商用友公司。根据深航的战略目标及经营管理的具体情况，用友采用NC全面预算系统的费用计划及财务计划，并结合应收、应付、报账中心、总账等系统对运营成本与费用进行全面计划与控制。用友NC预算管理解决方案为深航走出中国特色的低成本航空发展道路奠定了坚实的基础。

从2001年开始，深航开始实行全面预算管理，坚持以降低成本作为预算管理的总体指导思想，将一切经济业务纳入预算管理，做到事前有预测，事中有控制，事后有反馈考核。由于采用用友NC系统预算管理模块，对预算实行实时监控，把预算控制落实到各个部门的各项工作之中，对生产经营链条中每一环节进行财务成本控制，确定一个标准来核定预算指标，确保一切业务活动受控于预算。通过全方位的预算控制，将成本控制落实到公司生产经营的各个方面，最大限度地降低公司成本水平，从而大大提高了公司的经济效益。

一、全面预算的概念

全面预算是一种全面的企业管理系统，是根据企业战略目标所编制的年度收支计划，以货币及资产等形式反映企业未来某一特定期间（一般不超过一年或一个经营周期）的全部生产和经营活动的财务计划，以企业需要实现的目标利润为目的，以销售预测为起点，进而对生产、成本及现金收支等进行预测，并编制预计利润表、预计现金流量表和预计资产负债表，反映企业在未来期间的财务状况和经营成果。

全面预算管理就是在这一整套预计的财务报表和其他附表的指导下，对未来的经营活动和相应财务结果进行全面的预测，并通过对执行过程的监控，将实际完成情况与预算目标不断对照和分析，从而及时指导经营活动的改善和调整。

二、全面预算的作用

全面预算为企业整体及各部门确立了明确的目标，同时也是评价企业生产经营活动各项工作成果的基本尺度。有了全面预算，在生产经营过程中，企业管理人员就可据以检查、监督各部门的经营活动，保证各部门按计划完成任务，实现企业的整体经营目标。

全面预算作为企业总体规划的货币化反映，其作用主要表现在以下几个方面：

(1) 明确计划期的工作目标和任务。预算作为一种计划，规定了企业一定时期的总目标及各部门的具体目标。这样就使各个部门了解本单位的经济活动与整个企业经营目标之间的关系，明确各自的职责及其努力方向，从各自的角度去完成企业总的战略目标。

(2) 协调各个职能部门的工作。全面预算把企业各方面的工作纳入了统一计划中，促使企业内部各部门的预算相互协调，环环紧扣，达到平衡。在保证企业总体目标最优的前提下，组织各自的生产经营活动。例如，在以销定产的经营方针下，生产预算应当以销售预算为依据，材料采购预算必须与生产预算相衔接。

(3) 控制企业的日常经济活动。编制预算是企业经营管理的起点，也是控制日常经济活动的依据。在预算的执行过程中，各部门应通过计量、对比，及时发现实际脱离预算的差异并分析其原因，以便采取必要措施，消除薄弱环节，保证预算目标的顺利完成。

(4) 考核、评价实际工作业绩。企业预算确定的各项指标，也是考核各部门工作成绩的基本尺度。在评价各部门工作业绩时，要根据预算的完成情况，分析偏离预算的程度和原因，划清责任，奖罚分明，促使各部门为完成预算规定的目标努力工作。

三、全面预算的体系

全面预算内容体系中的各个预算之间存在着内在的逻辑联系。以公司战略目标为导向，全面预算的编制体系先从销售预算开始，其次是根据以销定产的原则编制生产预算，同时编制所需的销售管理费用预算。在编制生产预算时，除了考虑销售预算外，还要考虑现有存货和期末存货。生产预算编制完成后，还要根据它编制直接材料、直接人工、制造费用预算，并据此编制产品成本预算。最后，现金预算是有关预算的汇总，预计资产负债表、预计利润表是全部预算的综合。

全面预算具体主要包括业务预算、专门决策预算和财务预算三部分。

▶ 1. 业务预算

业务预算是基础，主要包括与企业日常业务直接相关的销售预算、生产预算、直接材料预算、直接人工预算、制造费用预算、产品成本预算、销售管理费用预算等。其中销售预算是业务预算的编制起点。

▶ 2. 专门决策预算

专门决策预算是指企业为那些在预算期内不经常发生的、一次性业务活动所编制的预算，主要包括根据长期投资决策结论编制的与购置、更新、改造、扩建固定资产决策有关的资本支出预算，与资源开发、产品改造和新产品试制有关的生产经营决策预算等。

▶ 3. 财务预算

财务预算主要指反映企业预算期现金收支、经营成果和财务状况的各项预算，包括现金预算、预计利润表和预计资产负债表。财务预算是以业务预算和专门决策预算为基础而编制的，是整个预算体系的主体。

业务预算、专门决策预算、财务预算既彼此独立自成体系，又相互联系共同作用，整个预算内容形成一个整体，相互支撑、相互依赖，构成一个完整而紧密的系统。全面预算管理内容体系如图 7-1 所示。

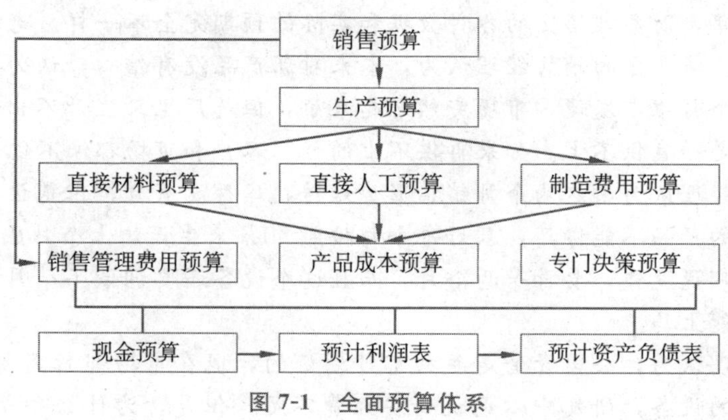

图 7-1 全面预算体系

>>> 任务小结

全面预算是一种全面的企业管理系统，是根据企业战略目标所编制的年度收支计划，以货币及资产等形式反映企业未来某一特定期间(一般不超过一年或一个经营周期)的全部生产活动和经营活动的财务计划，以企业需要实现的目标利润为目的，以销售预测为起点，进而对生产、成本及现金收支等进行预测，并编制预计利润表、预计现金流量表和预计资产负债表，反映企业在未来期间的财务状况和经营成果。

全面预算的作用包括：明确计划期的工作目标和任务；协调各个职能部门的工作；控制企业的日常经济活动；考核、评价实际工作业绩。

全面预算体系构成主要包括业务预算、专门决策预算和财务预算三部分。它们彼此独立自成体系，又相互联系共同作用，整个预算内容形成一个整体，相互支撑、相互依赖，构成一个完整而紧密的系统。

任务二 全面预算编制的具体方法

>>> 任务分析

全面预算编制的具体方法有六种，分别是固定预算、弹性预算、零基预算、增量预算、定期预算和滚动预算。在本任务中我们应当掌握不同编制方法的特点及适用范围，懂得根据公司规模、生命周期和市场环境来选择合适的预算编制方法。

>>> 导入案例

一家生产药品的公司，在国内医药行业排在前十位。两年前，经过公司董事会研究，准备推出一种新药，预测市场潜力很大，只要有足够的生产能力和营销支持，新药推出将会提升公司30%的年收入。由于是新药，利润率会比较好，新品推出将可以提升40%的公司利润。

可是上市半年，财务部给出的各种数据和实际的预期完全不一样。老板把各部门的人召集到一起开会。华北区的销售经理认为，本来对新产品没有信心，认为公司定的目标太高，但是经过一个月推广发现，市场突然好起来了，但是厂里又生产不出药品来了，批发商追着要货，可是一直供不上。如果再供不上的话，客户和市场都保不住了。

生产中心的经理认为，这两个月销售形势好转，库存没有货，但是设备的生产能力是死的，原来畅销的产品不能停产，只好每个都按照50%来生产，上个月已经提出设备购置计划，可是财务部说没钱，要再等两个月，而且这个设备还要调试半个月，所以新产品线最快也得年底才能上马。

财务中心经理认为，公司资金是年初都计划好的，现在市场部新药要追加推广费用，生产部要购置新的设备，研发中心也说研发经费不足，但是，为什么年初都不列入计划？目前资金无法满足。

上面案例中出现的问题是谁的责任呢？这是管理者要考虑的问题。由于各部门在制定部门预算的时候，没有把部门预算和公司战略挂钩，致使预算和整个战略成了不相干的两张皮，同时没有选择适合的编制预算方法也是一个重要问题，这些都是公司失败的最主要原因。

一、固定预算和弹性预算

预算按其是否可按业务量调整，分为固定预算和弹性预算两类。

▶ 1. 固定预算

固定预算又称静态预算，是以预算期内正常的、可能实现的某一业务量(如生产量、销售量)水平为固定基础，不考虑可能发生的变动因素而编制预算的方法。在全面预算中，销售预算、生产预算和成本预算等都是以某一业务量水平为基础编制的。

固定预算的优点是简便易行，同时其缺点主要有：

(1) 过于机械呆板。因为编制预算的业务量基础是事先假定的某一个业务量，不论预算期内业务量水平可能发生哪些变动，都只按事先确定的某一个业务量水平作为编制预算的基础。

(2) 可比性差。这是固定预算方法的致命弱点。当实际的业务量与编制预算所根据的预计业务量发生较大差异时，有关预算指标的实际数与预算数就会因业务量基础不同而失去可比性。因此，按照固定预算方法编制的预算不利于正确地控制、考核和评价企业预算的执行情况。

【例 7-1】信达公司在预算期内预计生产甲产品 2 000 件，单位产品成本构成如下：直接材料 250 元，直接人工 100 元，变动性制造费用 120 元(其中间接材料 30 元，间接人工 70 元，动力费 20 元)，固定性制造费用 350 000 元(其中办公费 130 000 元，折旧费 200 000 元，租赁费 20 000 元)。

信达公司当年实际生产并销售甲产品 2 500 件。若采用固定预算，则该公司的经营业绩如表 7-1 所示。

表 7-1 固定预算 单位：元

项　目	固定预算	实　际	差　异
生产量/件	2 000	2 500	＋500(F)
变动成本	940 000	1 290 000	＋350 000 (U)
直接材料	250×2 000＝500 000	700 000	＋200 000 (U)
直接人工	100×2 000＝200 000	280 000	＋80 000 (U)
变动性制造费用	240 000	310 000	＋70 000 (U)
其中：间接材料	30×2 000＝60 000	80 000	＋20 000 (U)
间接人工	70×2 000＝140 000	190 000	＋50 000 (U)
动力费	20×2 000＝40 000	30 000	－10 000 (F)
固定性制造费用	350 000	350 000	0
其中：办公费	130 000	120 000	－10 000 (F)

续表

项　目	固定预算	实　际	差　异
折旧费	200 000	200 000	0
租赁费	20 000	30 000	+10 000 (U)
生产成本总计	1 290 000	1 640 000	+350 000 (U)

注：(F)——有利差异；(U)——不利差异。

从表 7-1 中可以看出，由于预算和实际产量基础不一致，二者所形成的差异不能恰当地说明企业成本控制的情况如何。也就是说，表中所列成本不利差异 35 万元，即实际成本比预算增加了 35 万元，究竟是由于产量增加而引起成本的增加，还是由于成本控制不利而发生的超支？很难通过固定预算与实际结果的对比正确地反映出来。为了弥补这一缺陷，发挥预算的真正作用，可按各种可能完成的业务量来编制预算。这种按各种可能完成的业务量来编制预算的方法称为弹性预算。

▶ 2. 弹性预算

弹性预算是在按照成本习性分类的基础上，根据本量利之间的依存关系，考虑到计划期间业务量(销售量、生产量、机器工时、材料消耗量、直接人工工时)可能发生的变动，编制出一套适应多种业务量的费用预算，以便分别反映在各该业务量的情况下所应支出的费用水平。

弹性预算与按特定业务量水平编制的固定预算相比有两个优势：一是弹性预算是按预算期内某一相关范围内的可预见的多种业务量水平确定不同的预算额，从而扩大了预算的适用范围，便于预算指标的调整。二是弹性预算是成本按其性态分类的基础上列示的，便于在预算期终了时，将实际指标与实际业务量相应的预算额进行对比，使预算执行情况的评价与考核建立在更加客观和可比的基础上，更好地发挥预算的控制作用。

弹性预算的方法分为公式法和列表法两种。

(1) 公式法。公式法是运用总成本性态模型，测算预算期的成本费用数额，并编制成本费用预算的方法。根据成本性态，成本与业务之间的数量关系可用公式表示为

$$y=a+bx$$

其中：y 是成本总额，a 表示不随业务量变动而变动的那部分固定成本；b 是单位变动成本；x 是业务量，某项成本总额 y 是该项固定成本总额和变动成本总额之和。

公式法的优点是在一定范围内预算可以随业务量变动而变动，可比性和适应性强，编制预算的工作量相对较小；缺点是按公式进行成本分解比较麻烦，对每个费用子项目甚至细目逐一进行成本分解，工作量很大。

【例 7-2】某企业制造费用中的修理费用与修理工时密切相关。经测算，预算期修理费用中的固定修理费用为 3 000 元，单位工时的变动修理费用为 2 元。若预计预算期的修理工时为 3 500 小时，修理费用为多少？

解：运用公式法，测算预算期的修理费用的公式为

$$y=3\,000+2x$$

当 $x=3\,500$ 时，$y=3\,000+2\times3\,500=10\,000$ 元，即预计修理工时为 3 500 小时，修理费用为 10 000 元。

(2) 列表法。列表法是在预计的业务量范围内将业务量分为若干个水平，然后按不同的业务量水平编制预算。

应用列表法编制预算，首先要在确定的业务量范围内，划分出若干个不同水平，然后分别计算各项预算值，汇总列入一个预算表格。

列表法的优点是不必经过计算即可找到与业务量相近的预算成本。缺点是在评价和考核实际成本时，往往需要使用插值法计算"实际业务量的预算成本"，比较麻烦。

【例 7-3】根据例 7-1 的资料，运用列表法编制该公司的弹性预算，如表 7-2 所示。

表 7-2 弹性预算　　单位：万元

项　目	单位变动成本/元	预计生产量/件			
		1 200	1 600	2 000	2 400
占正常生产能力百分比		60%	80%	100%	120%
变动成本	470	56.4	75.2	94	112.8
直接材料	250	30	40	50	60
直接人工	100	12	16	20	24
变动性制造费用	120	14.4	19.2	24	28.8
其中：间接材料	30	3.6	4.8	6	7.2
间接人工	70	8.4	11.2	14	16.8
动力费	20	2.4	3.2	4	4.8
固定性制造费用		35	35	35	35
其中：办公费		13	13	13	13
折旧费		20	20	20	20
租赁费		2	2	2	2
生产成本总计		91.4	110.2	129	147

二、增量预算和零基预算

1. 增量预算

增量预算是以基期成本费用水平为基础，结合预算期业务量水平及有关降低成本的措施，通过调整有关费用项目而编制预算的方法。这种方法假定企业现有业务活动和各项业务的开支水平是合理的，以现有业务活动和各项活动的开支水平确定预算期各项活动的预算数。它的特点是以过去的费用发生水平为基础，主张不需要在预算内容上作较大的调整。这样一来可能导致不必要开支项目无法得到有效控制，从而形成不必要开支，造成预算上的浪费。

【例 7-4】某企业上年的制造费用为 6 万元，考虑到本年生产任务增大 20%，按增量预算编制计划年度的制造费用。

解：

计划年度制造费用预算＝6×(1＋20%)＝7.2(万元)

▶ 2. 零基预算

零基预算全称为“以零为基础的编制计划和预算的方法”，它是在编制费用预算时，不考虑以往会计期间所发生的费用项目或费用数额，而是一切以零为出发点，从实际需要出发逐项审议预算期内各项费用的内容及开支标准是否合理，在综合平衡的基础上编制费用预算的方法。

零基预算方法的程序如下：

第一步，企业内部各级部门的员工，根据企业的生产经营目标，详细讨论计划期内应该发生的费用项目，并对每一费用项目编写一套方案，提出费用开支的目的以及需要开支的费用数额。

第二步，划分不可避免费用项目和可避免费用项目。对可避免费用项目，则需要逐项进行成本与效益分析，尽量控制可避免项目纳入预算当中。

第三步，划分不可延缓费用项目和可延缓费用项目。

【例 7-5】某公司预对销售管理费用预算的编制采用零基预算的编制方法，预算编制人员提出的预算年度开支水平如表 7-3 所示。

表 7-3　预算年度开支水平　　单位：万元

费用项目	开支金额
业务招待费	200
广告费	180
办公费	80
保险费	50
职工福利费	40
劳动保护费	30
合　计	580

假定公司预算年度对上述费用可动用的财力资源只有 500 万元，经过充分论证，认为上述费用中广告费、保险费和劳动保护费必须得到全额保证，业务招待费、办公费和职工福利费可以适当压缩，按照去年的资料得出的业务招待费、办公费和职工福利费的成本效益分析如表 7-4 所示。

表 7-4　业务招待费、办公费和职工福利费的成本效益分析

费用项目	成本金额	收益金额
业务招待费	1	6
办公费	1	3
职工福利费	1	1

要求：

(1) 确定不可避免项目的预算金额；

(2) 确定可避免项目的可供分配资金；

(3) 按成本效益比重分配确定可避免项目的预算金额。

解：

依题意计算如下：

(1) 不可避免项目的预算金额＝180＋50＋30＝260(万元)

(2) 可避免项目的可供分配资金＝500－260＝240(万元)

(3) 业务招待费预算额＝240×[6/(6＋3＋1)]＝144(万元)

办公费预算额＝240×[3/(6＋3＋1)]＝72(万元)

职工福利费预算额＝240×[1/(6＋3＋1)]＝24(万元)

相对于传统的增量预算编制方法来说，零基预算的优点是：不受现有费用项目的限制；不受现行预算的束缚；能够调动各方面节约费用的积极性；有利于促使各基层单位精打细算，合理使用资金。缺点是工作量较大。

三、定期预算和滚动预算

1. 定期预算

定期预算是以不变的会计期间作为预算期的一种编制预算的方法。这种方法的优点是预算期间与会计期间相对应，便于将实际数与预算数对比，有利于对预算执行情况进行分析和评价。但是，这种定期预算也有一定的缺陷，如定期预算多是在其执行年度开始前的两三个月进行，在编制时，难以预测预算期的某些活动，特别是对预算期的后半阶段，往往只能提出一个较为笼统的预算，从而给预算的执行带来种种困难；预算中所规划的各种经营活动在预算期内往往发生变化，而定期预算却不能及时调整，从而使原有的预算显得不相适应；在预算执行过程中，由于受预算期的限制和管理人员的决策视野局限，剩余的预算期间的活动会受到很大影响，从而不利于企业长期稳定的发展。为了克服定期预算的缺陷，在实践中可采用滚动预算的方法编制。

2. 滚动预算

滚动预算是指在编制预算时，将预算期与会计期间脱离，随着预算的执行不断补充预算，逐期向后滚动，使预算期始终保持为一个固定长度的一种预算编制方法。这种方法的优点是保证企业的经营管理工作能够稳定而有序地进行，有利于管理人员对预算资料作经常性的分析研究，并能根据当时预算的执行情况加以调整。缺点是编制预算的工作量较大。滚动预算按照滚动的时间单位不同可分为逐月滚动、逐季滚动和混合滚动。

【例 7-6】某企业甲车间采用滚动预算方法编制制造费用预算。已知 2016 年各季度的制造费用预算如表 7-5 所示(其中间接材料费用忽略不计)。

表 7-5 某企业制造费用预算 单位：元

项 目	第一季度	第二季度	第三季度	第四季度	合 计
直接人工预算总工时/小时	11 400	12 060	12 360	12 600	48 420
变动制造费用项目：					
间接人工费用	50 160	53 064	54 384	55 440	213 048
水电与维护费	41 040	43 416	44 496	45 360	174 312
小计	91 200	96 480	98 880	100 800	387 360
固定制造费用项目：					

续表

项　　目	第一季度	第二季度	第三季度	第四季度	合　　计
设备租金	38 600	38 600	38 600	38 600	154 400
管理人员工资	17 400	17 400	17 400	17 400	69 600
小计	56 000	56 000	56 000	56 000	224 000
制造费用合计	147 200	152 480	154 880	156 800	611 360

2016 年 3 月 31 日公司在编制 2016 年第二季度至 2017 年第一季度滚动预算时，发现未来的四个季度中将出现以下情况：

(1) 间接人工费用预算工时分配率将上涨 50%。

(2) 原设备租赁合同到期，公司新签订的租赁合同中设备年租金将降低 20%。

(3) 2016 年第二季度至 2017 年第一季度预计直接人工总工时分别为 13 000 小时、12 360 小时、12 600 小时和 12 000 小时。

要求：假定水电与维修费用预算工时分配率等其他条件不变，编制该公司 2016 年第二季度至 2017 年第一季度制造费用的滚动预算。

解：依题意计算得

间接人工费用预算工时分配率＝(213 048/48 420)×(1＋50%)＝6.6(元/小时)

水电与维修费用预算工时分配率＝174 312/48 420＝3.6(元/小时)

每季度设备租金预算额＝38 600×(1－20%)＝30 880(元)

则编制该公司 2016 年第二季度至 2017 年第一季度制造费用预算如表 7-6 所示。

表 7-6　某企业制造费用预算　　单位：元

项　目	2016 年度			2017 年度	合　计
	第一季度	第二季度	第三季度	第四季度	
直接人工预算总工时(小时)	13 000	12 360	12 600	12 000	49 960
变动制造费用项目：					
间接人工费用	85 800	81 576	83 160	79 200	329 736
水电与维护费	46 800	44 496	45 360	43 200	179 856
小　计	132 600	126 072	128 520	122 400	509 592
固定制造费用项目：					
设备租金	30 880	30 880	30 880	30 880	123 520
管理人员工资	17 400	17 400	17 400	17 400	69 600
小　计	48 280	48 280	48 280	48 280	193 120
制造费用合计	180 880	174 352	176 800	170 680	702 712

>>> 任务小结

固定预算又称静态预算，是以预算期内正常的、可能实现的某一业务量(如生产量、销售量)水平为固定基础，不考虑可能发生的变动因素而编制预算的方法。

弹性预算是在按照成本习性分类的基础上，根据本量利之间的依存关系，考虑到计划期间业务量可能发生的变动，编制出一套适应多种业务量的费用预算，以便分别反映在各该业务量的情况下所应支出的费用水平。

增量预算是以基期成本费用水平为基础，结合预算期业务量水平及有关降低成本的措施，通过调整有关费用项目而编制预算的方法。

零基预算全称为“以零为基础的编制计划和预算的方法”，它是在编制费用预算时，不考虑以往会计期间所发生的费用项目或费用数额，而是一切以零为出发点，从实际需要出发逐项审议预算期内各项费用的内容及开支标准是否合理，在综合平衡的基础上编制费用预算的方法。

定期预算是以不变的会计期间作为预算期的一种编制预算的方法。这种方法的优点是预算期间与会计期间相对应，便于将实际数与预算数对比，有利于对预算执行情况进行分析和评价。

滚动预算是指在编制预算时，将预算期与会计期间脱离，随着预算的执行不断补充预算，逐期向后滚动，使预算期始终保持为一个固定长度的一种预算编制方法。

任务三 全面预算的编制

>>> 任务分析

全面预算是企业经营管理的“纲”，它是一个关于未来支出的计划而不是事后报账；是一个统一的计划，包括企业所有部门的开支，而且每个部门的日常工作都已经量化；是一个详尽的计划，可以分门别类，列举所有项目的开支；是需要有约束力的计划，必须得到权力部门的批准并接受其监督等。因此怎样做好全面预算的编制与执行，怎样解决全面预算编制和执行中的困难，使预算管理达到预期目标是本任务的重点。

>>> 导入案例

海华公司生产单一品种的A产品，市场售价为500元，根据销售部门的预测，2015年预计各季度销售产品分别为400件、450件、600件、300件。根据财务部门的统计，以现金方式收回的货款占当季销售额的80%，其余货款将在下个季度收回。2015年第一季度账面上有上年度第四季度的应收货款30 000元。据此，你能为海华公司做出2015年的各项预算吗？

一、销售预算

销售预算是整个预算的编制起点，其他营业预算的编制和绝大部分财务预算都以销售预算作为基础。销售预测是销售预算的基础，因而，销售预测的准确性对整个全面预算的正确性有极大影响。销售预测对各类不确定因素估计得越充分，越有助于销售预算的准确性。

销售预算包括产品的名称、销售量、单价、销售额等项目。生产经营多种产品的企业，为了避免销售预算过于繁杂，一般只列示全年及各季的销售总额。为了便于现金预算的编制，销售预算中一般还附有预计现金收入表。预计现金收入数中包括本期销售应在本期收到的款项和以前销售中应在本期收到的款项。预算期预计销售收入和收到现金的计算公式分别为

预计销售收入＝预计销售量×预计销售单价

该期收到现金＝该期销售收入×该期收现率＋期初应收账款×该期回收率

【例 7-7】大新公司 2015 年年末的应收账款余额为 36 000 元。假定大新公司只产销一种产品，2016 年各季的销售收入中有 70%在当季收到现金，其余的 30%在下季收到现金。预计该产品单价为 100 元/件，2016 年 1～4 季度预计销量分别为 1 000 件、1 500 件、1 800 件、2 000 件。大新公司 2016 年销售预算和现金收入预算如表 7-7 和表 7-8 所示。

表 7-7　2016 年大新公司销售预算表　　单位：元

季　　度	1	2	3	4	全　　年
预计销售量/件	1 000	1 500	1 800	2 000	6 300
预计销售单价/(元/件)	100	100	100	100	100
预计销售额/元	100 000	150 000	180 000	200 000	630 000

表 7-8　2016 年大新公司预计现金收入表　　单位：元

季　　度	1	2	3	4	全　　年
年初应收账款	36 000				36 000
一季度销售额	70 000	30 000			100 000
二季度销售额		105 000	45 000		150 000
三季度销售额			126 000	54 000	180 000
四季度销售额				140 000	140 000
现金收入合计	106 000	135 000	171 000	194 000	606 000

二、生产预算

销售预算确定后就可以根据预算期的销售量制定生产预算。生产预算是指为规划预算期生产水平而编制的一种日常业务预算，该预算是所有日常业务预算中唯一使用实物计量单位的预算，可以为进一步编制成本和费用预算提供实物数据。由于企业的生产和销售不可能做到同步同量，就需要留有一定的存货，以保证生产均衡进行。某期生产量的计算公式为

某种产品的本期生产量＝预计销售量＋预计期末存货量－预计期初存货量

其中：预计销售量是根据销售预算表得来的；预计期初存货量就是上季期末存货量；预计期末存货量应该根据长期销售趋势来确定。在实践中，一般是按事先估计的期末存货量占下期销售量的比例进行估算。

【例 7-8】承例 7-7，假设期末存货量占下季度销售量的比例为 10%，则大新公司 2014 年生产预算如表 7-9 所示。

表 7-9 2016 年大新公司生产预算表 单位：件

季　度	1	2	3	4	全　年
预计销售量	1 000	1 500	1 800	2 000	6 300
加：预计期末存货量	150	180	200	220	220
减：预计期初存货量	100	150	180	200	100
预计生产量	1 050	1 530	1 820	2 020	6 420

说明：第 4 季度期末存货量 220 件是估计数。

三、直接材料预算

直接材料预算是指为规划预算期内因组织生产活动和材料采购活动预计发生的材料需要量、采购量和采购成本而编制的一种经营业务预算。直接材料预算是以生产预算、材料消耗定额和预计材料采购单价等信息为基础，并考虑期初、期末材料存货水平而编制的预算。直接材料采购量和采购成本的公式分别为

本期材料采购量＝本期生产耗用材料量＋期末材料存货量－期初材料存货量

材料采购成本＝材料采购量×该种材料单价

期末材料存货量＝下季度材料耗用量×必要留用比例

直接材料预算与生产预算一样，也要根据生产需要量和预算采购量之间的关系进行编制。其目的在于避免直接材料存货不足而影响生产，或因存货过多而形成资金的积压和浪费。

为了便于现金预算的编制，通常在编制直接材料预算的同时编制与材料采购有关的各季度材料采购现金支出预算。其计算公式为

材料采购现金支出额＝本期预计采购金额×该期付现率＋本期期初应付账款×该期付现率

【例 7-9】承例 7-7，假设大新公司单位产品直接材料耗用量为 2 千克/件，单价为 5 元/千克，2016 年第 4 季度材料存货量为 410 千克。预计年初的应付账款为 4 000 元，2016 年各季度的材料采购成本的 60%在当季支付，其余的 40%于下季支付，期末材料存货量占下季材料总耗用量的 10%。则大新公司 2016 年的直接材料预算和材料采购现金支出预算如表 7-10 和表 7-11 所示。

表 7-10 2016 大新公司直接材料预算表

季　度	1	2	3	4	全　年
预计生产量/件[表 7-9]	1 050	1 530	1 820	2 020	6 420
单位产品直接材料耗用量/(千克/件)	2	2	2	2	2

续表

季　　度	1	2	3	4	全　　年
预计生产需要量/千克	2 100	3 060	3 640	4 040	12 840
加：期末直接材料存货量/千克	306	364	404	410	410
减：期初直接材料存货量/千克	210	306	364	404	210
直接材料采购数量/千克	2 196	3 118	3 680	4 046	13 040
直接材料单位价格/(元/千克)	5	5	5	5	5
直接材料采购金额/元	10 980	15 590	18 400	20 230	65 200

表 7-11　2016 年大新公司材料采购现金支出预算表　　单位：元

季　　度	1	2	3	4	全　　年
年初应付账款	4 000				4 000
一季度采购现金支出	6 588	4 392			10 980
二季度采购现金支出		9 354	6 236		15 590
三季度采购现金支出			11 040	7 360	18 400
四季度采购现金支出				12 138	12 138
现金支出合计	10 588	13 746	17 276	19 498	61 108

四、直接人工预算

直接人工预算是指为规划一定预算期内直接人工工时的消耗水平和直接人工成本水平而编制的一种经营业务预算。直接人工成本包括直接工资和按直接工资一定比例计算的应付福利费等。

编制直接人工预算的主要依据是标准工资率、单位产品标准直接人工工时、其他直接人工费用计提标准和生产预算中的预计生产量等资料。直接人工工时数和直接人工成本的计算公式如下：

预计直接人工工时数＝预计生产量×单位产品标准工时

预计的直接人工＝预计直接人工工时×标准小时工资率

【例 7-10】承例 7-7，假设大新公司生产单位产品所需的直接人工为 4 小时，每小时直接人工成本(标准小时工资率)为 5 元，则 2016 年大新公司的直接人工预算如表 7-12 所示。

表 7-12　2016 年大新公司直接人工预算表

季　　度	1	2	3	4	全　　年
预计生产量/件[表 7-9]	1 050	1 530	1 820	2 020	6 420
单位产品直接人工工时/小时	4	4	4	4	4

续表

季　　度	1	2	3	4	全　　年
直接人工工时合计/小时	4 200	6 120	7 280	8 080	25 680
标准小时工资率	5	5	5	5	5
直接人工成本总额/元	21 000	30 600	36 400	40 400	128 400

五、制造费用预算

制造费用预算是指规划一定预算期内除直接人工和直接材料预算外的所有与产品成本有关的其他生产费用水平而编制的一种日常业务预算。为方便编制预算，制造费用常按其成本性态分为变动性制造费用和固定性制造费用两部分。固定性制造费用可在上期的基础上根据预期变动加以适当修正进行预计，并作为期间成本直接列入预计的利润表；变动性制造费用根据预计生产量乘以单位变动制造费用进行预计。

同样，为了编制现金预算，在制造费用预算中，通常包括费用方面预期的现金支出。固定资产折旧属于非付现成本，在编制制造费用现金支出预算时，应将这一项目从中予以扣除。计算公式分别为

变动性制造费用预算＝预计直接人工工时×标准小时费用率

预计制造费用现金支出＝预计变动性制造费用现金支出＋预计固定性制造费用现金支出

固定性制造费用现金支出＝(预计年度固定性制造费用－预计年折旧费)÷4

编制制造费用预算的主要依据是预算期的生产量、制造费用标准耗用量和标准价格。

【例 7-11】承例 7-7，假设大新公司变动性制造费用按直接人工工时数进行规划，全年各项制造费用预算如表 7-13 所示，各季制造费用预算和制造费用现金支出预算如表 7-14 所示。

表 7-13　2016 年大新公司各项制造费用预算表

成本项目		金额/元	费用分配率计算
变动性制造费用	间接人工费用	15 000	变动性制造费用分配率＝变动性制造费用预算合计÷直接人工总工时＝51 360÷25 680＝2
	间接材料费用	24 000	
	维护费	6 360	
	水电费	6 000	
	合　计	51 360	
固定性制造费用	折旧费	36 000	固定性制造费用一般在各季度间平均分配
	维护费	20 000	
	管理费	14 040	
	保险费	7 000	
	合　计	77 040	

表 7-14　2016 年大新公司各季度制造费用预算及制造费用现金支出预算表

季　　度	1	2	3	4	全　　年
直接人工工时合计/小时[表 7-12]	4 200	6 120	7 280	8 080	25 680
变动性制造费用分配率	2	2	2	2	2
预计变动性制造费用/元	8 400	12 240	14 560	16 160	51 360
预计固定性制造费用/元	19 260	19 260	19 260	19 260	77 040
预计制造费用/元	27 660	31 500	33 820	35 420	128 400
减：折旧费用/元	9 000	9 000	9 000	9 000	36 000
制造费用现金支出/元	18 660	22 500	24 820	26 420	92 400

六、产品单位成本和期末产品存货预算

产品成本预算是指为规划预算期内和预算期末每种产品的单位成本、生产成本、销售成本及期末存货成本等项内容而编制的一种日常预算。编制产品成本预算的目的有两个：一是为编制预计利润表提供产品销售成本数据；二是为编制预计资产负债表提供期末产成品存货数据。该预算的编制依据是前述的生产预算、直接材料预算、直接人工预算和制造费用预算。假设大新公司采用变动成本法核算产品成本，有关的公式为

销售成本＝期初产成品存货成本＋本期生产成本－期末产品成本

【例 7-12】承例 7-7，大新公司产成品成本预算的编制如表 7-15 所示。

表 7-15　大新公司产成品成本预算

项　　目	单位成本			生产成本/元	期末存货成本/元	销售成本/元
	单价/元	单位耗用量	成本/元			
直接材料[表 7-10]	5	2	10	64 200	2 200	63 000
直接人工[表 7-12]	5	4	20	128 400	4 400	126 000
变动制造费用[表 7-13]	2	4	8	51 360	1 760	50 400
合　　计			38	243 960	8 360	239 400

说明：本年预计生产量 6 420 件，本年预计销售量 6 300 件，预计年末结存数量 220 件，年初结存数量 100 件。

七、销售与管理费用预算

销售与管理费用预算是指为规划一定预算期内企业在销售阶段组织产品销售以及因管理企业预计发生的各项费用水平而编制的一种日常业务预算。如果各费用项目的数额比较大，则销售费用预算与管理费用预算可以分别编制。销售费用预算的编制以销售预算为基础，结合历史资料进行细致分析，运用本量利分析等方法，合理安排销售费用，使之发挥最大效用；管理费用预算在编制时应以过去发生的实际支出为参考，分析企业的具体业务

情况，使管理费用的支出更合理、更有效。在编制销售与管理费用预算时应分别根据成本性态进行，对于变动费用可以根据销售量在各季度之间分配，固定费用则可以按季度平均分配。

【例 7-13】承例 7-7，假设大新公司的销售与管理费用全部在发生的当期用现金支付，预计变动销售与管理费用为每件 3 元，则销售与管理费用预算见表 7-16。

表 7-16　2016 年大新公司销售与管理费用预算表

季　度	1	2	3	4	全　年
预计销售量/件[表 7-7]	1 000	1 500	1 800	2 000	6 300
单位产品变动销售与管理费用/(元/件)	3	3	3	3	3
预计变动销售与管理费用/元	3 000	4 500	5 400	6 000	18 900
预计固定销售与管理费用/元					
广告费/元	6 000	6 000	6 000	6 000	24 000
保险费/元	5 000			8 000	13 000
管理人员工资/元	7 000	7 000	7 000	7 000	28 000
财产税/元				1 500	1 500
租金/元	4 000				4 000
小　计	22 000	13 000	13 000	22 500	70 500
预计销售与管理费用合计	25 000	17 500	18 400	28 500	89 400

八、现金预算

现金预算是指一定的预算期内有关现金流转状况的预算。这里所说的现金是广义的现金概念，包括库存现金、银行存款和其他货币资金。现金预算是企业预算的一项重要内容，通过现金预算可以事先对企业日常的现金需要量进行有计划的安排，以便合理地调度资金，提高资金的使用效率。

现金预算一般由现金收入、现金支出、现金多余或不足，以及资金的筹集与运用等四个部分构成。

(1) 现金收入。现金收入包括期初现金余额和预算期内可能的现金收入，如本期销售本期收到的现金以及收回以前的应收账款等。

(2) 现金支出。现金支出包括预算期预计可能发生的各项支出。如采购材料支付的货款、支付的工资、制造费用及销售与管理费用中需要支付现金的部分、支付应付账款、交纳税金、购买设备和支付股息等。

(3) 现金多余或不足。现金收支相抵后的差额，如为正数，说明收入大于支出，现金有多余，除考虑偿还到期债务外，还可以购买短期有价证券进行短期投资；如为负数，说明支出大于收入，现金不足，需要想办法筹资。

(4) 资金的筹集和运用。如果出现现金不足，企业需要采取合法、合适的途径筹措资金，如向银行借款、利用商业信用、出售有价证券、发行股票、发行债券等，以避免影响正常的生产经营。如果出现现金余额过多，需要合理运用，如偿债、进行投资等，以避免造成资金的闲置浪费。期末现金余额的计算公式为

期末现金余额＝期初现金余额＋现金收入－现金支出±资金筹集(或运用)

【例 7-14】承例 7-7，大新公司 2016 年现金预算的编制除需要前述各项预算资料外，还需要以下各项资料：

(1) 年初的现金余额为 28 000 元，规定各季末最低现金余额 20 000 元，若资金不足，根据企业与银行的协议，企业每季初都可以按 6%的利率向企业借款(假设借款应为 1 000 元的整数倍)；若资金有多余，每季末偿还，借款利息于偿还本金时一起支付。

(2) 预计每年初发放股息 50 000 元。

(3) 预计全年的所得税为 40 000 元(该企业所得税有优惠政策)，每季度平均负担。

(4) 预计第 1 季度购买设备 60 000 元，第 3 季度购买设备 62 000 元，款项均于购买当季支付。

根据上述资料可以编制 2016 年大新公司的现金预算如表 7-17 所示。

表 7-17　2016 年大新公司现金预算表　　单位：元

季　度	1	2	3	4	全　年
期初现金余额	28 000	20 752	20 206	22 310	28 000
加：预计现金收入[表 7-8]	106 000	135 000	171 000	194 000	606 000
现金收入合计	134 000	155 752	191 206	216 310	634 000
减：现金支出					
材料采购[表 7-11]	10 588	13 746	17 276	19 498	61 108
直接人工[表 7-12]	21 000	30 600	36 400	40 400	128 400
制造费用[表 7-14]	18 660	22 500	24 820	26 420	92 400
销售与管理费用[表 7-16]	25 000	17 500	18 400	28 500	89 400
所得税	10 000	10 000	10 000	10 000	40 000
购置设备	60 000		62 000		122 000
发放股利	50 000				50 000
现金支出合计	195 248	94 346	168 896	124 818	583 308
资金融通与运用前现金余额	－61 248	61 406	22 310	91 492	50 692
资金融通与运用					
加：借款	82 000				82 000

续表

季　度	1	2	3	4	全　年
减：还款		40 000		4 2000	82 000
偿付利息		1 200		2 520	3 720
购买有价证券				25 000	25 000
资金融通与运用合计	82 000	－41 200		－69 520	－28 720
期末现金余额	20 752	20 206	22 310	21 972	21 972

说明：偿付利息，第 1 季度为 40 000×6%×6÷12=1 200 元；第 4 季度为 42 000×6%=2 520 元。

九、预计利润表编制

预计利润表是以货币形式综合反映预算期内经营活动成果(包括利润总额、净利润)的一种预算。

根据前述的各项经营预算，结合会计的权责发生制原则即可编制预计利润表。预计利润表是整个预算过程中的一个重要环节，它可以揭示企业预期的盈利情况，从而有助于管理人员及时调整经营策略。

【例 7-15】表 7-18 为 2016 年大新公司的预计利润表。

表 7-18　2016 年大新公司的预计利润表　　单位：元

项　目	金　额	资料来源
销售收入(6300 件，单价 100 元)	630 000	表 7-7
减：变动成本		
变动销售成本(单位成本 38 元)	239 400	表 7-15
变动销售管理费用	18 900	表 7-16
边际贡献	371 700	
减：固定成本		
固定制造费用	77 040	表 7-14
固定销售与管理费用	70 500	表 7-16
减：利息费用	3 720	表 7-17
税前利润	220 440	
减：所得税	40 000	表 7-17
税后净利润	180 440	

十、预计资产负债表编制

预计资产负债表是指用于总括反映企业预算期末资产、负债和所有者权益存在状况的一种预算报表。预计资产负债表可以为企业管理者提供会计期末企业预期状况的信息，有助于企业管理当局预测未来期间的经营状况，并采取适当的改进措施。

其编制方法为，在企业期初资产负债表的基础上，经过对经营业务预算和现金预算中的有关数字作适当调整，就可以编制预计资产负债表。

【例 7-16】承例 7-7，2016 年大新公司的预计资产负债表见表 7-19 所示。

表 7-19　2016 年大新公司的预计资产负债表　　单位：元

项　目	年初余额	年末余额	项　目	年初余额	年末余额
流动资产			流动负债		
现金	28 000	21 972	短期借款	0	0
短期有价证券	0	25 000	未交税金	0	0
应收账款	36 000	60 000	应付账款	4 000	8 092
直接材料	1 050	2 050	应付股利	50 000	50 000
产成品	3 800	8 360	流动负债合计	54 000	58 092
流动资产总额	68 850	117 382	长期借款	50 000	50 000
固定资产			负债合计	104 000	108 092
固定资产原值	200 000	322 000	所有者权益		
减：累计折旧	30 000	66 000	实收资本	200 000	200 000
固定资产净值	170 000	256 000	资本公积	0	0
固定资产合计	170 000	256 000	留存收益	−65 150	65 290
无形资产合计	0	0	所有者权益合计	134 850	265 290
资产总计	238 850	373 382	负债及所有者权益合计	238 850	373 382

说明：

(1) 预计资产负债表的年初数，取自大新公司 2017 年实际资产负债表的年末数。

(2) 现金的年末余额 21 972 元，取自表 7-17。

(3) 短期有价证券期末余额 25 000 元，取自表 7-17。

(4) 应收账款的年末余额 60 000 元，取自表 7-8，用第 4 季度的销售收入 200 000 元减去第 4 季度的收款额 140 000 元得出结果。

(5) 直接材料的年末余额 2 050 元，根据表 7-10 的期末结存量 410 件乘以单价 5 元计算得出。

(6) 产成品的年末余额 8 360 元，取自表 7-15。

(7) 固定资产原值年末数 322 000 元，根据资产负债表的年初数 200 000 元加上表7-17中本年购置的固定资产 122 000 元计算得出。

(8) 累计折旧的年末数 66 000 元，根据资产负债表的年初数 30 000 元加上表 7-13 本期提取数 36 000 元计算得出。

(9) 应付账款年末余额 8 092 元，根据表 7-11。

(10) 应付股利年末数 50 000 元，根据合同约定企业每年初需要发放股利 50 000 元。

(11) 长期借款年末数 50 000 元，根据年初结余 50 000 元，本期没有归还和借入得出。

(12) 留存收益年末数 65 290 元，根据年初留存收益－65 150 元(表 7-19)加上本年实现的税后净利 180 440 元(表 7-18)减去当年分配的股利 50 000 元(表 7-17)计算得出。

>>> 任务小结

全面预算的编制一般包括日常业务预算和财务预算。其中日常业务预算是以销售预算为主导来编制生产预算、直接材料预算、直接人工预算、制造费用预算、产品成本预算和销售与管理费用预算。财务预算包括现金预算和预计财务报表。现金预算又包括现金收支、现金支出、现金收支差额和资金的筹集及应用，是日常业务预算与专门决策预算中有关现金收支部分的汇总。预计财务报表包括预计利润表、预计资产负债表和预计现金流量表。

拓展阅读

大数据下的弹性预算法

一、更准确地选择业务计量单位

选择业务计量单位是弹性预算的基本工作，在实务中，管理会计人员可能会根据经验和公司的惯例来选择适合的业务计量单位。例如，以手工操作为主的车间，就应选用人工工时；制造单一产品或零件的部门，可以选用实物数量；修理部门可以选用修理工时等。在实务中面临比较复杂不容易直观判断的情况，如车间中手工操作与机器耗用相差不多、某一车间制造多种产品等，我们可以利用海量的大数据帮助管理会计工作者进行选择。可以利用相关系数的概念。首先，对以前各个年度的经营状况(可以设定以前 10 个预算期)，使用不同的计量单位进行预算，然后与实际发生情况进行对比，如使用 X 计量单位预算出的各个年度的值为 X1，X2，X3，X4，X5，X6，X7，X8，X9，X10；使用 Y 计量单位预算出的各个年度的值为 Y1，Y2，Y3，Y4，Y5，Y6，Y7，Y8，Y9，Y10 等；而实际发生各年的值为 A1，A2，A3，A4，A5，A6，A7，A8，A9，A10。利用相关系数的公式，得出 rx 与 ry，比较 rx 与 ry 得出哪一个计量单位的预算更加准确，便以此计量单位来进行预算。此种方法可以推广到三个或三个以上的多个计量单位的选择。

这种方法在大数据下容易实现，设定好初始的程序，从网络中直接获取数据，得出计算结果。从网络中不仅可以获取自己公司的数据，也可以根据行业情况，更准确地设置预算的业务计量单位。

二、公式法下公式的拟合度更高，可降低列表法难度

弹性预算的公式法是运用总成本性态模型，预测预测期的成本费用数额，并编制成本

费用预算的方法。根据成本性态，成本与业务量之间的数量关系可以用公式 $y=a+bx$ 表示，其中，y 表示某项预算成本总额，a 表示该项成本中的预算固定成本额，b 表示该项成本中的预算单位变动成本额，x 表示预计业务量。阶梯成本和曲线成本只能用数学方法修正为直线，才能用公式法，这样，会造成预算不准确。在大数据时代的今天，我们可以利用大数据技术，在成本性态分析的基础上，拟合出更好的成本曲线，而不仅仅是对成本性态进行分析，更是对已有的海量数据的价值进行发掘。在海量数据中提取出我们需要的业务量(即 x)及它们对应的成本总额(即 y)，用计算机技术把这些数据点描绘在一个坐标图上，用计算机技术直接拟合出相似度最高的一种曲线，作为预算的公式所用。

列表法是在预计的业务量范围内将业务量分为若干个水平，然后按不同的业务量水平编制预算。列表法虽可以不必经过计算即可找到与业务量相近的预算成本，但在评价和考核实际成本时，往往需要使用插补法来计算实际业务量的预算成本，比较麻烦。大数据技术拟合出的曲线能进行很好的预算，降低列表法的难度。

三、加大预算范围

理论上，弹性预算法适用于所有与业务量有关的预算，但是实务中主要用于编制成本费用预算和利润预算。即使有些预算，如销售预算等，不便于利用成本性态模型分析预算，也可用大数据获取以前年度的相关数据，建模分析，得出所要的预算，以此来扩大预算的范围。利用一种方法把预算一体式完成，这样可以使预算更加完整，实现企业的总目标，减少因各级各部门职责不同而出现的相互冲突的现象。

（资料来源：王锦．探讨大数据时代下对弹性预算法的改进[J]，财会研究，2015）

实践操作

A 公司生产和销售甲产品，6 月份现金收支的预计资料如下：

(1) 6 月 1 日的现金余额为 520 000 元。

(2) 产品售价 117 元/件，4 月份销售 10 000 件，5 月份销售 12 000 件，6 月预计销售 15 000 件，7 月预计销售 20 000 件。根据经验，商品售出后当月可收回货款的 40%，次月收回 30%，再次月收回 25%，另外 5% 为坏账。

(3) 材料采购单价为 2.34 元/千克，产品消耗定额为 5 千克；材料采购货款当月支付 70%，下月支付 30%。编制预算时月底产成品存货为次月销售量的 10%。5 月底的实际产成品存货为 1 200 件，应付账款余额为 30 000 元。5 月底的材料库存量为 2 000 千克，预计 6 月末的材料库存量为 1 500 千克。

(4) 6 月需要支付的直接人工工资为 650 000 元，管理人员工资为 280 000 元，其中有 60 000 元是生产管理人员工资；需要支付其他的管理费用 45 000 元、制造费用 12 000 元，需要支付销售费用 64 000 元。

(5) 支付流转税 120 000 元。

(6) 预计 6 月将购置设备一台，支出 650 000 元，须当月付款。

(7) 预交所得税 20 000 元。

(8) 现金不足时可以从银行借入，借款额为 10 000 元的倍数，利息在还款时支付。期末现金余额不少于 500 000 元。

要求：
(1) 预计 6 月的生产量；
(2) 预计 6 月材料需用量和材料采购量；
(3) 预计 6 月的采购金额；
(4) 预计 6 月的采购现金支出；
(5) 预计 6 月的经营现金收入。

课 后 习 题

一、单项选择题

1. 某企业编制第三季度“生产预算”，第一季度销售量为 1 800 件，第二季度销售量为 2 000 件，预计本年第三季度销售量为 1 900 件，第四季度销售量为 2 100 件，期末存货为上一季度销售量的 10%，第三季度预计生产量为(　　)件。
A. 1890　　B. 1910　　C. 1880　　D. 1920
2. 现金预算中，不属于现金支出的内容的是(　　)。
A. 支付制造费用　　B. 预交所得税
C. 购买设备支出　　D. 支付借款利息支出
3. 在下列各项中，属于业务预算的是(　　)。
A. 预计资产负债表　　B. 预计利润表
C. 现金预算　　D. 销售预算
4. 增量预算编制方法的缺陷是(　　)。
A. 可比性弱
B. 工作量很大
C. 有利于促使各基层单位精打细算
D. 可能导致无效费用开支项目无法得到有效控制
5. 某企业编制第 4 季度现金预算，现金多余或不足部分列示金额为－17 840 元，资金的筹集和运用部分列示归还借款利息 500 元，若企业需要保留的现金余额为 3 000元，银行借款的金额要求是 1 000 元的整倍数，那么企业第 4 季度的借款额为(　　)元。
A. 22 000　　B. 18 000　　C. 21 000　　D. 23 000
6. 现金预算中，计算“现金余缺”时，现金支出不包括(　　)。
A. 资本性现金支出　　B. 直接材料采购
C. 支付利息　　D. 支付流转税
7. 某企业第一季度产品生产量预算为 1 500 件，单位产品材料用量为 5 千克/件，季初材料库存量为 1 000 千克，第一季度还要根据第二季度生产耗用材料的 10%安排季末存量，预计第二季度生产耗用 7 800 千克材料。材料采购价格预计为 12 元/千克，则该企业第一季度材料采购的金额为(　　)元。
A. 78 000　　B. 87 360　　C. 92 640　　D. 99 360

8. 下列各项预算中，最先编制的预算应该是(　　)。

A. 销售预算　　B. 生产预算

C. 预计利润表　　D. 预计资产负债表

9. 下列说法不正确的是(　　)。

A. 固定预算编制方法可能造成预算上的浪费

B. 零基预算有利于促使各基层单位精打细算，合理使用资金

C. 定期预算有利于对预算执行情况进行分析和评价

D. 滚动预算又叫连续预算或永续预算

10. 东方公司编制预算的时候考虑到本年生产任务增长10%，所以制造费用就在去年30万元的基础上编制为30×(1+10%)=33万元，它所采用的预算编制方法是(　　)。

A. 增量预算　　B. 零基预算

C. 固定预算　　D. 弹性预算

二、多项选择题

1. 下列有关预算的概念和特征的说法正确的有(　　)。

A. 预算是企业在预测、决策的基础上，以数量和金额的形式反映企业未来一定时期内经营、投资、财务等活动的具体计划

B. 编制预算的目的是促成企业以有效的方式实现预定目标

C. 数量化和可执行性是预算最主要的特征

D. 预算必须与企业的战略或目标保持一致

2. 预算是对未来活动的细致、周密安排，是未来经营活动的依据，其最主要的特征是(　　)。

A. 数量化　　B. 可执行性

C. 一致性　　D. 系统性

3. 下列选项中一般不属于长期预算的有(　　)。

A. 销售预算　　B. 财务预算

C. 管理费用预算　　D. 资本支出预算

4. 在编制现金预算的过程中，可作为其编制依据的有(　　)。

A. 业务预算　　B. 预计利润表

C. 预计资产负债表　　D. 专门决策预算

5. 下列各项中，可能会列示在现金预算表中的有(　　)。

A. 直接材料采购　　B. 制造费用

C. 资本性现金支出　　D. 经营性现金支出

6. 某企业本月支付当月货款的60%，支付上月货款的30%，支付上上月货款的10%，未支付的货款通过"应付账款"核算。已知7月货款为20万元，8月货款为25万元，9月货款为30万元，10月货款为50万元，则下列说法正确的有(　　)。

A. 9月支付27.5万元

B. 10月初的应付账款为14.5万元

C. 10月末的应付账款为23万元

D. 10月初的应付账款为11.5万元

7. 下列关于增量预算和零基预算的描述正确的有（　　）。
   A. 增量预算是以基期成本费用水平为基础编制的预算
   B. 零基预算在编制费用预算时，不考虑以往会计期间发生的费用项目或费用数额
   C. 零基预算可能导致无效费用开支项目无法得到有效控制
   D. 增量预算不受现有费用项目的限制
8. 下列关于弹性预算的说法中正确的有（　　）。
   A. 弹性预算编制依据的业务量可以是生产量、机器工时、材料消耗量等
   B. 能够保证预算期间与会计期间相对应
   C. 适用范围大
   D. 公式法比列表法的编制工作量小

三、判断题

1. 连续预算能够使预算期间与会计年度相配合。（　　）
2. 零基预算是为弥补增量预算的缺陷而设计的一种先进预算方法。（　　）
3. 编制现金预算时，制造费用产生的现金流出就是发生的制造费用数额。（　　）
4. 预计资产负债表中现金余额项目的期末数不一定等于现金预算中的期末现金余额。（　　）
5. 销售预算是编制全面预算的起点。（　　）

四、计算分析题

甲公司计划本年只生产一种产品，有关资料如下：

(1) 每季的产品销售货款有60%于当期收到现金，有40%于下个季度收到现金，预计第一季度末的应收账款为3 800万元，第二季度的销售收入为8 000万元，第三季度的销售收入为12 000万元。产品售价为1 000元/件。

(2) 每一季度末的库存产品数量等于下一季度销售量的20%。单位产品材料定额耗用量为5千克，第二季度末的材料结存量为8 400千克，第二季度初的材料结存量为6 400千克，材料计划单价10元/千克。

(3) 材料采购货款在采购的季度支付80%，剩余的20%在下季度支付，未支付的采购货款通过“应付账款”核算，第一季度末的应付账款为100万元。

要求：(1) 确定第一季度的销售收入；

(2) 确定第二季度的销售现金收入合计；

(3) 确定第二季度的预计生产量；

(4) 确定第二季度的预计材料采购量；

(5) 确定第二季度采购的现金支出合计。

8 项目八 Chapter 8 标准成本法

>>> 学习目标

知识目标：

1. 理解标准成本法的基本原理；
2. 掌握成本差异的计算；
3. 理解成本差异在成本控制中的意义。

能力目标：

1. 掌握制定标准成本的方法；
2. 能对标准成本差异的原因进行分析。

素质目标：

1. 能根据企业的资料制定标准成本；
2. 能使用标准成本的会计核算方法对企业的成本业务进行账务处理。

>>> 思维导图

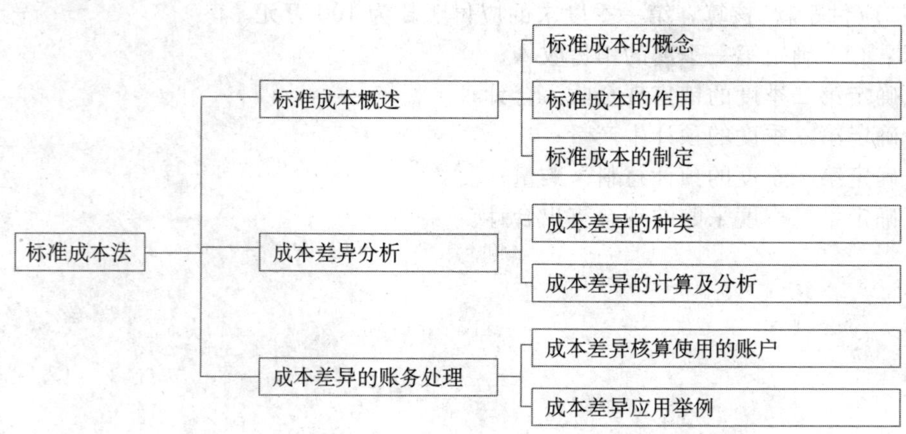

任务一 标准成本概述

>>> 任务分析

成本控制作为成本管理的一个重要组成部分，在成本管理中起着重要作用：第一，成本控制是企业生存和发展的基础。因为成本降低了，可以降低售价以扩大销售，销售扩大后经营基础稳固了，才有实力去提高产品质量，创新产品设计，寻求新的发展。第二，成本控制是企业增加盈利的根本途径。增加盈利是企业的目的之一，无论什么情况下，降低成本都可以增加利润。在收入不变的情况下，降低成本可使利润增加；在收入增加的情况下，降低成本可使利润增长更快；在收入下降的情况下，降低成本可控制利润的下降。本任务学习标准成本的内容。

>>> 导入案例

有一名青年，在美国某石油公司工作。他的学历不高，也没有技术。他在公司的工作连小孩也能胜任，就是巡视并确认石油罐盖有没有自动焊接好。石油罐在输送带上移动至旋转台后，焊接剂便自动滴落下来，沿着盖子回转一圈，作业就算结束。他每天如此，反复好几百次地注视着这种作业。没几天，他便开始对这项工作厌烦了，他很想改行，但一时又没有更好的工作，更何况工作并不好找。他想，要使这项工作有所突破，就必须自己找些事做。因此，他更加专注于这项工作，并在工作时更加仔细地观察这焊接工作。他发现罐子旋转一次，焊接剂滴落 39 滴，焊接工作就结束了。他努力思考：在这一连串的工作中，有没有什么可以改善的地方？一次，他突然想，如果能将焊接剂减少一两滴，是不是能节省成本？于是，他经过一番研究，终于研究出“37 滴型”焊接机。但利用这种机器焊接出来的石油罐，偶尔会漏油，不实用。他没有灰心，又研制出“38 滴型”焊接机。这个发明非常完美，公司对它的评价很高。不久便生产出这种机器，改用新的焊接方式。虽然节省的只是一滴焊接剂，但这“一滴”却使公司每年可节约一笔十分可观的支出。

这名青年就是后来掌握全美制油业 95% 实权的石油大王——洛克菲勒。

由此可见，成本控制对于企业经营的重要性。

一、标准成本的概念

标准成本是在正常生产经营条件下应该实现的，可以作为控制成本开支，评价实际成本、衡量工作效率的依据和尺度的一种目标成本。根据标准成本所依据的生产技术和经营水平分类，可以分为以下三种：

▶ 1. 理想标准成本

理想标准成本是指企业处在最佳工作状态下可以达到的成本水平，它排除了一切失误、浪费、机器的闲置等因素，根据理论上的耗用量、价格以及最高的生产能力制定的标准成本。

▶ 2. 正常标准成本

正常标准成本是指企业在正常生产经营条件下应该达到的成本水平，它是根据正常的耗用水平、正常的价格和正常的生产经营能力利用程度制定的标准成本。

▶ 3. 现实标准成本

现实标准成本是指企业在现有的生产条件下应该达到的成本水平，它是根据现在所采用的价格水平、生产耗用量以及生产经营能力利用程度而制定的标准成本。

二、标准成本的作用

▶ 1. 作为成本控制的依据

成本控制工作的好坏，其首要条件是确定一个合适的标准成本。标准成本为成本控制提供了一个客观的衡量尺度。企业各级管理人员可以根据管理的需要，随时掌握实际成本支出情况、实际成本与标准成本之间的差异大小，以及形成差异的原因，并采取有效措施，消除不利差异，实现成本目标。

▶ 2. 作为经营决策的成本信息

由于标准成本代表了成本要素的合理近似值，因而可以作为定价依据，并可作为本量利分析的原始数据资料，以及估算产品未来成本的依据。

▶ 3. 可以简化存货的计价以及成本核算的账务处理工作

使用标准成本来记录材料，在产品和销售账户，可以简化日常的账务处理和报表的编制工作。在标准成本系统中，上述账户按标准成本入账，使账务处理及时简单，减少了许多费用的分配计算。

▶ 4. 便于企业编制预算和进行预算控制

因为标准成本是一种预计成本，可以作为编制预算的依据，明确企业在预算期的目标。另外，标准成本是事先制定的、在正常生产经营条件下应当发生的成本，通过对实际成本背离标准成本的差异分析，可以评价各有关部门和工作人员的成绩，分清他们的管理责任，确定经济活动的效果，并进一步采取相应的改进措施。

三、标准成本的制定

在一般情况下，标准成本可以按零件、部件和生产阶段等的成本项目制定，即分别按直接材料、直接人工和制造费用制定。对于其中的制造费用，还可分为变动制造费用和固定制造费用两类。在零部件较少的情况下，可以先制定零件的标准成本，在此基础上制定部件和产品的标准成本；在零部件较多的情况下，可以不制定零件的标准成本，而先制定部件的标准成本，再制定产品的标准成本，或直接制定产品的标准成本。

▶ 1. 直接材料标准成本的制定

直接材料的标准成本是根据产品或零件、部件所需某材料的标准耗用量和材料的标准单价计算的，计算公式如下：

某产品的直接材料标准成本＝该产品所需某材料的数量标准×该材料的价格标准

公式中的材料的标准耗用量，可以从工程技术部门提供的制造单位产品所需要的各种原材料消耗量取得，还可以通过产品的图纸等技术文件进行研究。在一些制造业工业企业中，对材料数量标准的确定还需要考虑残料、废料及必要损耗的数量。在对企业过去的生产记录进行分析时，可以选择耗用材料的平均数作为标准：①过去关于材料用量的最节省数量；②某一期间相似的各批产品的平均耗用量；③使用标准前最高、最低耗用量的平均数。

材料的标准单价可以采用正常价格标准，正常价格标准往往是材料的平均价格标准；也可以采用现行或预期价格标准，这是最合乎需要和最有效的标准。

当采用现行或预期价格标准时，要视有无长期购料合同、库存材料价格及市场预测等来确定，应包括运输途中损耗、挑选费在内。还需考虑：确定最佳采购批量获得的价格优惠；实现最低成本所采用的装运和储藏的最佳方法；使用商业信用可能节约的成本和降低的价格。

2. 直接人工标准成本的制定

直接人工的标准成本是根据零、部件的标准工时和小时工资率计算的。直接人工用量的标准即直接人工标准工时，直接人工价格标准即直接人工标准分配率，计算公式如下：

某产品的直接人工标准成本＝该产品或零、部件单位产品的标准工时×工时标准工资率

公式中的产品或零、部件单位产品的标准工时的制定应按加工工序来制定，制定标准工时应考虑直接加工工时和工人必要的间歇与停工时间等，单位产品消耗的各工序标准工时应考虑生产计划和选购材料等。产品或零、部件单位产品的标准工时的制定通常采用以下一个或几个程序来完成：①计算过去工时的平均值；②对工作时间和动作进行研究以进行估计；③根据产品和制造过程中的过去经验和知识，进行一次合理的估计；④对预期正常情况下的制造程序进行实验性测试。

工时标准工资率应根据工种、操作工人技术等级以及所在车间等情况分别确定。如果同一项操作在不同情况下需要不同的技能才能完成，那么也应制定不同的工资率标准。采用计件工资制，标准工资率是预定的每件产品支付的工资除以标准工时，可以将计件工资的数额作为产品直接人工成本。采用计时工资制，标准工资率是指每一标准工时应分配的工资，工资率在当期较少变动，标准较易制定。

3. 制造费用标准成本的制定

制造费用一般分固定制造费用和变动制造费用分别编制，这两部分制造费用都按标准用量和标准价格的乘积计算，标准用量一般采用工时标准，标准价格即制造费用标准分配率。在全部成本法下，固定制造费用预算可依照历史生产资料并考虑预算期生产能力利用程度加以估算，其中变动制造费用一般应按不同的生产量来计算，以适应数量的变动。制造费用用量标准即标准工时，与上述直接人工用量标准的制定相同。计算公式如下：

制造费用标准分配率＝制造费用预算总额/直接人工标准总工时

在变动成本法下，固定制造费用属于期间成本，存在分配率标准的问题。无论在哪种成本法下，变动制造费用分配率标准均可按上式计算。

标准成本一经确定，就应按不同种类、不同规格产品制作标准成本卡，作为控制和考核成本执行业绩的依据。一般应为每一产品、每一工序设立标准成本卡，它包括直接材料、直接人工、变动制造费用和固定制造费用四个部分。直接材料应按材料的不同种类和规格详细列明。直接人工应按不同工序分别列出。

【例 8-1】2016 年年初企业制作的甲产品的标准成本卡如表 8-1 所示。

表 8-1 甲产品标准成本卡

项　　目	单价标准	用量标准	标准成本
直接材料			
A 材料	25 元/千克	8 千克/件	200 元/件
B 材料	20 元/千克	12 千克/件	240 元/件
小　计			440 元/件
直接人工	2 元/小时	200 人工小时/件	400 元/件
变动制造费用			
间接人工费	1 元/小时	200 台时/件	200 元/件
直接人工费	8 元/千克	10 千克/件	80 元/件
动力费	1 元/小时	200 台时/件	200 元/件
小　计			480 元/件
固定制造费用	1.2 元/小时	100 台时/件	120 元/件
单位甲产品标准成本			1 440 元/件

>>> 任务小结

标准成本是指在正常和高效率的运转情况下制造产品的成本，而不是指实际发生的成本。在典型的实际成本制度中，间接费用是按事先规定的比率分摊到产品中去的，而标准成本制度也以同样的办法处理。这两种方法的主要区别是对直接材料和直接人工的计算方法不同。实际成本制度采用每种产品实际发生直接成本数额；而标准成本制度则采用从直接材料和直接人工中产生的标准单位成本，有的会计制度规定存货用标准成本记账，有的会计制度规定存货既用标准成本，也用实际成本记账。

任务二　成本差异分析

>>> 任务分析

成本差异一般有计划成本与实际成本的差异、本期实际成本与上期实际成本的差异、本期实际成本与上年同期实际成本的差异、本期实际成本与本企业历史先进成本水平及同行业先进成本水平的差异等，成本差异分析就是对以上各种差异进行剖析，找出差异产生原因，分清有利差异和不利差异，针对不同原因产生的差异对症下药采取措施降低生产成本的分析过程。管理者可以根据成本差异发现问题，具体分析差异形成的原因和责任，采取相应的措施，实现对成本的控制。

>>> 导入案例

某轴承厂 9 月轴承的实际产量为 800 件，具体资料如表 8-2 所示。

表 8-2 某轴承厂相关资料

项 目	标准成本	实际成本
材料单价/元	10	11
单位产品材料耗用量/千克	5	4
小时工资率/(元/小时)	3	3.2
单位产品耗用直接人工工时/小时	2	2.1
变动制造费用分配率/(元/小时)	1	0.8

在上述资料当中，直接材料、直接人工、变动制造费用的实际成本和标准成本皆有差异。那么应该怎么计算出轴承的成本差异?

一、成本差异的种类

每个产品的标准成本是一种预定的目标成本，是用来控制实际成本的。但是在实际生产过程中，由于种种原因，产品的实际成本和预定的标准成本会发生偏差。因此，成本差异是指在生产经营过程中发生的实际成本偏离预定的标准成本而形成的差额，它表示实际成本脱离标准成本的程度，反映成本控制的业绩。根据形成的原因及性质，成本差异可分为不同的类型。

▶ 1. 价格差异与数量差异

从直接材料、直接人工和制造费用来看，成本差异可以分为两个方面，即数量差异和价格差异。

数量差异是指由直接材料的用量、直接人工的工时和制造费用的分摊基础等数量性质的因素变化引起的成本差异，是实际的单位耗用量脱离标准单位耗用量所产生的成本差异。基本计算公式为

数量差异＝标准价格×(实际用量－实际产量下标准用量)

价格差异是指由直接材料价格、直接人工工资率和制造费用分摊率等价格性质的因素变化引起的成本差异，是实际价格脱离标准价格所产生的成本差异。基本计算公式为

价格差异＝(实际价格－标准价格)×实际用量

在计算直接人工的差异时，价格是指直接人工工资率，用量是指生产产品所需人工小时；在计算直接材料差异时，价格是指直接材料的单价，用量是指直接材料的耗用量；在计算变动制造费用差异时，价格是指变动制造费用分配率，用量是指生产产品所需人工小时。

▶ 2. 耗费差异与能量差异

固定制造费用成本差异可以分为耗费差异与能量差异。

耗费差异是指固定制造费用的实际金额与固定制造费用预算金额之间的差额。因为固定制造费用没有随业务量的变动而变动，所以以预算数作为标准，实际数额超过预算数即视为耗费过多。

能量差异是指固定制造费用预算与固定制造费用标准成本的差额，或者说是实际业务量的标准工时与生产能量的差额用标准分配率计算的金额，它反映未能充分使用现有生产能量而造成的损失。

▶ 3. 有利差异与不利差异

实际成本低于标准成本的差额为顺差，即有利差异，用 F 表示。实际成本高于标准成本的差额为逆差，即不利差异，用 U 表示。计算并分析成本差异的主要目的是为了查明差异产生的原因，有针对性地制定调整和消除差异的措施，以进一步加强成本管理，降低产品成本，提高经济效益。

二、成本差异的计算及分析

在计算标准成本差异时，一般包括直接材料成本差异、直接人工成本差异、制造费用成本差异三个方面。

(一) 直接材料成本差异的计算及分析

直接材料成本差异是指直接材料实际成本与标准成本的差异，包括材料用量差异和价格差异两部分。材料用量差异是指实际使用的直接材料和实际产量下按标准应使用的直接材料数量之差乘以标准价格。材料价格差异是指原材料实际价格和标准价格之差乘以实际采购的原材料数量。相关计算公式如下：

直接材料成本差异＝实际产量下实际成本－实际产量下标准成本

＝实际用量×实际价格－实际产量下标准用量×标准价格

＝直接材料用量差异＋直接材料价格差异

直接材料用量差异＝(实际用量－实际产量下标准用量)×标准价格

直接材料价格差异＝实际用量×(实际价格－标准价格)

如果计算结果为正，表示逆差，是超支，为不利差异，说明企业直接材料实际成本大于标准成本；如果计算结果为负，表示顺差，是节约，为有利差异，说明企业直接材料实际成本小于标准成本。

一般而言，直接材料差异的产生源于用量脱离标准形成的材料数量差异和价格脱离标准形成的材料价格差异。其中，材料数量差异产生于材料耗用过程中，如操作疏忽造成废品或废料增加、因技术进步而节省材料等；材料价格差异产生于采购过程中未按标准进货，如供应厂家价格变动、未按经济采购批量进货、未能及时订货造成的紧急订货等。当存在材料浪费的情况时，也会导致材料成本差异。一般而言，一定数量的可预期材料浪费应当计入材料用量标准中，因此在进行成本差异计算时，需要考虑到可预期的浪费调整标准用量，如图 8-1 所示。

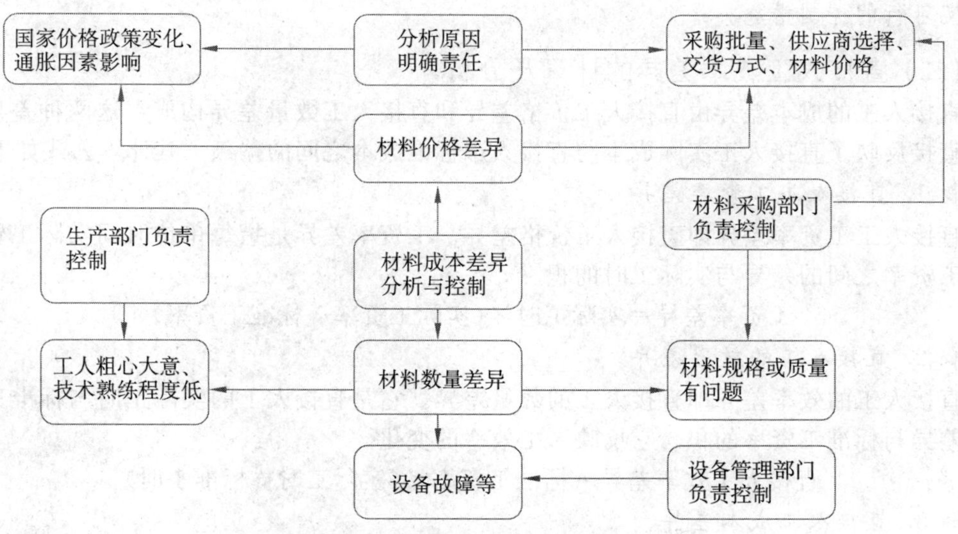

图 8-1 直接材料成本差异分析

【例 8-2】某制造公司生产甲产品，本期正常生产能力为 1 500 小时，计划生产甲产品 250 件。期初在产品 10 件，本期产成品 210 件，期末在产品 20 件，期初、期末在产品完工率均为 50%，直接材料在生产开始时一次性投入。有关资料如表 8-3 所示。试计算并分析直接材料成本差异。

表 8-3 甲产品资料 单位：元

项 目	标准成本			实际成本	
	单 耗	单 价	总金额	总用量	总金额
直接材料	5 千克	4	—	990 千克	4 158
直接人工	6 小时	5	—	1 400 小时	8 400
变动性制造费用	6 小时	1.6	—	—	2 380
固定性制造费用	—	—	1 800	—	1 700

解：

消耗直接材料的实际产量＝210＋20－10＝220(件)

直接材料标准成本＝220×5×4＝4 400(元)

直接材料实际成本＝4 158 元

直接材料成本差异＝4 158－4400＝－242(元)

直接材料成本差异分解：

(1) 直接材料数量差异＝990×4－220×5×4＝3 960－4 400＝－440(元)

(2) 直接材料价格差异＝4 158－990×4＝4 158－3 960＝198(元)

(3) 直接材料成本差异＝直接材料数量差异＋直接材料价格差异＝－440＋198＝－242(元)

计算表明：直接材料成本节约 242 元，是由于材料单耗降低使直接材料成本节约 440 元，材料单价上升使直接材料成本超支 198 元两者共同作用的结果。材料成本差异的计算与分析为进一步查找原因指明了方向。企业应进一步查找导致材料单价上升的原因，并采取切实可行的控制措施。

(二) 直接人工成本差异的计算及分析

直接人工的成本差异由直接人工价格差异和直接人工数量差异构成，这两种差异的代数和直接反映了直接人工实际成本与直接人工标准成本之间的差额。其计算公式如下：

▶ 1. 直接人工工资率差异

直接人工工资率差异即直接人工价格差异。工资率差异是指每单位时间实际工资率与标准工资率之间的差异与实际工时的积。

工资率差异＝实际工时×(实际工资率－标准工资率)

▶ 2. 直接人工的效率差异

直接人工的效率差异即直接人工的数量差异。它是直接人工的实际工时与标准工时之间的差异与标准工资率的积。它反映人工效率的变化。

直接人工效率差异＝标准工资率×(实际工时－标准工时)

▶ 3. 直接人工成本差异

直接人工成本差异分析的任务是，分析差异受直接人工工资率差异和直接人工效率差异影响的方向和大小，也就是说，直接人工的成本差异中，哪些是由直接人工工资率差异造成的，又有哪些是因直接人工效率差异造成的。二者的关系可用公式表示为

直接人工成本差异＝实际人工成本－标准人工成本

＝直接人工工资率差异＋直接人工效率差异

直接人工效率差异主要是生产部门的责任，如工人经验不足、设备故障较多、产量太少以至于无法发挥批量节约优势等。此外，材料质量不好也会影响生产效率；工资率差异主要由人事部门负责，工资率调整、加班或使用临时工、出勤率变化等都会导致工资率差异。如图 8-2 所示。

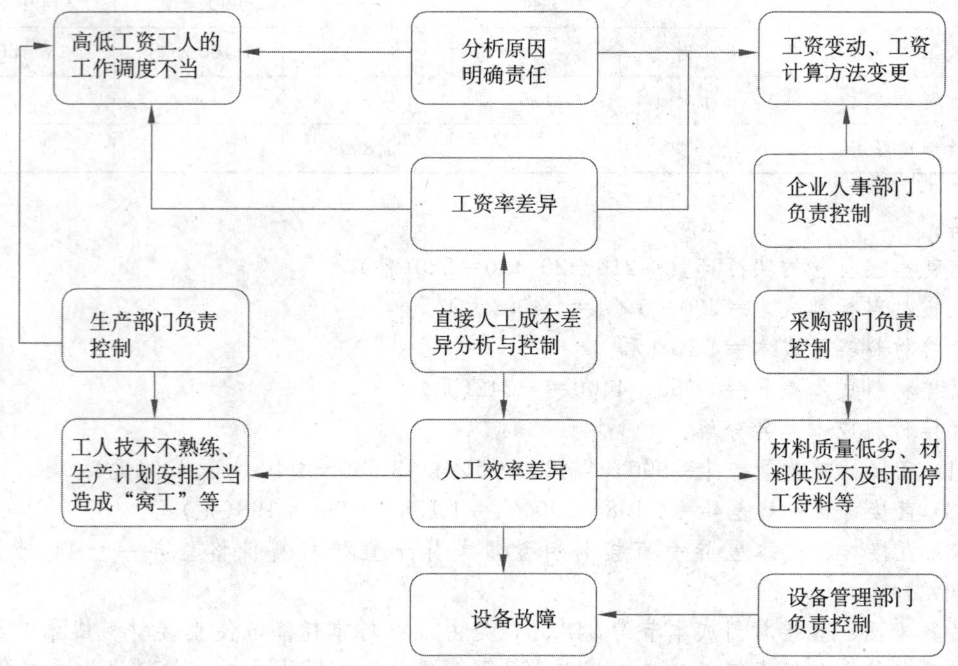

图 8-2 直接人工成本差异分析与控制

【例 8-3】某制造公司本期生产甲产品 200 件，实际耗用人工 8 000 小时，实际工资总额 80 000 元，平均每工时 10 元。假设标准工资率为 9 元，单位产品的工时耗用标准为 28 小时。试计算人工成本差异。

解：

直接人工效率差异＝(实际工时－标准工时)×标准工资率

＝(8 000－28×200)×9＝21 600(元)

直接工资率差异＝实际工时×(实际工资率－标准工资率)

＝8 000×(10－9)＝8 000(元)

直接人工成本差异＝直接人工效率差异＋直接工资率差异

＝21 600＋8 000＝29 600(元)

(三) 制造费用成本差异的计算及分析

制造费用差异引起的因素包括费用预算的执行、产量的变化和效率的改变等，为了分析制造费用差异产生的原因，应分别对变动制造费用成本差异和固定制造费用成本差异进行计算与分析。

▶ 1. 变动制造费用成本差异的计算及分析

变动制造费用成本差异是指实际变动制造费用与变动制造费用预算之间的差额，包括变动制造费用效率差异和变动制造费用耗费差异。变动制造费用效率差异是实际耗用工时脱离标准工时而导致的成本差异，又称变动制造费用的量差。变动制造费用耗费差异是变动制造费用实际耗费脱离标准而导致的成本差异，又称变动制造费用的价差。其计算公式如下：

变动制造费用效率差异＝(实际工时－标准工时)×标准分配率

变动制造费用耗费差异＝(实际分配率－标准分配率)×实际工时

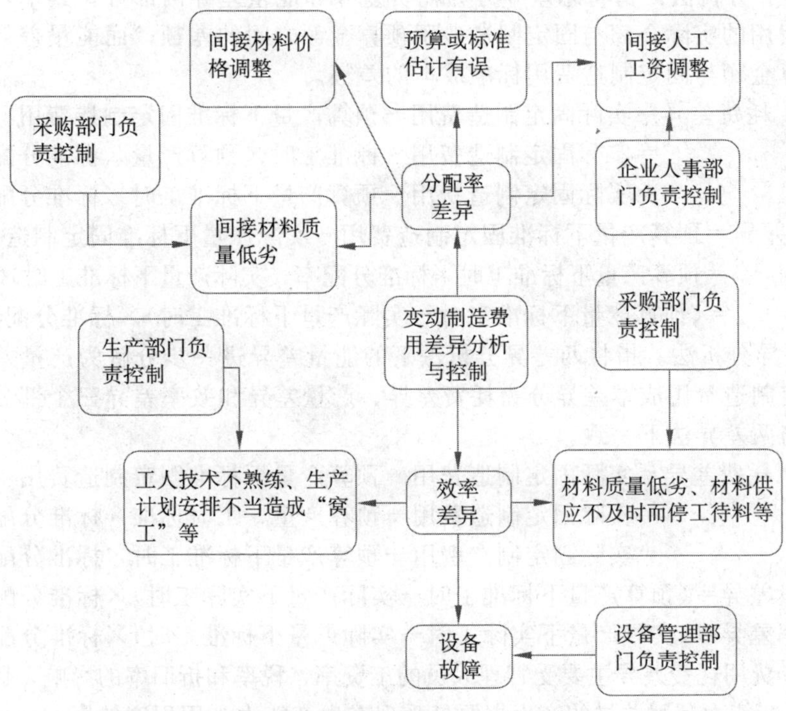

图 8-3 变动制造费用差异分析与控制

变动制造费用差异分析的任务是要分清由变动制造费用耗费差异和变动制造费用效率差异对变动制造费用差异影响的大小和方向。变动制造费用耗费差异主要是受到变动制造费用的节约和浪费的影响，以及生产工时的影响。变动制造费用效率差异只受工时变化的影响。

变动制造费用差异造成的原因主要是间接材料人工和其他费用的节约或超支，要减少不利差异就应强化车间管理，充分调动生产工人的积极性，提高工时利用效率和劳动生产率等。如图 8-3 所示。

【例 8-4】某制造公司本期生产甲产品 200 件，实际耗用人工 8 000 小时，实际发生变动制造费用 20 000 元，变动制造费用实际分配率为 2.5 元/人工工时。假设变动制造费用标准分配率为 3 元，耗用标准人工 6 000 小时。试计算变动制造费用成本差异。

解：

变动制造费用效率差异＝(实际工时－标准工时)×标准分配率
＝(8 000－6 000)×3＝6 000(元)

变动制造费用分配率差异＝实际工时×(实际分配率－标准分配率)
＝8 000×(2.5－3)＝－4 000(元)

变动制造费用差异＝变动制造费用效率差异＋变动制造费用分配率差异
＝6 000－4 000＝2 000(元)

▶ 2. 固定制造费用成本差异的计算及分析

固定制造费用成本差异＝实际产量下实际固定制造费用－实际产量下标准固定制造费用
＝实际工时×实际分配率－实际产量下标准工时×标准分配率

其中：标准费用分配率＝固定制造费用预算总额÷预算产量下标准总工时。

(1) 两差异分析法。指将总差异分为耗费差异和能量差异两部分。其中，耗费差异是指固定制造费用的实际金额与固定制造费用预算金额之间的差额；而能量差异则是指固定制造费用预算金额与固定制造费用标准成本的差额。

耗费差异＝实际固定制造费用－预算产量下标准固定制造费用
＝实际固定制造费用－标准工时×预算产量×标准分配率
＝实际固定制造费用－预算产量下标准工时×标准分配率

能量差异＝预算产量下标准固定制造费用－实际产量下标准固定制造费用
＝预算产量下标准工时×标准分配率－实际产量下标准工时×标准分配率
＝(预算产量下标准工时－实际产量下标准工时)×标准分配率

(2) 三差异分析法。指将两差异分析法下的能量差异进一步分解为产量差异和效率差异，即将固定制造费用成本差异分为耗费差异、产量差异和效率差异三个部分。其中耗费差异的计算与两差异法下一致。

耗费差异＝实际固定制造费用－预算产量下标准固定制造费用
＝实际固定制造费用－预算产量×工时标准×标准分配率
＝实际固定制造费用－预算产量下标准工时×标准分配率

产量差异＝(预算产量下标准工时－实际产量下实际工时)×标准分配率

效率差异＝(实际产量下实际工时－实际产量下标准工时)×标准分配率

固定制造费用耗费差异主要受管理人员的工资率、税率和折旧率的影响，固定制造费用效率差异和生产能力利用差异的产生主要是受现有生产能力利用程度的影响。因此，要降低固定制造费用就应精简管理人员，充分发挥固定资产的作用，充分利用现有生产能力。

固定制造费用能量差异衡量了生产能力的利用程度。当实际产量标准工时小于生产能力时，表明生产能力未被充分利用，企业应查明原因，如产品销路不畅导致生产量下降、资源供应不及时、生产安排不当等，并明确责任归属，及时采取调整措施。如图 8-4 所示。

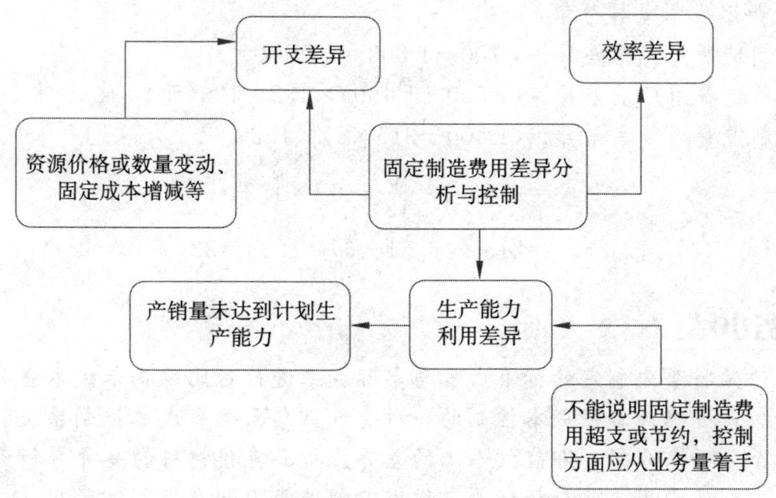

图 8-4　固定制造费用差异分析与控制

【例 8-5】某制造公司生产甲产品，本期正常生产能力为 1 500 小时，单位产品标准工时为 6 小时，固定制造费用预算为 1 800 元，标准小时费用率为 1.2 元/小时。本期实际生产工时为 1 400 小时，实际发生固定制造费用为 1 700 元。试用两差异法计算分析固定制造费用成本差异。

解：

实际产量＝210＋(20－10)×50％＝215(件)

实际产量的固定性制造费用标准成本＝215×6×1.2＝1 548(元)

固定制造费用实际成本＝1 700(元)

固定制造费用成本差异＝1 700－1 548＝152(元)

固定制造费用成本差异分解：

(1) 固定制造费用耗费差异＝1 700－1 800＝－100(元)

(2) 固定制造费用能量差异＝(1 500－215×6)×1.2

＝1 500×1.2－215×6×1.2

＝1 800－1 548＝252(元)

或

固定制造费用能量差异＝(预算产量－实际产量)×固定制造费用标准成本

$$=\left(\frac{1\,500}{6}-215\right)\times 6\times 1.2$$

＝(250－215)×6×1.2

＝250×6×1.2－215×6×1.2

＝1 800－1 548＝252(元)

【例 8-6】题目同例 8-5，试用三差异法计算分析固定制造费用成本差异。

解：

实际产量＝210＋(20－10)×50％＝215(件)

实际产量的固定制造费用标准成本＝215×6×1.2＝1 548(元)

固定制造费用实际成本＝1 700(元)

固定制造费用成本差异＝1 700－1 548＝152(元)

固定制造费用成本差异分解：

(1) 固定制造费用耗费差异＝1 700－1 800＝－100(元)

(2) 固定制造费用产量差异＝(1 500－1 400)×1.2＝120(元)

(3) 固定制造费用效率差异＝(1 400－215×6)×1.2

$$=215\times\left(\frac{1\ 400}{215}-6\right)\times 1.2$$

$$=215\times(6.51-6)\times 1.2=132(\text{元})$$

>>> 任务小结

标准成本法是将事先制定的标准成本与实际成本进行对比以揭示成本差异，对成本差异进行因素分析，并据此加强成本控制的一种会计信息系统和成本控制系统。对于成本控制，主要从三个方面来分析，即直接人工的差异分析、直接材料的差异分析和制造费用的差异分析，其中制造费用差异分析还要考虑固定制造费用和变动制造费用。这是本项目的重点学习内容。

任务三　成本差异的账务处理

>>> 任务分析

标准成本管理的关键在于控制，而成本控制就是动用现代成本会计的各种方法，使各项成本达到预期标准的一种措施，通过成本控制使我们的实际成本逐步达到标准成本，这就实现了企业降成本增效益的目标。标准成本法下，我们不仅要分析直接人工的差异、直接材料的差异和制造费用的差异，还要为各种成本差异分别设置差异账户单独归集。

>>> 导入案例

宏鑫制造公司9月生产的具体资料如下：

(1) 购进A材料900千克，单价为每千克100元，用银行存款支付。

(2) 生产甲产品需使用一种直接材料A。本月生产甲产品200件，共领用A材料900千克，A材料的实际价格为每千克100元。假设A材料的标准价格为每千克110元，单位甲产品的标准用量为5千克A材料。

(3) 本月生产甲产品200件，实际耗用人工8 000小时，实际工资总额为80 000元，平均每工时10元。假设标准工资率为9元，单位产品的工时耗用标准为28小时。

(4) 本月生产甲产品200件，实际耗用人工8 000小时，实际发生变动制造费用20 000元，变动制造费用实际分配率为每直接人工工时2.5元。假设变动制造费用标准分配率为3元，标准耗用人工6 000小时；费用由银行支付。

(5) 本月预算固定制造费用为 2 400 元，预算工时为 1 000 小时，实际耗用工时为 1 200小时，实际固定制造费用为 2 600 元，标准工时为 1 100 小时。实际费用由银行支付。

(6) 假设本月公司"在产品"和"产成品"账户均无期初余额，本期投产的甲产品 200 件已全部完工，并已全部出售并收回款项。每件销售价格为 1 000 元。

如何编写宏鑫制造公司本月的相关会计分录？

成本差异能为成本控制和考核提供必要的信息，对成本差异进行账务处理，也是标准成本制度的重要环节，管理者在对成本的差异进行分析的同时，也应分清并落实责任，采取相应的有效措施。

一、成本差异核算使用的账户

标准成本计算与实际成本计算的程序不同，它是在标准成本的基础上进行的。同时，在进行计算时，还要进行各种差异的计算。其计算程序如下：

(1) 制定单位产品的标准成本；

(2) 计算实际产量的标准产品成本(按成本项目计算)；

(3) 计算标准成本差异，将计算出来的差异计入各种专设的差异账户中；

(4) 根据完工产品的实际产量和单位标准产品成本，计算完工产品的成本，并予以结转；

(5) 计算并结转标准成本差异账户，结转销售产品的实际成本。

成本差异核算使用的账户既可以按大的成本项目设置，又可以按具体成本差异的内容设置。采用标准成本法时，针对各种成本差异，应另设置各个成本差异账户进行核算。对平时领用的原材料、发生的直接人工费用和各种变动、固定制造费用应先在"直接材料""直接人工"和"制造费用"账户进行归集。月底计算、分析成本差异后，再将实际费用中的标准成本转入各个相应账户。

按大的成本项目设置的会计科目包括"直接材料成本差异""直接人工成本差异""变动制造费用成本差异""固定制造费用成本差异"。每个科目下再按差异原因分设明细科目。按具体差异设置的科目包括"直接材料用量差异""直接材料价格差异""变动制造费用耗费差异""变动制造费用效益差异""固定制造费用耗费差异"和"固定制造费用能量差异"(或"固定制造费用耗费差异""固定制造费用产量差异"和"固定制造费用效率差异")等。

基本会计分录如下：

借：生产成本　　　　　　　　　　　　　　　　标准成本入账

　　相应成本差异账户　　　　　　　　　　　　不利差异

　贷：(直接材料直接人工制造费用)　　　　　　实际成本入账

　　　相应成本差异账户　　　　　　　　　　　有利差异

在标准成本制度下，会计账务处理主要有三种模式：①差异全部计入当期损益。这种方法一般适用于月末时，标准成本差异的金额不是很大的情况，因为采用这种方式处理不会对当期损益产生较大的影响，且简化了成本核算的工作量。②将标准成本差异根据当月销售产品成本、月末在产品成本和月末库存结存产成品成本的比例进行分摊。这种方法一般适用于月末时标准成本差异金额较大的情况，采用这种处理方式虽然加大了成本会计的工作量，但不会对当期的损益产生较大的影响。③将标准成本差异结转入下期。这种方法一般适用于各月份标准成本差异可以相互抵消的情况，可以大大缩减会计核算的工作量。但这种方法一般只是在年度中间采用，而到了年末，则应采用上述两种方法当中的一种进行处理。

二、成本差异应用举例

依照【导入案例】资料，该企业本月实际发生业务相关账务处理分录如下：

(1) 购入直接材料：

借：直接材料	90 000	
贷：银行存款		90 000

(2) 耗用直接材料：

借：在产品	110 000	
贷：直接材料		90 000
直接材料价格差异		9 000
直接材料用量差异		11 000

(3) 发生直接人工成本：

借：直接人工	80 000	
贷：应付职工薪酬		80 000

(4) 结转直接人工：

借：在产品	50 400	
直接人工工资率差异	8 000	
直接人工效率差异	21 600	
贷：直接人工		80 000

(5) 支付变动制造费用：

借：变动制造费用	20 000	
贷：银行存款		20 000

(6) 结转变动制造费用成本：

借：在产品	18 000	
变动制造费用效率差异	6 000	
贷：变动制造费用		20 000
变动制造费用耗费差异		4 000

(7) 支付固定制造费用：

借：固定制造费用	2 600	
贷：银行存款		2 600

(8) 分别使用两差异法和三差异法结转固定制造费用(按全部成本法)：

两差异法：

借：在产品	2 640	
固定制造费用耗费差异	200	
贷：固定制造费用		2 600
固定制造费用能量差异		240

三差异法：

借：在产品	2 640	
固定制造费用开支差异	200	
固定制造费用效率差异	240	

贷：固定制造费用　　2 600
　　固定制造费用能力差异　　480

(9) 结转本月制成产品成本：

借：产成品　　181 040
　贷：在产品　　181 040

(10) 销售产品并收回款项：

借：银行存款　　200 000
　贷：销售收入　　200 000

(11) 结转200件已售产品标准成本：

借：销售成本　　181 040
　贷：产成品　　181 040

(12) 结转成本差异：

借：销售成本　　11 560
　　材料价格差异　　9 000
　　材料用量差异　　11 000
　　变动制造费用耗用差异　　4 000
　　固定制造费用产量差异　　480
　贷：直接人工工资率差异　　8 000
　　　直接人工效率差异　　21 600
　　　变动制造费用效率差异　　6 000
　　　固定制造费用耗用差异　　200
　　　固定制造费用效率差异　　240

>>> 任务小结

为了同时提供标准成本、成本差异和实际成本三项成本资料，在学习完任务三后，我们需要注意标准成本系统的账务处理具有以下特点：

(1)“原材料”“生产成本”和“产成品”账户登记标准成本。无论是借方还是贷方都登记实际数量的标准成本，其余额也反映这些资产的标准成本。

(2) 设置成本差异账户分别记录各种成本差异。在登记“原材料”“生产成本”和“产成品”账户时，应将实际成本分离为标准成本和有关的成本差异，标准成本数据记入“原材料”“生产成本”和“产成品”账户，而有关的差异分别计入各成本差异账户。各差异账户借方登记超支差异，贷方登记节约差异。

(3) 各会计期末对成本差异进行不同的处理。

拓展阅读

沃尔玛的成本控制

现在全球都在研究沃尔玛是如何成为世界500强第一位的，有人认为是沃尔玛的竞争力是天天低价，有人认为是物流配送，有人认为是增值服务。

那么，沃尔玛是如何实现天天低价的？应该是沃尔玛有主导竞争力的成本控制能力。

1. 天天低价源于成本控制

沃尔玛成功的原因是什么？就此问题，一些外国专家研究得出的结果是，沃尔玛的竞争优势就在于价格的优势，天天低价，不过，天天低价是价钱属性，不是产品，不是服务，不是环境，而是价格。

沃尔玛有五项竞争能力，最为核心的是成本控制能力，其他的业态创新能力、快速扩张能力、财务运作能力和营销管理能力，都是围绕成本控制能力来运行的，这五个能力最终都在不同的方面节省了沃尔玛的整个运营成本，都是为运营成本和竞争优势服务的。

在业态创新上，创新的都是围绕低成本运营的这些业态进行组合的。例如，在营销管理当中，通过天天低价这个稳定的促销手段，大大降低了促销的费用，同时增加了单位成本和每个员工销售额的增加，就是单位成本下降了。

2. 成本控制源于竞争资源

沃尔玛的成本控制能力最终来源于什么？应该来源于竞争资源，也就是说企业资源是围绕着控制成本运行的。

同时，沃尔玛的低成本的业务流程是非常重要的。另外，沃尔玛有两种设备来保证成本控制，一个设备是配送中心，还有一个是信息系统。另一方面就是沃尔玛自身的制度和独特性的问题。

沃尔玛低成本业务流程是围绕低成本运行形成的一个业务流程，比如说低成本采购、批量采购、集中订货，这使它的成本大大下降了。

沃尔玛在全球建立了62个配送中心，为450多家店铺进行配送，配送半径最远为500公里。沃尔玛大约每80个店铺需要建立一个配送中心，10万平方米的店铺面积一般有1万平方米左右的配送中心，配送中心有6个，比如有服装的配送中心、进口商品的配送中心、退货的配送中心等。

在中国，沃尔玛的物质设备就是信息系统。沃尔玛的信息系统建设累计已经达到7亿美元，很多扫描系统都是在全球零售业最早开始用的，不断进行信息系统的开发和建设，使沃尔玛总部在一个小时之内可以对全球的店铺库存和销售情况进行盘点，从而及时了解到销售情况，也可以使厂商了解自己的产品卖得如何，使商场和厂家的库存大大降低，利润增加。

3. 制度和文化的核心是控制成本

沃尔玛有独特的组织制度和文化，不过这些制度和文化本质上是为控制成本服务的。

沃尔玛提倡的是忠于顾客。忠于顾客的内涵就是提供有价值的商品给顾客，忠于顾客的外延就是实行天天低价，为顾客节省每一分钱。

这不仅仅是制度，而且已经成了沃尔玛的文化。

沃尔玛在企业和员工间建立了伙伴关系。每一位员工都是沃尔玛的合伙人，是伙伴关系的外延，与员工共同分享。每个员工在退休的时候、离开沃尔玛的时候会分享一部分利润分成，另外，也可以以比较低的价格购买沃尔玛的股份。

（资料来源：中国会计网-中国会计行业门户．成本控制案例：沃尔玛．[2013-03-27]. http://www.canet.com.cn/caiguan/cbgl/201303/290202.html）

实践操作

瑞宏制造企业生产甲产品，其标准成本资料如表 8-4 所示。

表 8-4　甲产品标准成本单

项　　目	价格标准	数量标准	金额/(元/件)
直接材料	9 元/千克	50 千克/件	450
直接人工	4 元/小时	45 小时/件	180
变动制造费用	3 元/小时	45 小时/件	135
固定制造费用	2 元/小时	45 小时/件	90
合　　计			855

甲产品正常生产能力为 1 000 小时。本月实际生产量为 20 件，实际耗用材料 900 千克，实际人工工时 950 小时。实际成本分别为：直接材料 9 000 元；直接人工 3 325 元；变动制造费用为 2 375 元；固定制造费用为 2 850 元，总计为 17 550 元。

要求：分别计算各成本项目的成本差异，其中固定制造费用采用三差异分析法。

课后习题

一、单项选择题

1. 下列各项中，经常在制定标准成本时被采用的是(　　)。

A. 理想标准成本　　B. 稳定标准成本

C. 现实标准成本　　D. 正常标准成本

2. 在下列各项中，属于标准成本控制系统前提和关键的是(　　)。

A. 标准成本的制定　　B. 成本差异的计算

C. 成本差异的分析　　D. 成本差异的账务处理

3. 与预算成本不同，标准成本是一种(　　)。

A. 总额的概念　　B. 单位成本的概念

C. 历史成本　　D. 实际成本

4. 无论是哪个成本项目，在制定标准成本时，都需要分别确定两个标准，两者相乘即为每一成本项目的标准成本，这两个标准是(　　)。

A. 价格标准和用量标准　　B. 价格标准和质量标准

C. 历史标准和用量标准　　D. 历史标准和质量标准

5. 根据一般应该发生的生产要素消耗量，预计价格和预计生产能力制定出来的标准成本是(　　)。
   A. 理想标准成本　　B. 稳定标准成本
   C. 现实标准成本　　D. 正常标准成本
6. 成本差异按其性质的不同可划分为(　　)。
   A. 数量差异和价格差异　　B. 纯差异和混合差异
   C. 有利差异和不利差异　　D. 可控差异和不可控差异
7. 下列变动成本差异无法从生产过程中找到原因的是(　　)。
   A. 变动制造费用耗费差异　　B. 直接材料价格差异
   C. 变动制造费用效率差异　　D. 直接人工耗费差异
8. 固定制造费用的能量差异一般应由(　　)负责。
   A. 质量控制部门　　B. 相关管理部门
   C. 生产部门　　D. 销售部门
9. 材料价格差异一般由(　　)负责。
   A. 生产部门　　B. 采购部门
   C. 财务部门　　D. 工程技术部门
10. 某企业甲产品消耗直接材料，其中A材料价格标准为3元/千克，数量标准为5元/件，B材料价格标准为4元/千克，数量标准为10元/件，则甲产品消耗直接材料的标准成本为(　　)元。
   A. 15　　B. 40　　C. 55　　D. 65

二、多项选择题

1. 原材料质量低劣，会造成(　　)向不利方向转化。
   A. 直接材料数量差异　　B. 直接材料价格差异
   C. 直接人工效率差异　　D. 变动制造费用效率差异
   E. 固定制造费用能量差异
2. 下列各项中，能够造成变动制造费用差异的是(　　)。
   A. 直接材料质量低劣　　B. 直接人工工资调整
   C. 间接材料价格变化　　D. 间接人工工资调整
   E. 间接人工人数增加
3. 在进行标准成本分析时，形成直接材料数量差异的是(　　)。
   A. 操作不当导致废品增加　　B. 机器与工具不适用
   C. 紧急订货增加采购成本　　D. 价格上升导致用量减少
   E. 工艺改进节省材料
4. 在标准成本下，下列科目中应以标准成本记账的有(　　)。
   A. 在制品　　B. 半成品　　C. 产成品
   D. 产品销售成本　　E. 管理费用
5. 下列各项中，属于标准成本控制系统构成内容的有(　　)。
   A. 标准成本的制定　　B. 成本差异的计算与分析
   C. 成本差异的账务处理　　D. 成本差异的分配
   E. 成本预算的编制

6. 人工工时耗用量标准即直接生产工人生产单位产品所需要的标准工时，主要内容包括(　　)。

A. 对产品的直接加工工时　　B. 必要的间歇和停工工时
C. 不可避免的废品耗用工时　　D. 生产中的材料必要消耗
E. 不可避免的废品损失中的消耗

7. 按成本差异形成过程进行分类，可将成本差异分为(　　)。

A. 价格差异　　B. 用量差异　　C. 纯差异
D. 混合差异　　E. 可控差异

8. 下列各项中，导致材料价格差异的原因有(　　)。

A. 材料质量差，废料过多
B. 材料采购计划编制不准确
C. 材料调拨价格或市场价格的变动
D. 因临时紧急进货，使买价和运输费上升
E. 机器设备效率增减，使材料耗用量发生变化

9. 在标准成本系统中，可将变动制造费用成本差异分解为(　　)。

A. 耗费差异　　B. 预算差异　　C. 开支差异
D. 效率差异　　E. 用量差异

10. 按三差异法，可将固定制造费用成本差异分解为(　　)。

A. 开支差异　　B. 生产能力差异　　C. 效率差异
D. 预算差异　　E. 能量差异

三、判断题

1. 广义成本控制是指对产品生产阶段全过程的控制。(　　)
2. 理想标准成本是以现有生产经营条件处于最佳状态为基础确定的最低水平的成本，在实际工作中被广为采用。(　　)
3. 标准成本不同于预算成本，标准成本是一种总额的概念，而预算成本则是一种单位的概念。(　　)
4. 在标准成本控制系统中，计算价格差异的用量基础是实际产量下的标准耗用量。(　　)
5. 从实质上看，直接工资的工资率差异属于用量差异。(　　)
6. 在标准成本控制系统中，对超支差异应贷记有关的差异账户，节约差异则借记相应账户，相应的生产费用账户则按标准成本予以登记。(　　)
7. 无论哪种变动成本项目的实际价格上升，都会引起变动成本差异的不利变化。(　　)
8. 变动制造费用分解为两种差异，分别为开支差异和用量差异。(　　)
9. 在标准成本制度下，为简化计算，不单独计算混合差异，而是将其直接归并于某项差异。(　　)
10. 在材料成本差异分析中，价格差异总金额是根据单价偏乘以“实际”用量计算的，而数量差异总额却是根据单耗偏乘以“标准价格”计算的。(　　)

四、计算分析题

1. 巨能公司的有关数据如表 8-5 所示，结合表中的有关数据，计算出直接材料的

差异。

表 8-5　巨能公司有关数据

项　　目	标准成本			实际成本		
	用量	单价/元	金额/元	用量	单价/元	金额/元
直接材料	1 200 千克(100 件×12)	2.00	2 400	1 250 千克	1.60	2 000
直接人工	100 小时(100 件×1)	12.00	1 200	110 小时	12.40	1 364
合　　计			3 600			3 364

2. 新隆公司甲产品 6 月实际产量为 800 件，具体资料如表 8-6 所示，计算直接材料、直接人工、变动制造费用的成本差异。

表 8-6　新隆公司有关资料

项　　目	实　　际	标　　准
单位产品材料耗用量/千克	4	5
材料单价/元	11	10
单位产品耗用直接人工工时/小时	2.1	2
小时工资率/(元/小时)	3.2	3
变动制造费用分配率/(元/小时)	0.8	1

9 项目九 Chapter 9 作业成本法

>>> 学习目标

知识目标：

1. 了解作业成本法的产生背景及发展历程；
2. 理解作业成本法的概念及原理；
3. 了解作业成本法的要素；
4. 理解作业成本法的优点与不足。

能力目标：

1. 掌握作业成本法计算成本的方法；
2. 能够区分传统成本法和作业成本法的计算；
3. 获得实际应用作业成本法计算成本、分析比较成本的能力。

素质目标：

培养探索新知识以及应用知识的能力。

>>> 思维导图

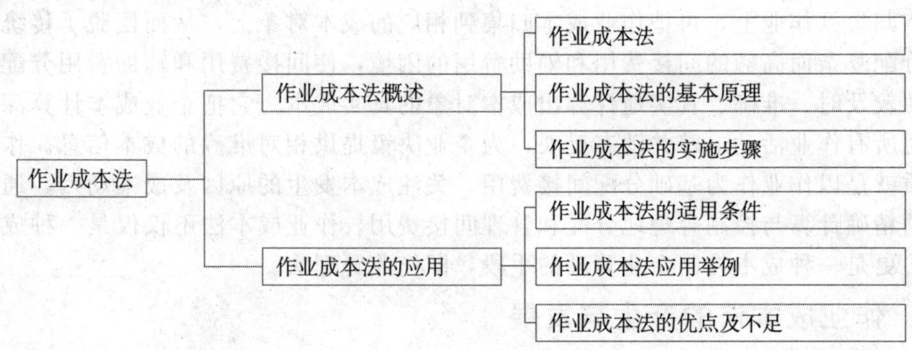

任务一　作业成本法概述

>>> 任务分析

随着社会经济的不断发展和企业技术的不断提高，全球一体化的趋势越来越明显，国内外企业的竞争越来越激烈，使企业的利润空间越来越狭隘，各项会计制度不断完善，成本核算方法也显得越来越重要。企业应该了解每种产品或服务的成本，确认哪些是盈利的，哪些是零利润或亏本的。成本核算在这时显得尤为重要，选择适当的会计核算方法是取得准确成本信息的基础。特别是技术相对领先的企业，传统的成本核算方法在一些方面已不能满足成本管理的需要。作业成本法在国外被广泛应用，在国内也具有一定的影响。

那么什么是作业成本法？它的基本原理又是什么？我们将在本任务中找到答案。

>>> 导入案例

路通公司是生产圆珠笔的公司，以前曾以低成本生产蓝色圆珠笔和黑色圆珠笔，其销售毛利率曾超过30%。几年前，公司引进了新产品——红色圆珠笔，这种产品要求与其他产品相同的基本技术，但价格却比蓝色圆珠笔和黑色圆珠笔高5%。去年，公司引进了新产品——紫色圆珠笔，这种产品售价要高15%。但公司总经理李鑫非常困惑，虽然新引进的红色笔与紫色笔比大量生产的蓝色笔和黑色笔获利能力更高，但公司总体利润却下降了。李鑫正在考虑是否继续降低对传统产品的重视程度，以及是否继续引进新的特色彩色笔的生产。

一、作业成本法的概念

作业成本法是一种通过对所有作业活动进行追踪动态反映，计量作业和成本对象的成本，评价作业业绩和资源的利用情况的新型成本管理方法。作业成本法以成本对象(产品、服务、客户等)消耗作业，作业消耗资源为理论原则，以作业为中心，确定成本动因，把资源成本归集到作业上，再把作业成本归集到相应的成本对象上，从而摆脱了传统成本核算无法分配复杂而高额的间接费用和辅助费用的困境，使间接费用和辅助费用分配更为合理，以便较及时、准确、真实地计算出成本对象的真实成本。它把企业成本计算深入作业层次，对所有作业活动追踪并动态反映，为企业决策提供相对准确的成本信息。作业成本法的本质就是以作业作为基础分配间接费用，关注成本发生的原因及成本动因，通过对作业成本的精确计算与控制合理地分配和管理间接费用。作业成本法不仅仅是一种成本的计价方式，更是一种成本控制企业管理的手段，即作业管理法。

二、作业成本法的产生与发展

企业流传80/20法则，该法则认为80%的利润由20%的产品产生，但是当哈佛商学院的卡普兰教授在企业应用作业成本计算系统时，却发现20%的产品竟然产生了225%的利润，他称之为20/225法则。该法则表明：许多产品实际上正在侵蚀着企业的利润，而这却被传统成本提供的信息所掩盖。

传统成本核算方法产生于20世纪初，是与大规模的生产相适应的。20世纪70年代以后，市场由卖方市场向买方市场转变，产品的更新换代加快，企业的生产特点由大规模、单一品种生产向多品种、小批量生产模式发展，以计算机技术为代表的信息技术，使企业的生产设备、生产环境、技术工艺等发生了重大的变化。技术的发展使企业的固定资产投资增加，生产的复杂化以及现代管理技术的运用使得管理作业增多，而直接的生产活动相对减少，这一切使生产的间接费用呈急剧上升的趋势。20世纪70年代以前，间接费用仅占人工成本的50%～60%，而现在很多企业的间接费用已上升为人工成本的400%～500%。以少量的人工费用为基础分配大量的制造费用，必然带来成本分配的偏差。

传统成本核算是以数量为基础的，它隐含一个假设：产量成倍增加，所有投入的资源也会成倍增加。基于这种假定，成本计算中普遍采用产量关联基准分配。这种基准最常见的表现形态就是材料耗用额、直接工时、设备工时等。然而，现实企业中资源的消耗与产量不相关的例子比比皆是。传统成本核算方法已经不适应时代的需要，企业迫切需要新的成本核算方法，在此情况下，作业成本法应运而生。

作业成本法是一种比传统成本核算方法更加精细和准确的成本核算方法，是西方国家于80世纪80年代末开始研究、90年代以来在先进制造企业首先应用起来的一种全新的企业管理理论和方法，在发达国家的企业中日益得到广泛应用。

作业成本法的产生最早可以追溯到20世纪30年代末40年代初期，杰出的会计大师埃里克·科勒当时所面临的问题是，如何正确计算水力发电行业的成本。1952年他在由他编著的《会计师词典》中系统地阐述了他的作业会计思想。

1971年，乔治·斯托布斯出版了《作业成本计算和投入产出会计》。作为研究成本会计的杰出理论家，他坚持认为会计是一个信息系统，作业成本会计是一种与决策有用性目标相联系的会计。研究作业成本会计应首先明确三个概念——作业、成本、会计目标—决策有用性。会计要揭示收益的本质，首先就必须解释报告的目标，这个目标表示托管责任或受托责任，主要是为投资者的决策提供信息，作业成本计算中的“成本”不是一种存量，而是一种流出量。会计若要较好地解决成本分配问题，成本计算的对象就应是作业，而不是完工产品，成本不应硬性地分为直接材料、直接人工、间接费用，而是应该根据资源投入量计算利用每种资源的完全成本。

20世纪80年代，美国哈佛大学库伯和卡普兰两位教授撰写的一系列案例、论文和著作引起了西方会计界的普遍重视。库伯相继发表了一系列关于作业成本法的论文，这些论文基本上对ABC的现实需要、运行程序、成本动因的选择、成本库的建立等方面作了较全面的分析。库伯还和卡普兰合作在《哈佛商业评论》上发表了《计算成本的正确性：制定正确的决策》一文。这标志着作业成本法开始从理论走向应用。

20世纪末，以美、英等国家为代表的西方会计界对ABC的理论和实践产生了广泛的研究兴趣，许多会计学者发表和出版了大量研究探讨作业成本法的论文和专著，作业成本法已成为人们广泛接受的一个概念和术语，ABC的理论亦日趋完善，并已在西方国家的一些企业中得到了推广应用，更促进了作业成本法的发展。

三、作业成本法的基本要素

作业成本法的基本要素包括作业、资源、作业中心、作业成本库、成本动因、成本对象等。

▶ 1. 作业

作业是采取的行动或执行的工作，是成本分配的第一对象。从管理角度来看，作业就是指企业生产过程中的各工序和环节。从作业成本计算角度来看，作业是基于一定的目的、以人为主体、消耗一定资源的特定范围内的工作，也就是企业为了达到其生产经营的目标所进行的与产品相关或对产品有影响的各项具体活动，或者说某个部门的某一类具体的任务和行为。每种作业都同特定成本的产生直接相关，只要有作业发生，相关的成本也随之产生。作业主要有以下四种类型：

(1) 单位水平作业。单位水平作业是指每次生产每单位产品时所从事的作业。单位水平作业的成本应按比例分配到所生产的产品单位数量中。例如，开动机器设备就是一项单位水平作业，因为机器运转所耗费的电力与所生产的产品成比例地变动，生产的产品越多，耗费的电力越多。产品或零部件产量、机器工时、人工工时、耗电千瓦时数等都是单位水平作业的表现。

(2) 批量水平作业。批量水平作业是指生产每批产品而每次所从事的作业。该作业下不考虑一批中有多少单位。例如，订购货物、安装机器、为顾客安排运送之类的工作就属于批量水平作业。该作业在生产每批产品(或每份顾客订单)时出现。批量水平成本取决于所处理的批别而并不取决于所生产的产品数量、所销售的产品数量或其他的数量。例如，无论一批中包括 10 件产品还是 1 000 件产品，每批产品设备安装的成本是相同的。具体表现有采购次数、机器调整次数、生产准备次数、材料或半成品转移次数、抽样检验次数等。

(3) 产品水平作业。产品水平作业是指与具体产品相关的作业，该项作业执行时不考虑有多少批或多少件产品正在被生产或被销售。例如，设计产品、为产品作广告都属于产品水平作业。

(4) 组织维持作业。组织维持作业是指其执行不考虑所服务的顾客、所生产的产品、所执行的批量或所生产的产品件数的作业。这类作业包括车间取暖、清扫行政办公室、提供计算机网络、安排贷款、为股东编制年度报告等。

▶ 2. 作业中心

作业中心是负责完成某产品的一项特定制造功能的一系列相互联系的作业集合。作业中心既是成本汇集中心，也是责任考核中心。一般来说，作业中心是基于管理的目的而不是专门以成本计算为目的设置或划定的，例如，在原材料采购作业中，材料采购、材料入库、材料仓库保管都是相互联系的，且都可以归类于材料处理作业中心。

一个企业往往有数以百计的作业，如不采用有效的分类方法，企业管理阶层很容易迷失在数据堆里，最常用的解决方法是把多个作业归入作业中心。通常一个作业中心就是生产流程的一个组成部分，企业可以设置若干不同的作业中心，其设立方式与成本责任单位相似。但作业中心与成本责任单位的不同之处在于，作业中心的设立是以同质作业为原则，是相同的成本动因引起的作业的集合。

▶ 3. 作业成本库

作业成本库是指在作业成本制度中，按某作业量累积成本的“容器”。例如，客户订单成本库将容纳所有由接受和执行顾客订单引起的资源消耗的成本，包括订单文书工作的成本和为特殊订单安装机器的成本。该成本库的作业量只是收到顾客订单的份数。这属于批量水平作业，因为无论每份订单是订货 10 件还是 1 000 件，每份订单需要发生相同的工作。所接收客户订单的份数就是作业量的一个例子。

▶ 4. 资源

资源是成本的源泉。一个企业的资源包括直接人工、直接材料、生产维持成本(如采购人员的工资成本)、间接制造费用以及生产过程以外的成本(如广告费用)。资源成本信息的主要来源是总分类账，例如它提供诸如企业今年支付了多少工资、计提了多少折旧、应支付多少税等信息。

资源按一定的相关性进入作业。例如，在一个顾客服务部门，作业包括处理顾客订单、解决产品问题以及提供顾客报告三项作业。一企业往往有数以百计的作业，如不采用有效的分类方法，企业管理阶层很容易迷失在数据堆里。最常用的解决方法是把多个作业归入作业中心。相关的作业归入一个作业中心，例如顾客作业中心就是顾客服务部门，它包括支持顾客的三项作业，即处理顾客订单、解决产品问题以及提供顾客报告。一个作业中心是相关作业的集合，它提供有关每项作业的成本信息、每项作业所耗资源的信息以及作业执行情况的信息。

▶5. 成本动因

成本动因是引发成本发生或变动的原因，即驱动因素。一项成本可以有多重成本动因。成本动因不一定要求量化。比如，饭店为顾客服务，服务员可能就要履行下列工作：①领座和提供菜单；②为顾客点菜；③将菜单送给厨房；④给顾客上菜；⑤给顾客续饮料；⑥给顾客上单结账；⑦收钱并找零；⑧清理餐桌。以上的每一个工作都是一项活动，完成每项活动都要消耗以货币计量的资源。这就是导致成本发生的因素，即成本动因。在作业成本法中，成本动因可以分为资源动因和作业动因。

(1) 资源动因。资源动因是分配作业所耗资源的依据，分配到作业的每一种资源就成为该作业成本库的一项成本要素。成本要素的知识有助于管理资源。在很多情况下，改善作业的效率并不能带来成本的自动降低。资源可能是闲置的，但是如不采取措施把它们消除，它们仍然归集在作业中。成本要素的价值在于它们清晰地揭露了哪些资源需要重新配置和利用。作业成本库是与一项作业有关的所有成本要素的总和。作业成本库的总成本能指出作业(作为资源耗费者)的重要方面，因而有助于选择成本管理中的优选项目。在成本管理中，并不是每个成本的降低机会都是平等的，成本池最大的作业会提供最大的成本降低机会。每一个作业成本库都要通过作业动因分配到成本对象。

按照作业成本计算的规则：作业决定着资源的耗用量，资源耗用量的高低与最终产品没有直接关系。专家们将这种资源消耗量与作业间的关系称作资源动因，资源动因联系着资源和作业，它把总分类账上的资源成本分配到作业。举例来说，假定质量检验部门资源消耗有 100 000 元的工资和奖金和 20 000 元的原料，并且质量检验部门设有三项作业——外购材料的检验、在产品的检验和产成品的检验。会计部门通过估计各作业消耗的人力把工资和奖金分配到各作业。这个估计的人力就是工资和奖金的资源动因。假定，人力的估计是由分配到每一作业的人数以及每一人在该作业上所花费的时间来决定。如果某部门 2/10的人员把他们 50%的时间花费在对外购材料进行检验，那么人力的 10%的工资和奖金，即 10 000 元就应分配到检验外购材料的作业。资源动因作为一种分配基础，它反映了作业对资源的耗费情况，是将资源成本分配到作业的标准。

(2) 作业动因。作业动因反映了成本对象对作业消耗的逻辑关系。例如，顾客问题最多的产品最有可能产生最多的电话，故按照电话数的多少(此处的作业动因)把解决顾客问题的作业成本分配到相应的产品。成本对象是成本分配的终点，它可以是产品，也可以是顾客(为便于理解和与已有知识的融合，下文以“产品”代替“成本对象”)。分配到产品或顾客的成本反映了成本对象消耗的作业成本。

作业动因是分配作业成本到产品或劳务的标准。它们计量了每类产品消耗作业的频率，反映了产品对作业消耗的逻辑关系。例如，当“检验外购材料”被定义为一个作业时，则“检验小时”或“检验次数”就可成为一个作业动因。如果检验外购材料 A 所花的时间占总数的 30%，则作业“检验外购材料”成本的 30%就应归集到外购材料 A。作业动因与前述的作业分类有关。如是单位水平作业，则作业动因是产量；如是批量水平作业，则作业动因是产品的批量。当作业动因计量的耗费等于或接近于产品对作业的实际耗费时，则产品成本就能得到准确的核算。作业动因是产品和作业的联系，代表了产品或工艺的设计的改善机会。

(3) 资源动因与作业动因的区别和联系。从前面的介绍可以看出，资源动因连接着资源和作业，而作业动因连接着作业和产品。把资源分配到作业用的动因是资源动因；把作业成本分配到产品用的动因是作业动因。例如，工资是企业的一种资源，把工资分配到作业“质量检验”的依据是质量检验部门的员工数，这个员工数就是资源动因；把作业“质量检验”的全部成本按产品检验的次数分配到产品，则检验的次数就是作业动因。作业动因和资源动因也有混同的情况。当作业和产品一致时，资源动因和作业动因就是一样的。

▶ 6. 成本对象

企业成本计算的对象是成本归集的最终点。作业成本法下产品成本的计算对象根据企业生产过程的不同需要分别而定，可以是产品、服务、客户。产品成本核算内容包括传统成本法下直接材料、直接人工和制造费用以及产品设计费用、销售费用、检验费用、办公费用等。

四、作业成本法的基本原理

成本是无法管理的，只能管理引起成本的作业。作业成本法的基本原理是：产品(成本对象)消耗作业，作业消耗资源，生产导致作业发生，作业导致成本发生。作业成本法的理论基础是成本动因理论，这种理论认为费用的分配应着眼于费用的发生原因，把费用的分配与导致这些费用产生的原因联系起来，按照费用发生的原因分配。如图 9-1 所示。

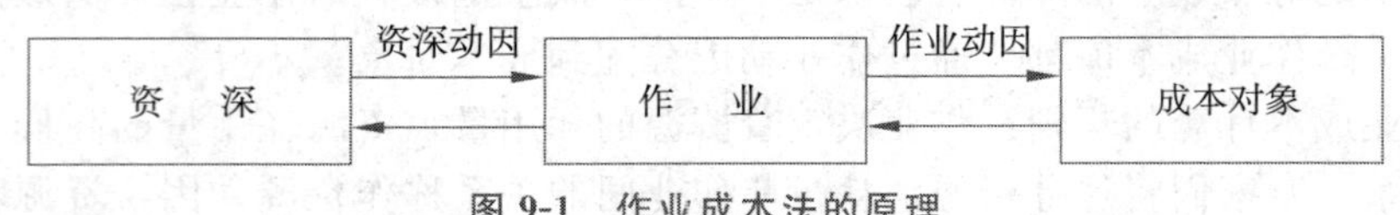

图 9-1　作业成本法的原理

对作业成本法原理进一步分解，其主要原理包括以下三个方面：

(1) 任何企业的一切活动都服务于产品和劳务的生产、销售和运输，因而应视为产品成本的构成因素。

(2) 在每个企业作业链中，存在这样一种关系：资源—作业—产品，即作业耗用资源，产品耗用作业，作业成为沟通企业资源和企业最终产品之间的一座桥梁。

(3) 作业成本法将传统变动成本法的变动成本进一步划分为短期变动成本和长期变动成本两类。短期变动成本如直接材料、直接人工等，应采用“数量相关的成本驱动因素”，如直接材料成本、直接人工工时等，而长期变动成本与企业产品产量没有直接关系，如制造费用和部分期间费用，只是受作业量的变动而变动，故应采用“作业量相关的成本驱动因素”，如折旧可以采用机器工时进行分摊等。

由此可见，作业成本法的实质就是在资源耗费和产品耗费之间借助作业来分离、归纳、组合，然后形成各种产品成本及不同管理成本，是一种融成本计算与成本管理为一体的管理方法。

五、作业成本法的实施步骤

▶ 1. 确认和计量各种资源耗费，将资源耗费价值归集到各资源库

资源是明确的客观存在的耗费，在选取时从成本费用类科目入手，包括管理费用、销售费用、生产成本、其他业务成本、材料采购等科目，找出最原始的费用支出形态，如人工费、电费、折旧费、办公费、借款利息等，这些最原始的费用就是资源耗费。

▶ 2. 确认作业、主要作业，划分作业中心

确认作业是对企业的生产经营的全过程进行作业分析，找出生产经营中的各项作业，并列入若干关键的作业属性。作业的区分，理论上是越细越好，但是，从成本效益出发，企业常常根据重要性原则确认其主要作业，然后以主要作业为主体，将同质作业合并确立作业中心。作业的认定就是对每项消耗企业资源的作业进行定义，识别每项作业在生产活动中的作用、与其他作业的区别，以及每项作业与耗用资源的联系。

作业认定有两种形式：一种是根据企业总的生产流程，自上而下进行分解；另一种是通过与员工和经理进行交谈，自下而上地确定他们所做的工作，并逐一认定各项作业。

▶ 3. 确定资源动因，以作业中心建立作业成本库归集费用

根据作业成本法的原理，资源耗费分配给不同作业的基础是资源动因，而且它是建立作业成本库或者明细账的依据。因此，我们根据资源动因，将所有间接成本归集到所确认的成本中心，从而建立作业成本库。应该注意的是，在建立作业成本库时，应保证作业成本库所归集的成本具有同质性，也就是作业成本库所归集成本的变动可由共同的成本动因来进行解释。

▶ 4. 确定作业动因，将作业成本库的费用分配到成本对象中

同样还是依据作业成本法的原理，作业动因是将作业中心的成本分配到产品或劳务中的基础，是将资源消耗与最终产出相沟通的中介。这里我们将上一步骤作业成本库归集的费用分配至成本对象，从而计算出各种产品或劳务的价值。

>>> 任务小结

作业成本法是一种通过对所有作业活动进行追踪动态反映，计量作业和成本对象的成本，评价作业业绩和资源的利用情况的成本计算和管理方法。它以作业为中心，根据作业对资源耗费的情况将资源的成本分配到作业中，然后根据产品和服务所耗用的作业量，最终将成本分配到产品与服务。

作业成本法所包含的要素包括作业、资源、作业中心、作业成本库、成本动因等。

作业成本法的基本原理是：作业消耗了资源，产品又消耗了作业，即产品导致作业的发生，作业又导致成本的发生。作业成本法强调的是成本的直接追溯和动因追溯，以弥补传统成本计算集中分配的不足。作业成本法的实质就是在资源耗费和产品耗费之间借助作业来分离、归纳、组合，然后形成各种产品成本及不同管理成本，是一种融成本计算与成本管理为一体的管理方法。

作业成本法的实施步骤如下：

(1) 确认和计量各种资源耗费，将资源耗费价值归集到各资源库；

(2) 确认作业、主要作业，划分作业中心；

(3) 确定资源动因，以作业中心建立作业成本库归集费用；

(4) 确定作业动因，将作业成本库的费用分配到成本对象中。

任务二 作业成本法的应用

>>> 任务分析

作业成本法是一种为管理者提供成本信息的成本方法，该方法可用于制定战略性决策，也可用于制定对生产能力有潜在影响进而影响固定和变动成本的其他决策。传统的吸收成本法在公司的运用，是以计算单位产品成本，从而满足外部财务报告中计算存货成本和销货成本的需要。与之相反，本任务在于解释公司如何运用作业成本法来计算单位产品成本，满足间接费用管理和决策的需要。

在实务中，作业成本呈现出多种表现形式。本任务重点就是通过应用范例，区分作业成本法与传统成本法的不同，总结作业成本法的优点及不足，展示作业成本法是为管理者制定战略性决策提供最有用信息的技术。

一、作业成本法的适用条件

一般认为作业成本法适用于具有下列特征的企业：

(1) 间接成本占总成本的比例较大，即制造费用占产品成本比重较大；

(2) 企业提供的不同产品或服务在数量上和复杂程度上存在显著差异，比如产品种类繁多，小批量多品种生产；

(3) 企业生产经营的作业环节较多；

(4) 企业拥有高效的管理信息系统以及程度高的会计电算化；

(5) 企业现有的传统核算系统不能满足内部管理需要，现行成本管理模式提供的成本信息的准确性程度还不成熟；

(6) 在实施过程中必须取得单位最高层领导和有关部门领导的认可和支持。

二、作业成本法应用举例

某生产企业产销甲、乙两种产品。这两种产品的生产工艺过程基本相同，两者的区别主要表现在所提供的物流服务上：甲成品实行的是大批量低频率的物流配送服务，每批数量为4 000件；乙产品实行多频率小额配送服务，每批数量为20件。该企业采用作业成本法计算产品的物流成本，所涉及的作业主要有七项：订单处理；挑选包装；包装设备调整；运输装卸；质量检验；传票管理；一般管理。

其他有关资料具体如下：

① 本月该企业共销售甲产品5批，共计20 000件；乙产品150批，共计3 000件。

② 本月实际处理订单800份，其中甲产品订单500份，乙产品订单300份。

③ 包装机共4台，全月共利用850机器小时，但不能全部用于包装，因为机器调整会消耗一定的时间。包装机每包装一批新产品时，则需要调整一次。在连续包装同一批产品件数达到1 000件时也需要进行一次调整。每台包装机调整一次需要30分钟。包装机用于包装甲产品花费690小时，用于包装乙产品75小时。

④ 运输装卸作业用于甲产品每批需125小时，乙产品运输装卸每批则需0.5小时。全

月用时为 700 小时。

⑤ 质量检验：甲、乙两种产品的检验过程完全相同。对于甲产品，每批需要随机抽样 20 件进行检验。对于乙产品，每批需要随机抽样 2 件进行检验。该企业全月检验 400 件产品。

⑥ 该企业进行传票管理作业是采用计算机辅助设计系统来完成的。该系统全月总共能提供 600 个机时。本月用于甲产品传票管理的机时数为 180，用于乙产品传票管理的机时数为 420。

⑦ 该企业一般管理也采用计算机来完成，本月耗用机时 300。

⑧ 甲产品每件消耗直接材料 1.5 元，乙产品每件消耗直接材料 2 元。

采用作业成本法计算上述两种产品物流成本的基本步骤如下：

▶ 1. 确认和计量各种资源耗费，将资源耗费价值归集到各资源库

确认和计量企业本月所提供的各类资源价值，将资源耗费价值归集到各资源库中。本月该厂所提供的各类资源价值情况如表 9-1 所示。

表 9-1 企业所提供的各类资源价值 单位：元

资源项目	工 资	电 力	折 旧	办公费	合 计
资源价值	26 200	5 225	24 400	8 700	64 525

▶ 2. 确认各种主要作业，建立作业成本库

主要作业有订单处理、挑选包装、包装设备调整、运输装卸、质量检验、传票管理、一般管理共七项。为每项作业分别设立作业成本库，用于归集各项作业实际消耗的资源。对于包装设备调整作业和挑选包装作业，首先将两者合并在一起计算各项资源耗用量，然后再按机器调整所耗用的机器小时数与可用于包装产品的机器小时数之间的比例进行分配。

▶ 3. 确认各项资源动因，将各资源库中所汇集的资源价值分配到各作业成本库中

(1) 工资费用的分配。工资费用消耗的动因在于各项作业的职工使用上，因此，应根据完成各项作业的职工人数和工资标准对工资费用进行分配。分配结果如表 9-2 所示。

表 9-2 工资资源的分配

项 目	订单处理	包装及设备调整	运输装卸	质量检验	传票管理	一般管理	合 计
职工人数	3	4	6	4	4	4	25
每人月工资额/元	800	1 200	1 000	1 250	1 000	1 000	
各项作业月工资/元	2 400	4 800	6 000	5 000	4 000	4 000	26 200

(2) 电力资源价值的分配。电力资源消耗的原因在于“用电”，其数量多少可以由电度数来衡量。已知电的价格为 0.5 元/度。具体分配结果如表 9-3 所示。

表 9-3 电力资源的分配

项 目	订单处理	包装及设备调整	运输装卸	质量检验	传票管理	一般管理	合计
用电度数	450	3 200	3 000	3 000	400	400	10 450
金额/元	225	1 600	1 500	1 500	200	200	5 225

(3) 折旧费与办公费的分配。折旧费用发生的原因在于各项作业运用了有关的固定资产。因此，可根据各项作业固定资产运用情况来分配折旧费用。这种运用通常具有“专属性”，即特定固定资产由特定作业所运用。各项办公费也具有“专属性”，其分配方法与折旧费的分配大体相同。有关分配结果见表 9-4。

表 9-4　固定资产折旧费及办公费的分配　　单位：元

项　目	订单处理	包装及设备调整	运输装卸	质量检验	传票管理	一般管理	合计
折旧	2 500	5 600	4 000	7 700	2 400	2 200	24 400
办公费	1 200	1 500	600	2 000	1 600	1 800	8 700
合　计	3 700	7 100	4 600	9 700	4 000	4 000	33 100

为了将包装机调整与包装两项作业所耗用资源价值分开，需要计算包装机调整所消耗的机器小时数。包装机调整次数：甲产品需要 20 次，乙产品需要 150 次，总调整次数为 170 次，需要消耗机器小时数共计 170×30/60＝85 小时，占包装机总机器小时数的 10％。包装机可用于包装的机器小时数为 850－85＝765 小时，占包装机总机器小时数的 90％。将上述“包装及设备调整”栏目中的数字乘以 10％即得包装设备调整所消耗的资源价值量，其余 90％即为包装作业所消耗的资源价值量。将上述有关结果汇总，即得表 9-5 和表 9-6。

表 9-5　资源向各作业间的分配(一)　　单位：元

项　目	订单处理	包装及设备调整	运输装卸	质量检验	传票管理	一般管理	合计
工资	2 400	4 800	6 000	5 000	4 000	4 000	26 200
电力	225	1 600	1 500	1 500	200	200	5 225
折旧	2 500	5 600	4 000	7 700	2 400	2 200	24 400
办公费	1 200	1 500	600	2 000	1 600	1 800	8 700
合　计	6 325	13 500	12 100	16 200	8 200	8 200	64 525

表 9-6　资源向各作业间的分配(二)　　单位：元

项　目	订单处理	包装设备调整	包装	运输装卸	质量检验	传票管理	一般管理	合计
工资	2 400	480	4 320	6 000	5 000	4 000	4 000	26 200
电力	225	160	1 440	1 500	1 500	2 00	200	5 225
折旧	2 500	560	5 040	4 000	7 700	2 400	2 200	24 400
办公费	1 200	150	1 350	600	2 000	1 600	1 800	8 700
合　计	6 325	1350	12 150	12 100	16 200	8 200	8 200	64 525

▶4. 确定各项作业的成本动因，计算有关作业成本动因分配率

表 9-7 各项作业成本动因

作　业	作业成本动因
订单处理	订单处理份数
包装设备调整	包装设备调整次数
包装	开动机器小时数
运输装卸	工作小时数
质量检验	检验件数
传票管理	计算机时数
一般管理	计算机时数

表 9-8 作业成本动因分配率的计算过程

作　业	订单处理	包装设备调整	包装	运输装卸	质量检验	传票管理	一般管理
作业成本	6 325	1 350	12 150	12 100	16 200	8 200	8 200
提供的作业量	800	170	765	700	400	600	300
作业动因分配率	7.91	7.94	15.88	17.29	40.50	13.67	27.33

注：作业动因分配率＝作业成本÷提供的作业量。

▶5. 计算甲、乙两种产品实际消耗的资源价值

本月运输装卸作业实际消耗工作小时为 700 小时。其中：运输装卸甲产品消耗 5×125＝625 工作小时；运输装卸乙产品消耗 150×0.5＝75 工作小时；本月检验产品总数 400 件。其中：对甲产品抽样 5×20＝100 件；对乙产品抽样 150×2＝300 件。

根据上述有关结果即可求出甲、乙两种产品实际消耗的资源价值。计算结果如表 9-9 所示。

表 9-9 甲、乙两种产品实际消耗的资源价值

作　业	作业分配率	作业成本动因数			实际耗用资源/元	
		甲产品	乙产品	合计	甲产品	乙产品
	①	②	③	④	⑤＝②×①	⑥＝③×①
订单处理	7.91	500	300	800	3 955	2 373
包装设备调整	7.94	20	150	170	159	1 191
包装	15.88	690	75	765	10 957	1 191
运输装卸	17.29	625	75	700	10 806	1 297
质量检验	40.50	100	300	400	4 050	12 150
传票管理	13.67	180	420	600	2 461	5 741
一般管理	27.33	200	100	300	5 466	2 733
合　计	—	—	—	—	37 854	26 676

▶ 6. 计算甲、乙产品的物流总成本及单位成本

甲产品直接材料＝20 000×1.5＝30 000(元)

乙产品直接材料＝1 500×2＝3 000(元)

甲产品物流总成本＝30 000＋37 854＝67 854(元)

乙产品物流总成本＝6 000＋26 675＝32 675(元)

将上述有关结果汇总，即得表 9-10。

表 9-10　甲、乙两种产品物流成本计算　　单位：元

作　业	耗用资源价值	甲产品		乙产品	
		单位成本	总成本	单位成本	总成本
直接材料	36 000	1.5	30 000	2	6 000
订单处理	6 325	0.2	3 955	0.790 6	2 373
包装设备调整	1 350	0.01	159	0.397 1	1 191
包装	12 150	0.55	10 957	0.397 1	1 191
运输装卸	12 100	0.54	10 806	0.432 3	1 297
质量检验	16 200	0.2	4 050	4.05	1 2150
传票管理	8 200	0.12	2 461	1.913 8	5 741
一般管理	8 200	0.27	5 466	0.911	2 733
合　计	100 525	3.39	67 854	10.891 8	32 676

注：甲产品总成本(67 854 元)、乙产品总成本(32 676 元)两栏数字之和为 100 530 元，与耗用资源价值(100 525 元)一栏数字误差 5 元，是因四舍五入所造成。

三、作业成本法的优点及不足

▶ 1. 作业成本法的优点

(1) 能够提供更精确的成本信息。作业成本法将成本分配的重点放在间接成本上，不再使用单一的分配标准，而是采用多元分配基准，从成本对象与资源消耗的因果关系着手，根据资源动因将间接费用分配到作业，再按作业动因将作业计入成本对象，解决了传统成本计算方法扭曲成本信息的问题，从而为信息使用者提供更精确的成本信息。

(2) 有助于控制成本。采用作业成本法将作业、作业中心、顾客和市场纳入了成本核算的范围，形成了以作业为核心的成本核算对象体系，通过对作业成本的确认、计量，尽可能消除“不增加价值的作业”，改进“可增加价值的作业”，以更好地控制成本，促进企业战略目标的实现。

(3) 有助于管理者进行决策。作业成本法提供了更真实、更丰富的作业驱动成本的计量信息，有助于管理者做出更好的产品设计决策，以及改进产品定价决策，并为是否停产老产品、引进新产品和指导销售提供准确的信息等，使管理者较容易利用相关成本进行经营决策。

(4) 能够提高产品的竞争力。我国传统的成本管理模式只注重商品投产后与生产过程相关的成本管理，忽视了投产前商品开发与设计的成本管理，这已愈来愈难适应当代社会经济发展的需要，极大地阻碍了企业商品市场竞争能力的提高。作业成本法则能很好地适

应现代企业在激烈的市场竞争中的发展需要，从一开始就特别重视商品设计、研究开发和质量成本管理，力求按照技术与经济相统一的原则，科学合理地配置相对有限的企业资源，不断改进商品设计、工艺设计以及企业价值链的构成，减少浪费，降低资源的消耗水平，从而提高企业产品的市场竞争力。

(5) 便于企业绩效考核在作业成本观念下，按作业设立责任中心，使用更为合理的分配基础，易于区分责任。通过各作业层所提供的有价值的成本信息，能明确增值作业与非增值作业、高效作业与低效作业，以评价个人或作业中心的责任履行情况。

2. 作业成本法的不足

(1) 作业的区分存在困难。企业生产经营活动复杂多样，各项活动相互联系、相互依存，并非所有的作业都界限清晰、责任分明，所以在作业的区分上存在困难。

(2) 成本动因的确认存在困难。作业成本法要求以作业中心为基础来设置责任中心，选取合适的成本动因，按成本库进行归集，然而在实际中哪种因素与成本变动完全相关或相关性较大，并非清晰可辨，即要找到一般间接费用的成本动因，或一个合理的成本分配基础，并不那么容易。如果选择的动因过少，成本数据会不准确；如果选择过多，由此增加的实施成本会大于实施作业成本法产生的效益。

(3) 成本动因的选择具有主观性。作业成本法在确认资源和作业，以及为资源库和作业库选择最佳的成本动因等方面，并不总是客观的和可验证的，难免具有主观性和一定程度的武断性，这为管理者操纵成本提供了可能，也降低了公司间报告结果的可比性，与现行会计准则的要求有一定的差距。

(4) 没有合并对同类生产能力的计量。作业所消耗的各种资源具有不同的计量单位，将成本归集到作业时难以反映资源消耗的数量，只能将被耗用资源的价值(金额)归集到作业中。因此，运用作业成本法既无法看出资源的利用效果，也不能反映各种生产能力之间的差异。

(5) 工作量大，代价昂贵。作业成本法将企业在生产经营中发生的全部资源耗费逐项分配到作业中，形成作业成本库，再将作业成本库的成本按作业动因分配到最终产品，核算工作十分烦琐。而且企业要想在激烈的竞争中求胜，就要不断进行技术革新及产品结构的调整，这样就要重新进行作业划分，也就增加了采用作业成本法的耗费。

作业成本法虽然相对于传统成本法而言，有很多突破和优点，但是也存在一些不足之处，所以在实施时要注意：目标必须明确，模式要简单，要充分考虑成本效益关系。而且还要做好全体员工的培训，培养高度信息化和高素质的会计人才，提高全员的成本意识，避免和消除无效作业，消除实施过程中所产生的各种人为因素的阻力，以降低成本和提高效率。另外，还要避免急于求成，目前我国大部分企业还处于劳动密集型生产阶段，应用作业成本法的环境尚未成熟，如果一味推广，则会“事倍功半”，“欲速则不达”。

任务小结

作业成本法的优势不仅在于其可以精确地计算成本，而且在于它对于管理者如何才能降低成本、提高利润提供很好的决策支持。作业成本法引导管理者关注的重点是作业——作业耗费资源，成本对象耗费作业，因此要减少成本就应该从减少资源耗费以及控制耗费的作业量两个方面进行。这是一种更加科学的成本控制方法。

作业成本法适用的条件：①间接成本占总成本的比例较大，即制造费用占产品成本比重较大；②企业提供的不同产品或服务在数量上和复杂程度上存在显著差异，比如产品种类繁多，小批量多品种生产；③企业生产经营的作业环节较多；④企业拥有高效的管理信息系统以及会计电算化程度高；⑤企业现有的传统核算系统不能满足内部管理需要，现行成本管理模式提供的成本信息的准确性程度还不成熟；⑥在实施过程中必须取得单位最高层领导和有关部门领导的认可和支持。

作业成本法的优点：能够提供更精确的成本信息；有助于控制成本；有助于管理者进行决策；能够提高产品的竞争力。

作业成本法的不足：作业的区分存在困难；成本动因的确认存在困难；成本动因的选择具有主观性；没有合并对同类生产能力的计量；工作量大，代价昂贵。

拓展阅读

美国得克萨斯州奥斯汀市的戴尔公司是美国根据订单制造个人计算机的鼻祖。根据戴尔公司后勤服务的董事负责人 Ken Hashman 回忆说，公司运作在 1994 年撞上了墙。戴尔公司 1994 的销售收入达到 29 亿美元，但是税后利润却是 3 600 万美元净损失。公司上下清楚地知道公司正在面临巨大的增长潜力，但管理层却不确定应该推出哪种产品，针对哪个市场公司才有可能实现最大赢利。公司管理层迫切需要了解哪个产品线可以给企业带来最大的收益。公司管理层决定在全公司实施作业成本核算系统，尽管很少有人真正明白作业成本法，但很少有人会去拒绝或抵触。ABC 实施的第一步是在公司组建跨部门的团队具体研究公司管理层确定的 10 个成本活动方面。这 10 个方面包括生产的物流、采购和运输、收货、计算机部件保险、组装、装载、配送和保证服务。当涉及估计总的间接成本时，公司的项目团队需要重新收集数据。然后项目团队需要确定成本活动的成本动因。举例而言，公司的采购活动支持整个公司所有产品上百种计算机零部件的采购。一个零部件无论价值是 1 美元或 100 美元，其采购成本都基本是一样的。所以每个生产线计算机零部件的采购种类就成为一个重要的成本动因。在实施 ABC 以前，公司采购部门的成本只作为公司管理费用的一部分，并没有具体分配到各个产品线上面去。根据成本动因进行的成本数据全部汇总到公司的内部信息系统中。在实施 ABC 的初期，公司应用 Excel 电子表格进行 ABC 数据的收集和 ABC 模型的建立。Excel 电子表格使成本的计算非常方便，便于建立成本数据和成本动因之间的关系，使公司可以计算出各个成本动因的成本数量。随着公司规模的不断增长，公司建立了关于 ABC 的成本核算信息系统，使成本核算系统化、制度化。ABC 成本核算系统的建立使公司可以更加有效地执行低成本的竞争战略。5 年后，从 1994 年开始实施的 ABC 系统终于得到了巨大的回报。1998 年销售收入达到 123 亿美元，比 1994 年增长了 329%。公司税后纯收入在 1998 年达到 9.44 亿美元。但更为重要的是公司的所有管理者现在可以自信地指出公司在哪些业务上赢利，在哪些业务上亏损。公司副总裁和戴尔公司北美公司运营总监 John Jones 说："ABC 真正地使戴尔公司的管理更上一层楼。公司对各个产品的赢利有了更加透彻的了解，这将直接帮助公司制定竞争战略。"ABC 的实施使戴尔公司完成了转型，由一个粗放经营的高速发展的企业转变为一个高速发展但同时管理细化的成熟企业。

实践操作

丙企业本月生产甲、乙两种产品，当月已全部完工。丙企业有关的成本资料如表 9-11 所示，其中制造费用由 4 种作业发生，详细资料如表 9-12 所示。

要求：分别采用传统成本法与作业成本法计算甲、乙两种产品成本。

表 9-11　丙企业成本资料表

项　　目	甲产品	乙产品	合　计
产量/件	100	8 200	
直接材料/元	9 500	738 000	747 500
直接人工/元	5 000	451 000	456 000
制造费用/元			395 790
月产品机器工时/小时	300	164 00	16 700

表 9-12　制造费用作业资料表

作　业	作业动因	作业成本/元	作业动因数		
			甲产品	乙产品	合　计
机器调整准备	调整准备次数/次	16 000	10	6	16
生产订单	计单数量/张	62 000	15	10	25
机器运行	机器运行时间/小时	233 790	300	16 400	16 700
质量检验	检验次数/次	84 000	30	20	50
合　计	—	395 790	—	—	—

课后习题

一、单项选择题

1. 许多公司通过客户获利能力分析后惊讶地发现，在它们所服务的客户中，不能为企业提供利润的比例是如此之大。一般说来，超过(　　)的顾客是不能为企业创造任何价值的，这是规律。

A. 20%　　B. 30%　　C. 40%　　D. 50%

2. 为每生产一批产品所需要执行的作业是(　　)。

A. 单位作业　　B. 批次作业

C. 产品作业　　D. 全厂维持作业

3. 在产品低毛利率时，(　　)是最有效的策略。

A. 差异化　　B. 成本降低

C. 目标聚集　　D. 收入增加

4. 产品作业可以细分为(　　)和顾客支持作业。

A. 单位作业　　B. 批次作业

C. 产品支持作业　　D. 全厂维持作业

5. 生产自动化程度的提高使得直接人工成本占总成本的比例不断减少，(　　)占总成本的比例越来越大。

A. 直接人工　　B. 直接材料

C. 制造费用　　D. 采购费用

6. 作业成本法是将(　　)更准确地分配到作业、生产过程、产品、服务及顾客中的一种成本计算方法。

A. 间接成本　　B. 直接成本

C. 直接人工　　D. 直接材料

7. (　　)是指每生产一个单位即需执行一次作业，其所耗用的资源与产量或销量成比例。

A. 单位作业　　B. 批次作业

C. 产品作业　　D. 全厂维持作业

8. (　　)是指为取得结果而执行的某个或某一系列任务，或指企业内为了某种目的而进行的消耗资源的活动。

A. 资源动因　　B. 作业动因

C. 作业　　D. 成本动因

9. 为维持某特定生产线而执行的作业是(　　)，该作业成本与产品数量或批数无关，与产品种类呈比例变动。

A. 单位作业　　B. 批次作业

C. 产品作业　　D. 全厂维持作业

10. 为了维持企业的总体生产能力而执行的作业是(　　)，该作业与产量、批次、品种数量无关，与企业组织规模、结构有关。

A. 单位作业　　B. 批次作业

C. 产品作业　　D. 全厂维持作业

二、多项选择题

1. 传统成本法错误地反映成本，其原因有(　　)。

A. 制造费用和辅助费用等间接成本很难追溯到产品

B. 直接材料等直接成本很容易追溯到产品或服务

C. 传统成本分摊方法多以数量为基准，有可能造成成本的交叉补贴

D. 直接人工等直接成本很难追溯到产品或服务

2. 传统成本法无法正确反映成本的原因是(　　)。

A. 产品多样化和复杂化

B. 国际竞争越来越激烈

C. 客户服务需求增加，企业需满足不同形态的客户

D. 自动化程度提高

3. 西门子公司为了确认由( )所驱动的间接成本，进行了一项广泛的研究，按照作业成本法对产品进行了计算。

A. 数量
B. 人工小时
C. 订单加工
D. 专用元件

4. 作业成本法的原理是( )。

A. 产品加工消耗设备折旧
B. 成本对象消耗作业
C. 作业消耗资源
D. 服务客户需要场地

5. 根据影响作业的动因不同而将作业区分为( )。

A. 单位作业
B. 批次作业
C. 产品作业
D. 全厂维持作业

6. 作业成本法中，导致成本发生的原因包括( )。

A. 顾客支持动因
B. 资源动因
C. 产品支持动因
D. 作业动因

7. 下列关于作业成本法的叙述，正确的有( )。

A. 按作业成本法进行成本计算，仍然可以区分品种法、分批法和分步法

B. 作业成本法下的成本计算过程可以概括为"资源→作业→产品"

C. 在作业成本法下，直接成本可以直接计入有关产品，而其他间接成本则首先分配到有关作业，计算作业成本，然后再将作业成本分配到有关产品

D. 在作业成本法下，运用资源动因可以将作业成本分配给有关产品

8. 作业按受益范围通常分为( )。

A. 单位作业
B. 批制作业
C. 产品作业
D. 过程作业

9. 成本动因选择主要考虑的因素有( )。

A. 成本计量

B. 成本动因与所耗资源成本的相关程度

C. 成本库

D. 成本中心

10. 下列说法正确的是( )。

A. 作业量决定资源的耗用量

B. 最终产品产出量决定着作业量

C. 资源耗用量与最终产品产出量有直接关系

D. 成本库的作业就是成本动因

三、判断题

1. 把相关的一系列作业所消耗的资源费用归集到作业中心，便构成该作业中心的成本库。( )

2. 在产品是高毛利率时，成本降低是最有效的策略。( )

3. 一视同仁地降低成本是最有效的方式。( )

4. 财务会计系统是按产品设计的，从企业财务报表难以获取这些资料，需要对会计

数据进行单独分析才能知道客户的获利能力，所以企业通常的战略是“向所有客户提供所有产品”。(　　)

5. 作业成本法从作业层次收集成本信息，按因果关系进行成本分配，保证了成本信息的真实性，解决了从产品、客户、组织机构等多角度核算成本的一致性问题。(　　)
6. 产品的多样化造成产品之间精确的成本计算的需求降低。(　　)
7. 顾客支持作业是为销售产品或服务给特定顾客所耗用的资源，如产品市场调查、顾客满意度调查等。(　　)
8. 作业成本法的原理是产品消耗作业、客户消耗资源。(　　)
9. 作业成本法中，导致成本发生的原因包括成本动因和作业动因。(　　)
10. 很多和产品多样性有关的成本并不是和业务量一致，如流程和产品开发成本、机器改变等成本很难追溯到特定的产品或服务。(　　)

四、计算分析题

1. 已知某企业生产甲、乙两种产品，其中甲产品900件，乙产品300件，其作业情况数据如9-13表所示。

要求：按作业成本法计算甲、乙两种产品的成本，并填制表9-14。

表9-13　作业情况数据

作业中心	资源耗用/元	动　因	动因量(甲产品)	动因量(乙产品)	合　计
材料处理	18 000	移动次数	400	200	600
材料采购	25 000	订单件数	350	150	500
使用机器	35 000	机器小时	1 200	800	2 000
设备维修	22 000	维修小时	700	400	1 100
质量控制	20 000	质检次数	250	150	400
产品运输	16 000	运输次数	50	30	80
合　计	136 000				

表9-14　甲、乙两种产品的成本

作业中心	成本库/元	动因量	动因率	甲产品	乙产品
材料处理	18 000	600			
材料采购	25 000	500			
使用机器	35 000	2 000			
设备维修	22 000	1 100			
质量控制	20 000	400			
产品运输	16 000	80			
总成本合计	136 000				
单位成本					

10 项目十 Chapter 10 责任会计

>>> 学习目标

知识目标：

1. 理解责任会计的内涵、作用；
2. 掌握责任中心的划分与考核方法；
3. 了解内部转移价格的方法与责任报告的内容与形式。

能力目标：

1. 能对具体的集团或部门进行责任中心划分；
2. 能运用相应的责任中心考核方法进行相关的业绩考核。

素质目标：

1. 树立责任意识；
2. 培养细心的观察力。

>>> 思维导图

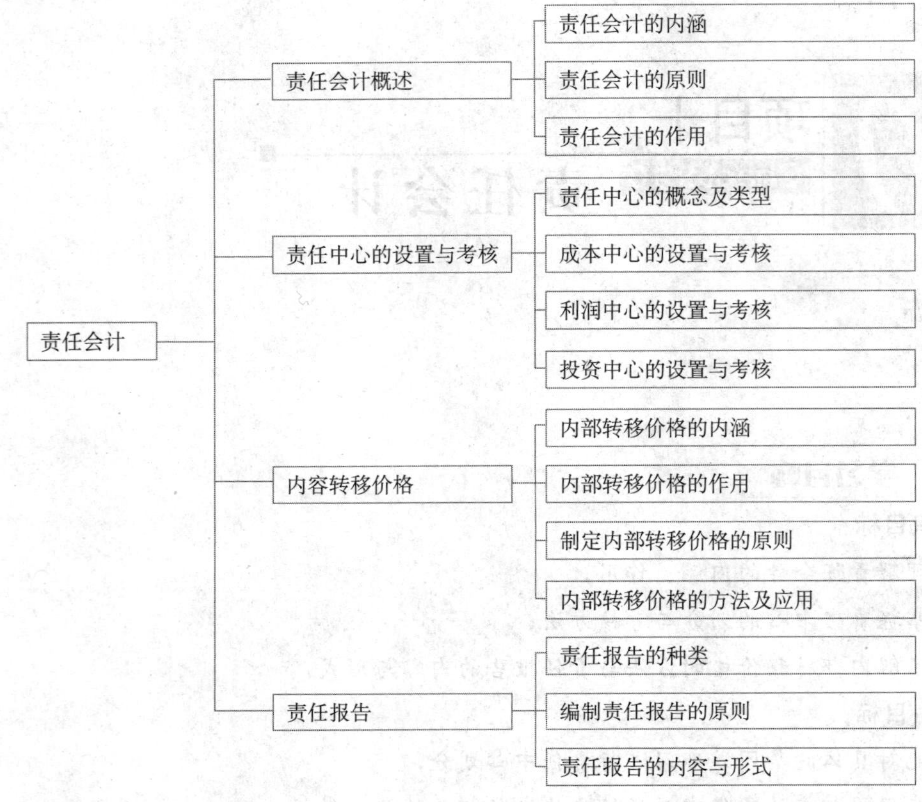

任务一　责任会计概述

>>> 任务分析

通过本任务的学习，应该了解什么是责任会计，实施责任会计应注意的原则以及实施责任会计对企业有什么意义。责任会计的对象是责任中心而不是产品，强调对责任中心进行事前、事中和事后的全过程管理。责任会计的要点在于利用会计信息对各分权单位的业务活动进行规划与控制，对其业绩进行计量与评价。

>>> 导入案例

据报载，短短几年杭州市民爆公司在一无资金，二无家底，并且还要为原公司承担债务的情况下，全体员工齐心协力深入开展经营，狠抓安全效益管理，使公司发展成为净值70余万元的扭亏为盈企业，始终保持了无银行贷款、无担保或被担保、无外向拆借资金、无被拖欠销售款、无拖欠任何税款的“五无”运行状态，受到浙江民爆行业管理部门的高度重视和好评。

究其原因，正是在企业经营中引入责任会计制度，使公司的管理水平得以大大提高。

由此可见，建立和有效实施责任会计制度，能够提高企业的管理水平，明晰各部门的权责利关系，在各责任部门明确自身责任、完成本部门目标的同时，实现企业目标。

一、责任会计的概念

责任会计是指企业内部按各部门所承担的经济责任把它们划分为若干不同种类、不同层次的责任中心，并为之编制责任预算，确定责任目标，对其工作业绩进行核算、控制、分析和考核的内部控制制度。因此，责任会计的基本内容归纳起来有以下四个方面：

(1) 建立责任中心。根据企业具体情况和内部管理的实际需要，把所需的各部门、各单位划分为若干责任中心，规定这些中心的负责人，并赋予他们相应的经济权利，同时这些负责人要对所负责中心的成本、收入、边际贡献、税前利润与投资等重要指标向上级管理当局承担责任。

(2) 确定各责任中心的目标。根据责任中心范围的不同，在建立预算制度和实际标准成本计算的条件下，可以为各责任中心确定目标。这种目标必须是某一责任中心能够控制的。

(3) 建立各责任中心的记录和报告制度。这种记录和报告应能对各责任中心的实际工作成绩起到信息反馈作用，使管理当局能够据以控制和调节各责任中心的经济活动，督促他们迅速采取有效措施，纠正错误，巩固成绩，不断降低成本，压缩资金占用，借以扩大利润，提高经济效益。

(4) 通过记录和报告评价考核实际工作成绩。通过对各种责任中心业绩报告实际数与预算数的对比，来评价和考核各责任中心的工作成绩和经营效果，并分别揭示他们取得的成绩和存在的问题，以保证经济责任制的贯彻执行。

二、责任会计的原则

责任会计是一种管理活动，它以企业内部各责任单位为基础，以保证企业计划的顺利执行和不断提高经济效益为目的，主要利用价值形式对企业内部生产经营活动过程中的耗费、占用和成果进行核算和控制。尽管各企业实施责任会计制度的具体做法可能不尽相同，但都应符合以下几项基本原则。

▶ 1. 一致性原则

责任者权责范围的确定，责任预算的编制和责任者成绩的评价、考核，可以促使责任者为企业总目标的实现而努力工作，保持各责任中心的目标同企业总目标的一致以及责任者的利益同企业整体利益的一致，防止各责任者偏离企业总目标而各行其是，以致损害企业的整体利益。

▶ 2. 可控性原则

可控性原则指上级对下级的考核应只限于下级所能控制的活动或因素。例如，在一个成本中心中，能为这个责任中心所控制，对其工作好坏产生影响的成本，属于可控成本，否则就是不可控成本。对于这个责任中心来说，其成绩的好坏应由其可控成本作为考核和评价的主要依据，不可控成本仅有参考意义。可控性原则意味着，只要下级努力工作，他就能达到控制目标的要求，因为这些目标的完成情况完全受其行为的影响或控制。反之，如果在责任会计中心引入不可控指标，被控对象完成指标的积极性就会受到影响。从这一意义上来看，可控性原则实际上属于下面提到的激励原则，但由于这一原则在责任会计中运用广泛，因而值得专门提出。

▶ 3. 激励原则

为责任中心确定了符合企业整体利益的目标以后，还要促使各责任中心以最大的努力来完成目标，也就是说对被控对象进行有效的激励。激励过程是一个非常复杂的行为过程，激励力的大小取决于多种因素的综合作用，所以责任会计也就是通过对人的行为的激励来发挥作用的。

▶ 4. 灵活性原则

责任会计制度要在瞬息万变的经营环境中保持其控制效能，就必须具有灵活性。首先，责任范围要按经济业务内在联系划分，把责任细分为几层具体的工作，而不能搞行政分割。否则一旦环境变化，职责划分又不能及时调整，就会出现新工作或新问题无人负责的现象。其次，责任的考核应采用价值指标与非价值指标、长期效益指标与短期效益指标、定性指标与定量指标等多种类型的指标，并把会计核算、统计核算和业务核算紧密结合起来进行责任核算，这样才能适应企业内部管理的需要。

▶ 5. 反馈原则

贯彻责任会计制度还需要有反馈执行情况的信息传递系统，企业应该有一个良好的记录和报告制度，使生产业务部门及责任者能及时了解各自的预算情况。企业将实际情况和"责任预算"进行对比分析，一是可以使责任者正确了解经过自己努力所取得的成绩，以及存在的问题，使领导者不失时机，得到这类信息，恰当地使用权力，调整责任中心的经济活动；二是通过信息反馈可以使责任者及时了解到信息范围内都出现了什么难题，依靠自身的变化，对环境变化所产生的影响及时地化解；三是通过准确、可靠、及时地反馈经济信息，使企业领导者能做出恰当的决策。反馈原则要求经济活动的报告要及时，间隔期要尽量短一些，数据要可靠，但不要求过分精确，以减少工作量。

▶ 6. 例外管理原则

企业生产经营活动的多样性和复杂性，以及外部环境的经常变化、管理基础的强弱不同、管理人员的素质高低不一，都不可避免地使责任单位的执行结果与企业的责任预算发生差异。作为企业最高层次的领导者就要根据差异的不同情况区别对待。如果产生的差异对企业的目标有很大影响，这就要求高层领导者进行仔细地分析和评价，找出问题的症结所在，以保证企业在竞争的条件下生存和发展下去。因此，实行例外管理是必要的。

三、责任会计的作用

实行责任会计是企业控制生产经营活动、严格目标管理、取得良好经济效益的好方法。建立和健全责任会计具有十分重要的作用。

(1) 有利于贯彻经济责任制和加强企业管理。责任会计要求把经济责任落实到各基层单位，划清各单位的责任，并通过会计资料的计量考核各单位的经营成果，能够充分调动各级人员的积极性，使企业内部各单位、各部门目标明确、权责分明，及时了解生产经营中的实际情况，尽快解决存在的问题，提高工作效率。

(2) 有利于提高决策质量。责任会计强调的是责任，企业决策者应对决策后果承担经济责任。因此，实行责任会计有助于促进决策者增强责任感，重视决策质量，减少决策失误。

(3) 有助于正确评价和考核责任单位的业绩成果和加强成本控制。责任会计是按责任单位组织核算的，核算内容主要是责任单位的可控指标，通过责任核算为评价和考核责任单位的业绩提供可靠的信息，使评价有据，考核合理。同时，责任会计制度要求建立一套完整的记录、计算、积累有关责任成本的核算，因此可以加强对可控成本的控制。

(4) 有利于把各责任单位的目标统一到企业的总目标上来。企业领导人员根据责任会计提供的资料，能够协调各责任单位的目标，使各级责任单位为实现企业的总目标而努力工作。

(5) 有利于实行例外管理原则。责任会计制度的实行，使各级管理人员都明确了自己的责任区域。高层管理人员不必把精力分散在各个细小的部门和单位中的具体事项上，而是集中精力处理更重要的问题，特别是研究企业未来的发展，以保证企业在竞争中能生存和发展下去。

>>> 任务小结

责任会计是指企业内部按各部门所承担的经济责任把它们划分为若干不同种类、不同层次的责任中心，并为之编制责任预算，确定责任目标，对其工作业绩进行核算、控制、分析、考核的内部控制制度。因此，责任会计的基本内容归纳起来有四个方面：建立责任中心；确定各责任中心的目标；建立各责任中心的记录和报告制度；通过记录和报告评价考核实际工作成绩。

责任会计的基本原则包括一致性原则、可控性原则、激励原则、灵活性原则、反馈原则、例外管理原则。

责任会计的作用有：有利于贯彻经济责任制和加强企业管理；有利于提高决策质量；有助于正确评价和考核责任单位的业绩成果和加强成本控制；有利于把各责任单位的目标统一到企业的总目标上来；有利于实行例外管理原则。

任务二 责任中心的设置与考核

>>> 任务分析

责任中心按照控制范围来划分，一般分为成本中心、利润中心和投资中心。这种划分方法可以使各责任中心的责任划分范围和责任程度一目了然，能够突出重点控制目标。通过本任务的学习，假想你是集团的一名管理者，你会对责任中心的划分和考核作何思考？

>>> 导入案例

某一生产地砖的股份有限公司2010年开始经营，面临日益激烈的市场竞争。2011年内开始，企业按照董事会的要求着手研究建立责任中心制度，企业对公司的组织机构、人员进行调整，明确责任分工，建立责任中心，按其可控的成本、收入、费用、利润和经济效果等内容编制预算，建立了总经理负责的投资中心，负责公司全部资产、权益、收入、费用和利润，而且对其投资利润率和资产利润率负责。将各生产部门作为利润中心，增强生产部门负责人的成就感和责任感，其责任人是生产副经理，负责公司的生产产量、制造成本。生产责任中心进一步在生产车间之间划分，每个车间都是一个"人为"利润中心，其责任人是生产车间主任。各车间的每个班组作为一个成本费用中心，其责任人是各个组长，对可控的成本费用负责。销售部门作为利润中心，其责任人是营销经理，负责公司的销售收入、销售费用和销售利润。行政管理部门是成本费用中心，其责任人是行政管理经理，负责公司的行政、管理费用的支出，行政管理经理再给下设的企管、人事、财务等部门分配责任，这样企管、人事、财务等部门也成为成本费用中心。

一、责任中心的概念及类型

▶ 1. 责任中心的概念

建立责任会计核算控制体系的首要问题是建立各级责任中心并确定其责任范围。所谓责任中心是指责任范围的区域，通常是内部的一个组织单位。它受命完成某项特定的任务(即责任目标)，并接受公司提供的为完成这些任务所需的资源，每个责任中心都有一定的组织机构，并设一名负责人对责任中心进行领导。

▶ 2. 责任中心的类型

根据企业经营活动的不同特点、考核工作成绩的不同重点以及责任中心负责人能够控制的范围，责任中心可以分为成本中心、利润中心和投资中心等不同种类的责任中心。这种划分可以使各责任中心的责任划分范围和责任程度一目了然，能够突出重点控制目标。成本中心、利润中心和投资中心的关系是成本中心对其可控成本向利润中心负责；利润中心就其利润向投资中心负责，同时，投资中心就其投资和利润向董事会负责。不同层次的责任中心构成了责任会计的组织体系。

二、成本中心的设置与考核

▶ 1. 成本中心的确定

一个责任中心只考虑控制成本(费用)，不管销售和收入，这种中心称为成本中心。

成本中心往往是没有收入的。有的成本中心可能有少量收入，但不成为主要的考核内容。一个成本中心可以由若干个更小的成本中心组成。任何发生成本的责任领域，都可以确定为成本中心。大的成本中心可能是一个分公司，小的成本中心可能是一辆小卡车和两个司机组成的单位。成本中心的职责是用一定的成本去完成规定的具体任务。

需要注意的是，有些组织单位不从事商品生产经营活动，如人事部门、财务部门等，没有成本发生，只核算、控制费用支出，就称其为费用中心。

▶ 2. 产品成本和责任成本

产品成本与责任成本有区别又有联系，区别是：凡按"谁受益，谁承担"的原则把成本归集到各产品明细账上的叫作产品成本。其作用在于反映和监督产品成本计划完成情况，实行经济核算制，制定未来合理价格，规划目标利润。凡按"谁负责，谁承担"的原则把成本归集到负责控制的各成本中心账户上的，叫作责任成本。其作用在于反映和考核责任者的执行情况，控制生产耗费，贯彻执行经济责任制，评价职工的工作成绩。

产品成本和责任成本的相同之处是，从某一定时期说，全企业的产品总成本与全企业的责任成本的总和相等。

不论产品成本还是责任成本，都要承担分内的责任。产品成本承担责任只落实在产品上，由产品负担，而在人与人的关系上易出现推诿责任的弊端。尽管如此，并不否认它的重要作用。责任成本是把责任具体落实到组织单位上，最后还直接落实到人头上，不会发生推诿责任的弊端，但责任成本不足以为制定价格和规划利润的根据。所以二者各有所长，相辅为用。

▶ 3. 可控成本和不可控成本

核算责任成本，必须区分两种情况：一种是可控成本；另一种是不可控成本。

一般地说，可控成本包括三个方面：责任中心有权支配、使用的物资和劳务的成本；责任中心能够计量其数额增减的成本；责任中心在发现成本偏差时，有办法控制和调整的成本。凡不符合以上三条的，称为不可控成本。

属于某个成本中心的各项可控成本之和，就构成这个中心的责任成本。

▶ 4. 成本中心的考核

由于成本中心没有收入，只对成本负责，因而对成本中心的考核与评价应以责任成本为重点，即以业绩报告为依据，衡量责任成本的实际数额与预算数发生多大差异，并分析研究其发生的原因。具体来说，成本中心的考核指标包括责任成本的变动额和变动率两种指标，其计算公式如下：

$$\text{责任成本变动额}=\text{实际责任成本}-\text{预算责任成本}$$

$$\text{责任成本变动率}=\frac{\text{责任成本变动额}}{\text{预算责任成本}}\times 100\%$$

【例 10-1】某企业第一车间是一个成本中心，只生产 A 产品。其预算产量为 5 000 件，单位标准材料成本为 100 元/件；实际产量为 6 000 件，实际单位材料成本为 96 元/件。假定其他成本暂时忽略不计，单位标准材料成本＝10 元/千克×10 千克/件，实际单位材料成本＝12 元/千克×8 千克/件。

要求：计算该成本中心消耗的直接材料责任成本的变动额和变动率，分析并评价该成本中心的成本控制情况。

解：由题意得

责任成本变动额＝96×6 000－100×6 000＝－24 000(元)

$$\text{责任成本变动率}=\frac{-24\ 000}{60\times 6\ 000}\times 100\%=-4\%$$

计算结果表明，该成本中心的成本降低额为 24 000 元，降低率为 4%。

其原因分析及评价如下：

由于材料价格上升对成本的影响＝(12－10)×8×6 000＝96 000 元，即由于材料采购价格上升致使成本超支了 96 000 元，这属于该车间的不可控成本，应将此超支责任由该车间转出，转由采购部门承担。

由于材料用量降低对成本的影响＝10×(8×6 000－10×6 000)＝－120 000 元，即由于材料用量降低使得成本节约了 120 000 元，属于该中心取得的成绩。

三、利润中心的设置与考核

▶ 1. 利润中心的确定

一个责任中心，如果能同时控制生产和销售，既要对成本负责又要对收入负责，但没有责任或没有权力决定该中心资产投资的水平，因而可以根据其利润的多少来评价该中心的业绩，那么，该中心称为利润中心。

通常，利润中心被看作一个可以用利润来衡量其一定时期业绩的组织单位。但是，并不是可以计量利润的组织单位都是真正意义上的利润中心。利润中心组织的真正目的是激励下级制定有利于整个公司的决策并努力工作。仅仅规定一个组织单位的产品价格并把投入的成本归集到该单位，并不能使该组织单位具有自主权或独立性。一般说来，利润中心要向顾客销售其大部分产品，并且可以自由地选择大多数材料、商品和服务等项目的来源。据此，尽管某些企业也采用利润指标来计算各生产部门的经营成果，但这些部门不一定就是利润中心。把不具有广泛权力的生产或销售部门定为利润中心，并用利润指标去评价它们的业绩，往往会引起内部冲突或次优化，对加强管理反而是有害的。

▶ 2. 利润中心的类型

利润中心有两种类型：一种是自然的利润中心，它直接向企业外部出售产品，在市场上进行购销业务。例如，某些公司采用事业部制，每个事业部均有销售、生产、采购的职能，有很大的独立性，这些事业部就是自然的利润中心。另一种是人为的利润中心，它主要在企业内部按照内部转移价格出售产品。例如，大型钢铁公司分成采矿、炼铁、炼钢、轧钢等几个部门，这些生产部门的产品主要在公司内部转移，它们只有少量对外销售，或者全部对外销售由专门的销售机构完成，这些生产部门可视为利润中心并称为人为的利润中心。再如，企业内部的辅助部门，包括修理、供电、供水、供气等部门，可以按固定的价格向生产部门收费，它们也可以确定为人为的利润中心。

▶ 3. 利润中心的考核指标

对于利润中心进行考核的指标主要是利润。但是，任何一个单独的业绩衡量指标都不能够反映出某个组织单位的所有经济效果，利润指标也是如此。因此，尽管利润指标具有综合性，利润计算具有强制性和较好的规范化程度，但仍然需要一些非货币的衡量方法作为补充，包括生产率、市场地位、产品质量、职工态度、社会责任、短期目标和长期目标的平衡等。

▶ 4. 部门利润的计算

在计量一个利润中心的利润时需要解决两个问题：第一，选择一个利润指标，包括如何分配成本到该中心；第二，为在利润中心之间转移的产品或劳务规定价格。

在评价利润中心业绩时至少有四种选择：边际贡献、可控边际贡献、部门边际贡献和税前部门利润。

【例 10-2】某公司甲部门的有关数据如下：部门销售收入为 20 000 元，已销商品变动成本和变动销售费用为 15 000 元，部门可控固定间接费用为 1 000 元，部门不可控固定间接费用为 900 元，分配的公司管理费用为 1 000 元。该公司甲部门的利润表如表 10-1 所示。

表 10-1　某公司甲部门的有关数据　　单位：元

项　目	金　额
销售收入	20 000
减：变动成本	15 000

续表

项目	金额
边际贡献	5 000
减：可控固定成本	1 000
可控边际贡献	4 000
减：部门不可控固定成本	900
部门可控边际贡献	3 100
减：公司管理费用	1 000
税前部门利润	2 100

(1) 以边际贡献 5 000 元作为业绩评价依据不够全面。部门经理至少可以控制某些固定成本，并且在固定成本和变动成本的划分上有一定的选择余地。以边际贡献为评价依据，可能导致部门经理尽可能得多支出固定成本以减少成本支出，尽管这样做不能降低总成本。因此，业绩评价时至少应包括可控的固定成本。

(2) 以可控边际贡献 4 000 元作为业绩评价依据可能是最好的，它反映了部门经理在其权限和控制范围内有效使用资源的能力。部门经理可控制收入，以及变动成本和部分固定成本，因而可以对可控边际贡献承担责任。这一衡量标准的主要问题是可控固定成本和不可控固定成本的区分比较困难。例如，折旧、保险等，如果部门经理有权处理这些有关的资产，那么他们就是可控的；反之，则是不可控的。又如，雇员的工资水平通常是由企业集中决定的，如果部门经理有权决定本部门雇佣多少职工，那么工资成本是他的可控成本；如果部门经理既不能决定工资水平，又不能决定雇员人数，则工资成本是不可控的。

(3) 以部门边际贡献 3 100 元作为业绩评价依据，可能更适合评价该部门对企业利润和管理费用的贡献，而不适合于对部门经理的评价。如果要决定该部门的取舍，部门边际贡献是有重要意义的信息。如果要评价部门经理的业绩，由于有一部分固定成本是过去最高管理层投资决策的结果，现在的部门经理已很难改变，部门边际贡献已超出了经理人员的控制范围。

(4) 以税前部门利润 2 100 元作为业绩评价的依据通常是不合适的。公司总部的管理费用是部门经理无法控制的成本，由于分配公司管理费用而引起部门利润的不利变化，不能由部门经理负责。不仅如此，分配给各部门的管理费用的计算方法常常是任意的，部门本身的活动和分配来的管理费用高低并无因果关系。普遍采用的销售百分比、资产百分比等，会使其他部门分配基数的变化影响本部门分配管理费用的数额。许多企业把所有的总部管理费用分配给下属部门，其目的是提醒部门经理注意各部门提供的边际贡献必须抵补总部的管理费用，否则企业作为一个整体就不会盈利。其实，通过给每个部门建立一个期望能达到的可控边际贡献标准，可以更好地达到上述目的。这样一来，部门经理可集中精力增加收入并降低可控成本，而不必在分析那些他们不可控的分配来的管理费用上花费精力。

四、投资中心的设置与考核

(一) 投资中心的确定

投资中心是指某些分散经营的单位或部门，其经理所拥有的自主权不仅包括制定价格、确定产品和生产方法等短期经营决策权，而且包括投资规模和投资类型等投资决策权。投资中心的经理既对成本和利润负责，同时也对投资效果负责。投资中心的成绩既要用它取得的利润来衡量，也要用投资利润率、剩余利润、投资回收期等利润对投资额的数量关系指标衡量。在投资中心的业绩报告中，不仅有利润数字，还有取得这个利润所占用的资产金额和上述关系指标。这样的考核较为全面、彻底和可靠，像考核一个独立经营的企业一样，能更好地发挥经理的积极性和主动性。

除了上述三类基本的责任中心之外，西方有些企业还设有费用中心和收入中心。

(二) 投资中心的考核

责任中心的设置是企业的组织结构向分权化急剧发展的必然结果。特别是投资中心，它们的管理人员在其职责范围内处理各项经济业务有较大的自主权。有时投资中心自主权限之大，几乎与独立的企业相仿。在这种情况下，对它们的工作成果进行考核与评价，就要比对成本中心和利润中心更加复杂一些。另外当总公司有闲置资金需要分配时，究竟分给哪个投资中心较为有利，这也会提出对投资中心的工作成果应该怎样评价的问题。

由于投资中心实质上也是利润中心，它不仅需要对成本、收入、利润负责，而且还要对所占用的全部投资承担责任，因而对投资中心的考核与评价除成本、收入和利润等指标外，重点应放在投资利润率和剩余收益两个指标上。

▶ 1. 投资利润率

(1) 提高投资利润率的途径。对企业来说，投资利润率越高越好。投资利润率的提高有五种情况：①投资不变，净利增加；②净利不变，投资减少；③净利增加，投资减少；④净利增加的幅度超过投资增加的幅度；⑤净利减少的幅度低于投资减少的幅度。

提高净利的途径是改进产品设计，增加产量，在提高质量的基础上提高售价，降低原材料和动力消耗，提高劳动生产率，节约销售和管理费用等。减少投资和充分利用资产的办法是将一班制改为二班制或三班制，提高设备完好率和生产率，出售或出租多余的固定资产，努力降低存货，及时收回应收账款，为闲置的现金安排有利的投资等。

(2) 投资利润率的分解。投资利润率也是销售利润率和投资周转次数的乘积。销售利润率就是净利占销售收入的百分率，也叫利润边际。投资周转次数就是销售收入对投资的倍数。投资利润率的分解式如下：

$$
\begin{aligned}
\text{投资利润率} &= \frac{\text{净利}}{\text{投资}} \times 100\% \\
&= \frac{\text{净利}}{\text{销售收入}} \times \frac{\text{销售收入}}{\text{投资}} \times 100\% \\
&= \text{销售利润率} \times \text{投资周转次数}
\end{aligned}
$$

投资利润率分解为销售利润率和投资周转次数，有利于公司对投资中心的控制和考核。这里的投资周转次数也叫投资周转率或资产周转率。

【例 10-3】九泽公司有一个投资中心，本年度第一季度的有关资料如表 10-2 所示，试计算其投资利润率。

表 10-2 九泽公司部分资产余额及利润数据表 单位：元

项 目	金 额
销售收入	200 000
营业资产（期初余额）	60 000
营业资产（期末余额）	70 000
长期负债（期初余额）	30 000
长期负债（期末余额）	40 000
营业净利	30 000

解：

期初投资总额＝60 000＋30 000＝90 000（元）

期末投资总额＝70 000＋40 000＝110 000（元）

$$投资利润率=\frac{30\ 000}{200\ 000}\times\frac{200\ 000}{(90\ 000+110\ 000)/2}\times 100\%=30\%$$

(3) 投资利润率的优缺点。投资利润率是衡量投资效果的一个有效尺度，它能综合反映一个公司或投资中心各方面工作的成败。公司可以为各投资中心规定一个共同的期望投资利润率，也可以为每个投资中心分别规定不同的期望投资利润率作为努力的目标。公司可以通过期望投资利润率与资本成本的比较，作出是否筹资和投资的决策，以及是否应增加或撤销某个部门或某种产品的决策。投资者可以根据投资利润率的高低，将资本由一个国家转入另一个国家，由一个行业转入另一个行业，由一个公司转入另一个公司。可见，投资利润率是反映经营成效最好的指标，也是用途最为广泛的一个经济指标。

但是，投资利润率也不是完美无缺的，在实际运用中有一定的局限性。为了计算各投资中心的投资利润率，联合使用的资产必须在各投资中心之间进行分配，但在分配时很难做到完全公平合理，且不带一点武断。如果不计算投资利润率时，固定资产的价值按净值计算，那么投资中心的经理只要坚持不作新的投资或尽量不投资。固定资产的净值就会逐年下降。即使净利不变，投资利润率也会随时间的推移而不断上升。这样，经理的工作得到好评，而公司的长远利润却受到了损害。为了弥补这种缺陷，固定资产不按净值计价，而按原值（原始成本）计价。长期的通货膨胀，使企业资产的账面价值（历史成本）过低而严重失实，并因此而少计折旧，虚增了净利。根据夸张了的净利润和缩小了的资产价值算出来的投资利润率，当然不能反映真正的投资效果。要消除通货膨胀带来的假象，在计算投资利润率时必须用固定资产的重置成本来代替账面的历史成本，并按重置成本计算折旧。表 10-3 就是一个反映两种计算方法显著差别的例子。

表 10-3 某公司投资利润率的两种不同计算依据

项 目	按历史成本计算	按重置成本计算
资产/万元	2 000	4 000
净利/万元	240	240
投资利润率(%)	12	6

从表10-3中可以看到，该公司真正的投资利润率只有6%，如果不顾通货膨胀因素，仍按账面数字计算，将把投资利润率夸大为12%，严重地歪曲了真相。

单纯依靠投资利润率控制和考核各投资中心的工作，有时会发生不应有的现象：一些投资中心接受了有损公司利益的投资项目，另一些投资中心却放弃了对公司有利的项目。

【例10-4】某公司下面设有两个投资中心，它们和全公司的投资利润率如表10-4所示。

表10-4　某公司投资中心资料(一)　　单位：万元

投资中心	净　利	投　资	投资利润率(%)
甲	450	3 000	15
乙	100	2 000	5
全公司	550	5 000	11

假设甲投资中心有一个投资项目，投资额为2 000万元，期望净利为290万元，从表10-5中可以看到，这个投资项目能使全公司的投资利润率由11%上升到12%，显然是一个好的投资项目。但是，甲投资中心不愿意接受它，因为它将使甲投资中心的投资利润率由15%下降到14.8%。

表10-5　某公司投资中心资料(二)　　单位：万元

投资中心	净　利	投　资	投资利润率(%)
甲	740	5 000	14.8
乙	100	2 000	5
全公司	840	7 000	12

又假设，乙投资中心接纳了一个投资项目，投资额为1 000万元，期望净利为80万元。于是，它的投资利润率由5%上升到6%，并因此而得到了好评。实际上，这个投资项目将全公司的投资利润率由11%下降到10.5%，本来应该拒绝的。这个投资项目造成的结果如表10-6所示。

表10-6　某公司投资中心资料(三)　　单位：万元

投资中心	净　利	投　资	投资利润率(%)
甲	450	3 000	15
乙	180	3 000	6
全公司	630	6 000	10.5

为了避免这种弊病，许多公司建立了投资委员会，专门负责监督全公司的投资决策，以保证各投资中心的决策符合全公司的利益。

▶ 2. 剩余收益

由于投资利润率有上述缺点，所以美国通用电气公司提出了一个新的指标——剩余利润或剩余收益，用以评价和考核各个投资中心，其计算公式如下：

剩余收益＝净利－(投资额×预期最低利润率)

剩余收益是用以衡量投资中心所获利润超过按最低投资利润率计算的收益额的部分。

按预期最低投资利润率计算的收益额通常等于或大于资本的成本。一般来说，采用剩余收益作为考核标准时，所得报酬与所需最低报酬之间的正差越大，则投资中心成绩越好。剩余收益与投资利润率相比较，其优点主要表现在，可防止投资中心的本位主义，促使它们从整体利益出发来接受比较有利的投资，努力多创造利润，使各投资中心的目标与整个企业的总目标趋向一致。

【例 10-5】已知例 10-4 材料，若该公司的最低报酬率为 10%，如果按剩余收益来考核甲投资中心，那么它就不会拒绝对公司有利的投资项目，因为这样的投资项目也将增加它的剩余利润。例如，投资额为 2 000 万元而净利为 290 万元的投资项目，将会使它的剩余利润由原来的 150 万元上升为 240 万元，如表 10-7 所示。

表 10-7 某公司甲投资中心资料 单位：万元

项　　目	未接纳新投资前的金额	接纳新投资后的金额
净利(a)	450	740
投资(b)	3 000	5 000
按最低利润率计算的收益额(c)＝(b)×10%	3 000×10%＝300	5 000×10%＝500
剩余收益(d)＝(a)－(c)	150	240

同时，采用剩余收益能使投资中心避免采纳对公司不利的投资项目。例如，对于乙投资中心来说，投资额为 1 000 万元而净利为 80 万元的投资项目，将使它的损失由 100 万元升至 120 万元，必将遭到它的拒绝，如表 10-8 所示。

表 10-8 某公司乙投资中心资料 单位：万元

项　　目	未接纳新投资前的金额	接纳新投资后的金额
净利(a)	100	180
投资(b)	2 000	3 000
按最低利润率计算的收益额(c)＝(b)×10%	2 000×10%＝200	3 000×10%＝300
剩余收益(d)＝(a)－(c)	－100	－120

可见，用剩余利润指标考核投资中心，可以在投资决策方面使各个投资中心的利益与公司的利益取得一致。

>>> 任务小结

责任中心是指责任范围的区域，通常是内部的一个组织单位。它受命完成某项特定的任务(即责任目标)，并接受公司提供的为完成这些任务所需的资源。每个责任中心都有一定的组织机构，并设一名负责人对责任中心进行领导。

一个责任中心只考虑控制成本，不管销售和收入，这种中心称为成本中心。由于成本中心没有收入，只对成本负责，因而对成本中心的考核与评价应以责任成本为重点，即以业绩报告为依据，衡量责任成本的实际数额与预算数发生多大差异，并分析研究其发生的原因。具体来说，成本中心的考核指标包括责任成本的变动额和变动率两种指标，其计算公式如下：

责任成本变动额＝实际责任成本－预算责任成本

责任成本变动率＝责任成本变动额/预算责任成本×100%

一个责任中心，如果能同时控制生产和销售，既要对成本负责又要对收入负责，但没有责任或权力决定该中心资产投资的水平，因而可以根据其利润的多少来评价该中心的业绩，那么，该中心称为利润中心。在评价利润中心业绩时至少有四种选择：边际贡献、可控边际贡献、部门边际贡献和税前部门利润。

投资中心是指某些分散经营的单位或部门，其经理所拥有的自主权不仅包括制定价格、确定产品和生产方法等短期经营决策权，而且包括投资规模和投资类型等投资决策权。由于投资中心实质上也是利润中心，它不仅需要对成本、收入、利润负责，而且还要对所占用的全部投资承担责任，因而对投资中心的考核与评价除成本、收入和利润等指标外，重点应放在投资利润率和剩余收益两个指标上。

任务三　内部转移价格

>>> 任务分析

合理的内部转移价格将有助于确定企业各责任中心的经济责任，客观、公正地评价和考核各责任中心的经营业绩，调动企业各责任中心工作的积极性，从而为公司制定正确的经营决策提供依据。通过本任务的学习，应当理解内部转移价格的内涵、作用以及一些内部转移价格方法的应用。

>>> 导入案例

目前，在内部转移价格方面，国内采用的比较少，但也有运用比较成功的企业，比如我国钢铁行业中的邯郸钢铁厂(以下简称邯钢)、攀枝花钢铁厂(以下简称“攀钢”)在过去就运用得很成功。钢铁行业是多流程、大批量生产的行业，生产工艺环节实行高度集中的管理模式。企业所采用的内部管理制度、成本核算和责任会计模式具有明显的行业特色。目前国内钢铁企业应用广泛的是邯钢模式，即采用“模拟市场价格、实行成本否决”作为半成品的转移价格。而攀钢从投产开始就制定了内部转移价格。由于市场变化很快，攀钢对内部转移价格进行了多次调整。攀钢现行转移价格管理制度是在多年实践基础上，经过多次完善而逐步形成的，主要由四部分组成：产品(半成品)转移价格；原材料、辅助材料转移价格；备品备件转移价格；劳务(收费)价格。其中，备品备件转移价格按照采购成本进行结算，其余由财务部门制定明确的价格。

通过对攀钢的分析，我们知道应当根据企业所处的市场环境、企业自身的特点和管理部门的目标来选择适当的内部转移价格的方法。

一、内部转移价格的概念

内部转移价格又称“调拨价格”，是指企业内各部门之间由于相互提供产品、半成品或劳务而引起的相互结算、相互转账所需要的一种计价标准。其广泛地应用在企业决策制定、成本计算、业绩评价等方面。

内部转移价格采取了“价格”的形式，使两个责任中心形成交易的“买”“卖”双方。它具有与外部的市场价格相类似的作用，如在价格一定的情况下，要想获得较高的内部利润，卖方(产品或劳务的提供方)就必须不断改善经营管理，降低成本和费用，以其确定的收入抵偿支出；买方(产品或劳务的接受方)则必须在一定的购置成本下，千方百计地降低再加工的成本，争取较高的经济效益。

二、内部转移价格的作用

▶ 1. 有助于明确划分责任中心的经济责任

内部转移价格作为一种计量手段，可以确定中间转移产品的价值量。这些价值量既可以用来衡量提供产品或劳务的责任中心的经营成果，也可以用以反映接受产品或劳务的责任中心的成本费用。因此，正确制定内部转移价格，可以合理地确定各责任中心应承担的经济责任，切实维护各责任中心正当的经济权益，保证责任会计的正确实施。

▶ 2. 有助于责任中心的业绩考核建立在客观、可比的基础之上

合理的内部转移价格，能够准确地计量和考核各责任中心责任预算的实际执行结果，恰当地衡量企业各责任中心的工作成绩，使各部门、各责任中心的工作成就和经营效果，能够按照一个客观的标准进行统一的比较和综合的评价，使绩效考核工作得以顺利进行。

▶ 3. 有助于调动企业内部各部门的生产积极性

合理的内部转移价格，不但可以作为责任中心经济责任完成情况的客观标准，而且还可以发挥类似市场价格的辅助调节作用，在一定程度上调动责任中心主管人员和全体职工的工作态度和工作精神。

▶ 4. 有助于制定正确的经营决策

通过制定和运用内部转移价格，可以把有关责任中心的经济责任、工作绩效加以数量化，使企业最高管理者和内部各业务职能部门的主管人员能根据企业未来一定期间的经营目标和有关的成本、收入、利润以及资金情况，在分析比较的基础上，制定正确的经营决策，完成责任预算，实现预定的目标。

三、制定内部转移价格的原则

▶ 1. 全局性原则

制定内部转移价格应强调企业的整体利益高于各责任中心的利益。由于内部转移价格直接关系到各责任中心经济利益的大小，每个责任中心必然会为本责任中心争取最大的利益，在利益发生冲突的情况下，企业应从整体利益出发制定内部转移价格，以保证企业利润最大化。

▶ 2. 激励性原则

内部转移价格的制定应公正合理，防止某些部门因价格上的缺陷而获得一些额外的利润或损失。即内部转移价格的制定应能激励各责任中心经营管理的积极性，使其工作与所得收益相对等。

▶ 3. 自主性原则

在保证企业整体利益的前提下，承认各责任中心的相对独立性，就必须给予各责任中心相对独立的经营权，如生产权、技术权、人事权和理财权等，制定的内部转移价格必须为各方所接受。

四、内部转移价格的方法及应用

(一) 市场价格

以市场价格作为内部转移价格的责任中心，应该是独立经营核算的利润中心，它们有权决定生产产品的数量、出售或购买的产品对象及其相应的价格。在西方国家，通常认为

市场价格是制定内部转移价格的最好依据。因为市场价格最能体现责任中心的基本要求，即在企业内部引进市场机制，造成一种竞争气氛，使其中每个利润中心实质上都成为独立的机构，各自经营、相互竞争，最终通过利润指标来考核和评价其工作成果。

以市场价格作为内部转移价格时，应注意以下两个问题：

第一，在中间产品有外部市场，可向外部单位销售，或从外部单位购买时，以市场价格作为内部转移价格，并不等于直接将市场价格用作结算，而应在此基础上，对外部价格作一些必要的调整。

第二，以市场价格为依据制定内部转移价格时，通常假设中间产品处于完全竞争的市场以及中间产品提供部门即“卖”方无闲置生产能力。

采用市场价格作为内部转移价格是完全竞争市场条件下的一种理想的转移价格，但是完全竞争的市场条件是很难找到的，而且市场价格也受到一定的限制，有些产品（半成品）没有现成的市价，而另一些产品只有非完全竞争市场价格，不能直接作为内部转移价格。

（二）协商价格

如果中间产品存在非完全竞争的外部市场，可以采用协商的办法确定转移价格，即双方部门经理就转移中间产品的数量、质量、时间和价格进行协商并设法取得一致意见。

成功的协商价格依赖于下列条件。第一，要有一个某种形式的外部市场，两个部门的经理可以自由地选择接受或是拒绝某一价格。如果根本没有可能从外部取得或销售中间产品，就会使一方处于垄断状态，这样的价格不是协商价格，而是垄断价格。第二，当价格协商的双方发生矛盾不能自行解决，或双方谈判时可能导致企业非最优决策时，企业的高一级管理层要进行必要的干预。

以内部协商价格作为内部转移价格，可以照顾双方利益并得到双方的认可，使价格具有一定的弹性。但在确定内部协商价格时，容易使双方争执不休，造成部门间的矛盾。如果过多地依赖上级管理当局的仲裁，又会降低衡量部门业绩的作用。

（三）双重内部转移价格

所谓双重内部转移价格，是指对产品（半成品）的供需双方分别采用不同的转移价格。例如，对产品（半成品）的“出售”部门，可按市场价格计价；而对“购买”部门，则按“出售”部门的单位变动成本计价；其差额由会计部门进行调整。这样区别对待，有利于产品（半成品）接受部门正确地进行经营决策，避免因内部定价高于外部市场价格，接受部门向外部进货，而不从内部“购买”，使企业内部的产品（半成品）供应部门的部分生产能力闲置的情况出现，同时也有利于提高供应单位在生产经营过程中充分发挥主动性和积极性。这种方法通常在中间产品有外部市场、生产（供应）部门生产能力不受限制，且变动成本低于市场价格的情况下才会行之有效，提高企业的整体收益。

（四）以成本作为内部转移价格

以产品成本作为内部转移价格，由于在成本管理中经常使用不同的成本概念，如实际成本、标准成本、变动成本等，因此，以不同的成本来制定内部转移价格，将产生不同的影响。

1. 实际成本法

以中间产品生产时发生的生产成本作为其内部转移价格，即为实际成本法。这种方法尽管很简便，但严格说来只是一个实际成本的计算转让过程，还不能作为一种内部“价格”发挥其在各部门之间划清经济责任和调节企业内部利润的作用。使用这种方法，提供产品或劳务的部门将其工作的成绩与缺陷全都不折不扣地转给了使用部门，而使用部门本不应对这些成绩和缺陷承担责任。也就是说，接受产品或劳务的部门，要承担不受它控制而由其他部门造成的工作效率上的责任。因此，这种方法对于产品或劳务的提供部门降低成本缺乏激励作用。

▶ 2. 实际成本加成法

实际成本法主要适用于各成本中心相互转移产品或劳务时价格的确定。如果产品或劳务的转移是在利润中心或投资中心之间，为了让提供部门取得一定的利润，也可在实际成本的基础上加上一定的利润作为内部转移价格，即实际成本加成法。由于这种转移价格包含了实际成本，成绩和缺陷的转嫁现象不能消除，无助于调动提供部门降低成本、增加利润的积极性。此外，所加的利润带有一定的主观随意性，而利润的偏低或偏高又会影响双方经营业绩的正确评价。

▶ 3. 标准成本法

以劳务或中间产品的标准成本作为其内部转移价格，即为标准成本法。这种方法适用于成本中心的产品转移。标准成本法的最大优点是将管理和核算工作结合起来，可以避免功过转嫁之患而收到责任分明之效，能提高双方降低成本的积极性。

▶ 4. 标准成本加成法

如果产品的转移涉及利润中心或投资中心，可将标准成本加利润作为转移价格，以分清双方责任。但是，确定利润的高低，仍需管理当局慎重斟酌。

▶ 5. 变动成本法

变动成本法是指以变动成本作为内部转移价格的方法。它适用于采用变动成本法计算产品成本的成本中心之间的往来结算。这种方法的优点是符合成本习性，能够明确揭示成本与产量的关系，便于考核各责任中心的工作业绩，有利于企业和各责任中心进行生产经营决策。但是这种方法也存在一定的不足，由于产品成本中不包含固定成本，不能反映劳动生产率的变化对单位固定成本的影响，从而割裂了固定成本与产量之间的关系，也不利于调动各责任中心增加产量的积极性。

▶ 6. 服务成本的分配

服务成本，也称共同成本，它是由作为成本中心的服务部门所发生的，如动力部门、维修部门等为生产部门提供服务所发生的成本。由于这些服务使各生产部门共同受益，需由各受益部门共同负担，故称为共同成本。服务成本的分配，可以看作内部转移价格的一种转换形式，是一种“广义的转移价格”。服务成本分配的方法主要包括：按固定比例分配全部服务成本；按受益部门实际劳务量和实际单位成本分配全部服务成本；按受益部门实际劳务量和预算单位成本分配服务成本等。

>>> 任务小结

内部转移价格，又称“调拨价格”，是指企业内各部门之间由于相互提供产品、半成品或劳务而引起的相互结算、相互转账所需要的一种计价标准。

制定内部转移价格的作用主要表现在以下四个方面：有助于明确划分责任中心的经济责任；有助于责任中心的业绩考核建立在客观、可比的基础之上；有助于调动企业内部各部门的生产积极性；有助于制定正确的经营决策。

制定内部转移价格的原则有全局性原则、激励性原则、自主性原则。

内部转移价格的方法有：

(1) 市场价格。以市场价格作为内部转移价格的责任中心，应该是独立经营核算的利润中心，它们有权决定生产产品的数量、出售或购买的产品对象及其相应的价格。

(2) 协商价格。如果中间产品存在非完全竞争的外部市场，可以采用协商的办法确定转移价格，即双方部门经理就转移中间产品的数量、质量、时间和价格进行协商并设法取得一致意见。

(3) 双重内部转移价格。双重内部转移价格，是指对产品的供需双方分别采用不同的转移价格。

(4) 以成本作为内部转移价格。以产品成本作为内部转移价格，由于在成本管理中经常使用不同的成本概念，如实际成本、标准成本、变动成本等，因此，以不同的成本来制定内部转移价格，将产生不同的影响。

任务四 责任报告

>>> 任务分析

责任报告也称业绩报告、绩效报告。它是根据责任会计记录编制的反映责任预算实际执行情况，揭示责任预算与实际执行差异的内部会计报告。本任务的重点在于理解责任报告的内容和形式，根据给出的相关资料编制相关的责任报告。

>>> 导入案例

A公司是一家科技型中小企业，专注于太阳能光伏系统、LED照明系统设计与制造。近几年来，随着国家对绿色能源的支持而迅速发展，但在项目研发管理以及在研发管理实行责任会计上暴露出了一些问题。这些问题包括面对竞争日益激烈的市场环境，企业内部研发效能低下和研发人员不稳定。造成上述问题的原因有三点：一是缺乏有效的预算与考核手段；二是研发部自主权低；三是研发人员激励方法单一。

针对上述问题，A公司按照传统的责任中心设计思路规划成本中心，依据采购、研发和生产三段流程建立成本中心，划分责任界限，明确责任范围，编制责任预算，设置责任账户，登记责任账簿，进行责任结算，按标准成本加成法制定内部结算价格，对成本数据跟踪登记，定期编制报告并对业绩进行考评和奖惩。A公司为了单独对研发成本进行考核，除了成本中心编制成本中心责任报告外，还另外结合人事管理部和业务部数据编制了项目研发产品成本汇总表。

一、责任报告的种类

责任报告也称业绩报告、绩效报告。它是根据责任会计记录编制的反映责任预算实际执行情况，揭示责任预算与实际执行差异的内部会计报告。企业内部的每一责任中心都应定期地将执行经济业务的情况逐级上报，一方面用以信息沟通，另一方面用以衡量业绩。责任报告主要有两类：一类用以报告个人成就，另一类用以报告经营成果。前者的目的是将一个责任中心的负责人实际成就与当时条件下应达到的成就作比较；后者是各责任中心作为一个经济实体所取得的经营成果的报告。另外，责任报告就其反映的经济业务内容来划分，可以分为成本报告与财务报告；按其编报的时间来分，可分为日报、周报、月报、年报；按其报告的形式来分，可分为书面报告、图解报告和口头报告。

二、编制责任报告的原则

1. 适用性原则

编制责任报告时，应注意何人收受报告与如何利用报告的问题。各层管理人员对情报的利用方式不同，他们所需要的情报形式也不同。高层管理人员所需要的情报大部分应是与决策相关的，一些说明报告只随总表附送，以避免情报过多，成为阅读者的负担。当然也要注意，如果情报过少，则将使高层管理人员处于臆测的状况之中，难以做出果断的抉择。对于低层管理人员，由于他们负责更多的具体业务，较为明细的报告当然很有必要。与此有关的另一个问题是要根据管理的需要有选择地提供情报，在编制报告方面的重复劳动应避免。

2. 相关性原则

一份报告必须能反映出每个部门可能控制的项目与指出管理当局应注意的问题。责任会计要强调资料的相关性。责任报告的功能是将信息反馈给各部门的责任者，以便对业绩进行评价，而且在必要时改变行动。

3. 适时性原则

报告的适时性也是非常重要的问题，报告的适时性是指收到报告的日期适时和报告所包括的期间是适时的。要使报告的资料有助于决策，就应使报告于决策之前能够收到；要使报告资料有助于控制，就应在行动后尽快得到报告信息。一份 5 月的成本报告于 6 月下旬才收到，对于生产经营活动的控制是没有用处的。报告所包括的期间应与规划、控制相适应，按周、按月或按旬编制的报告适合日常管理的需要，非例行的生产决策和投资决策，正常的报告是不够的，必须编制专题报告。

4. 准确性原则

报告的准确性依赖于会计分类制度的性质、原始凭证的可靠性及对既定事件和经济的解释。总之，数据的准确是由很多因素促成的。有些错误是起因于某种制度的规定，从而使反映实际活动的记录遭到了歪曲。

三、责任报告的内容与形式

责任报告的组成内容应根据各个企业的组织结构确定。在垂直组织结构的企业，其成本由最基层的成本中心进行归集，逐级汇总，并逐级加入固定成本和变动的间接成本，比如车间按班组汇总直接成本之后，应将车间的共同成本分项加入，汇总为车间成本，全厂在汇总各车间成本之后，再加入企业发生的共同成本，即可求得全部工厂成本。

成本报告逐级汇总时，过于详细的成本明细项目是没有必要列上的，因为对于一个企业领导者来说，没有必要了解几十个或者上百个作业班组各自发生的成本。垂直结构的组织系统，在管理上应逐级分层控制。一个上千人企业的领导，要想把所有生产班组都严格控制起来，而不借助于车间、工段各级组织的力量，实践证明是做不到的。

企业的销售报告也应作如此安排。表 10-9、表 10-10、表 10-11 列举出了垂直组织成本报告的形式以说明此种报告的体系。

表 10-9　班组成本报告(A 班)　　单位：元

项　　目	预　算	实　际	差　异
直接人工	3 000	3 200	−200
直接材料	2 000	1 800	200
间接费用	3 000	3 600	−600
合 计	8 000	8 600	−600

表 10-10　车间成本报告(甲车间)　　单位：元

班　组	预　算	实　际	差　异
A 班	8 000	8 600	−600
B 班	7 600	8 000	−400
其他	16 000	15 600	400
小计	31 600	32 200	−600
制造费用	2 000	1 900	100
合计	33 600	34 100	−500

表 10-11　全厂成本汇总　　单位：元

车　间	预　算	实　际	差　异
甲车间	33 600	34 100	−500
乙车间	37 000	37 400	−400
丙车间	42 000	41 600	400
合计	112 600	113 100	−500

总厂为了全面掌握各个分厂销售利润情况，应将各分厂利润报告进行汇总，汇总时销售收入和销售成本应按分厂分别列示。

关于现金流转报告和财务状况报告亦可按以上程序编报。在横向组织结构的企业中，各个独立的分厂为利润中心，因此这些分厂应向总厂编制两种报告：销售成本报告和利润报告。制造成本报告在各个分厂的各级成本中心逐级编报、汇总，类似于垂直组织结构的程序。此种制造成本报告一般不需要上报总厂，总厂对其所属独立核算单位的成本是无须控制的。各个分厂对其销售和生产负责。

横向组织结构的利润报告如表 10-12～表 10-14 所示。

表 10-12　第一分厂成本报告　　单位：元

项　　目	预　算	实　际	差　异
制造成本	151 800	151 900	−100
期间费用	35 600	34 000	1 600
合计	187 400	185 900	1 500
库存增加	0	300	−300
利润报告中成本	187 400	186 200	1 200

表 10-13 第一分厂利润报告 单位：元

项 目	预 算	实 际	差 异
营业收入	240 000	240 000	0
营业成本	187 400	186 200	1 200
利润总额	52 600	53 800	1 200
所得税(25%)	13 150	13 450	−300
净利润	39 450	40 350	900

表 10-14 利润汇总报告 单位：元

项 目	预 算	实 际	差 异
营业收入	618 000	618 000	0
营业成本	494 400	493 268	1 132
利润总额	123 600	124 732	1 132
所得税(25%)	30 900	31 183	−283
净利润	92 700	93 549	849

>>> 任务小结

责任报告也称业绩报告、绩效报告。它是根据责任会计记录编制的反映责任预算实际执行情况，揭示责任预算与实际执行差异的内部会计报告。

编制责任报告的原则有适用性原则、相关性原则、适时性原则、准确性原则。

责任报告的组成内容应根据各个企业的组织结构确定。在垂直组织结构的企业，其成本由最基层的成本中心进行归集，逐级汇总，并逐级加入固定成本和变动的间接成本，比如车间按班组汇总直接成本之后，应将车间的共同成本分项加入，汇总为车间成本，全厂在汇总各车间成本之后，再加入企业发生的共同成本，即可求得全部工厂成本。

拓展阅读

责任会计在企业运用中存在的问题

责任会计是指在企业内部建立若干责任中心，并对各责任中心负责的经济活动进行控制与考核，将会计工作同经济责任制度紧密结合起来的一种企业内部控制制度。作为企业管理的有效制度，责任会计能够大大提高企业的管理水平和管理效率。但是在实践中，责任会计还存在以下问题。

一、内部转移价格可靠性不强。内部转移价格是责任中心之间转移中间产品时计价结算的依据，也是责任会计核算的基础。内部转移价格制定得合理与否，直接影响到责任中心的切身利益，也直接影响到其积极性。一个不合理或者难以发现的内部转移价格不但不能节约交易费用，反而增加了责任中心之间交易的难度或制约了其积极性。我国企业实施责任会计时往往采用企业总部制定的内部计划价格作为内部转移价格，与外部市场价格相差很大，因而不能如实反映责任中心的经营成果，同时也无法反映出责任中心的实际支出水平，使该承担的费用没有承担，这样不利于责任中心积极性的发挥，不能诱导其从挖掘内部潜力去降低成本，提高产品质量来多创效益。

二、考评体系不够健全。责任会计的可控性原则难以落实，如目前相当多的企业严重超员，隐性失业不同程度地存在，机器设备开工不足，生产达不到设计的能力。这种资源的闲置浪费，引起单位产品工资和折旧等固定成本的提高，从而影响了企业的生产效率，并对各责任单位的绩效指标会造成不同程度的影响，使责任会计难以发挥有效的作用。单一的成本评价指标容易导致逆向激励，如采购部门为了降低材料采购成本往往购入价低质次的材料，大批量采购以获得折扣，增加了料废品率和资金占用；生产部门为了降低成本不能保证质量、交货期。这与适时生产管理和全面质量管理的经营理念不相适应。

三、责权利未能有效结合，激励机制不能发挥作用。责任会计的生命在于责权利的有机统一，但现实经济生活中责权利中的权力落实不充分，这一点在国有企业中尤为明显。尽管人浮于事，企业领导要想解雇职工也是很困难的。平均主义痼疾难以根除，自改革开放以来，我国企业间、部门间、个人间的收入分配档次逐步拉开，这对实施责任会计制度无疑是颇有益处的。但我们也不得不承认收入差距幅度从总体上看还不够大，尤其是各级管理人员的收入与他们所承担的责任、所付出的代价和所作出的贡献仍然难以合理匹配，这不利于调动他们的积极性，也不利于以责权利紧密结合为基本原则的责任会计制度的形成和发展。

（资料来源：田金霞．责任会计在企业管理中的运用[J]. 产业与科技论坛，2014）

实践操作

D公司某投资中心A原投资利润率为18%，营业资产为500 000元，营业利润为100 000元。现有一项业务，需要借入资金200 000元，可获利68 000元。

要求：

(1) 若以投资利润率作为评价和考核投资中心A的依据，做出A投资中心是否愿意投资于这项新业务的决策。

(2) 若以剩余收益作为评价和考核投资中心A工作成果的依据，新项目要求的最低收益率为15%，做出A投资中心是否愿意投资于这个新项目的决策。

课后习题

一、单项选择题

1. 下列项目中，通常具有法人资格的责任中心是(　　)。

A. 投资中心　　B. 利润中心　　C. 成本中心　　D. 费用中心

2. 投资中心的考核指标中能使部门的业绩与企业的目标协调一致，避免次优化问题的指标是(　　)。

A. 投资利润率　　B. 剩余收益

C. 现金回收率　　D. 可控边际贡献

3. 如果企业内部的供需双方分别按照不同的内部转移价格对同一笔内部交易进行结算，则可以断定它们采用的是(　　)。

A. 成本转移价格　　B. 市场价格

C. 协商价格　　D. 双重价格

4. 在成本转移价格作为内部转移价格时，如果交易产品涉及利润中心或投资中心，则此时的价格应当是(　　)。

A. 实际成本　　B. 标准成本

C. 标准成本加成　　D. 变动成本

5. 某投资中心第一年经营资产平均余额为100 000元，经营利润为20 000元，第二年该中心新增投资20 000元，预计经营利润3 000元，接受新投资后，该部门的投资利润率为(　　)。

A. 15.5%　　B. 20%　　C. 17.5%　　D. 19%

6. 管理会计将在责任预算的基础上，把实际数与计划数进行比较，用来反映与考核各责任中心工作业绩的书面文件称为(　　)。

A. 差异分析表　　B. 责任报告

C. 预算执行情况表　　D. 实际执行与预算比较表

7. 计算投资利润率时，其经营资产计价采用的是(　　)。

A. 原始价值　　B. 账面价值

C. 评估价值　　D. 市场价值

8. 责任会计产生的主要原因是(　　)的产生。

A. 多角化节约　　B. 跨国经营

C. 分权管理　　D. 集权管理

9. 成本中心控制和考核的内容是(　　)。

A. 责任成本　　B. 产品成本

C. 直接成本　　D. 目标成本

10. 在下列各项中，需要同时对成本、收入和利润负责的是(　　)。

A. 投资中心　　B. 利润中心

C. 成本中心　　D. 责任中心

二、多项选择题

1. 下列项目中，属于投资中心考核指标的有(　　)。

A. 投资利润率　　B. 可控成本

C. 利润　　D. 剩余收益

2. 下列各项中，属于建立责任会计制度必须遵循原则的有(　　)。

A. 灵活性原则　　B. 可控性原则　　C. 一致性原则

D. 激励原则　　E. 反馈原则

3. 下列各项中，属于责任会计制度内容的有(　　)。

A. 设置责任中心　　B. 确定各责任中心的目标

C. 提交责任报告　　D. 评价经营业绩

4. 下列各项中，属于责任中心内容的有(　　)。

A. 成本中心　　B. 投资中心

C. 销售中心　　D. 利润中心

5. 在下列各项中，属于责任会计作用的有(　　)。

A. 有利于贯彻经济责任制和加强企业管理

B. 有利于提高决策质量

C. 有助于正确评价和考核责任单位的业绩成果和加强成本控制

D. 有利于把各责任单位的目标统一到企业的总目标上来

E. 有利于实行例外管理原则

6. 下列各项中，可以作为内部转移价格的有(　　)。

A. 变动成本　　B. 双重价格　　C. 标准成本加成

D. 标准成本　　E. 协商价格

7. 下列各项表达式中，其计算结果等于投资利润率指标的有(　　)。

A. 总资产周转率×销售利润率

B. 总资产周转率×销售成本率

C. 销售成本率×成本费用利润率

D. 总资产周转率×成本费用利润率

E. 总资产周转率×销售成本率×成本费用利润率

8. 下列各项中，属于可控成本必须满足的条件的有(　　)。

A. 有权支配　　B. 可以计量

C. 可以施加影响　　D. 可以得到补偿

9. 下列各项中，能够揭示责任成本与产品成本主要区别的表述有(　　)。

A. 成本的特性不同　　B. 归依和分配的对象不同

C. 分配的原则不同　　D. 核算的基础条件不同

E. 核算的主要目的不同

10. 在下列各项指标中，属于成本中心考核范畴的有(　　)。

A. 责任成本总额　　B. 责任成本变动额

C. 责任成本变动率　　D. 变动成本变动额

E. 变动成本变动率

三、判断题

1. 导致责任会计产生的主要原因是企业规模的扩大。(　　)

2. 责任会计制度最大的优点是可以精确计算产品成本。(　　)

3. 剩余收益指标的优点是可以使投资中心的业绩评价与企业目标协调一致。(　　)

4. 编制责任预算需要在责任报告上进行；责任报告是考核评价经营业绩的载体。(　　)

5. 因利润中心实际发生的利润数大于预算数而形成的差异是不利差异。(　　)

6. 对于上级分配来的固定成本，由于利润中心无法控制其数额，所以，对这部分固

定成本的影响在考核时应将其剔除。(　　)

7. 各成本中心的可控成本之和等于企业的总成本之和。(　　)

8. 成本中心实际发生的责任成本大于其责任成本预算的差异是有利差异。(　　)

9. 责任会计的核心在于利用会计信息对各分权单位的业绩进行计量。(　　)

10. 在一定的时空条件下，可控成本与不可控成本可以实现相互转化。(　　)

四、计算分析题

1. 某投资中心投资额为100 000元，年净利润额为18 000元，企业为该投资中心规定的投资利润率为15%。

要求：计算该投资中心的投资利润率和剩余收益。

2. A公司2015年的销售收入为40 000元，营业资产为16 000元；B公司2015年的销售收入为1000 000元，营业资产为20 000元。两家公司均希望其2015年的投资利润率达到15%。

要求：分别计算A、B公司在2015年的销售利润率。

附录A 复利终值、现值系数表

表 A-1 复利终值系数表

期数	1%	2%	3%	4%	5%	6%	7%	8%	9%	10%
1	1.010 0	1.020 0	1.030 0	1.040 0	1.050 0	1.060 0	1.070 0	1.080 0	1.090 0	1.100 0
2	1.020 1	1.040 4	1.060 9	1.081 6	1.102 5	1.123 6	1.144 9	1.166 4	1.188 1	1.210 0
3	1.030 3	1.061 2	1.092 7	1.124 9	1.157 6	1.191 0	1.225 0	1.259 7	1.295 0	1.331 0
4	1.040 6	1.082 4	1.125 5	1.169 9	1.215 5	1.262 5	1.310 8	1.360 5	1.411 6	1.464 1
5	1.051 0	1.104 1	1.159 3	1.216 7	1.276 3	1.338 2	1.402 6	1.469 3	1.538 6	1.610 5
6	1.061 5	1.126 2	1.194 1	1.265 3	1.340 1	1.418 5	1.500 7	1.586 9	1.677 1	1.771 6
7	1.072 1	1.148 7	1.229 9	1.315 9	1.407 1	1.503 6	1.605 8	1.713 8	1.828 0	1.948 7
8	1.082 9	1.171 7	1.266 8	1.368 6	1.477 5	1.593 8	1.718 2	1.850 9	1.992 6	2.143 6
9	1.093 7	1.195 1	1.304 8	1.423 3	1.551 3	1.689 5	1.838 5	1.999 0	2.171 9	2.357 9
10	1.104 6	1.219 0	1.343 9	1.480 2	1.628 9	1.790 8	1.967 2	2.158 9	2.367 4	2.593 7
11	1.115 7	1.243 4	1.384 2	1.539 5	1.710 3	1.898 3	2.104 9	2.331 6	2.580 4	2.853 1
12	1.126 8	1.268 2	1.425 8	1.601 0	1.795 9	2.012 2	2.252 2	2.518 2	2.812 7	3.138 4
13	1.138 1	1.293 6	1.468 5	1.665 1	1.885 6	2.132 9	2.409 8	2.719 6	3.065 8	3.452 3
14	1.149 5	1.319 5	1.512 6	1.731 7	1.979 9	2.260 9	2.578 5	2.937 2	3.341 7	3.797 5
15	1.161 0	1.345 9	1.558 0	1.800 9	2.078 9	2.396 6	2.759 0	3.172 2	3.642 5	4.177 2
16	1.172 6	1.372 8	1.604 7	1.873 0	2.182 9	2.540 4	2.952 2	3.425 9	3.970 3	4.595 0
17	1.184 3	1.400 2	1.652 8	1.947 9	2.292 0	2.692 8	3.158 8	3.700 0	4.327 6	5.054 5
18	1.196 1	1.428 2	1.702 4	2.025 8	2.406 6	2.854 3	3.379 9	3.996 0	4.717 1	5.559 9
19	1.208 1	1.456 8	1.753 5	2.106 8	2.527 0	3.025 6	3.616 5	4.315 7	5.141 7	6.115 9
20	1.220 2	1.485 9	1.806 1	2.191 1	2.653 3	3.207 1	3.869 7	4.661 0	5.604 4	6.727 5
21	1.232 4	1.515 7	1.860 3	2.278 8	2.786 0	3.399 6	4.140 6	5.033 8	6.108 8	7.400 2
22	1.244 7	1.546 0	1.916 1	2.369 9	2.925 3	3.603 5	4.430 4	5.436 5	6.658 6	8.140 3
23	1.257 2	1.576 9	1.973 6	2.464 7	3.071 5	3.819 7	4.740 5	5.871 5	7.257 9	8.954 3
24	1.269 7	1.608 4	2.032 8	2.563 3	3.225 1	4.048 9	5.072 4	6.341 2	7.911 1	9.849 7
25	1.282 4	1.640 6	2.093 8	2.665 8	3.386 4	4.291 9	5.427 4	6.848 5	8.623 1	10.835
26	1.295 3	1.673 4	2.156 6	2.772 5	3.555 7	4.549 4	5.807 4	7.396 4	9.399 2	11.918
27	1.308 2	1.706 9	2.221 3	2.883 4	3.733 5	4.822 3	6.213 9	7.988 1	10.245	13.110
28	1.321 3	1.741 0	2.287 9	2.998 7	3.920 1	5.111 7	6.648 8	8.627 1	11.167	14.421
29	1.334 5	1.775 8	2.356 6	3.118 7	4.116 1	5.418 4	7.114 3	9.317 3	12.172	15.863
30	1.347 8	1.811 4	2.427 3	3.243 4	4.321 9	5.743 5	7.612 3	10.063	13.268	17.449
40	1.488 9	2.208 0	3.262 0	4.801 0	7.040 0	10.286	14.975	21.725	31.409	45.259
50	1.644 6	2.691 6	4.383 9	7.106 7	11.467	18.420	29.457	46.902	74.358	117.39
60	1.816 7	3.281 0	5.891 6	10.520	18.679	32.988	57.946	101.26	176.03	304.48

续表

期数	12%	14%	15%	16%	18%	20%	24%	28%	32%	36%
1	1.120 0	1.140 0	1.150 0	1.160 0	1.180 0	1.200 0	1.240 0	1.280 0	1.320 0	1.360 0
2	1.254 4	1.299 6	1.322 5	1.345 6	1.392 4	1.440 0	1.537 6	1.638 4	1.742 4	1.849 6
3	1.404 9	1.481 5	1.520 9	1.560 9	1.643 0	1.728 0	1.906 6	2.097 2	2.300 0	2.515 5
4	1.573 5	1.689 0	1.749 0	1.810 6	1.938 8	2.073 6	2.364 2	2.684 4	3.036 0	3.421 0
5	1.762 3	1.925 4	2.011 4	2.100 3	2.287 8	2.488 3	2.931 6	3.436 0	4.007 5	4.652 6
6	1.973 8	2.195 0	2.313 1	2.436 4	2.699 6	2.986 0	3.635 2	4.398 0	5.289 9	6.327 5
7	2.210 7	2.502 3	2.660 0	2.826 2	3.185 5	3.583 2	4.507 7	5.629 5	6.982 6	8.605 4
8	2.476 0	2.852 6	3.059 0	3.278 4	3.758 9	4.299 8	5.589 5	7.205 8	9.217 0	11.703
9	2.773 1	3.251 9	3.517 9	3.803 0	4.435 5	5.159 8	6.931 0	9.223 4	12.167	15.917
10	3.105 8	3.707 2	4.045 6	4.411 4	5.233 8	6.191 7	8.594 4	11.806	16.060	21.647
11	3.478 5	4.226 2	4.652 4	5.1173	6.175 9	7.430 1	10.657	15.112	21.199	29.439
12	3.896 0	4.817 9	5.350 3	5.936 0	7.287 6	8.916 1	13.215	19.343	27.98 3	40.038
13	4.363 5	5.492 4	6.152 8	6.885 8	8.599 4	10.699	16.386	24.759	36.937	54.451
14	4.887 1	6.261 3	7.075 7	7.987 5	10.147	12.839	20.319	31.691	48.757	74.053
15	5.473 6	7.137 9	8.137 1	9.2655	11.974	15.407	25.196	40.565	64.359	100.71
16	6.130 4	8.137 2	9.357 6	10.748	14.129	18.488	31.243	51.923	84.954	136.97
17	6.866 0	9.276 5	10.761	12.468	16.672	22.186	38.741	66.461	112.14	186.28
18	7.690 0	10.575	12.376	14.463	19.673	26.623	48.039	85.071	148.02	253.34
19	8.612 8	12.056	14.232	16.777	23.214	31.948	59.568	108.89	195.39	344.54
20	9.646 3	13.744	16.367	19.461	27.393	38.338	73.864	139.38	257.92	468.57
21	10.804	15.668	18.822	22.575	32.324	46.005	91.592	178.41	340.45	637.26
22	12.100	17.861	21.645	26.186	38.142	55.206	113.57	228.36	449.39	866.67
23	13.552	20.362	24.892	30.376	45.008	66.247	140.83	292.30	593.20	1 178.7
24	15.179	23.212	28.625	35.236	53.109	79.497	174.63	374.14	783.02	1 603.0
25	17.000	26.462	32.919	40.874	62.669	95.396	216.54	478.90	1033.6	2 180.1
26	19.040	30.167	37.857	47.414	73.949	114.48	268.51	613.00	1364.3	2 964.9
27	21.325	34.390	43.535	55.000	87.260	137.37	332.96	784.64	1800.9	4 032.3
28	23.884	39.205	50.066	63.800	102.97	164.84	412.86	1004.3	2377.2	5 483.9
29	26.750	44.693	57.576	74.009	121.50	197.81	511.95	1285.6	3137.9	7 458.1
30	29.960	50.950	66.212	85.850	143.37	237.38	634.82	1645.5	4142.1	10 143
40	93.051	188.88	267.86	378.72	750.38	1 469.8	5 455.9	19 427	66 521	*
50	289.00	700.23	1 083.7	1 670.7	3 927.4	9 100.4	46 890	*	*	*
60	897.60	2 595.9	4 384.0	7 370.2	20 555	56 348	*	*	*	*

注：*>99 999。

表 A-2 复利现值系数表

期数	1%	2%	3%	4%	5%	6%	7%	8%	9%	10%
1	0.990 1	0.980 4	0.970 9	0.961 5	0.952 4	0.943 4	0.934 6	0.925 9	0.917 4	0.909 1
2	0.980 3	0.961 2	0.942 6	0.924 6	0.907 0	0.890 0	0.873 4	0.857 3	0.841 7	0.826 4
3	0.970 6	0.942 3	0.915 1	0.889 0	0.863 8	0.839 6	0.816 3	0.793 8	0.772 2	0.751 3
4	0.961 0	0.923 8	0.888 5	0.854 8	0.822 7	0.792 1	0.762 9	0.735 0	0.708 4	0.683 0
5	0.951 5	0.905 7	0.862 6	0.821 9	0.783 5	0.747 3	0.713 0	0.680 6	0.649 9	0.620 9
6	0.942 0	0.888 0	0.837 5	0.790 3	0.746 2	0.705 0	0.666 3	0.630 2	0.596 3	0.564 5
7	0.932 7	0.870 6	0.813 1	0.759 9	0.710 7	0.665 1	0.622 7	0.583 5	0.547 0	0.513 2
8	0.923 5	0.853 5	0.789 4	0.730 7	0.676 8	0.627 4	0.582 0	0.540 3	0.501 9	0.466 5
9	0.914 3	0.836 8	0.766 4	0.702 6	0.644 6	0.591 9	0.543 9	0.500 2	0.460 4	0.424 1
10	0.905 3	0.820 3	0.744 1	0.675 6	0.613 9	0.558 4	0.508 3	0.463 2	0.422 4	0.385 5
11	0.896 3	0.804 3	0.722 4	0.649 6	0.584 7	0.526 8	0.475 1	0.428 9	0.387 5	0.350 5
12	0.887 4	0.788 5	0.701 4	0.624 6	0.556 8	0.497 0	0.444 0	0.397 1	0.355 5	0.318 6
13	0.878 7	0.773 0	0.681 0	0.600 6	0.530 3	0.468 8	0.415 0	0.367 7	0.326 2	0.289 7
14	0.870 0	0.757 9	0.661 1	0.577 5	0.505 1	0.442 3	0.387 8	0.340 5	0.299 2	0.263 3
15	0.861 3	0.743 0	0.641 9	0.555 3	0.481 0	0.417 3	0.362 4	0.315 2	0.274 5	0.239 4
16	0.852 8	0.728 4	0.623 2	0.533 9	0.458 1	0.393 6	0.338 7	0.291 9	0.251 9	0.217 6
17	0.844 4	0.714 2	0.605 0	0.513 4	0.436 3	0.371 4	0.316 6	0.270 3	0.231 1	0.197 8
18	0.836 0	0.700 2	0.587 4	0.493 6	0.415 5	0.350 3	0.295 9	0.250 2	0.212 0	0.179 9
19	0.827 7	0.686 4	0.570 3	0.474 6	0.395 7	0.330 5	0.276 5	0.231 7	0.194 5	0.163 5
20	0.819 5	0.673 0	0.553 7	0.456 4	0.376 9	0.311 8	0.258 4	0.214 5	0.178 4	0.148 6
21	0.811 4	0.659 8	0.537 5	0.438 8	0.358 9	0.294 2	0.241 5	0.198 7	0.163 7	0.135 1
22	0.803 4	0.646 8	0.521 9	0.422 0	0.341 8	0.277 5	0.225 7	0.183 9	0.150 2	0.122 8
23	0.795 4	0.634 2	0.506 7	0.405 7	0.325 6	0.261 8	0.210 9	0.170 3	0.137 8	0.111 7
24	0.787 6	0.621 7	0.491 9	0.390 1	0.310 1	0.247 0	0.197 1	0.157 7	0.126 4	0.101 5
25	0.779 8	0.609 5	0.477 6	0.375 1	0.295 3	0.233 0	0.184 2	0.146 0	0.116 0	0.092 3
26	0.772 0	0.597 6	0.463 7	0.360 7	0.281 2	0.219 8	0.172 2	0.135 2	0.106 4	0.083 9
27	0.764 4	0.585 9	0.450 2	0.346 8	0.267 8	0.207 4	0.160 9	0.125 2	0.097 6	0.076 3
28	0.756 8	0.574 4	0.437 1	0.333 5	0.255 1	0.195 6	0.150 4	0.115 9	0.089 5	0.069 3
29	0.749 3	0.563 1	0.424 3	0.320 7	0.242 9	0.184 6	0.140 6	0.107 3	0.082 2	0.063 0
30	0.741 9	0.552 1	0.412 0	0.308 3	0.231 4	0.174 1	0.131 4	0.099 4	0.075 4	0.057 3
35	0.705 9	0.500 0	0.355 4	0.253 4	0.181 3	0.130 1	0.093 7	0.067 6	0.049 0	0.035 6
40	0.671 7	0.452 9	0.306 6	0.208 3	0.142 0	0.097 2	0.066 8	0.046 0	0.031 8	0.022 1
45	0.639 1	0.410 2	0.264 4	0.171 2	0.111 3	0.072 7	0.047 6	0.031 3	0.020 7	0.013 7
50	0.608 0	0.371 5	0.228 1	0.140 7	0.087 2	0.054 3	0.033 9	0.021 3	0.013 4	0.008 5
55	0.578 5	0.336 5	0.196 8	0.115 7	0.068 3	0.040 6	0.024 2	0.014 5	0.008 7	0.005 3

续表

期数	12%	14%	15%	16%	18%	20%	24%	28%	32%	36%
1	0.892 9	0.877 2	0.869 6	0.862 1	0.847 5	0.833 3	0.806 5	0.781 3	0.757 6	0.735 3
2	0.797 2	0.769 5	0.756 1	0.743 2	0.718 2	0.694 4	0.650 4	0.610 4	0.573 9	0.540 7
3	0.711 8	0.675 0	0.657 5	0.640 7	0.608 6	0.578 7	0.524 5	0.476 8	0.434 8	0.397 5
4	0.635 5	0.592 1	0.571 8	0.552 3	0.515 8	0.482 3	0.423 0	0.372 5	0.329 4	0.292 3
5	0.567 4	0.519 4	0.497 2	0.476 1	0.437 1	0.401 9	0.341 1	0.291 0	0.249 5	0.214 9
6	0.506 6	0.455 6	0.432 3	0.410 4	0.370 4	0.334 9	0.275 1	0.227 4	0.189 0	0.158 0
7	0.452 3	0.399 6	0.375 9	0.353 8	0.313 9	0.279 1	0.221 8	0.177 6	0.143 2	0.116 2
8	0.403 9	0.350 6	0.326 9	0.305 0	0.266 0	0.232 6	0.178 9	0.138 8	0.108 5	0.085 4
9	0.360 6	0.307 5	0.284 3	0.263 0	0.225 5	0.193 8	0.144 3	0.108 4	0.082 2	0.062 8
10	0.322 0	0.269 7	0.247 2	0.226 7	0.191 1	0.161 5	0.116 4	0.084 7	0.062 3	0.046 2
11	0.287 5	0.236 6	0.214 9	0.195 4	0.161 9	0.134 6	0.093 8	0.066 2	0.047 2	0.034 0
12	0.256 7	0.207 6	0.186 9	0.168 5	0.137 2	0.112 2	0.075 7	0.051 7	0.035 7	0.025 0
13	0.229 2	0.182 1	0.162 5	0.145 2	0.116 3	0.093 5	0.061 0	0.040 4	0.027 1	0.018 4
14	0.204 6	0.159 7	0.141 3	0.125 2	0.098 5	0.077 9	0.049 2	0.031 6	0.020 5	0.013 5
15	0.182 7	0.140 1	0.122 9	0.107 9	0.083 5	0.064 9	0.039 7	0.024 7	0.015 5	0.009 9
16	0.163 1	0.122 9	0.106 9	0.093 0	0.070 8	0.054 1	0.032 0	0.019 3	0.011 8	0.007 3
17	0.145 6	0.107 8	0.092 9	0.080 2	0.060 0	0.045 1	0.025 8	0.015 0	0.008 9	0.005 4
18	0.130 0	0.094 6	0.080 8	0.069 1	0.050 8	0.037 6	0.020 8	0.011 8	0.006 8	0.003 9
19	0.116 1	0.082 9	0.070 3	0.059 6	0.043 1	0.031 3	0.016 8	0.009 2	0.005 1	0.002 9
20	0.103 7	0.072 8	0.061 1	0.051 4	0.036 5	0.026 1	0.013 5	0.007 2	0.003 9	0.002 1
21	0.092 6	0.063 8	0.053 1	0.044 3	0.030 9	0.021 7	0.010 9	0.005 6	0.002 9	0.001 6
22	0.082 6	0.056 0	0.046 2	0.038 2	0.026 2	0.018 1	0.008 8	0.004 4	0.002 2	0.001 2
23	0.073 8	0.049 1	0.040 2	0.032 9	0.022 2	0.015 1	0.007 1	0.003 4	0.001 7	0.000 8
24	0.065 9	0.043 1	0.034 9	0.028 4	0.018 8	0.012 6	0.005 7	0.002 7	0.001 3	0.000 6
25	0.058 8	0.037 8	0.030 4	0.024 5	0.016 0	0.010 5	0.004 6	0.002 1	0.001 0	0.000 5
26	0.052 5	0.033 1	0.026 4	0.021 1	0.013 5	0.008 7	0.003 7	0.001 6	0.000 7	0.000 3
27	0.046 9	0.029 1	0.023 0	0.018 2	0.011 5	0.007 3	0.003 0	0.001 3	0.000 6	0.000 2
28	0.041 9	0.025 5	0.020 0	0.015 7	0.009 7	0.006 1	0.002 4	0.001 0	0.000 4	0.000 2
29	0.037 4	0.022 4	0.017 4	0.013 5	0.008 2	0.005 1	0.002 0	0.000 8	0.000 3	0.000 1
30	0.033 4	0.019 6	0.015 1	0.011 6	0.007 0	0.004 2	0.001 6	0.000 6	0.000 2	0.000 1
35	0.018 9	0.010 2	0.007 5	0.005 5	0.003 0	0.001 7	0.000 5	0.000 2	0.000 1	*
40	0.010 7	0.005 3	0.003 7	0.002 6	0.001 3	0.000 7	0.000 2	0.000 1	*	*
45	0.006 1	0.002 7	0.001 9	0.001 3	0.000 6	0.000 3	0.000 1	*	*	*
50	0.003 5	0.001 4	0.000 9	0.000 6	0.000 3	0.000 1	*	*	*	*
55	0.002 0	0.000 7	0.000 5	0.000 3	0.000 1	*	*	*	*	*

注：*<0.000 1。

附录B　年金终值、现值系数表

表 B-1　年金终值系数表

期数	1%	2%	3%	4%	5%	6%	7%	8%	9%	10%
1	1.000 0	1.000 0	1.000 0	1.000 0	1.000 0	1.000 0	1.000 0	1.000 0	1.000 0	1.000 0
2	2.010 0	2.020 0	2.030 0	2.040 0	2.050 0	2.060 0	2.070 0	2.080 0	2.090 0	2.100 0
3	3.030 1	3.060 4	3.090 9	3.121 6	3.152 5	3.183 6	3.214 9	3.246 4	3.278 1	3.310 0
4	4.060 4	4.121 6	4.183 6	4.246 5	4.310 1	4.374 6	4.439 9	4.506 1	4.573 1	4.641 0
5	5.101 0	5.204 0	5.309 1	5.416 3	5.525 6	5.637 1	5.750 7	5.866 6	5.984 7	6.105 1
6	6.152 0	6.308 1	6.468 4	6.633 0	6.801 9	6.975 3	7.153 3	7.335 9	7.523 3	7.715 6
7	7.213 5	7.434 3	7.662 5	7.898 3	8.142 0	8.393 8	8.654 0	8.922 8	9.200 4	9.487 2
8	8.285 7	8.583 0	8.892 3	9.214 2	9.549 1	9.897 5	10.260	10.637	11.029	11.436
9	9.368 5	9.754 6	10.159	10.583	11.027	11.491	11.978	12.488	13.021	13.580
10	10.462	10.950	11.464	12.006	12.578	13.181	13.816	14.487	15.193	15.937
11	11.567	12.169	12.808	13.486	14.207	14.972	15.784	16.646	17.560	18.531
12	12.683	13.412	14.192	15.026	15.917	16.870	17.889	18.977	20.141	21.384
13	13.809	14.680	15.618	16.627	17.713	18.882	20.141	21.495	22.953	24.523
14	14.947	15.974	17.086	18.292	19.599	21.015	22.551	24.215	26.019	27.975
15	16.097	17.293	18.599	20.024	21.579	23.276	25.129	27.152	29.361	31.773
16	17.258	18.639	20.157	21.825	23.658	25.673	27.888	30.324	33.003	35.950
17	18.430	20.012	21.762	23.698	25.840	28.213	30.840	33.750	36.974	40.545
18	19.615	21.412	23.414	25.645	28.132	30.906	33.999	37.450	41.301	45.599
19	20.811	22.841	25.117	27.671	30.539	33.760	37.379	41.446	46.019	51.159
20	22.019	24.297	26.870	29.778	33.066	36.786	40.996	45.762	51.160	57.275
21	23.239	25.783	28.677	31.969	35.719	39.993	44.865	50.423	56.765	64.003
22	24.472	27.299	30.537	34.248	38.505	43.392	49.006	55.457	62.873	71.403
23	25.716	28.845	32.453	36.618	41.431	46.996	53.436	60.893	69.532	79.543
24	26.974	30.422	34.427	39.083	44.502	50.816	58.177	66.765	76.790	88.497
25	28.243	32.030	36.459	41.646	47.727	54.865	63.249	73.106	84.701	98.347
26	29.526	33.671	38.553	44.312	51.114	59.156	68.677	79.954	93.324	109.18
27	30.821	35.344	40.710	47.084	54.669	63.706	74.484	87.351	102.72	121.10
28	32.129	37.051	42.931	49.968	58.403	68.528	80.698	95.339	112.97	134.21
29	33.450	38.792	45.219	52.966	62.323	73.640	87.347	103.97	124.14	148.63
30	34.785	40.568	47.575	56.085	66.439	79.058	94.461	113.28	136.31	164.49
40	48.886	60.402	75.401	95.026	120.80	154.76	199.64	259.06	337.88	442.59
50	64.463	84.579	112.80	152.67	209.35	290.34	406.53	573.77	815.08	1 163.9
60	81.670	114.05	163.05	237.99	353.58	533.13	813.52	1 253.2	1 944.8	3 034.8

续表

期数	12%	14%	15%	16%	18%	20%	24%	28%	32%	36%
1	1.000 0	1.000 0	1.000 0	1.000 0	1.000 0	1.000 0	1.000 0	1.000 0	1.000 0	1.000 0
2	2.120 0	2.140 0	2.150 0	2.160 0	2.180 0	2.200 0	2.240 0	2.280 0	2.320 0	2.360 0
3	3.374 4	3.439 6	3.472 5	3.505 6	3.572 4	3.640 0	3.777 6	3.918 4	4.062 4	4.209 6
4	4.779 3	4.921 1	4.993 4	5.066 5	5.215 4	5.368 0	5.684 2	6.015 6	6.362 4	6.725 1
5	6.352 8	6.610 1	6.742 4	6.877 1	7.154 2	7.441 6	8.048 4	8.699 9	9.398 3	10.146
6	8.115 2	8.535 5	8.753 7	8.977 5	9.442 0	9.929 9	10.980	12.136	13.406	14.799
7	10.089	10.731	11.067	11.414	12.142	12.916	14.615	16.534	18.696	21.126
8	12.300	13.233	13.727	14.240	15.327	16.499	19.123	22.163	25.678	29.732
9	14.776	16.085	16.786	17.519	19.086	20.799	24.713	29.369	34.895	41.435
10	17.549	19.337	20.304	21.322	23.521	25.959	31.643	38.593	47.062	57.352
11	20.655	23.045	24.349	25.733	28.755	32.150	40.238	50.399	63.122	78.998
12	24.133	27.271	29.002	30.850	34.931	39.581	50.895	65.510	84.320	108.44
13	28.029	32.089	34.352	36.786	42.219	48.497	64.110	84.853	112.30	148.48
14	32.393	37.581	40.505	43.672	50.818	59.196	80.496	109.61	149.24	202.93
15	37.280	43.842	47.580	51.660	60.965	72.035	100.82	141.30	198.00	276.98
16	42.753	50.980	55.718	60.925	72.939	87.442	126.01	181.87	262.36	377.69
17	48.884	59.118	65.075	71.673	87.068	105.93	157.25	233.79	347.31	514.66
18	55.750	68.394	75.836	84.141	103.74	128.12	195.99	300.25	459.45	700.94
19	63.440	78.969	88.212	98.603	123.41	154.74	244.03	385.32	607.47	954.28
20	72.052	91.025	102.44	115.38	146.63	186.69	303.60	494.21	802.86	1 298.8
21	81.699	104.77	118.81	134.84	174.02	225.03	377.46	633.59	1 060.8	1 767.4
22	92.503	120.44	137.63	157.42	206.34	271.03	469.06	812.00	1 401.2	2 404.7
23	104.60	138.30	159.28	183.60	244.49	326.24	582.63	1 040.4	1 850.6	3 271.3
24	118.16	158.66	184.17	213.98	289.49	392.48	723.46	1 332.7	2 443.8	4 450.0
25	133.33	181.87	212.79	249.21	342.60	471.98	898.09	1 706.8	3 226.8	6 053.0
26	150.33	208.33	245.71	290.09	405.27	567.38	1 114.6	2 185.7	4 260.4	8 233.1
27	169.37	238.50	283.57	337.50	479.22	681.85	1 383.1	2 798.7	5 624.8	11 198
28	190.70	272.89	327.10	392.50	566.48	819.22	1 716.1	3 583.3	7 425.7	15 230
29	214.58	312.09	377.17	456.3 0	669.45	984.07	2 129.0	4 587.7	9 802.9	20 714
30	241.33	356.79	434.75	530.31	790.95	1 181.9	2 640.9	5 873.2	12 941	28 172
40	767.0 9	1 342.0	1 779.1	2 360.8	4 163.2	7 343.9	22 729	69 377	207 874	609 890
50	2 400.0	4 994.5	7 217.7	10 436	21 813	45 497	195 373	819 103	*	*
60	7 471.6	18 535	29 220	4 6 058	114 190	281 733	*	*	*	*

注：*＞999 999.99。

表 B-2　年金现值系数表

期数	1%	2%	3%	4%	5%	6%	7%	8%	9%	10%
1	0.990 1	0.980 4	0.970 9	0.961 5	0.952 4	0.943 4	0.934 6	0.925 9	0.917 4	0.909 1
2	1.970 4	1.941 6	1.913 5	1.886 1	1.859 4	1.833 4	1.808 0	1.783 3	1.759 1	1.735 5
3	2.941 0	2.883 9	2.828 6	2.775 1	2.723 2	2.673 0	2.624 3	2.577 1	2.531 3	2.486 9
4	3.902 0	3.807 7	3.717 1	3.629 9	3.546 0	3.465 1	3.387 2	3.312 1	3.239 7	3.169 9
5	4.853 4	4.713 5	4.579 7	4.451 8	4.329 5	4.212 4	4.100 2	3.992 7	3.889 7	3.790 8
6	5.795 5	5.601 4	5.417 2	5.242 1	5.075 7	4.917 3	4.766 5	4.622 9	4.485 9	4.355 3
7	6.728 2	6.472 0	6.230 3	6.002 1	5.786 4	5.582 4	5.389 3	5.206 4	5.033 0	4.868 4
8	7.651 7	7.325 5	7.019 7	6.732 7	6.463 2	6.209 8	5.971 3	5.746 6	5.534 8	5.334 9
9	8.566 0	8.162 2	7.786 1	7.435 3	7.107 8	6.801 7	6.515 2	6.246 9	5.995 2	5.759 0
10	9.471 3	8.982 6	8.530 2	8.110 9	7.721 7	7.360 1	7.023 6	6.710 1	6.417 7	6.144 6
11	10.367 6	9.786 8	9.252 6	8.760 5	8.306 4	7.886 9	7.498 7	7.139 0	6.805 2	6.495 1
12	11.255 1	10.575 3	9.954 0	9.385 1	8.863 3	8.383 8	7.942 7	7.536 1	7.160 7	6.813 7
13	12.133 7	11.348 4	10.635 0	9.985 6	9.393 6	8.852 7	8.357 7	7.903 8	7.486 9	7.103 4
14	13.003 7	12.106 2	11.296 1	10.563 1	9.898 6	9.295 0	8.745 5	8.244 2	7.786 2	7.366 7
15	13.865 1	12.849 3	11.937 9	11.118 4	10.379 7	9.712 2	9.107 9	8.559 5	8.060 7	7.606 1
16	14.717 9	13.577 7	12.561 1	11.652 3	10.837 8	10.105 9	9.446 6	8.851 4	8.312 6	7.823 7
17	15.562 3	14.291 9	13.166 1	12.165 7	11.274 1	10.477 3	9.763 2	9.121 6	8.543 6	8.021 6
18	16.398 3	14.992 0	13.753 5	12.659 3	11.689 6	10.827 6	10.059 1	9.371 9	8.755 6	8.201 4
19	17.226 0	15.678 5	14.323 8	13.133 9	12.085 3	11.158 1	10.335 6	9.603 6	8.950 1	8.364 9
20	18.045 6	16.351 4	14.877 5	13.590 3	12.462 2	11.469 9	10.594 0	9.818 1	9.128 5	8.513 6
21	18.857 0	17.011 2	15.415 0	14.029 2	12.821 2	11.764 1	10.835 5	10.016 8	9.292 2	8.648 7
22	19.660 4	17.658 0	15.936 9	14.451 1	13.163 0	12.041 6	11.061 2	10.200 7	9.442 4	8.771 5
23	20.455 8	18.292 2	16.443 6	14.856 8	13.488 6	12.303 4	11.272 2	10.371 1	9.580 2	8.883 2
24	21.243 4	18.913 9	16.935 5	15.247 0	13.798 6	12.550 4	11.469 3	10.528 8	9.706 6	8.984 7
25	22.023 2	19.523 5	17.413 1	15.622 1	14.093 9	12.783 4	11.653 6	10.674 8	9.822 6	9.077 0
26	22.795 2	20.121 0	17.876 8	15.982 8	14.375 2	13.003 2	11.825 8	10.810 0	9.929 0	9.160 9
27	23.559 6	20.706 9	18.327 0	16.329 6	14.643 0	13.210 5	11.986 7	10.935 2	10.026 6	9.237 2
28	24.316 4	21.281 3	18.764 1	16.663 1	14.898 1	13.406 2	12.137 1	11.051 1	10.116 1	9.306 6
29	25.065 8	21.844 4	19.188 5	16.983 7	15.141 1	13.590 7	12.277 7	11.158 4	10.198 3	9.369 6
30	25.807 7	22.396 5	19.600 4	17.292 0	15.372 5	13.764 8	12.409 0	11.257 8	10.273 7	9.426 9
35	29.408 6	24.998 6	21.487 2	18.664 6	16.374 2	14.498 2	12.947 7	11.654 6	10.566 8	9.644 2
40	32.834 7	27.355 5	23.114 8	19.792 8	17.159 1	15.046 3	13.331 7	11.924 6	10.757 4	9.779 1
45	36.094 5	29.490 2	24.518 7	20.720 0	17.774 1	15.455 8	13.605 5	12.108 4	10.881 2	9.862 8
50	39.196 1	31.423 6	25.729 8	21.482 2	18.255 9	15.761 9	13.800 7	12.233 5	10.961 7	9.914 8
55	42.147 2	33.174 8	26.774 4	22.108 6	18.633 5	15.990 5	13.939 9	12.318 6	11.014 0	9.947 1

续表

期数	12%	14%	15%	16%	18%	20%	24%	28%	32%	36%
1	0.892 9	0.877 2	0.869 6	0.862 1	0.847 5	0.833 3	0.806 5	0.781 3	0.757 6	0.735 3
2	1.690 1	1.646 7	1.625 7	1.605 2	1.565 6	1.527 8	1.456 8	1.391 6	1.331 5	1.276 0
3	2.401 8	2.321 6	2.283 2	2.245 9	2.174 3	2.106 5	1.981 3	1.868 4	1.766 3	1.673 5
4	3.037 3	2.913 7	2.855 0	2.798 2	2.690 1	2.588 7	2.404 3	2.241 0	2.095 7	1.965 8
5	3.604 8	3.433 1	3.352 2	3.274 3	3.127 2	2.990 6	2.745 4	2.532 0	2.345 2	2.180 7
6	4.111 4	3.888 7	3.784 5	3.684 7	3.497 6	3.325 5	3.020 5	2.759 4	2.534 2	2.338 8
7	4.563 8	4.288 3	4.160 4	4.038 6	3.811 5	3.604 6	3.242 3	2.937 0	2.677 5	2.455 0
8	4.967 6	4.638 9	4.487 3	4.343 6	4.077 6	3.837 2	3.421 2	3.075 8	2.786 0	2.540 4
9	5.328 2	4.946 4	4.771 6	4.606 5	4.303 0	4.031 0	3.565 5	3.184 2	2.868 1	2.603 3
10	5.650 2	5.216 1	5.018 8	4.833 2	4.494 1	4.192 5	3.681 9	3.268 9	2.930 4	2.649 5
11	5.937 7	5.452 7	5.233 7	5.028 6	4.656 0	4.327 1	3.775 7	3.335 1	2.977 6	2.683 4
12	6.194 4	5.660 3	5.420 6	5.197 1	4.793 2	4.439 2	3.851 4	3.386 8	3.013 3	2.708 4
13	6.423 5	5.842 4	5.583 1	5.342 3	4.909 5	4.532 7	3.912 4	3.427 2	3.040 4	2.726 8
14	6.628 2	6.002 1	5.724 5	5.467 5	5.008 1	4.610 6	3.961 6	3.458 7	3.060 9	2.740 3
15	6.810 9	6.142 2	5.847 4	5.575 5	5.091 6	4.675 5	4.001 3	3.483 4	3.076 4	2.750 2
16	6.974 0	6.265 1	5.954 2	5.668 5	5.162 4	4.729 6	4.033 3	3.502 6	3.088 2	2.757 5
17	7.119 6	6.372 9	6.047 2	5.748 7	5.222 3	4.774 6	4.059 1	3.517 7	3.097 1	2.762 9
18	7.249 7	6.467 4	6.128 0	5.817 8	5.273 2	4.812 2	4.079 9	3.529 4	3.103 9	2.766 8
19	7.365 8	6.550 4	6.198 2	5.877 5	5.316 2	4.843 5	4.096 7	3.538 6	3.109 0	2.769 7
20	7.469 4	6.623 1	6.259 3	5.928 8	5.352 7	4.869 6	4.110 3	3.545 8	3.112 9	2.771 8
21	7.562 0	6.687 0	6.312 5	5.973 1	5.383 7	4.891 3	4.121 2	3.551 4	3.1 158	2.773 4
22	7.644 6	6.742 9	6.358 7	6.011 3	5.409 9	4.909 4	4.130 0	3.555 8	3.118 0	2.774 6
23	7.718 4	6.792 1	6.398 8	6.044 2	5.432 1	4.924 5	4.137 1	3.559 2	3.119 7	2.775 4
24	7.784 3	6.835 1	6.433 8	6.072 6	5.450 9	4.937 1	4.142 8	3.561 9	3.121 0	2.776 0
25	7.843 1	6.872 9	6.464 1	6.097 1	5.466 9	4.947 6	4.147 4	3.564 0	3.122 0	2.776 5
26	7.895 7	6.906 1	6.490 6	6.118 2	5.480 4	4.956 3	4.151 1	3.565 6	3.122 7	2.776 8
27	7.942 6	6.935 2	6.513 5	6.136 4	5.491 9	4.963 6	4.154 2	3.566 9	3.123 3	2.777 1
28	7.984 4	6.960 7	6.533 5	6.152 0	5.501 6	4.969 7	4.156 6	3.567 9	3.123 7	2.777 3
29	8.021 8	6.983 0	6.550 9	6.165 6	5.509 8	4.974 7	4.158 5	3.568 7	3.124 0	2.777 4
30	8.055 2	7.002 7	6.566 0	6.177 2	5.516 8	4.978 9	4.160 1	3.569 3	3.124 2	2.777 5
35	8.175 5	7.070 0	6.616 6	6.215 3	5.538 6	4.991 5	4.164 4	3.570 8	3.124 8	2.777 7
40	8.243 8	7.105 0	6.641 8	6.233 5	5.548 2	4.996 6	4.165 9	3.571 2	3.125 0	2.777 8
45	8.282 5	7.123 2	6.654 3	6.242 1	5.552 3	4.998 6	4.166 4	3.571 4	3.125 0	2.777 8
50	8.304 5	7.132 7	6.660 5	6.246 3	5.554 1	4.999 5	4.166 6	3.571 4	3.125 0	2.777 8
55	8.317 0	7.137 6	6.663 6	6.248 2	5.554 9	4.999 8	4.166 6	3.571 4	3.125 0	2.777 8

参考文献

[1] 于树彬，刘萍，王忠民．管理会计[M].5 版．大连：东北财经大学出版社，2014.
[2] 于树彬，刘萍，王忠民．管理会计习题与解答[M]. 大连：东北财经大学出版社，2014.
[3] 熊素宜，陈世文．管理会计实用教程[M].2 版．北京：北京交通大学出版社，2012.
[4] 张献英，国秀芹．管理会计实务[M]. 北京：教育科学出版社，2013.
[5] 刘殿成．管理会计实务[M].2 版．上海：立信会计出版社，2015.
[6] 张玲玲，郭艳伟．管理会计[M]. 北京：对外经济贸易大学出版社，2009.
[7] 陈兴滨．管理会计[M]. 北京：中国财政经济出版社，2012.
[8] 张振和．管理会计实务[M]. 北京：科学出版社，2013.
[9] 陈艳，姜振丽．管理会计[M]. 北京：机械工业出版社，2011.
[10] 赵海霞，翟雪改．管理会计[M]. 北京：清华大学出版社，2009.